●陳逢源 律師│編著　　●陳建文 副教授│審訂

個別勞動法
之體系理解與實務運用 二版

五南圖書出版公司 印行

郭序

　　當年逢源學棣請我指導論文時，已經執業律師多年，據悉他是因為執業過程中，感受到對勞動法相關理論不夠嫻熟，因此才辭職重拾課本。也因為如此，他在撰寫論文期間也同時旁聽多位大師講座並勤加研究。及至論文完成後，仍持續對勞動法之熱愛，承接案件、演講、調解之餘，也常參加各研討會以吸收新知，堪為學弟妹之榜樣。

　　數年前即耳聞逢源學棣有意匯整學說與實務，如今在一例一休通過後，終將其醞釀多年之實務與理論整理成果出版分享（他應該是一例一休的受益者）。本書內容豐富，對於勞資間之重要爭議問題，皆能有體系化之解釋，並且引經據典而對法令發展有清楚之描述，兼具理論與實務價值，不僅可以作為學習勞動法之入門書，在實務運用時，也有事半功倍之效果。

　　本書之出版，使勞動法之參考文獻，增色不少，相信必會成為入門學習或實務操作勞動法讀者之重要參考資料，也期待逢源學棣可以保持初心，持續研究。

臺北大學　法律學系

郭玲惠　教授

謝序

　　逢源律師和我十多年前結緣於台北市政府勞資爭議調解委員會，他累積多年來參與勞動訴訟、法律諮詢、演講與調解之經驗，並整理學界著作與判決實例，匯集成個別勞動法大作，對於想一睹實務運作全貌者，提供了甚佳的選擇。

　　對於勞工或企業法務、人資，本書就實務常見問題，依邏輯順序排列而詳為解說。比如裁員解僱，即先解釋勞基法 11 條、20 條、企併法 17 條等法定原因，繼之提醒職安法 39 條等法定限制解僱事由，而後再列出法院就優先留用順序及解僱最後手段性之見解，續就相關法令遵守（如預告期間、資遣通報等）加以說明，並補充積欠工資墊償基金與失業給付等，當可作為實務操作的參考指南。

　　對於勞工行政與勞資爭議調解人員，本書就實務常生爭議處，分別整理學說、行政及司法之見解。例如試用期內之解僱是否需遵循勞基法規定（即是否需具備法定解僱事由，並給予預告期間及資遣費等），先則臚列行政機關與法院之不同見解，嗣引述學界看法，使讀者一目瞭然。

　　又本書資料蒐集堪稱完整，律師執業時除了可以參考書中對於相關問題與立法方向的資料，來回應客戶對於諸如無薪假、派遣合法性等法律疑慮外，在具體訴訟時也可應用。例如提起確認僱傭關係等訴訟，本書從法院的程序適用、裁判費計算與學者疑義出發；其後提到以往在訴訟技巧上，以給付工資為請求標的，以迴避確認僱傭關係的高額裁判費；再說明目前可藉由 100 年修正施行的勞資爭議處理法 57 條及法律扶助解決裁判費障礙；最後整理司法實務對勞工中間收入扣除問題之見解，對訴訟實務應有參考價值，爰樂為推薦。

新北市政府勞工局局長

謝政達

自序

　　勞動法令攸關數百萬勞工權益，也為企業人資管理不可或缺，實務上衍生爭議更不在少數。有幸的是，近年來在臺灣勞動法學會的耕耘下，著書立說而燦然發展。然而，以往因為勞動法並非國考科目，因此無論學習或實務，如何在諸多的法令與專論中架構體系，並且融入司法與行政見解，而在短期內可以初步理解或操作，相信是學習者與從事勞工行政、人資管理、訴訟實務者之盼望。

　　本書作為初步入門與實務參考，首先介紹個別勞動法與集體勞動法等分類，以利學習者建構體系而為往後研究奠下基礎。進而，在個別勞動法部分即以實務最常運用的勞基法為核心，並將之解構為勞動關係（以勞動契約為主，含技術生訓練契約、建教生訓練契約等），以及工資、工時、職業安全衛生與童工、女工保護等五章，各章中除以邏輯順序重新結構（如勞動契約即由定義、區別、成立生效、權利義務、變更至終止）外，也同時輔以相關個別勞動法令，並對調解及訴訟上常生爭議處（如試用期、最低服務年限、離職後競業禁止、無薪假等），專節臚列學說與行政、司法實務見解，兼及介紹訴訟相關略要及立法發展（如勞動派遣法草案），以利實務運用並掌握脈動。

　　又因書中援引判決與函釋數以百則，因此除在勞動部的勞動法令查詢系統及司法院網站上未能查得者加註出處外，不再逐一引註。且本書既以勞基法為核心，因此文中僅寫條號者即為勞基法，省卻贅

述。同為節省篇幅故，書中引用之法律如性別工作平等法、職業安全衛生法、勞工退休金條例、勞工保險條例、大量解僱勞工保護法等，皆以一般常用之性平法、職安法、勞退條例、勞保條例、大保法等略語稱之，併此敘明。

　　學生時期見師長巨著序言多謙虛表示：因積稿盈尺，或以友人促其付梓等緣由，而忘其固陋應允。當時便想，他日若有著作完成，除轉圈灑花外，必當先由幼時見蒼鷹逆風遨翔（因為見魚逆游已有偉人用過），即立下志向，再吹擂一番，以敦請讀者大爺掏錢買書。

　　及至成真，方深知自己淺陋，僅餘感激！感謝陳建文副教授撥冗審訂，恩師郭玲惠教授、謝政達局長撰文推薦，侯岳宏教授、新北勞工局葉建能專委、賴彥亨科長、吳彥霖股長提供資料，楊崇森教授暨六合同仁佩昌、文勝時加鞭策，正元、宏杰、育霖、志強襄助出版，景勛、子澄切磋討論，同窗明修、鳳清、昭愷、明洲、振寧、源銘、信元、金龍多所鼓勵，損友國漳為覆蓋泡麵而應允購書，當然也藉此謝謝明莉多年來承擔家事支持，以及調皮的詳在增添生活樂趣。至若仕賢、烽益、耀梓、賴桑、盈瑜、惠群、昀霖等實務界朋友問，下一步是否希望續寫集體勞動法時，我想回答是：傻瓜，當然是希望中樂透，然後（跳躍中）一直玩！一直玩！一直玩！

六合法律事務所

陳逢源　律師

二版序

　　初版發行後，洛陽紙貴，坊間燒餅油條店多有置備。我所敬愛的同窗好友為幫助再版銷售，或建議應用吸油面紙輔以環保油墨印製，庶幾可隨時撕用增廣用途；或主張應在書中夾以振奮精神之照片，以助讀者渡過長夜；或認為如能買書送泡麵，則更符本書宗旨。欸！有這些朋友，其實不需敵人的。

　　言歸正傳，2018年3月1日勞基法施行修訂24條休息日加班費、32條工時帳戶制、32-1條加班費請求權換補休、34條輪班制更換班次間的休息、36條例假日排定方式、38條特休假遞延等條文；同年11月則就54、55、59條為文字修正。再於2019年5月修訂2、9條，增訂22-1條；同年6月修訂63、78條，增訂17-1、63-1條。又自2022年5月1日起，將職災保險自勞保條例抽離，並同時整合職災勞工保護法，另施行勞工職業災害保險及保護法。因此二版主要是據此而在相關處重新論述編排。

　　而自2020年1月1日施行的勞動事件法，雖然是民事訴訟法的特別法，但對勞動訴訟與人資管理有重大影響，也予簡介。初版大致上以筆者往昔講稿與承辦案件資料匯集而成，臨時決定付梓故多有陳舊謬誤處，也藉再版加以更新勘誤，就不逐一細說了。只是本書涉及法令甚廣，而筆者學殖有限，仍難免存誤。二版書成感謝鳳英、俊廷打理所務，好友才白、華崗室友、夏河隊友多年關心。

六合法律事務所

陳逢源　律師

目錄

第四章　安全衛生保護法令　413

第一節　概說 —— 安全衛生保護法令之結構　413

第二節　安全衛生設施、管理與檢查　415

第三節　職業災害之成立與損害填補　419

第一篇 ▶ 總論

一、勞動法之意義與體系

（一）勞動法之意義

1. 規範從屬性勞動者（勞工）之特別法

2. 以資本社會為基礎，基於勞動者身分所展開之生活關係為規範對象，並以確保勞動者以勞動者的身分營生為目的之法。

3. 規範由從屬勞動關係所產生之一切法律關係的法律

（二）勞動法之體系

1. 個別勞動法制（個別勞工 vs. 雇主）

　（1）勞動關係法令（勞動契約法？[1]；勞基法 1、2、6、9 章；性工法[2]；大保法）

　（2）勞動保護法令
　　　　① 工資保護法令（勞基法 3 章；勞退條例）
　　　　② 工時保護法令（勞基法 4 章；職安法）
　　　　③ 安全衛生保護法令（勞基法 7 章；職安法；災保法）
　　　　④ 童工、女工保護法令（勞基法 5 章；性工法；職安法）

2. 集體勞動法制（勞工團體 vs. 雇主 or 雇主團體）

　（1）勞工組織法令（團結權）── 工會法

　（2）團體協商法令（協商權）── 團體協約法

　（3）勞資爭議法令（以爭議權為主的團體行動權）── 勞資爭議處理法

　（4）勞工參與法令（產業民主）── 勞資會議實施辦法

---

[1] 勞動契約法於 1936 年公布後，至今未訂施行日期，依中央法規標準法 12 條：「法規應規定施行日期，或授權以命令規定施行日期。」該法尚非正式有效之法律，因此一般認為該法至多僅能依民法第 1 條：「民事，法律所未規定者，依習慣；無習慣者，依『法理』。」作為法理引用，故以問號表示。

[2] 目前多有將「性別工作平等法」簡稱「性工法」，至於「性平法」則作為「性別平等教育法」之簡稱，因此本書二版後也依此略語。

（一）勞動法之意義

　　所謂勞動法（或勞工法），並不是一部具體的法律，而是一些法令的總稱，至於其所涵括的法令，學者間有從勞動法的生成以及推展結果觀察而定義為：「以資本社會為基礎，以勞動者身份為展開之生活關係為規範對象，並以確保勞動者依其勞動者身份之生活為目的之法」[3]；有著重在勞動法所規範的主體為勞工，而將勞動法定義為：「規範從屬性勞動者（勞工）之特別法」；也有著重在法律規範的客體，而認為勞動法是：「規律勞動關係及其附隨的一切關係之法律制度全體」。[4]

　　定義勞動法，除了在劃定研究範圍外，另外涉及的實益之一在於因為勞動契約的當事人即勞工與雇主，二者間經濟地位有極大差異，而且：1. 勞力不能與人格分離：簡單而經典的話是我只要勞動力，卻來了一個人；2. 勞力無法儲存：在未就勞動契約達成合意前，勞工無法儲存勞力，待他日出售；3. 勞力不具有充分流動的特性：因為勞工本身與家庭因素，相較於一般商品已不好在本國間流動，加上在各國為保障其本國人就業機會，勞力更難以隨時跨國輸出。

　　因此雇主和勞工間所成立的勞動契約，雖然屬於民法上債權契約，但是基於上述特性，所以傳統民法基於對等契約當事人的立法原則，即契約自由、所有權絕對、過失責任等原則及其具體規定，在勞動法領域中就有調整必要。例如，民法契約自由的內涵中有：締結自由、相對人選擇自由、內容自由、方式自由、廢棄或變更自由。而在勞動法制中的就服法 5 條、性工法 7 條，分別規定對求職人不得為種族、宗教、黨派及性別等之歧視，就是對契約相對人選擇自由的限制；又如勞基法 21 條基本工資規

---

[3]　陳繼盛，建立勞工法規完整體系之研究，氏著勞工法論文集，1 頁以下，1994 年 6 月，陳林法學文教基金會。

[4]　關於學者所下定義之詳細整理，見黃程貫，勞動法（修訂再版），52 頁，2001 年 6 月，國立空中大學。

定，是對契約內容自由的限制；再如勞基法 11、12 條解僱限制，是對契約廢棄變更自由的限制。而勞基法 59 條的雇主無過失職災補償責任，則是對民法過失責任的調整。簡單說，我們應該如何歸納出勞動法的原理、原則，而在解釋勞動法或是往後立法時加以運用，是勞動法領域中的民事研究課題。

再者，勞資爭議時弱勢勞工運用團結力以對抗雇主，通常具有對雇主意志產生壓迫或強制的性質，因此在刑法的犯罪判斷上，應該如何衡量勞資雙方利益，而使正當爭議行為免於刑事責任，則是勞動法領域中的刑事研究課題（如勞資爭議處理法 55 條 3 項：「工會及其會員所為之爭議行為，該當刑法及其他特別刑法之構成要件，而具有正當性者，不罰。但以強暴脅迫致他人生命、身體受侵害或有受侵害之虞時，不適用之。」之解釋運用）。

（二）勞動法之體系

因為勞動法範圍廣泛，無論是我們所熟知的勞基法、勞保條例，抑或規範勞工組織工會的工會法等相關法令，在上述任何一種定義下，都屬於勞動法制一環。而在成文法國家中，以不同的分類標準，將諸多法令加以體系化整理，除了有助於我們對法令的認知與學習外，在法令產生疑義時，應該如何解釋也有助益。

至於如何將勞動法分類，傳統見解是在整體勞動法令中，以各該勞動法令是規範個別勞工與雇主間的法律關係，或是規範勞工團體（工會）與雇主或雇主團體（公會）間的法律關係，而將勞動法分為個別勞動法以及集體勞動法。

在個別勞動法中，依照該法令之性質是規範勞資間的權利義務，還是國家以強制力量介入勞資間的法律關係，又可分為以勞動契約為內涵的「勞動關係法」，以及為了保障勞工之工資、工時、工作環境的安全衛生、和特別需要加強保護的童工、女工，所訂的「勞工保護法」等二大

類。此種分類的實益在於，勞工保護法通常課雇主以作為或不作為義務（這些法令通常也構成民法 184 條 2 項的「保護他人之法令」），且具有公法性質，因此除了國家行政機關得檢查雇主是否已盡此義務外，在雇主違反此種義務時，也會對雇主課以罰鍰或是其他行政處分。

　　而在集體勞動法部分，最主要者為工會運動後，以多數勞動者及工會存在為前提所發展的相關法規。例如，為保障勞方團結權所對應的工會法；為規範勞工團體與雇主或雇主團體間之協商程序與效力所對應的團體協約法；為處理與規範勞資爭議行為（即罷工或其他阻礙事業正常運作及與之對抗的行為）之勞資爭議處理法；以及近年以來為求產業民主所立的法令，如勞資會議實施辦法，或依國營事業管理法 35 條 2 項所推派的勞工董事等。

　　除了上開集體勞動法與個別勞動法外，在二十世紀中葉後，漸次形成勞動市場法制領域，其原因在於勞動固然不是商品，但在現代社會大部分人都須透過勞動來交換生存所需，因此不但無法自外於供給、需求、定價、淘汰的市場機制，而且因為勞動力與人格不可分離又無法儲存，結果在勞動市場的交換關係中，產生了「單純以物交換」為內容市場所沒有的問題，即勞動者的人身保護與就業安定問題。在就業安定部分，經濟學上固有認為應交由勞動市場自由運作的看法，不過現代國家大多基於其勞動市場政策而有直接規範與間接形成的介入。直接規範情形如解僱保護，間接形成則透過就業服務、職業訓練與失業保險等方法，以促進就業與維持安定。就此，我國於 72 年實施職業訓練法、81 年施行就業服務法、92 年開辦就業保險法，以往有學者認為至此勞動市場法三大支柱立法完備，只餘高齡就業促進及婦女就業促進等法制尚未完備[5]。不過在高齡就業促進部分已自 109 年 12 月 4 日施行「中高齡者及高齡者就業促進法」（該法

---

[5]　黃越欽，勞動法新論，561 頁下，2004 年 9 月，翰蘆圖書出版有限公司。

3條1、2款，中高齡者：指年滿45歲至65歲之人；高齡者：指逾65歲之人），該法除了禁止對中高齡以上者以年齡為由的差別待遇外，也積極規定主管機關對雇主提供在職訓練、就業輔具時給予輔導或輔助等的穩定就業措施；主管機關對於失業之中高齡者以上者，應協助其就業，提供相關就業協助措施，並得發給相關津貼、補助或獎助的促進失業者就業；以及支持退休後再就業、推動銀髮人才服務和開發就業機會。

二、勞動法之法源與位階

　　在一般法學緒論定義下「法源乃是法律存在的形式」，這對於不是專業從事法律事務的人有些難以理解，不過大致上可以將勞動法的法源理解為：「規範勞資關係間行為的法令，或者是法院等機構處理勞資爭議時的判斷依據。」而除了時代因素外，因為勞資關係是一種長期繼續性的人格結合關係，並具有上、下隸屬的指揮監督性質，跟一般買賣、贈與等契約，雙方當事人間地位平等，而且一次給付之後，原則上契約關係即為終了，有所不同。所以，勞動法的法源內涵以及各個法源間衝突時之位階處理，比傳統民事法領域（民法第1條：「民事，法律所未規定者，依習慣；無習慣者，依法理。」）更為複雜。

　　關於勞動法的法源內涵及位階，大致可整理排序如下：憲法[6]、國際公約[7]、法律、命令、團體協約、勞動契約、工作規則、習慣、法理。但是，除了憲法以及已經簽署的國際公約之順序孰為優先，尚有不同意見

---

[6] 我國憲法中與勞動法有關之部分，一為人民之權利義務（即基本權部分），一為基本國策部分。而基本權之規定，主要是針對國家權力而設（憲法23條參照），因此是否可以直接援引憲法規定，而作為勞資間權利義務之規範，或者是應該透過私法中之規定，例如民法72條所訂的「公共秩序、善良風俗」等概括條款，以間接實現基本權保障，尚有爭論。詳見王澤鑑，勞動契約上之單身條款、基本人權與公序良俗，氏著民法學說與判例研究第7冊，36頁下，1994年8月，著者發行。

[7] 關於國際公約，最基本的是1919年創設的國際勞工組織（International Labor Organization, 簡稱ILO）之公約與建議書，我國曾為該組織之創始會員國。

外，應該再注意的是，雖然在法源間彼此衝突時，以上位階法源為優先的位階理論，但是仍然有些例外。

首先，除「位階理論」外，也有當下位階法源較上位階法源更有利於勞工時，下位階法源仍為有效之「有利理論」。而在我國法制上，團體協約法 19 條本文規定：「團體協約所約定勞動條件，當然為該團體協約所屬雇主及勞工間勞動契約之內容。勞動契約異於該團體協約所約定之勞動條件者，其相異部分無效；無效之部分以團體協約之約定代之。」上位階的團體協約效力優先於勞動契約，惟該條但書又規定：「但異於團體協約之約定，為該團體協約所容許或為勞工之利益變更勞動條件，而該團體協約並未禁止者，仍為有效。」而使在團體協約所未禁止等條件下，較有利於勞工的個別勞動契約之約定，仍然可能優先於團體協約而適用。

再者，雖然原則上法律優先於團體協約，而團體協約又優先於勞動契約。不過，法律規定依其性質有任意規定，及強制、禁止規定的區別，而基於契約自主原則，任意規定只是在契約當事人間沒有特別約定時，作為補充之用。亦即勞資雙方間所訂立的團體協約或勞動契約內容，除了違反民法 71 條：「法律行為違反強制或禁止規定者，無效。但其規定並不以之為無效者，不在此限。」或是同法 72 條：「法律行為有背於公共秩序或善良風俗者，無效。」等規定而無效者外，勞資雙方間仍然可以基於契約自由原則另行約定，法律規定並非一定優先於當事人之約定。

應加說明者是，工作規則的位階如何，可能會因為對工作規則的法律性質見解（詳第二篇／第一章／第五節／第二項／第二款）不同而異。例如，如果認為工作規則是勞基法基於保護勞工之目的，而賦予工作規則法效力，或雇主基於經營權而得單方面制訂，除了因違反法令之強制、禁止規定或其他有關該事業適用之團體協約規定者，無效外（勞基法 71 條），具法規範效力而可直接拘束勞工者，則其位階應低於團體協約，但可能比勞動契約高，尤其日本主張法規範說者，因「日本勞基法第 93 條賦予工

作規則最低基準之效力，即勞動契約所訂勞動條件不能低於工作規則所訂
之基準，否則無效，且無效部分依工作規則之基準定之。……法規範說
憑此規定，有力地主張雇主一方制訂之工作規則有優於勞動契約之法律
效力。」[8]；而因我國並無類如日本勞基法93條之立法，故有採「修正法
規範說」者認為：在工作規則的擬定階段採法規範說，即只要不違反勞基
法71條，而公開揭示或交付勞工即可生效，無須勞工或工會之參與、同
意，但工作規則一經生效後即成為勞動契約之附件，補充勞動契約所未約
定者而具勞動契約之效力，惟不可牴觸勞動契約，即此說似認工作規則之
位階低於勞動契約[9]；如果採雇主單方面制訂之工作規則，本來只是一種
單純的規範，經由勞工同意方始成為勞動契約之內容而得規範勞資關係之
契約說，則其定位似應與勞動契約同一；只是也有提出，工作規則本身並
非獨立現今既已公認的勞動法法源之外的另一種法源，應視各該條款內容
性質而透過其他已被承認的法源型態被正當化之「獨立法源否認說」[10]。
綜上，簡表如下：

---

[8]   劉志鵬，論工作規則之法律性質及其不利益變更之效力，氏著勞動法理論與判決研究，
     261頁下，2000年5月，元照出版公司。

[9]   楊通軒，個別勞工法－理論與實務，216頁，2012年2月，五南圖書出版（股）公司。另
     有相同認為工作規則之位階低於勞動契約者，並進一步認為二者間應有「有利理論」之
     適用，但為尊重契約自治，得於個別勞動契約約定排除工作規則之部分適用，惟不得違反
     最高位階憲法之制約（如平等原則）。呂榮海，勞動法法源及其適用關係之研究，317頁，
     2002年2月，蔚理出版社。

[10] 至於本說如何視各該條款內容性質為區分，大略為：工作規則之內容，如涉及單純雇主經
     營理念等，不發生拘束力問題；如涉及當事人合意對象時，原則上為定型化契約；如涉及
     雇主單方決定權行使時，工作規則之重點在於對於雇主的自我拘束。林更盛，對工作規
     則法律性質的幾點初步想法，勞動法案例研究二，67頁下，2009年3月，五南圖書出版
     （股）公司。

憲法

公約 / 法律

法規命令

團體協約

勞動契約 / 工作規則？

習慣

法理

優先順序

┌原則：位階理論
└例外：有利理論（團體協約與勞動契約 / 團協法 §19）
　　　　任意規定（法律與團體協約、勞動契約）

三、勞動法立法目的與我國法制發展

　　雖有認為，前述以資本社會為基礎而對勞動法下定義之方式，未臻正確。但是，因為資本主義國家原則上採取自由市場經濟制度，以及允許生產資料（土地、廠房、機器等）私有，將產品跟勞動力的價格，交給市場規律自由形成。然而資本家基於對生產資料所有權以及經營權的掌控，來追求最大利潤，通常儘量壓低勞動條件以節省成本，以致勞資雙方間的利益時生衝突。在追求社會公平正義的理念下，勞動法之目的就在於平衡勞動生活中，因為自由經濟與生產資料私有原則，而對經濟上與契約談判地位上都處於弱勢之勞工所導致的不利益。

　　而我國的勞動法制，雖然早自民國 17 年左右，國民政府就開始草擬制定勞動契約法、工會法、勞資爭議處理法等法案，但是由於其後之戰亂

以及實施戒嚴等因素的影響，勞動法制及勞動法學活絡較晚，其中自 73 年 8 月 1 日施行的勞動基準法，固然若干規定多有爭議，但是對於保護勞工權益及提昇勞工權利意識，仍然具有舉足輕重的地位。只是無論如何，以政府力量介入勞資雙方間的私法關係，終非常態，而且甚難拿捏分寸，動輒得咎。因此其後政府除了曾研擬制訂勞動契約法，俾便作為勞資雙方間私法關係的準繩外，另外大幅度修正為了對應集體勞動法中傳統所稱勞動三權（即團結權、協商權、爭議權）[11]，所訂立的工會法、團體協約法、勞資爭議處理法（一般稱勞動三法），並自 100 年 5 月 1 日施行。立法發展上應該是冀盼先提振工會力量，再藉由勞工團結組成之工會，與雇主或雇主團體（公會）為對等協商，使勞資雙方間以自治方式協商勞動條件、解決勞資紛爭，以符合各行業的不同需求，並適度地減少政府對於私法關係介入。而除了上開法令研修外，中央勞工行政主管機關也在 103 年 2 月 17 日由行政院勞工委員會（76 年 8 月 1 日成立，之前主管機關為內政部勞工司）升格為勞動部，嗣於 104 年 5 月三讀修正勞基法 4 條為：「本法所稱主管機關：在中央為勞動部；在直轄市為直轄市政府；在縣（市）為縣（市）政府。」

---

[11] 在集體勞動法中勞方的權利，固然一般以「勞動三權」（即團結權、協商權、爭議權）稱之，然而黃程貫教授指出：無論從其由來的日本憲法 28 條，或國際社會通用的勞工基本權來看，傳統說法限縮勞工團體行動權到只剩爭議權，易生理解偏差，並使其餘團體行動權失去憲法保障，並無採用必要，而應以「同盟自由基本權」稱之較為正解，氏著勞動法（修訂再版），149 頁下，2001 年 6 月，國立空中大學。

第二篇 ▶ 個別勞動法制

第一章

勞動關係法令

第一節　勞動契約之定義與分析實益

第一項│勞動契約定義與司法及行政機關認定

一、勞動契約定義之法律規定演進

　　依 108 年 5 月 15 日公布修正之勞基法 2 條 1 項 6 款「勞動契約：指約定勞雇關係而具有從屬性之契約。」而修正前即 73 年立法之初，本款規定原為「勞動契約：謂約定勞雇關係之契約。」只是這初始的定義，無從讓我們認知勞動契約與其他給付勞務的契約如委任契約、承攬契約等，具有如何不同的特徵。因此以往學界或法院在認定勞動契約時，較常引用未正式生效的勞動契約法第 1 條規定：「稱勞動契約者，謂當事人之一方，對於他方在『從屬關係』提供其職業上之勞動力，而他方給付報酬之契約。」嗣後方在 108 年公布修正勞基法 2 條 1 項 6 款為「勞動契約：指約定勞雇關係而具有從屬性之契約。」在立法上確立了「從屬性」是勞動契約有別於其他勞務供給契約的特徵。

二、司法實務認定略要

　　雖然勞雇關係間的特徵在於其具有「從屬性」，但是從屬性之具體內涵為何，則學界見解未臻一致。而最高法院 88 台上 1864 號認為：「勞

工與雇主間應有從屬性，即一般學理上亦認勞動契約當事人之勞工，具有下列特徵：（一）人格從屬性，即受雇人在雇主企業組織內，服從雇主權威，並有接受懲戒或制裁之義務。（二）親自履行，不得使用代理人。（三）經濟上從屬性，即受雇人並不是為自己之營業勞動而是從屬於他人，為該他人之目的而勞動。（四）納入雇方生產組織體系，並與同僚間居於分工合作狀態。勞動契約之特徵，即在此從屬性……，換言之，勞動基準法所規定之勞動契約，係指當事人之一方，在從屬於他方之關係下，提供職業上之勞動力，而由他方給付報酬之契約，與委任契約之受委任人，以處理一定目的之事務，具有獨立之裁量權者有別。」且同院 81 台上 347 號與 101 台簡上 1 號皆表示：「基於保護勞工立場，一般就勞動契約關係之成立，均從寬認定，只要有部分從屬性，即應成立。」

　　或應觀察者是，雖然在 2 條 1 項 6 款未修正前，司法實務即已引用從屬性做為判斷是否勞動契約的基準，並將其中的人格從屬性著重在雇主的指揮監督，但在 105 年 10 月司法院釋字 740 號解釋表示：「保險業務員與其所屬保險公司所簽訂之保險招攬勞務契約，是否為勞動基準法第二條第六款所稱勞動契約，應視勞務債務人（保險業務員）得否自由決定勞務給付之方式（包含工作時間），並自行負擔業務風險（例如按所招攬之保險收受之保險費為基礎計算其報酬）以為斷，不得逕以保險業務員管理規則為認定依據。」後，司法判決對從屬性的內涵判斷似漸有不同[12]。例如，「司法院釋字第 740 號解釋，係就保險業務員與其所屬保險公司所簽訂之保險招攬勞務契約，是否為勞基法第 2 條第 6 款所稱勞動契約，不得逕以保險業務員管理規則為認定依據，原判決認定商君與上訴人間存有勞動

---

[12] 本號解釋後，法院對於勞動契約的認定趨勢如何，有：邱羽凡，勞動契約從屬性特徵認定標準之趨勢及反思，107 年度「勞動契約之挑戰與因應學術研討會」會議資料，勞動部主辦，台北律師公會協辦，未公開發行。吳哲毅，勞務提供之受指揮監督在勞工（勞動契約）認定上之定位 —— 兼評近來之二則最高行政法院判決，律師法學期刊，6 期，43 頁，2021 年 6 月，台北律師公會。

契約關係，並非僅以兩原則及學生兼任助理學習與勞動權益保障處理辦法為據，業如前述，與司法院釋字第 740 號解釋之意旨，並無違背。」（最高行政法院 108 判 196 號）；又如「不論何種類型勞務之債，勞務債務人所提供之勞務均需按勞務債權人之指示盡一定之注意程度，始符合債務之本旨。因此，勞務債務人是否必須依勞務債權人之指示為勞務之提供，並不足以作為勞動契約之類型特徵。此徵諸司法院釋字第 740 號解釋，就保險業務員與其所屬保險公司所簽訂之保險招攬勞務契約，是否屬於勞動契約之判準，揭示應視勞務債務人得否自由決定勞務給付之方式（包含工作時間），並自行負擔業務風險（例如按所招攬之保險收受之保險費為基礎計算其報酬）以為斷即明。亦即，是否為勞動契約之判斷，於人格從屬性上，著重於自由決定工作時間在人格自由發展上之意義，於經濟從屬性上，則以企業風險負擔為論據，而不應片面置重於勞務之指揮監督。」（最高行政法院 106 判 233 號）。而臺北高等行政法院 109 訴 1046 號，在認定原裁罰處分時點的食物外送業者與外送員間之契約關係表示：「雖然從屬性可能因為外在表現的差異，在概念上可以區分為人格上從屬性、經濟上從屬性、組織上從屬性與親自履行，但是勞動基準法其實只規定了從屬性的要件，並沒有明文區分為人格、經濟、組織等不同分類的從屬性或親自履行，更沒有要求必須人格、經濟、組織上從屬性或親自履行兼具時，才能認定是勞雇關係，因此，在解釋從屬性時，不應以必須同時兼具人格、經濟、組織上從屬性與親自履行為要件，而是應探究從屬性的程度是否已經達到需要認定為勞動關係而給予勞動相關法令的保護程度，所以不宜以某項從屬性的特徵較不明顯，就全盤否定有勞雇關係的存在。」

三、行政機關函頒勞動契約認定指導原則

　　108 年 5 月勞基法 2 條 1 項 6 款修正後，勞動部在同年 11 月以勞動關 2 字 1080128698 號函頒「勞動契約認定指導原則」（臺北高等行政法院 109 訴 1046 號：「本原則之法律性質核其內容為行政程序法第 159 條

所規定協助下級機關或屬官統一解釋法令、認定事實，而訂頒之解釋性規定，在符合司法院解釋及法律規定範圍內，亦得予以適用。」）就從屬性之認定具體詳列為：

（一）具人格從屬性之判斷

1. 勞務提供者之工作時間受到事業單位之指揮或管制約束；2. 勞務提供者給付勞務之方法須受事業單位之指揮或管制約束。但該方法係提供該勞務所必須者，不在此限；3. 勞務提供者給付勞務之地點受到事業單位之指揮或管制約束。但該地點係提供該勞務所必須者，不在此限；4. 勞務提供者不得拒絕事業單位指派之工作；5. 勞務提供者須接受事業單位考核其給付勞務之品質，或就其給付勞務之表現予以評價；6. 勞務提供者須遵守事業單位之服務紀律，並須接受事業單位之懲處。但遵守該服務紀律係提供勞務所必須者，不在此限；7. 勞務提供者須親自提供勞務，且未經事業單位同意，不得使用代理人；8. 勞務提供者不得以自己名義，提供勞務。

（二）具經濟從屬性之判斷

1. 勞務提供者依所提供之勞務，向事業單位領取報酬，而非依勞務成果計酬，無需自行負擔業務風險；2. 提供勞務所需之設備、機器、材料或工具等業務成本，非由勞務提供者自行備置、管理或維護；3. 勞務提供者並非為自己之營業目的，提供勞務；4. 事業單位以事先預定之定型化契約，規範勞務提供者僅能按事業單位所訂立或片面變更之標準獲取報酬；5. 事業單位規範勞務提供者，僅得透過事業單位提供勞務，不得與第三人私下交易。

（三）具組織從屬性之判斷

勞務提供者納入事業單位之組織體系，而須透過同僚分工始得完成工作。

（四）其他判斷參考

1. 事業單位為勞務提供者申請加入勞工保險或為勞務提供者提繳勞工退休金；2. 事業單位以薪資所得類別代勞務提供者扣繳稅款，並辦理扣繳憑單申報；3. 事業單位其他提供相同勞務者之契約性質為勞動契約。

> 本號函同時頒有「勞動契約從屬性判斷檢核表」，整體檢核結果，符合項目越多者，越可合理推論趨近於勞動契約。實務操作時可上網至：勞動部勞動法令查詢系統→行政規則→鍵入關鍵字「勞動契約認定指導原則」

第二項｜勞動契約與民法上其他勞務供給契約之區別 ── 附論經理人與公司間之契約定性

一、勞動契約與民法上其他勞務供給契約之區別

在現行民法規定的有名契約中與勞動契約相同而以提供勞務為主要內容者，有民法 482 條：「稱僱傭者，謂當事人約定，一方於一定或不定之期限內為他方服勞務，他方給付報酬之契約。」的僱傭契約；民法 490 條1 項：「稱承攬者，謂當事人約定，一方為他方完成一定之工作，他方俟工作完成，給付報酬之契約。」的承攬契約；民法 528 條：「稱委任者，謂當事人約定，一方委託他方處理事務，他方允為處理之契約。」的委任契約。

對此，以往有學者依據「給付勞務之過程是否受到支配」以及「給付勞務後之成果是否重要」二點，提出僱傭、承攬與委任三種勞務供給契約的不同點為：「僱傭以服勞務為契約內容，即以勞務本身之給付為契約目的，而此項勞務給付則需在雇主的指揮監督之下為之。……承攬則以勞務之成果為給付內容，即以工作之完成為契約目的，因此勞務之提供過程

則非當事人所注重……即原則上雖付出勞務，若未能完成工作則無報酬可享。至於委任，雖仍以勞務之提供本身為契約目的，但受任人則以自己的裁量為事務處理而有相當自主性。由上述三種契約之意義及性質而言，若要分別其契約概念時可有兩點判斷基準點可供參考。第一、勞務之成果是否為契約要素，即實現勞務成果之危險，勞務提供者要不要負擔，就此觀點而言，承攬是肯定的，但僱傭及委任則是否定的。第二、勞務給付之期間或勞動過程當中，勞務提供者否從屬於勞務受領者或獨立勞務受領者而為勞務之提供，就此觀點而言，僱傭以具有從屬性為其特徵而承攬及委任則以獨立性為其特徵。」[13]

　　因為我國學者在論述民法委任契約、承攬契約與僱傭契約之區別時，如上述認為僱傭契約之特徵在於勞務給付之過程中需受指揮監督，而使僱傭契約也帶有從屬性的特徵，且司法實務也經常將僱傭契約與勞動契約二者混用，如最高法院 94 台上 573 號：「稱承攬者，則謂當事人約定，一方為他方完成一定之工作，他方俟工作完成，給付報酬之契約，民法第 482 條及第 490 條第 1 項分別定有明文。參酌勞動基準法規定之勞動契約，指當事人之一方，在從屬於他方之關係下，提供職業上之勞動力，而由他方給付報酬之契約。可知，僱傭契約乃當事人以勞務之給付為目的，受僱人於一定期間內，應依照僱用人之指示，從事一定種類之工作，且受僱人提供勞務，具有繼續性及從屬性之關係。而承攬契約之當事人則以勞務所完成之結果為目的，承攬人只須於約定之時間完成一個或數個特定之工作，與定作人間無從屬關係，可同時與數位定作人成立數個不同之承攬契約，二者性質並不相同。」似認二者為同一概念。

　　然而在比較法上卻非必然，例如德國民法之委任限於無償，有償委任關係基本上即併入僱傭契約，因此僱傭契約的概念也包含自由、獨立的

---

[13] 陳繼盛，勞動關係之倫理與法理，勞委會（勞動部）舉辦，91 年度勞工法規研習會會議資料，一之 9 頁，未公開發行。

勞務給付，而顯然較勞動契約僅限於具有「從屬性」者為廣，所以咸認勞動契約與僱傭契約並不相同。而日本雖然與我國相同，即其民法的委任契約並不限於無償，但該國學者仍有認為僱傭契約固然不脫使用從屬關係，但仍係基於契約自由原理而設，勞動法則直接切入現實上勞資間不平等關係，故其所謂從屬勞動不只著眼於勞動力商品交換過程，並及於勞動契約履行過程，乃以人的從屬性為中心，加上組織從屬性、經濟從屬性乃至於階級從屬性，因此二者仍有區別。[14]

　　以上討論勞動契約與僱傭契約是否為同一概念，不只是理論上的趣味。亦即若肯定二者為不同概念，則民法有關僱傭契約之規定不應直接適用於勞動契約關係中，當然在訴訟法上也有影響，例如做為請求依據之訴訟標的等。

二、經理人與公司間之契約定性

　　繼了解何謂勞動契約後，依據契約法原理，只有勞動契約相對人之「雇主」與「勞工」才受到契約拘束。亦即在公司法人為僱用人情況下，其雇主應該只為「公司」，在獨資事業時雇主應該為「單一自然人」，在合夥型態時雇主為「複數自然人之集合（即合夥體）」。

　　不過，因為勞基法設有許多違反時的處罰規定，而實際上為該等違反法令規定之行為者，必定是自然人而非公司法人，因此勞基法對於雇主，是以實際執行雇主功能與職權之自然人的「功能性定義」方法，而訂 2 條 2 款為：「二、雇主：指僱用勞工之事業主、事業經營之負責人或代表事業主處理有關勞工事務之人。」[15]即個人企業主、公司法人等本身；法人代表人等經營負責人；受雇主授權處理有關人事、薪資、安全衛生等勞工事務者，此三類皆可能為本法定義之雇主。而本款：「……係為落實勞動

---

[14] 劉志鵬，論勞動基準法上之「勞工」（以經理人為檢討重點）——評釋臺北地方法院 83 年度勞訴字第 4 號判決，勞動法理論與判決研究，1 頁下，2000 年 5 月，元照出版公司。
[15] 黃程貫，勞動法（修訂再版），77、78 頁，2001 年 6 月，國立空中大學。

基準監督之目的所作定義，因之，於解釋本法各條雇主範圍時，宜斟酌各
該法條立法目妥適調整，舉例而言，本法第五十七條（編按，此處條文文
號或應為 59 條）所定雇主應僅限於事業主，而不包括事業經營負責人及
代表事業主處理有關勞工事務之人，申言之，勞工遭遇職業災害時，僅得
向事業主請求職業災害補償，尚不得請求事業經營負責人及代表事業主處
理有關勞工事務之人共同負擔職業災害補償責任。」[16] 又勞基法在定義雇
主之同時在 81 條明定：「（I）法人之代表人、法人或自然人之代理人、
受僱人或其他從業人員，因執行業務違反本法規定，除依本章規定處罰行
為人外，對該法人或自然人並應處以各該條所定之罰金或罰鍰。但法人之
代表人或自然人對於違反之發生，已盡力為防止行為者，不在此限。（II）
法人之代表人或自然人教唆或縱容為違反之行為者，以行為人論。」以行
為人及事業主之兩罰規定，防範事業主藉由代表人、代理人或其他從業人
員卸脫勞基法責任。

　　在對雇主採取功能性定義方式下，實務上較常衍生的問題是公司經理
人與公司間法律關係的定性。因為雖然公司經理人也是給付勞務而獲致報
酬之人，而且在我國公司中擔任經理職務者，或多或少皆須受到公司指揮
監督，並非全然屬於自由、獨立的給付勞務者。但是一方面由於經理人通
常是代表事業主處理有關勞工事務之人，依照上開功能性雇主定義，容易

---

[16] 焦興鎧等人合著，勞動基準法釋義－施行二十週年之回顧與展望，29 頁（本部分由劉志
鵬執筆），2013 年 3 月，新學林出版（股）公司。亦即，對於雇主的定義，除了個別法
規有其立法定義（如勞動事件法 3 條 2 項也有定義）外，隨著每部法規或法規內個別法
條立法目的不同，解釋上也可能會有不同。再舉例如，工會法等法制上不當勞動行為的雇
主範圍認定，勞動部不當勞動行為裁決委員會 102 勞裁 62 號即認為：「按不當勞動行為
制度之目的在保障勞工安心行使憲法所保障之團結權、團體協商權及團體爭議權，避免遭
受雇主不當之侵害，故不當勞動行為制度所規範之雇主，固以勞動契約關係上之雇主為原
則，但並無嚴格限定之必要，對於外觀上雖非勞動契約之雇主，但即將為勞動契約之雇主
或是曾為勞動契約之雇主，或實際上居於類似勞動契約之雇主地位且對於勞動條件或勞資
關係具有具體影響力者，本諸保障勞工或工會從事工會活動之意旨，視個案事實在一定情
形下，亦宜將之解為係不當勞動行為之雇主，方屬允當。」

被認為是雇主而非勞工，而且公司法 29 條 1 項規定有：「公司得依章程規定置經理人，其『委任』、解任及報酬，依下列規定定之。但公司章程有較高規定者，從其規定：一、無限公司、兩合公司須有全體無限責任股東過半數同意。二、有限公司須有全體股東表決權過半數同意。三、股份有限公司應由董事會以董事過半數之出席，及出席董事過半數同意之決議行之。」以致於經理人與公司間之法律關係，究竟是委任契約抑或是勞動契約，學界與實務即有不同見解。

（一）學說與行政機關見解

有認為上揭公司法條文只是規定經理人的選任、解任及報酬需要經過該條文所訂的程序，並不是說明經理人與公司間關係是委任契約，因此只要事業單位歸屬勞基法第 3 條所規定之行業，則在該事業單位內工作獲致報酬者，都屬於勞基法所稱的勞工，至於總經理等代表事業主處理有關勞工事務者，則兼具兩種身分（即代表事業主處理勞工事務時係雇主，從事工作獲致工資時為勞工）；也有認為不必拘泥於職稱，只要是符合勞動契約的定義而具有從屬性者，均屬勞工而受勞基法之保障；而勞工行政主管機關則傾向於是否依公司法程序委任而作類型化區分，如 83 台勞動三字 14826 號函釋謂：「一、……事業單位依公司法委任之經理人員，因非屬勞動基準法所稱僱用之勞工，故其退休金不得自勞工退休準備金中支付。……二、非依公司法委任之經理人員，如係受事業單位僱用從事工作獲致工資者，應屬勞動基準法之勞工，其退休金可自勞工退休準備金中支付。」

至於在採類型化見解下，如何判斷是依公司法委任之經理人，雖然依公司法 393 條 2 項 6 款規定，經理人姓名是公司登記事項，因此常見以是否經登記為經理人來認定，但或許是依公司法 12 條：「公司設立登記後，有應登記之事項而不登記，或已登記之事項有變更而不為變更之登記

者，不得以其事項對抗第三人。」登記僅是對抗要件並非生效要件，因此有學者表示應具備：1. 其設置為章程所規定；2. 其選任經董事會或股東之同意；3. 須在國內有住所或居所；4. 公司依公司法所造具之表冊，由經理人簽名等法定條件為判斷[6]。只是，因為其後公司法在 90 年 11 月公布修正時刪除 35 條：「公司依本法所造具之各項表冊，其設置經理人者，並應由經理人簽名……。」又在 107 年 11 月時刪除 29 條 3 項：「經理人應在國內有住所或居所。」因此若採此見解，則上開要件或應隨之修正。

（二）法院認定

法院則較傾向類型化見解，如臺高院 90 勞上 13 號：「又按經理人與公司間固屬『委任』關係，非勞動基準法所稱的勞工，而無勞動基準法之適用，惟必以經『依公司法之程序』委任之經理或總經理等為限……。」

應附帶提及者是，上開判決另又表示：「……而依公司法第 29 條第 2 項規定，經理人之委任、解任及報酬，於股份有限公司須有董事過半數同意定之，此項董事過半數同意之方式，公司法固未明文，惟查董事須組成董事會，董事會為法定必備之集體業務執行機關，亦為全體董事組成之會議體，是董事議決任何公司法上規定之公司業務事項，必係在董事會中，依法定程序由董事長召集，於開會前載明召集事由通知董事，於開會時就其議事作成議事錄（公司法 202 至 207 條參照），始符法律規定，倘未經此項程序作成董事會之意思決定，即不能認係依公司法之程序而為，股份有限公司董事過半數同意委任經理人執行公司業務亦應為相同之程序，此乃當然之補充解釋。……（二）被上訴人甲○○、戊○○調升經理之人事案既未經法定程序而為，不僅與公司法第 29 條及第 202 條以下之規定不符，亦與上訴人公司章程第 26 條明訂經理人之任免須由董事會以

---

[17] 劉志鵬，論勞動基準法上之「勞工」（以經理人為檢討重點）－評釋臺北地方法院 83 年度勞訴字第 4 號判決，勞動法理論與判決研究，1 頁下，2000 年 5 月，元照出版公司。

全體董事過半數之同意而為之規定有間，而被上訴人甲〇〇、戊〇〇於受僱多年後調升為經理，並未因此而獲得較原職位更優厚之待遇，且就其服勞務之方法亦無自由裁量之餘地，再參以上訴人並未證明被上訴人甲〇〇、戊〇〇調升經理時，兩造已合意終止原有之僱傭契約，並另簽訂新的委任契約，自應認被上訴人甲〇〇、戊〇〇係受僱用之經理，而非受上訴人公司委任之經理。」一者宣告公司法 29 條程序的踐行，是經理人委任之生效要件而非僅是對抗要件[18]；二者在採類型化的見解時表示，經過公司法程序任命的經理人，受公司法定性為委任契約，而未經公司法程序任命的經理人，其與公司間之法律關係仍應回歸有無從屬性判斷。

三、勞工升任經理人後，其與公司間之契約關係

因為一旦當事人間的法律關係被定性為委任契約時，非但不適用勞基法，而且依民法 549 條 1 項規定：「當事人之任何一方得隨時終止委任契約。」因此如果採類型化見解，而將依公司法程序任命的經理人與公司間之法律關係定性為委任契約，則在依公司法程序，將已經工作多年的勞工升任為經理人時，其與公司間原來的勞動契約是否即為消滅，而使勞工喪失因原來勞動契約所取得有關工作年資等權益，並且得由公司隨時依上開條文規定予以解任，不無疑問。

（一）學說見解

就此有學者引介：除當事人間明文約定或有可明白推知之合意存在，否則原勞動契約應該只是暫時中止，而與委任契約同時存在；以及若當事人間沒有特別約定終止原勞動契約或令新舊二約併存，應認為只是由原單

---

[18] 但同院 87 台上 376 號則表示：「至山〇〇公司任用嚴〇〇為公司之副總經理，未依公司法第 29 條第 3 項規定由總經理提請之程序辦理，及山河森公司於嚴武川到職後，未依公司法第 402 條第 1 項規定向主管機關申請登記，乃山〇〇公司有無違反公司法應受行政罰之問題，尚難據為兩造間之關係為僱傭關係之依據。」認為公司法之董事會決議程序與經理人登記，並非效力規定。

純的勞動契約轉變為混合契約（應即勞動契約與委任契約混合）等思考方式，值得注目[19]。

（二）法院認定

司法實務上，桃園地院 91 勞訴 42 號採取暫時中止說而認為：「故在當事人間並無明白或可推知之合意之情形下，勞工升任或擔任經理人後，雖然與公司成立經理人契約，但其雙方之勞動關係原則上仍應以暫時終止（編按，或應為暫時中止）之狀態續存，而於經理人之職務被解任後，即應回復其與公司間之勞動關係，仍有勞基法之適用，如此方可兼顧勞工原有之權益……被告終止與原告間之經理人契約（即系爭契約），仍應同時具備勞基法上終止勞動契約之事由，始能同時終止兩造間因此已回復之勞動契約。」

士林地院 99 勞訴 45 號則採混合契約說而表示：「原告與被告公司原先訂立聘僱契約，嗣後升任為經理人，應可認為兩造間係委任契約與僱傭契約的混合契約……委任契約核心在於雙方間信賴關係，而忠誠義務亦屬僱傭契約之本質，原告未避免利益衝突，導致被告公司對其無信賴基礎，故被告公司……終止與原告間經理之委任及僱傭混合契約自屬有效。」

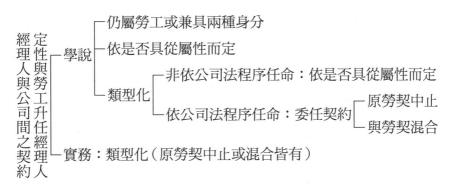

[19] 黃程貫，勞工升任經理人後其勞動契約之效力 ── 最高法院民事判決 83 年度台上字第 1018 號判決，劉志鵬、黃程貫等人主編，勞動法裁判選輯，123 頁下，1998 年 5 月，月旦出版社。黃程貫，勞工升任經理人 ── 委任與僱傭的混合契約？士林地院 99 勞訴 45 判決，臺灣法學，201 期，204 頁，2012 年 6 月 1 日。

第三項 | 分析勞動契約之實益 —— 勞基法的適用範圍及準用規定

第一款　勞基法之適用範圍

分析何謂勞動契約的實益在於，一旦雙方當事人間之法律關係被認定是勞動契約，並且沒有被中央主管機關指定排除適用時（3 條 3 項），則：「雇主與勞工所訂勞動條件，不得低於本法所定之最低標準。」（1 條 2 項），否則如經依民法 71 條 1 項：「法律行為，違反強制或禁止之規定者，無效。但其規定並不以之為無效者，不在此限。」而認定條款無效者，即以勞基法規定替代（臺高院 99 勞上更一字 5 號）。只是在劃定勞基法適用範圍時，仍需注意下述事項。

一、由立法及修法過程劃定適用範圍

在判斷個案是否適用勞基法時，應注意下述立法及修法過程，以正確認定勞基法之年資，再憑以計算資遣費、退休金等：

（一）73 年施行後，是採部分行業先行適用，再逐次指定適用的漸進方式

制訂勞基法時為了避免遽爾施行對企業經營、經濟發展影響過大，因此 73 年 8 月 1 日施行後，是採部分行業先行適用再逐次擴展的漸進方式。

亦即，勞基法適用範圍的初始規定為：「本法於左列各業適用之：一、農、林、漁、牧業。二、礦業及土石採取業。三、製造業。四、營造業。五、水電、煤氣業。六、運輸、倉儲及通信業。七、大眾傳播業。八、其他經中央主管機關指定之事業。」「依前項第八款指定時，得就事業之部分工作場所或工作者指定適用。」（3 條 1、2 項），而行政主管機關也依據此條文 1 項 8 款的規定，自 77 年 4 月 5 日起逐次分別指定適

用的行業及工作者。

　　這裡的行業別認定，依施行細則 3 條：「本法第三條第一項第一款至第七款所列各業，適用中華民國行業標準分類之規定。」90 台勞動一字 0027505 號並進一步闡示：「勞動基準法第 3 條及同法施行細則第 3 條規定適用該法之事業，其認定係依中華民國行業標準分類規定之『場所單位』之主要經濟活動為其分類基礎。所稱『場所單位』，係指經濟活動之構成主體，以備有獨自之經營簿冊或可單獨辦理事業登記者，以為判斷。……至於公共行政部門之場所單位係指總預算中列有單位預算者；若未編列單位預算，則以其組織所隸屬機關之經濟活動歸類。」亦即單一事業的不同部門或其分支單位（場所單位）有可能隸屬不同行業。不過，如果中央主管機關依據勞基法 3 條 1 項 8 款：「其他經中央主管機關指定之事業」，及同條 2 項：「依前項第八款指定時，得就事業之部分工作場所或工作者指定適用。」規定，指定事業之部分工作場所適用勞基法時，則必須明確予以指定後，才能針對該公司就被特別指定之其他行業別，依據相關法規進行裁處（例如不同行業別，可適用的彈性工時制度不同），如此始符正當法律程序（桃園地院行政訴訟判決 102 簡 27 號）。

（二）87 年修訂勞基法時，是採原則上全面適用，再例外指定公告排除之方式

　　只是在「相類事件應為相同處理，不同事件應為不同處理」的平等原則下，一旦雙方當事人間的契約關係被定性為勞動契約時，理論上皆應相同適用勞基法。因此 87 年 5 月 13 日修訂勞基法時，特別增訂 3 條 3 項本文：「本法適用於一切勞雇關係。」之規定。

　　然而因為社會上工作型態多樣，以統一法典強制規範所有勞雇關係，不免有扞格難行處，因此 3 條 3 項但書又設有：「但因經營型態、管理制度及工作特性等因素適用本法確有窒礙難行者，並經中央主管機關指定公告之行業或工作者，不適用之。」的除外規定，惟立法者又慮及一旦行政

機關指定太多不適用勞基法之例外，將難達設立最低勞動基準以保護勞工之立法目的，所以 3 條 4 項又規定：「前項因窒礙難行而不適用本法者，不得逾第一項第一款至第七款以外勞工總數五分之一。」但如果都是窒礙難行，只因為總量管制，就使後來者不得排除適用，在平等原則上有討論空間。

（三）實際運用時，可查閱主管機關之公告

總之，勞基法之適用範圍，雖然目前採取原則上全面適用，只有在因為經營型態、管理制度以及工作特性等因素而有窒礙難行者，才由主管機關指定公告而例外排除之方式，不過因為立法、修法過程之更迭，因此在個案操作時應審視各該行業及工作者，究竟是 87 年修法後才全面納入者，或是 73 年立法後逐次經公告指定適用者，而分別認定。

> 實務操作上，在 87 年全面適用例外排除後，主管機關以 87 台勞動一字 059605 號公告不適用勞基法之各業及工作者，但是在該指定的不適用各業及工作者中，其後陸續再有多次指定適用之公告再將之納入適用範圍，而主管機關也在該公告函後加以編註。因此可上網至「勞動部 → 勞動法令查詢系統 → 解釋令函公告」鍵入該指定公告函號查閱。另歷次指定適用之行業與日期之詳細，則可上網查詢：勞動部 → 業務專區 → 勞動條件、就業平等 → 勞動基準法適用 → 各行業適用勞動基準法時間→歷次擴大適用公告。

二、注意法律特別排除規定

一旦依據上述立法時及嗣後歷次公告，或修法後全面適用過程，而被納入勞基法適用範圍時，原則上其勞動條件應全部受勞基法規範，不過如果立法者基於特別的人、事、時、地等考量，而另立特別法規時，基於「特別法優先於普通法」之解釋原則，此時應該優先適用該特別法（亦即

勞基法之部分規定將被排除）。關於其他法令有特別規定而優先於勞基法適用者，例如：

（一）海商法 24 條 —— 船員僱傭契約所生債權

雖然勞基法 28 條 1 項規定：「雇主有歇業、清算或宣告破產之情事時，勞工之下列債權受償順序與第一順位抵押權、質權或留置權所擔保之債權相同，按其債權比例受清償；未獲清償部分，有最優先受清償之權：一、本於勞動契約所積欠之工資未滿六個月部分。二、雇主未依本法給付之退休金。三、雇主未依本法或勞工退休金條例給付之資遣費。」但海商法 24 條及 5 條分別規定：「（I）下列各款為海事優先權擔保之債權，有優先受償之權：一、船長、海員及其他在船上服務之人員，本於僱傭契約所生之債權。……。（II）前項海事優先權之位次，在船舶抵押權之前。」「海商事件依本法之規定，本法無規定者，適用其他法律之規定。」亦即海商法既然對此有特別規定，而優先於船舶抵押權，則本部分應優先適用海商法。

（二）勞基法 84 條 —— 公務員兼具勞工身分

依勞基法 84 條：「公務員兼具勞工身分者，其有關任（派）免、薪資、獎懲、退休、撫卹及保險（含職業災害）等事項，應適用公務員法令之規定。但其他所定勞動條件優於本法規定者，從其規定。」及施行細則 50 條：「本法第八十四條所稱公務員兼具勞工身分者，係指依各項公務員人事法令任用、派用、聘用、遴用而於本法第三條所定各業從事工作獲致薪資之人員。所稱其他所定勞動條件，係指工作時間、休息、休假、安全衛生、福利、加班費等而言。」規定，可知關於公務員兼具勞工身分之人，在其工作時間、休息、休假、安全衛生、福利、加班費等勞動條件部分，應該在相關的公務員法令以及勞基法等法令間擇優而適用，但是關於其任（派）免、薪資、獎懲、退休等事項則應適用公務員法令。

　　不過對於上揭條文的實際操作方式，仍有部分問題值得思索。亦即雖然施行細則 50 條將勞基法 84 條之「公務員兼具勞工身分」界定為，依各項公務員人事法令「任用、派用、聘用、遴用」者，且行政院臺 74 人政壹字第 36664 號等函，也據此表示：「二、勞動基準法施行細則第 50 條所稱任用、派用、聘用、遴用之人員如左：（一）依左列各種公務員人事法令進用或管理之人員：1. 任用：公務員任用法、分類職位公務人員任用法、交通事業人員任用條例、警察人員管理條例、技術人員任用條例、主計機構人員設置管理條例、審計人員任用條例、蒙藏邊區人員任用條例、戰地公務人員管理條例、臺灣省公營事業人員任用及待遇辦法。2. 派用：派用人員派用條例、經濟部所屬事業機構人事管理準則（派用人員）、經濟部所屬事業機構人事管理準則實施要點（派用人員），臺灣新生報業股份有限公司人事管理要點。3. 聘用：聘用人員聘用條例、經濟部所屬事業機構人事管理準則（約聘人員）、經濟部所屬事業機構人事管理準則實施要點（約聘人員）、經濟部所屬事業機構專技人員約聘要點、交通部所屬事業機構科技人員約聘要點、中央印刷廠僱辦法（聘用人員）。4. 遴用：臺灣地區省（市）營事業機構分類職位人員遴用辦法。（二）依其他人事法令進用管理相當委任職以上人員，及依雇員管理規則進用之雇員，但不包括其他雇員或約僱人員。」而司法實務臺高院 92 勞上易 73 號也接受此見解。

　　但是學者指出：由於資遣事項並未列在 84 條明文，固然行政院 76 台人政肆字 12298 號函表明，公務員兼具勞工身分者之資遣事項，應涵蓋於勞基法 84 條所訂「任（派）免」事項範圍內，而應適用公務員法令規定，惟法令規定有相互矛盾之處，尤其是對依法聘用之人員。蓋以，雖然勞基法 84 條及施行細則 50 條與上開函示，認為依各項公務員人事法令任用、派用、聘用及遴用而獲致薪資之人員屬公務員兼具勞工身分，而應適用公務員法令。但在聘用人員聘用條例第 6 條（即聘用人員不適用俸級法、退

休法及撫卹法之規定）卻又將這些聘用人員排除公務員法令之適用，因此產生其既不能依勞動基準法又不能依公務員法令規定辦理資遣，產生法令相互排擠形成法規漏洞之窘況[20]。

第二款　準用勞基法之規定 —— 技術生與建教生訓練契約
第一目　技術生訓練契約

雖然勞基法之適用，以雙方當事人間成立勞動契約為前提，不過勞基法沿襲工廠法（編按，已於 107 年 11 月 21 日經華總一義字 10700125421 號令公布廢止）中有關學徒之規定，也在第八章設有技術生訓練契約，並準用部分勞基法條文。

而「稱技術生者，指依中央主管機關規定之技術生訓練職類中以學習技能為目的，依本章之規定而接受雇主訓練之人。」「雇主不得招收未滿十五歲之人為技術生。但國民中學畢業者，不在此限。」（64 條 2、1 項），即所謂技術生訓練契約係指國民中學畢業或 15 歲以上，在中央主管機關規定之技術生訓練職類中，以學習技能為目的，依勞基法第八章規定而受雇主訓練之人與雇主所簽立之契約。又下述勞基法關於技術生訓練契約之規定，於事業單位之養成工、見習生、建教合作班之學生及其他與技術生性質相類之人，也準用（64 條 3 項）。

一、書面要式契約

依 65 條 1 項：「雇主招收技術生時，須與技術生簽訂書面訓練契約一式三份，……，由當事人分執，並送主管機關備案。」且本項規定此書面訓練契約應訂明訓練項目、訓練期間、膳宿負擔、生活津貼、相關教學、勞工保險、結業證明、契約生效與解除之條件及其他有關雙方權利義務事項。以上如有違反則依 79 條、80-1 條規定科處罰鍰等。

---

[20] 蔡震榮，公營事業人員身分法律規定之研究，中央警察大學法學論集，3 期，65 頁下，1998 年 3 月，另本小段函示亦引自蔡教授文。

又雖然 65 條 2 項僅規定：「技術生如為未成年人，其訓練契約應得法定代理人之允許。」惟依民法 77 及 79 條規定，限制行為能力人為意思表示及受意思表示時，如得法定代理人之事先允許或事後承認即生效力。因此，訓練契約如果未經法定代理人事先允許，解釋上亦得以事後承認之方式加以追認生效。

二、強制與禁止規定

技術生相較於成年或學有專精之勞工更顯弱勢，因此勞基法以強制、禁止規定之方式設有如下保護規定：

在訓練契約之主體方面：「雇主不得招收未滿十五歲之人為技術生。但國民中學畢業者，不在此限。」（64 條 1 項），並且：「技術生人數，不得超過勞工人數四分之一。勞工人數不滿四人者，以四人計。」（68 條）。

在契約訂立方面，除了經中央主管機關指定長期訓練必要之職業種類而公告（職業訓練法 11 條 2 項），方得訂立訓練契約外，關於其內容則依 65 條 1 項：「雇主招收技術生時，須與技術生簽訂書面訓練契約一式三份，訂明訓練項目、訓練期限、膳宿負擔、生活津貼、相關教學、勞工保險、結業證明、契約生效與解除之條件及其他有關雙方權利、義務事項，由當事人分執，並送主管機關備案。」且其工作時間應包括學科時間（施行細則 36 條），同時 66 條也明定：「雇主不得向技術生收取有關訓練費用。」而在實際訓練時，除了從事事業場所內之清潔整頓，器具工具及機械之清理外，雇主不得使技術生從事家事、雜役及其他非學習技能為目的之工作（施行細則 35 條）。

另外，67 條訂有：「技術生訓練期滿，雇主得留用之，並應與同等工作之勞工享受同等之待遇。雇主如於技術生訓練契約內訂明留用期間，應不得超過其訓練期間。」雖然，條文之文義是只要技術生訓練契約中訂有符合均等待遇的勞動條件與規定內的留用期間，即可「留用」技術生而

不需受其他限制。不過疑問在於，留用期間雙方間之契約關係為何？而既然訓練契約已經期滿而終止，則條文所謂之「留用」，應該是指雙方另外訂立之勞動契約，即條文之「留用」在不定期勞動契約，其性質或近於最低服務年限。

三、準用規定

因為技術生訓練契約並非勞動契約，所以不適用勞基法，不過 69 條 1 項定有：「本法第四章工作時間、休息、休假，第五章童工、女工，第七章災害補償及其他勞工保險等有關規定，於技術生準用之。」只是技術生訓練因屬學習階段，所以本項並未就工資訂有準用勞基法第三章之規定，但是對於沒有工資或低於基本工資之技術生，一旦發生職業災害，於計算補償時顯然有所不足，因此 69 條 2 項也明定：「技術生災害補償所採薪資計算之標準，不得低於基本工資。」以為保障。

第二目　建教生訓練契約 —— 高級中等學校建教合作實施及建教生權益保障法

上述勞基法第八章技術生之規定：「……於事業單位之養成工、見習生、建教合作班之學生及其他與技術生性質相類之人，準用之。」（64 條 2 項），只是其中建教合作班學生部分，於 102 年 1 月 2 日另公布施行「高級中等學校建教合作實施及建教生權益保障法」，而依該法 37 條：「本法施行後，勞動基準法第八章有關建教合作班之學生準用技術生之相關規定，於建教生不再適用。」因此其後在該法 3 條 1 款之建教合作範圍內，即有關職業學校、附設職業類科或專門學程之高級中學及特殊教育學校，與建教合作機構合作，以培育建教生職業技能為目標之建教合作機制，應適用該法。

該法所稱建教生，指於上開學校就讀，參加建教合作計畫，在一定期間內於建教合作機構接受職業訓練，領取一定津貼之在學學生（該法 3 條

2 款）。在法律關係上，建教合作機構應分別以書面與學校簽訂「建教合作契約」（該法 16 條），及與建教生簽訂「建教生訓練契約」（該法 17 條），並報經主管機關備查（在中央主管機關為教育部，地方為直轄市政府或縣市政府）。

　　在訓練期間的生活津貼方面：建教合作機構應依建教生訓練契約，給付建教生生活津貼，其金額不得低於勞基法所定基本工資，並除法律另有規定得扣除相關費用者外，應以法定通用貨幣按月全額直接給付予建教生（詳該法 22 條）；在訓練時間方面：建教生每日訓練時間不得超過 8 小時，每星期受訓總時數不得超過 40 小時，且不得於午後 8 時至翌晨 6 時之時間內接受訓練。繼續受訓 4 小時，至少應有 30 分鐘之休息。受訓期間，每 7 日至少應有 2 日之休息，作為例假。遇有勞基法規定應放假之日，均應依勞基法及其相關法令規定休息（詳該法 24 條）；在安全衛生方面：建教生從事訓練活動時發生災害而致死亡、失能、傷害或疾病時，建教合作機構應準用勞基法第七章職業災害補償規定予以補償，補償金額所採計算基準，不得低於勞基法所定基本工資之數額（詳該法 25 條）

第四項｜勞動契約與其他契約併存及多重雇主

第一款　勞動契約與其他契約併存

一、勞動契約與委任契約併存

　　在事業單位任職者，除了前述依公司法程序任命之經理人與公司間的關係，通說定性為委任契約外，依公司法 192 條 5 項：「公司與董事間之關係，除本法另有規定外，依民法關於委任之規定。」及同法 216 條 3 項：「公司與監察人間之關係，從民法關於委任之規定。」董事、監察人與公司間之法律關係，也被立法定性適用委任契約。因此理論上固然可以在事業單位中，劃分經理人與董、監事的委任契約，而與勞工的勞動契約

不同，但是在我國以中小企業為主的廠場實務上，卻常見有董事或總經理同時兼任廠長等。

　　對此種一人兼具二種身分情形，是否承認其勞工身分而適用勞基法等相關法令，法制並無明文，此時固然有認為勞動契約與委任契約不得併存之見解，惟最高行政法院 90 判 1467 號表示：「……三、公司之董事長、董事、執行業務股東、監察人等，均係股東會依委任關係選任，與公司間並無僱傭關係，尚非公司之職員，惟如兼任經理人或職員，其所領取之退休金中，相當於經理人或職員所領取之退休金部分，得依說明二規定辦理……。蓋從實際關係著眼，以經理人或職員亦有基於為公司服勞務獲致報酬之資格，與受雇主僱用從事工作獲致工資之勞工相當，乃許基於該資格所領之退休金部分，得申請發還已繳稅款，無違首引法條增訂之意旨，足資適用。」承認一人得同時具有兩種身分（最高法院 108 台上 1354 號也承認一人具二種身分），應較符合我國以中小企業為主的實務態樣。

二、勞動契約與承攬契約併存 —— 保險業務員與公司間之契約定性

　　除了得否在同一事業單位，同時具有委任經理人與勞工身分外，近年來就保險業務員的身分定性，也迭有爭議。就此勞工行政主管機關 90 台勞資二字 0009867 號函表示：「（一）基於契約自由原則，保險業事業單位與從業人員之勞務給付型態，以雙方自由訂定為原則。（二）公告適用勞動基準法之行業，其從業人員並非當然有該法之適用，仍應就實務上認定其勞務給付型態是否為僱傭關係而定。……（五）如經認定其關係非原有僱傭關係，並不影響契約當事人既存社會保險權益。」因此在廠場實務上，有的公司就保險招攬部分與業務員約定為承攬契約，有的公司則採取承攬契約與勞動契約（在要求固定到公司開會或處理行政事務之部分工時內）併存之方式。

在行政法院方面，繼最高行政法院在 100 判 2117 號，認有統一該院法律見解必要而許可上訴之案件中，表示該案中保險業務員與公司間之保險招攬契約應屬勞動契約後，臺北高等行政法院 103 簡上 115 號也表示：「保險業務員管理規則要求保險業者對所屬保險業務員克盡管理之責，其規定既構成原告與其所屬業務人員間權利義務之一部分，自得以其作為判斷原告與其屬所業務人員間法律關係之依據。綜觀保險業務員管理規則之規定，凡保險業務員資格之取得及登錄、教育訓練、招攬行為的規範，以及違規行為之懲處者，盡皆規範其內，上訴人亦據此訂定『保險業務員管理規則第 19 條第 1 項之處理標準』，可見上訴人應對保險業務人員之招攬行為嚴加管理，並應按其違規行為情節輕重予以停止招攬行為，甚可撤銷其業務員登錄，足見保險公司對於其屬所業務人員，依法具有強大之監督、考核、管理及懲罰處分之權，其具有從屬性之情，至為明顯。」「至於報酬給付方式究係按計時、計日、計月、計件給付，或有無底薪，顯非判斷其是否屬勞工工資之考量因素，故採取純粹按業績多寡核發獎金之佣金制保險業務員，如與領有底薪之業務員一般，均受公司之管理、監督，並從事一定種類之勞務給付者，仍屬勞動契約關係之勞工。」

然而在民事法院方面，除地方法院漸有認為：「兩造間存在承攬及勞動二種契約關係，並均以所簽之業務主管契約書、業務員承攬契約書為據……。是兩造間就承攬工作部分，係約定招攬保險，招攬被上訴人公司指定之各種人身保險商品，以及代被上訴人收取相當於首期保險費之費用……若完成工作，則被上訴人公司依其相關制度給付承攬報酬及服務津貼……。依此約定內容，就招攬保險之工作，被上訴人公司僅於工作完成後，就其成果依約定之方式給付報酬，至於上訴人欲何時、以何種方式、向何人招攬保險，均委諸上訴人自由決定，被上訴人公司未加以規定或指示，核其性質，應屬約定一方為他方完成一定之工作，他方俟工作完成給付報酬之承攬契約，而與受僱人僅須依約定期間工作，僱用人即應依約定

報酬數額給付，然僱用人對於受僱人服勞務之內容、方式均可隨時指示之僱傭契約迥然有別，是以就招攬保險之工作，上訴人與被上訴人公司間業務員承攬契約書應定性為承攬契約關係……；然就業務主管工作部分，系爭業務主管契約書約定上訴人為被上訴人從事保險業務員招募、管理及輔導等相關事宜，擔任業務主任之職務，上訴人之工作所得、給假、退休、福利、出勤、請假、考核、晉升、異動、管理等事項，均依政府相關法令及被上訴人所訂業務制度及相關辦法、規章、公文通知之內容辦理，該等業務主管工作之法律關係為勞動契約，應適用勞基法……。」[21] 而認此時保險業務員與公司間得同時兼具有「僱傭契約」（受聘為業務主管部分）與「承攬契約」（保險招攬勞務契約部分）外，臺高院 99 勞上 85 號、101 勞上 21 號等判決，就保險招攬契約部分也詳細表示：「被上訴人之業務人員管理規定，……為被上訴人依主管機關頒布之保險業務員管理規則第 18 條第 1 項規定『業務員所屬公司對業務員之招攬行為應訂定獎懲辦法』……所訂定；而保險業務員管理規則為主管機關依保險法第 177 條規定……所制訂，乃主管機關為健全保險業務員之管理及保障保戶之權益，基於行政管理目的所為之規定，被上訴人依上開法令訂定相關管理規定，難謂對上訴人具有指揮監督從屬關係，核與一般勞動關係中僅著眼於勞工對雇主所負之勞務給付義務迥異……。是保險業務員與保險公司間之契約關係，仍應依其實質內容定其契約型態，不因被上訴人依上開保險業務員管理規則訂定業務人員管理規定，即認被上訴人對上訴人具有指揮監督從屬關係。」

　　雖然以上個案事實或有差異，惟其基本見解影響重大（因為不只保險業有業務員而已），而且也影響實務操作甚鉅（例如除了究竟是否應適用勞基法及提繳勞工退休金外，在稅法上業務員所得究應以薪資申報或屬執

---

[21]　臺北地院 99 勞簡上 53 號，同院 99 重勞訴 12 號、99 勞訴 73 號等判決，也都認為保險業務員，就其招攬保險部分與公司間為承攬契約。

行業務所得也成問題）。而司法院釋字 740 號解釋，對上開民事法院與行政法院間，就定性保險招攬勞務契約的歧異見解表示：「保險業務員與其所屬保險公司所簽訂之保險招攬勞務契約，是否為勞動基準法第 2 條第 6 款所稱勞動契約，應視勞務債務人（保險業務員）得否自由決定勞務給付之方式（包含工作時間），並自行負擔業務風險（例如按所招攬之保險收受之保險費為基礎計算其報酬）以為斷，不得逕以保險業務員管理規則為認定依據。」[22] 只是雖然：「性質為公法管制規範的保險業務員管理規則，不能直接作為保險業務員與其所屬保險公司間是否構成勞動契約的認定依據，但保險公司為執行保險業務員管理規則所課予的公法上義務，而將相關規範納入契約（包含工作規則），或在契約中為更進一步的詳細規定，則保險業務員是否具有從屬性的判斷，即不能排除相關契約約定的檢視。換言之，公法上的管制規範已轉化為雙方契約上的權利、義務規範，該契約內容就應列為勞動從屬性的判斷因素之一。」（臺北地院 108 簡更一字 22 號行政訴訟判決）。

第二款　多重雇主

除了上述單一勞工可能同時與同一雇主間，具有不同契約關係外。另或因為經營組織變遷、僱用模式多元化，或基於稅務考量等因素，同一勞工於同一段時間內，也可能具有多數雇主。只是因為民法 484 條 1 項：「僱用人非經受僱人同意，不得將其勞務請求權讓與第三人，受僱人非經僱用人同意，不得使第三人代服勞務。」即所謂勞務專屬性之規定，因此一個勞工可否在同一段時間內，同時受僱於多數雇主，即有疑問。

---

[22] 實務操作上，保險業務員之契約類型認定，據 2019 年 9 月間之報載，金管會已要求壽險公會訂定「保險業務員勞務契約類型實施措施檢視表」，並送金管會備查，未來將以這套標準來認定業務員與公司關係，且適用所有保險公司，後續應予觀察。

　　對此，學者表示：「勞務供給專屬性，係為保護僱用人利益之制度設計，非為法律客觀秩序之違背，故民法僅規定非經僱用人同意，不得使第三人代服勞務；則反面言之，其經僱用人同意者，仍無不可。」[23] 而認為該條規定並非強制禁止規定。臺北地院 94 勞訴 81 號也承認此種多重雇主型態，只是認為此多數雇主間，原則上並不須就勞工之薪資、退休金等連帶負責，而表示：「……因經營組織之變遷、僱用模式之多元化，勞動契約上雇主之概念呈現二種現象，包括雇主概念之擴張，與雇主概念之分離。在雇主概念擴張部分，其中一概念即為多數雇主，蓋在我國事業主將所僱用勞工之薪資發放、勞保健保分由所轄不同關係企業辦理，另在中小企業中同一勞工為多數關係企業同時服務之情形，均屬常見，此舉常導致雇主認定混淆，連帶地使得勞工工資金額確認不易、年資中斷，進而影響退休金等權益。是以，多數雇主概念之採認即有其必要性……然而，多數雇主若未明示對勞工各負全部法律責任時，本諸民法第 271 條規定，在多數雇主間上難認為屬於連帶債務人。」

第二節　勞動契約之成立、生效與禁止事項等及試用期

第一項　契約之成立與生效

第一款　契約之成立要件

　　私法上契約有廣義與狹義之分。廣義的契約，指以發生私法上效果為目的之合意行為，包括債權契約（例如買賣、贈與的合意行為）、物權契約（例如所有權的移轉、抵押權的設定等合意行為），以及身分契約（例

---

[23] 邱聰智，債法各論（中冊），18 頁，1995 年 10 月，著者發行。

如收養、訂婚）等。狹義的契約則專指債權契約，亦即以發生債（即一方得對他方為特定請求）之效果為目的之合意[24]。

而契約既然是一種「人的合意行為」，那麼無論是何種契約，要能有效成立，其前提當然在於應有相對立之當事人、針對某一事項（學說稱為：標的），達成合意（學說稱為：意思表示之一致）。所以，契約成立應該要有「當事人」、「意思表示」以及「標的」等三者，作為成立要件。

第二款　契約之一般生效要件

但是，僅有上述三項成立要件，也不過是現實有此一社會現象而已，至於是否適宜使該一現實上成立存在的契約，發生法律上效果，則涉及立法者的價值判斷。例如在何種情形下，法律上方認為當事人具有訂定契約等法律行為的能力（民法 12、13、15、76、77 等條文參照[25]）；又當事人間意思表示所朝向之標的，如果是客觀上不可能之事項，或為國家法令所禁止，應不應該令該契約有效（民法 71、246 等條文參照[26]），而得拘束雙方當事人；再者究竟如何才是所謂意思表示一致，換句話說在錯誤的認知，或者是被脅迫下所做的意思表示，雖然表面上在當事人間已經有意

---

[24] 邱聰智，民法債編通則，27 頁，1996 年 9 月修訂 6 版，著者發行。

[25] 我國原則上是依當事人的年齡區分。民法 12 條：「滿二十歲為成年。」民法 13 條：「（I）未滿七歲之未成年人，無行為能力。（II）七歲以上之未成年人，有限制行為能力。（III）未成年人已結婚者，有行為能力。」（編按，應注意民法於 2021 年 1 月修正 12 條為：「滿十八歲為成年。」又刪除 13 條 3 項：「未成年人已結婚者，有行為能力。」規定，將自 2023 年 1 月 1 日起施行）。其次關於無行為能力人與限制行為能力人，如何為意思表示則規定於民法 76 條：「無行為能力人，由法定代理人代為意思表示，並代受意思表示。」民法 77 條：「限制行為能力人為意思表示及受意思表示，應得法定代理人之允許。但純獲法律上之利益，或依其年齡及身分，日常生活所必需者，不在此限。」民法 79 條：「限制行為能力人未得法定代理人之允許，所訂立之契約，須經法定代理人之承認，始生效力。」

[26] 民法 71 條：「法律行為，違反強制或禁止之規定者，無效。但其規定並不以之為無效者，不在此限。」民法 246 條 1 項：「以不能之給付為契約標的者，其契約為無效。但其不能情形可以除去，而當事人訂約時並預期於不能之情形除去後為給付者，其契約仍為有效。」即原則上違反強制禁止規定，或以自始客觀不能的給付為標的者，法律行為無效。

思表示一致之合意，然而基於該意思表示尚有瑕疵，因此是否適合使該一契約發生法律上的效果，也有斟酌空間（民法 88、92 等條文參照[27]）。而這一些考量，也就是學說上所稱的契約之一般生效要件[28]。

第二項 | 勞動契約之成立與生效

　　既然勞動契約也是契約的一種，那麼在契約的成立生效上，當然也應具備上述的契約一般成立要件與一般生效要件。不過，因為契約內容複雜多端，例如買賣契約除了買賣物品為何以及價金多少以外，還會涉及何時、何處履行物品與價金的交付，以及出賣人需不需要為物品的瑕疵負責等。所以，應進一步討論的是，究竟當事人雙方對於契約內容，應該達成什麼程度的合意，才是所謂客觀上意思表示之一致，以使契約生效。

　　而關於契約之內容，一般認為得視該內容是否為契約成立所絕對必要者，而區分為要素、常素與偶素等三者。所謂要素，即構成契約內容必要之要件，也是構成契約類型之要件。例如約定移轉財產權及支付價金，為買賣契約之要素；所謂常素，即在通常情形雖構成契約的內容，但若除去該內容，契約之性質亦不受影響者。例如買受人免除出賣人之瑕疵擔保責任時，契約之性質仍為買賣，不受影響；所謂偶素，即通常不會構成契約內容之事項，是由當事人特別以意思表示，將其附加以構成契約之內容者，例如條件或期限等[29]。

---

[27] 民法就因為錯誤、或受詐欺、脅迫所為的意思表示原則上仍認有效，只是得於一定期間內撤銷。民法 88 條：「意思表示之內容有錯誤，或表意人若知其事情即不為意思表示者，表意人得將其意思表示撤銷之。但以其錯誤或不知事情，非由表意人自己之過失者為限。當事人之資格或物之性質，若交易上認為重要者，其錯誤，視為意思表示內容之錯誤。」民法 92 條：「因被詐欺或被脅迫而為意思表示者，表意人得撤銷其意思表示。但詐欺係由第三人所為者，以相對人明知其事實或可得而知者為限，始得撤銷之。被詐欺而為之意思表示，其撤銷不得以之對抗善意第三人。」

[28] 關於契約成立與生效要件，參酌王澤鑑教授所整理法律行為成立生效表。氏著民法總則，271 頁下，2000 年 9 月，著者發行。

[29] 孫森焱，民法債編總論（上冊），25 頁，2005 年 12 月修訂版，著者發行。

當了解這些分類後，依民法 153 條 2 項：「當事人對於必要之點，意思一致。而對於非必要之點，未經表示意思者，推定其契約成立，關於該非必要之點，當事人意思表示不一致時，法院應依其事件之性質定之。」則契約法上所謂意思表示一致，法律上只要求對於必要之點，亦即契約之「要素」有所合意，契約即可生效。

而既然「勞動契約：指約定勞雇關係而具有從屬性之契約。」（2 條 1 項 6 款），且其中「勞工」之定義：「謂受雇主僱用『從事工作』，『獲致工資』者。」（2 條 1 項 1 款），因此，只要在從屬關係上提供勞務的勞工與雇主雙方間對於「工資數額」及「工作內容」達成合意，勞動契約即為生效，至於其他非必要之點，則應由上舉民法條文決定。不過民法 483 條規定有：「（I）如依情形，非受報酬即不服勞務者，視為允與報酬。（II）未定報酬額者，按照價目表所定給付之；無價目表者，按照習慣給付。」似乎勞資雙方間只要對於「工作項目」有所合意，即可能使僱傭契約生效，而無庸對於報酬多少正式達成合意。

第三項｜歧視禁止、隱私保護等與一般平等待遇原則

在成立勞動契約時，應同時注意下述歧視禁止與隱私保護等相關法律規定：

一、歧視禁止

禁止歧視的基礎法條在就服法 5 條 1 項：「為保障國民就業機會平等，雇主對求職人或所僱用員工，不得以種族、階級、語言、思想、宗教、黨派、籍貫、出生地、性別、性傾向、年齡、婚姻、容貌、五官、身心障礙、星座、血型或以往工會會員身分為由，予以歧視；其他法律有明文規定者，從其規定。」違反者依同法 65 條 1 項科處罰鍰。

本條項所稱歧視，北高行 100 訴 1136 號首先闡釋以：「且按『歧視』之概念，本質上包含『事實比較』之意涵，亦即主張雇主具有『歧視』行為時，若可指出一項可供參考比較之事實指標，藉以說明被歧視者與該參考之事實指標，二者職業條件相同，卻因某項與工作能力不相關之因素而受（雇主）不平等之處遇，或者職業條件不同，卻因某項與工作能力不相關之因素而受相同之對待，即足當之。」其次認為包含直接歧視與間接歧視即：「該條項規定明文禁止雇主以年齡為限制條件而致『年齡就業歧視』，其立法意旨厥在雇主在求職者或受僱者之求職或就業過程，不得因年齡因素而對之為直接或間接之不利對待。亦即，不問雇主係直接以年齡為因素，設定為僱用員工、解僱員工或給予員工福利之條件，或雖未直接以年齡為條件，但間接設定其他因素，但因該因素連結之結果，將與年齡發生必然之關連，終致員工將因年齡因素而與勞動條件發生牽連，均應認為係因年齡因素而予員工不當之歧視，始為允當。」[30]

本條項關於「性別、性傾向」的歧視禁止，在性工法 7 條本文也規定有：「雇主對求職者或受僱者之招募、甄試、進用、分發、配置等，不得因性別或性傾向而有差別待遇。」違反者依同法 38-1 條處罰鍰，而因為兩者罰鍰數額相同，且性工法是性平事項的特別法，因此法條適用上以性工法為優先。又「年齡歧視」禁止，在中高齡者及高齡者就業促進法 12 條 1 項訂有：「雇主對求職或受僱之中高齡者及高齡者，不得以年齡為由予以差別待遇。」本部分應為就服法之特別法。另關於「身心障礙」歧視，雖然身心障礙者權益保障法 16 條 1 項規定：「身心障礙者之人格及合法權益，應受尊重及保障，對其接受……、進用、就業、……等權益，不得有歧視之對待。」應有成為就服法的特別法之可能，但勞動條 4 字 1060130457 號認為：「有關就業服務法第 5 條第 1 項『身心障礙歧

---

[30] 本判決應係筆者法研所同窗黃桂興法官所屬合議庭作成。桂興同學為人敦厚，勤學不輟，哲人日遠，典型猶在。

視』規定，除取得『身心障礙證明』者以外，申訴人情狀如屬『身心障礙者權利公約』（編按，我國另訂有身心障礙者權利公約施行法）所揭示身心障礙內涵，而受有就業差別待遇者，仍得提出申訴，至就業歧視是否成立，仍應就具體個案事實認定。」似認就服法就身心障礙的內涵較大（編按，依身心障礙者權益保障法 5 條規定，身心障礙之認定以取得身心障礙證明為限），只是從法律文義明確性及法制一體性等理由來看，或有討論空間。至於雇主一行為涉及多項就業歧視（如容貌、性別及中高齡歧視等），而涉同時違反就服法、性工法、中高齡者及高齡者就業促進法之就業歧視禁止規定時，應依就業服務法論處，嗣後如有不服處分者，救濟途徑為提起訴願，以周全保障民眾行政救濟權益（勞動條 4 字 1090130311 號）。

　　另實務上應注意，除了上開就服法 5 條 1 項列舉的歧視類型外，其他法律偶也設有禁止歧視類型規定，如人類免疫缺乏病毒傳染防治及感染者權益保障條例 4 條 1 項：「感染者之人格與合法權益應受尊重及保障，不得予以歧視，拒絕其就學、就醫、就業、安養、居住或予其他不公平之待遇……。」[31] 精神衛生法 22 條：「病人之人格與合法權益應受尊重及保障，不得予以歧視。對病情穩定者，不得以曾罹患精神疾病為由，拒絕就學、應考、僱用或予其他不公平之待遇。」

二、隱私保護等

　　就服法 5 條除了 1 項規定上述禁止歧視類型外，2 項規定有：「雇主招募或僱用員工，不得有下列情事：一、為不實之廣告或揭示。二、違反求職人或員工之意思，留置其國民身分證、工作憑證或其他證明文件，或

---

[31] 具體案例有新北地院 108 簡 18 號行政判決就：2017 年 3 月 12 日○君告知該店店長因牙痛不適，工作反應較慢，且為愛滋感染者，希望店長能體諒。但於 2017 年 3 月 13 日即發生○君被要求離職及嗣後調職、資遣等情事，主管機關為此審認業者違反人類免疫缺乏病毒傳染防治及感染者權益保障條例 4 條 1 項規定，依同條例 23 條 3 項規定，裁處業者 30 萬元罰鍰事件，維持原處分。

要求提供非屬就業所需之隱私資料。三、扣留求職人或員工財物或收取保證金。四、指派求職人或員工從事違背公共秩序或善良風俗之工作。五、辦理聘僱外國人之申請許可、招募、引進或管理事項，提供不實資料或健康檢查檢體。六、提供職缺之經常性薪資未達新臺幣四萬元而未公開揭示或告知其薪資範圍。」本項規定在實務上應注意者略有：

第 1 款的不實廣告或揭示，臺中地院行政訴訟判決 106 簡 20 號闡示以：「原告所招募之電訪專員所可能領取之 27,000 元，既屬一定業績達成始得領取點數津貼 5,000 元及全勤獎金 2,000 元而取得，非為固定保障之薪資；則原告所刊登之系爭廣告內容有關公司底薪資料『保底 27,000 元』之記載，與實際上原告正式員工係按薪資表計算，業績達成 50 萬元始有點數津貼 5,000 元者並非相符，此已足致一般民眾瀏覽該廣告時產生錯誤之認識，將造成有意求職者於面試前階段與面試階段受系爭不實廣告之誤導，誤以為原告之正式員工有 27,000 元之保障底薪。」

第 2 款「要求提供非屬就業所需之隱私資料」，文義上「要求提供」即構成，因此不得僅據「無違反求職人或員工之意思而予以免責」（勞動部勞動法訴字 1030034299 號訴願決定書）。至於何謂「非屬就業所需之隱私資料」，則依就服法施行細則 1-1 條 1 項：「本法第五條第二項第二款所定隱私資料，包括下列類別：一、生理資訊：基因檢測、藥物測試、醫療測試、HIV 檢測、智力測驗或指紋等。二、心理資訊：心理測驗、誠實測試或測謊等。三、個人生活資訊：信用紀錄、犯罪紀錄、懷孕計畫或背景調查等。」規定判斷。實務上較常見的是要求求職人提供「警察刑事紀錄證明（良民證）」，就此除非法律另有規定[32]，否則應符合同條 2 項：

---

[32] 這裡的法律規定，以往大略舉的是保全業法 10-1 條及道路交通管理處罰條例 37 條等。不過雖然保全業法 10-1 條規定有不得擔任保全員的消極資格，故以往大多據此認為保全業雇主可以要求求職人提供良民證以供查驗。但是勞動發就字 1080514268 函（編按，本函由新北市政府勞工局提供）表示：「（一）查保全業法第 10-1 條已訂有不得擔任保全人員之消極資格，…另依該法第 10 條規定『保全業應置保全人員，……並於僱用前檢附名

「雇主要求求職人或員工提供隱私資料，應尊重當事人之權益，不得逾越基於經濟上需求或維護公共利益等特定目的之必要範圍，並應與目的間具有正當合理之關聯。」規定。

　　至於第 3 款所定的保證金，臺北高等行政法院 99 簡 640 號以：「核其立法意旨，係在保障居於經濟弱勢之求職人或勞工，不因求職或服勞務更生財產上不安定之危險，是該條例所稱之『保證金』並不以金錢為限，凡供為擔保聘僱契約用途之金錢或與金錢相同評價之代替物均屬之……。」進而表示：「（三）……推拿師因簽發本票而負有票據法上發票人之責任，須擔保票款之支付，有被追索及強制執行之可能，其財產上陷於不安定之危險，則原告向推拿師『收取本票以為擔保』，即與就業服務法第 5 條第 2 項第 3 款所定『收取保證金之行為相當』……。」有就服法 67 條 1 項適用。

　　末者，第 6 款「提供職缺之經常性薪資未達新臺幣四萬元而未公開揭示或告知其薪資範圍」，是 107 年 11 月新增施行，用意在於促進薪資資訊透明化，透過就業市場勞雇雙方資訊對稱，使求職者能在應徵前知道各職缺的薪資範圍，以節省尋職時間成本。勞動部勞動發就字 10805036151 號令，核釋本款所稱公開揭示或告知其薪資範圍，係指雇主招募員工，應使求職人於應徵前知悉該職缺之最低經常性薪資，並應以區間、定額或最

冊，送請當地主管機關審查合格後僱用之；……』，該法已規定保全業僱用保全人員前需檢附名冊，送請地主管機關審查合格後僱用之，惟並未授予保全業雇主得要求欲擔任保全人員者提供良民證之權限……。（二）復依內政部警政署…略以，依警察刑事紀錄證明核發條例第 6 條規定：『警察刑事紀錄證明應以書面為之……。但下列各款刑事案件紀錄，不予記載：一、合於少年事件處理法第 83 條之 1 第 1 項……』倘民眾所犯之刑事案件符合前述規定，將不會顯示相關紀錄於該證明內。爰民眾持有無犯罪紀錄之警察刑事紀錄證明應徵保全人員，不能視同該人等無任何前科紀錄，警察機關仍應依保全業法第 10 條之 1 第 1 項各款規定加以審查……。（三）綜上，警察刑事紀錄證明與保全業法規定之保全人員資格審查並無直接相關，保全公司要求求職人或員工提供良民證（警察刑事紀錄證明），是否有違本法第 5 條第 2 項第 2 款規定一節，仍應依本法規定以『是否屬就業所需』及『是否基於經濟上需求或維護公共利益等特定目的之必要範圍，並應與目的間具有正當合理之關聯。』或依法令規定應予提供，以個案事實審認之。……」

低數額之方式公開。該號令同時頒布「雇主招募員工公開揭示或告知職缺薪資範圍指導原則」，在雇主招募員工，符合進用後雙方具有僱傭關係，且提供職缺之經常性薪資未達新臺幣 4 萬元，即依本指導原則辦理，而其內容略為：1. 本指導原則所稱經常性薪資，指雇主每月給付受僱員工之工作報酬，包括本薪與按月給付之固定津貼及獎金（例如按月給付之伙食津貼、全勤獎金及績效獎金等），但不包括加班費、年終獎金、三節獎金及差旅費等給與；採計時、計日或計件等方式給付報酬者，應揭示或告知每小時、每日或每件之金額，並補充說明其用人及核薪條件；2. 雇主公開揭示或告知職缺薪資範圍，應以區間、定額或最低數額之方式為之。雇主以區間方式呈現薪資範圍者，以不超過新臺幣 5,000 元為宜；3. 雇主公開揭示或告知職缺薪資範圍，應使求職人於應徵前知悉該職缺之最低經常性薪資[33]。

三、勞動法上一般平等待遇原則之倡議

現行法除了上開就服法及性工法等法律禁止基於身分與性別等因素而對勞工為不平等待遇外，另有勞基法 25 條：「雇主對勞工不得因性別而有差別之待遇。工作相同、效率相同者，給付同等之工資。」及工會法 36 條：「雇主或代表雇主行使管理權之人，不得有下列行為：一、對於勞工組織工會、加入工會、參加工會活動或擔任工會職務，而拒絕僱用、

---

[33] 筆者在 2018 年 12 月 17 日查詢勞動部勞動力發展署網站《就業服務法第 5 條第 2 項第 6 款薪資揭示規定》常見問答集中，曾見該署就本款所謂「經常性薪資」表示：係指受僱員工每月可得的工作報酬，包括本薪與按月給付的固定津貼及獎金（例如伙食津貼、全勤獎金及績效獎金等），但不包括加班費、年終獎金、三節節金及差旅費等。對於雇主無法確保每月薪資給予受僱員工可達 4 萬元以上，如每月本薪 2 萬 5,000 元，且每月可得績效獎金金額不定（如：0 元～2 萬元），得以薪資區間（如：2 萬 5,000 元～4 萬 5,000 萬元）或最低可得薪資數額（如：月薪 2 萬 5,000 元以上）方式呈現。且勞雇雙方具僱傭關係，即有本款規定之適用，如勞工每月實際獲取之經常性薪資未達 4 萬元，雇主即應依法揭示薪資範圍，如採計時、計日或計件等核薪方式，仍應依上揭原則辦理，可揭示每小時、每日、每件報酬金額（如：日薪 1,000～1,200 元或按件計酬 1 件 2,000 元起），並敘明相關勞動條件等方式，以使求職民眾知悉薪資範圍。

解僱、降調、減薪或為其他不利之待遇。二、對於勞工或求職者以不加入工會或擔任工會職務為僱用條件。三、對於勞工提出團體協商之要求或參與團體協商相關事務，而拒絕僱用、解僱、降調、減薪或為其他不利之待遇。四、對於勞工參與或支持爭議行為，而解僱、降調、減薪或為其他不利之待遇。……。」等具體規定。

　　雖然上述法條皆是針對某一特殊事項所規定的禁止不平等待遇，而不是勞動法上一般平等待遇原則的明文，但有學者表示：因大多數勞工須由工作以維持經濟生活，而雇主普遍地具有優勢實力，為實現與貫徹憲法第7條：「中華民國人民，無分男女、宗教、種族、階級、黨派，在法律上一律平等。」之平等原則所蘊含的價值判斷，應承認在上開具體規定外，勞動法上存在著一個一般的、普遍適用於勞動法的平等待遇原則存在。至其構成要件則需：1.至少存在著另一個相同或相類似之勞工；2.有差別待遇或歧視之不平等待遇；3.無正當事由。其法律效果則為：該行為因違反平等待遇原則為無效，且德國通說基本上應賦予被歧視之勞工有請求相同待遇之權，只是如雇主所為者若係一長期措施，則勞工基本上僅針對過去雇主已為給付部分擁有請求（溯及地）為平等待遇之權（即承認雇主得向將來為調整）[34]。

第四項｜勞動契約之試用期

　　我國企業在僱用勞工之初，通常與勞工約定有試用期，但因為施行細則在86年6月修正時，刪除原6條3項：「勞工之試用期間，不得超過四十日。」規定，以致其後法令對試用期規定付之闕如。因此修正後，事業單位得否再與新進員工約定試用期，以及如可約定則試用期間之長短是

---

[34] 林更盛，勞動法上的一般平等待遇原則，氏著勞動法案例研究（一），89頁下，2002年5月，著者發行。

否受有限制。又試用期內或期滿不合格時，是否應具備法定資遣事由並再給付資遣費等，也有疑義。諸此問題行政主管機關、司法機關及學者之見解略如下：

一、施行細則刪除有關試用期規定後，得否再約定試用期，如可約定則試用期間是否受有限制

（一）行政機關

86台勞資二字035588號函：「三、至該法施行細則修正後，有關『試用期間』之規定已刪除，勞資雙方依工作特性，在不違背契約誠信原則下，自由約定合理之試用期，尚非法所不容。……。」換言之，雖然刪除了施行細則所訂試用期不得超過40天之規定，但仍然可以依工作特性而分別約定試用期間，只是不受40天之限制。

（二）司法實務

臺高院90勞上17號也認為：「而勞動契約之種類繁多，勞動內容之差異性常屬天壤之別，就各種不同性質之勞動性質，其所需之勞動能力多屬不同，僱主需多久之試用期間始能考核確定所僱用勞工是否適任，尤難以一定之標準日數相繩。此一高度歧異化、個案化之情狀，本應委由當事人依其個別情形加以約定，故勞動契約有關試用期間之約定，應屬勞雇間契約自由之範疇，若其約定符合一般情理，並未違反公序良俗、誠信原則或強制規定，其約定應生契約法上之效力，而得拘束當事人，此觀勞基法施行細則原來有關試用期間不得超過四十日之規定，嗣後已遭刪除，並不再就試用期間之長短為規定等情，更足為證。」

另在定期契約方面，雖有認為定期契約之目的主要在於彌補暫時性勞力不足，且工作性質通常單純，故對是否有試用必要存有疑義。不過基於契約自由，及試用期在於判斷職務適格性與定期契約性質並無衝突，或應持肯定見解（臺北地院94勞訴80號）。

二、試用期內之解僱是否仍需遵循勞基法規定（即具備法定解僱事由，並給予預告期間及資遣費）

（一）學界見解 —— 從試用期之法律性質探討

　　在承認仍得約定試用期後，其次應探討者在於，若試用期內或期滿評定不合格時，是否與正式勞動契約相同處理。對此問題日本學界藉由「試用勞動」法律性質之探討加以釐清，大略言之有如下二種立場：第一種為強調試用勞動是具有實驗性質，而與正式勞動契約不同之預約或特別契約。其次則認為試用勞動仍是勞動契約，在此立場上或者認為試用期約定只是在勞動契約中所附之解除條件（亦即勞動契約仍於雙方合意時生效，不過如經試用評定不合格則解除條件成就，勞動契約溯及自始失效）；或者認為試用期約定是停止條件（亦即勞動契約於試用期間尚未生效，應至試用評定合格時方始溯及生效）；或者認為試用期約定係雇主保留於試用評定不合格時之解僱權；也有認為應斟酌個案中工作規則規定，乃至當事人合意，綜合判斷之多元說。

　　我國學者介紹上開學說後認為，因各企業所訂立之試用規定多樣化，在個案判斷時，不僅工作規則、勞動契約之文字應詳予理解，對於該職場內過去試用制度之運作實態、習慣，亦應作綜合性之判斷，而分別認定試用勞動之法律性質，如仍無法判斷時，則推定採解僱權保留說之多元化看法。基此見解在我國勞基法體系下提出，只要符合社會公平理念時，雇主即得解僱試用勞工，而使雇主對解僱事由之證明程度減輕。例如，資遣時只要能合理證明試用勞工有「大致不能勝任」之程度，不須證明至「確不能勝任」；又如勞工違反勞動契約或工作規則之際，縱其情節非重大，但只要衡諸社會公平理念，認為其情節具有合理程度之嚴重性，亦可解僱（編按，依此舉例似指仍需適用勞基法 11、12 條，只是證明程度減輕），又試用期間內雙方對試用法律關係不安定狀態皆有了解，則解僱試用期間

勞工以不需依勞基法 16 條預告為宜[35]。

雖然，在論理上不承認可約定試用期即回歸勞基法，既然承認可以約定試用期，如又要求試用期仍需適用或完全適用勞基法，則承認試用期約定似無實益，因此日本學界見解容有論理依據。只是，因為我國就業安全法制對是否處於試用期並沒有特別區分，因此在勞工就職時原則上即依法投保勞保、健保、災保與就保並提繳勞退，且在試用期間也可能發生職災，因此解除條件說或停止條件說，容易使法律關係複雜，或以解僱權保留說較可採。然而在就業安全法制方面，依就服法 33 條規定，除因天災、事變或其他不可抗力之情事，可以延至被資遣員工離職之日起三日內通報外，資遣員工時應在員工離職日之 10 日前，將被資遣者之姓名、性別等資料，以及資遣事由、是否需要就業服務等事項，列冊通報地方行政主管機關（另目前在勞工工作期間未滿 10 日者，得依勞職業字 0970087602 號函，自員工離職之日起 3 日內辦理資遣通報），且符合條件者將有失業給付（被保險人在非自願離職辦理退保當日前三年內，保險年資合計滿一年以上，即有領取失業給付的可能 / 就保法 11 條 1 項 1 款），這些制度似乎不應是否試用期間而有區別（但下述司法實務採不同見解）。

（二）司法實務有採解僱權保留說者，認為雇主除受權利不得濫用限制（若怠於行使權利則解僱權消滅）外，並不適用勞基法第 11、12 條之規定，且無需給付資遣費及非自願離職證明

新北地院 108 勞訴 76 號表示：「4.……目前法院實務多數見解認為，試用期間約定雇主具有『保留解僱（契約終止）權』之法律性質（最高法院 93 年台上字第 74 號、95 年台上字第 1805 號、2727 號民事判決、臺灣高等法院 107 年重勞上字第 56 號、……民事判決參照）。換言之，

---

[35] 劉志鵬，論試用期間，氏著勞動法理論與判決研究，37 頁下，2000 年 5 月，元照出版公司。

在試用期間約定下，雇主可以隨時終止契約，並無須具備勞基法第 11 條或第 12 條第 1 項各款規定的法定終止事由。但雇主終止契約並非毫無任何限制，仍然不可以有『權利濫用』之情形。」且「五……（一）如前所述，既然在試用期間約定下，雇主可以隨時終止契約，無須具備勞基法第 11 條、第 12 條所規定之法定終止事由，即不適用勞基法相關規定。因此，除非勞雇雙方在契約中另外有特別約定，否則雇主自然無須依照勞基法第 16 條、第 17 條規定（均以雇主依勞基法第 11 條規定終止勞動契約為前提）給付勞工資遣費及預告工資。……（二）又依就業保險法第 11 條第 3 項規定，所謂『非自願離職』是指被保險人因投保單位關廠、遷廠……，或因勞基法第 11 條、第 13 條但書、第 14 條及第 20 條規定各款情事之一離職者而言。本件原告是因未通過試用期考核結果，經被告告知不適任事由後而終止勞動契約，並不適用勞基法有關解僱相關規定，即不符合前述『非自願離職』情形，故原告請求發給非自願離職證明書，亦無理由……。」

承上，既然「試用勞動制度，……依有力說即解僱權保留說認為，勞動契約之效力，從試用期間開始時即已發生，惟雇主另外保留解僱權，一旦於試用期間中，發現試用勞工有不適格之情形時，即得以之作為理由將試用勞工解僱之，試用期間屆滿以後，雇主若仍『怠於行使此被保留之解僱權時，解僱權乃告消滅』。」（臺北地院 91 勞訴 120 號），則解僱權之行使期間即有探討必要，就此最高法院 93 台上 74 號表示：「僱用人於試用期間屆滿後未立即考核，是否不得再為考核及終止契約，應以僱用人行使其考核及終止權之期間是否相當為斷。參以勞動基準法第 12 條第 4 款有關違反勞動契約或工作規則，情節重大者，僱主得不經預告終止契約之規定，其終止權之行使，以僱主自知悉其情形之日起 30 日內為行使期間。本件被上訴人於上訴人試用期間屆滿，其終止權之行使類推適用上開規定之 30 日內行使，即屬相當。」

（三）行政機關則認為仍需據勞基法規定解僱並給付資遣費

　　上開 86 台勞資二字 035588 號函釋除表示，在施行細則刪除有關試用期規定後仍得約定試用期外，並同時認為：「三、……惟於該試用期內或屆期時，雇主欲終止勞動契約，仍應依勞動基準法第 11、12、16 及 17 條等相關規定辦理。」換言之，依行政主管機關見解，不論是否試用期，欲解僱勞工皆需根據勞基法之規定（即 11、12、16 條等規定，具備法定事由，且須給付資遣費）方可。據此，對照前開司法見解，實務操作上勞工或其代理人於因試用不合格而請求資遣費與非自願離職證明時，或應考慮選擇循行政機關管道。

三、試用期間可否延長

　　對於試用期可否延長，臺北地院 91 勞訴 120 號表示：「至於試用期間可否延長？學者有認為期間乃試用勞動之重要因素，延長試用期間無異是契約要素之變更，應得到勞工之同意方可。目前日本通說則認為，除非有相當之理由，否則不容許延長試用期間，所謂延長試用期間之相當理由諸如：試用勞工因病住院致無法判斷適格性；或基於試用勞工之利益，且其延長得自試用勞工之同意。另有學者進一步主張，延長試用期間之事由及所延長期間之長短，應於工作規則等中預先訂明，並基於試用勞工之利益方可許之。……五、……惟查：被告主張有延長試用期間之權利，並未載明於最初之招募表中，且被告就其有延長試用期間之正當事由，亦未舉證以實其說。」只是本件二審臺灣高等法院 92 勞上 20 號採取較寬鬆之見解表示：「被上訴人既已被明確告知，則伊於知悉延長試用期間之起訖日，及斟酌自身權利狀況，即可自由選擇立即去職或延長試用再予評估，且上訴人延長試用期間，乃肇因於被上訴人於原第一次試用期滿時，經考核為不及格，故給予被上訴人再次評價是否適任運務員，而使伊有被正式僱用之機會，否則上訴人於原試用期間屆滿時，即逕依試用報告不及格之

結論，而得行使任意終止權，被上訴人將立即喪工作而頓失收入來源，反而使被上訴人處於更不利狀態。準此以觀，上訴人本件試用期間之延長，係基於試用勞工（即被上訴人）之利益而為，且該第二次試用期間，並無使被上訴人立於更不利之地位。是上訴人主張第二次試用期間（即試用期間延長）是使勞工陷於不利益之狀態云云，自無可取。」

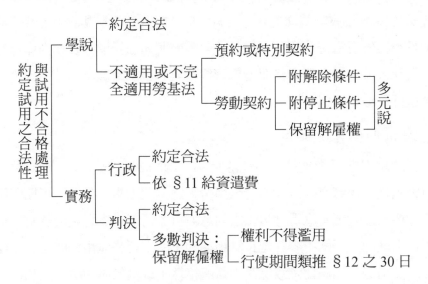

第三節　勞動契約之特性

社會日常生活間，契約類型千變萬化，想以有限條文來規範多變生活，有實際難度。因此從不同角度，歸納整理契約特質並在共同特質下組成類型，將有助於我們對契約的認知以及法律適用。以下簡介幾種勞動契約之特質：

一、勞動契約為雙務契約

依照契約之作用，亦即訂立契約後當事人是否因此負有義務，可將契約分為：根據契約只有一方當事人負擔給付義務的單務契約，以及雙方當事人皆負有給付義務的雙務契約。例如在贈與契約中，只有贈與人負有義

務（給付贈與物），因此贈與契約為單務契約；而買賣契約中，買受人負有交付約定價金及受領標的物義務（民法 367 條），出賣人則負有交付買賣標的物並移轉所有權義務（民法 348 條），因此是雙務契約。

在勞動契約中，勞工有給付勞務義務，雇主有給付工資義務，故為雙務契約。此種分類的實益主要在於有無民法 264 條：「因契約互負債務者，於他方當事人未為對待給付前，得拒絕自己之給付……。」以及同法 265 條：「當事人之一方，應向他方先為給付者，如他方之財產，於訂約後顯形減少，有難為對待給付之虞時，如他方未為對待給付，或提出擔保前，得拒絕自己之給付。」即同時履行抗辯權及不安抗辯權之適用[36]。

二、勞動契約為諾成契約

依契約之成立生效，除了意思表示外，是否需履行一定方式為標準，可分為要式契約與諾成契約，即需履行一定方式者為要式契約，反之則為諾成契約。

而在意思表示合致外，是否必需另履踐一定方式，或由法律明定（即法定要式契約），或由締約當事人自行約定（即約定要式契約）。不過一旦為法定要式契約（例如民法 730 條：「終身定期金契約之訂立，應以書面為之。」）如當事人未履踐法定方式者，效力依民法 73 條：「法律行為，不依法定方式者無效。但法律另有規定者，不在此限。」（本條但書所謂法律另有規定，例如民法 422 條：不動產之租賃契約，其期限逾一年者，應以字據訂立之，未以字據訂立者，視為不定期限之租賃。）規定判斷。

就勞動契約之成立生效，我國勞基法等法律並無特別規定，所以勞動契約並非法定要式契約，亦即除非勞資雙方特別約定，必須簽署書面或

---

[36] 雙務契約特性之進一步文獻，參閱王澤鑑，民法實例研習叢書第三冊，100 頁下，1988 年，著者發行。

公證等方式始成立勞動契約,而致此時應適用民法 166 條:「契約當事人約定其契約須用一定方式者,在該方式未完成前,推定其契約不成立。」規定,否則只要勞資雙方對於上述之契約要素有所合意,勞動契約即為成立。

三、勞動契約以不定期為原則,定期為例外

以契約之存續或終了有無特定期限為標準,可分為無特定期限之不定期契約,以及有特定期限之定期契約。

而據 9 條 1 項前、中段規定:「勞動契約,分為定期契約及不定期契約。臨時性、短期性、季節性及特定性工作得為定期契約;有繼續性工作應為不定期契約。」除了工作性質本身具有臨時性、短期性、季節性及特定性之特性,而得訂立定期勞動契約外,勞動契約原則上應為不定期。不過,除了工作性質本身的特性外,在其他法律另有特別規定時,如聘僱外國人從事海洋漁撈或家庭幫傭及看護工作等,依就服法 46 條等規定,僅得訂立定期契約;又如中高齡者及高齡者就業促進法 28 條規定:「六十五歲以上勞工,雇主得以定期勞動契約僱用之。」雖然是基於勞工身分,也會有定期契約情形。

至於何謂臨時性、短期性等工作,則於施行細則 6 條規定:「本法第九條第一項所稱臨時性、短期性、季節性及特定性工作,依左列規定認定之:一、臨時性工作:係指無法預期之非繼續性工作,其工作期間在六個月以內者。二、短期性工作:係指可預期於六個月內完成之非繼續性工作。三、季節性工作:係指受季節性原料、材料來源或市場銷售影響之非繼續性工作,其工作期間在九個月以內者。四、特定性工作:係指可在特定期間完成之非繼續性工作。其工作期間超過一年者,應報請主管機關核備。」以上條文看似單純,不過實務上疑義如下:

（一）不定期契約規定之相關疑義

1.「繼續性工作」認定標準

（1）實務認定 —— 行政與司法尚有不同

　　從 9 條 1 項中段規定的「有繼續性工作應為不定期契約」，以及施行細則 6 條在可以訂立定期契約的各款工作都加上「非繼續性工作」文字，似乎顯示是否可以訂立定期勞動契約，其重點在於「工作是否具有繼續性」，則工作有無繼續性如何加以判斷，即成現行法首要關心處。

　　就此行政主管機關 89 台勞資二字 0011362 號函闡示：「……又勞動基準法中針對從事繼續性工作之勞工與非繼續性工作之勞工之保護有所差別，是以，行政機關歷來對於從事非繼續性工作之定期契約工採取嚴格性之解釋，以避免雇主對受僱人力之濫用。而該法中所稱『非繼續性工作』係指雇主非有意持續維持之經濟活動，而欲達成此經濟活動所衍生之相關職務工作而言。至於實務上認定工作職務是否為非繼續性當視該事業單位之職務（工作）說明書等相關文件載明之職務或企業內就同一工作是否有不定期契約工及定期契約工同時從事該相同工作，如有之，應視為有繼續性工作之認定參據。」據此，則判斷有無繼續性，繫於「該工作是否為雇主有意持續維持的經濟活動，或因該經濟活動所衍生者」，而此見解也得到部分法院所採用。

　　只是：「勞基法施行細則第 6 條第 4 款之規定，特定性工作係指可在特定時間完成之非繼續性工作，可知判斷是否為特定性工作，應由勞工所從事之工作內容來認定，而非雇主是否以之為主要經濟活動為依據，蓋公司僱用之勞工不論是否定期與否，必然從事公司之主要經濟活動，因此，若依前揭函文所示，認勞工從事者為公司之主要經濟活動時，即具有繼續性者，將使勞動基準法所稱特定性工作之規定，形同具文。」（高雄高等行政法院 91 訴 616 號）。

（2）學說見解 —— 客觀判斷與主客觀兼採之看法併存

承上，工作是否具有繼續性，似應由工作的內容本身觀察，與該工作是否為事業的主要經濟活動，或因主要經濟活動所衍生者，應無絕對必要關聯。

因此學者或認為：「此處所謂繼續性工作乃是指勞工所擔任之工作，就該事業單位之業務性質與經營運作而言，係具有持續性之需要者，並非只有臨時性、短期性、季節性之一時性需要或基於特定目的始有需要者。」[37]而以客觀上工作的性質是否具有繼續性來判斷。或提出：「判斷工作是否具有繼續性？勞資雙方得否簽訂定期勞動契約？宜同時從二個層面觀察：（1）客觀要件：就工作本身之需求是否係出於非繼續性？若工作之需求出自於臨時性、短期性、季節性者，即具有非繼續性。（2）主觀要件：勞雇雙方締約時所認知、合意之契約目的為何？如契約目的亦在約定非繼續性工作者，得締結定期勞動契約。……該勞工所從事之工作是否為雇主有意持續維持之經濟活動，與判斷『繼續性』有無不生關聯，可略而不論。」[38]即著重在「主觀的工作需求」之面向，而非向來「客觀的工作性質」之探求。

2. 勞基法 9 條是否為強制規定，法院有不同見解

雖然在 9 條 1 項中段之「有繼續性工作應為不定期契約」，以及同條：「（II）定期契約屆滿後，有下列情形之一，視為不定期契約：一、勞工繼續工作而雇主不即表示反對意思者。二、雖經另訂新約，惟其前後勞動契約之工作期間超過九十日，前後契約間斷期間未超過三十日者。（III）前項規定於特定性或季節性之定期工作不適用之。」明定後，除了

---

[37] 黃程貫，勞動法（修訂再版），381 頁，2001 年 6 月，國立空中大學。

[38] 劉志鵬，論定期勞動契約，勞動法裁判選輯（四），1 頁以下，2006 年 3 月，新學林出版（股）公司。

特定性或季節性之定期工作以外 [39]，定期契約屆滿後如有 2 項所訂情形即視為不定期契約。可知立法設計上，不但規定勞動契約應以不定期為原則，而且為了防止雇主以不斷重複訂立定期契約的方式，來迴避不定期契約之適用，也強制將形式上「二個以上之定期契約」視為「一個不定期契約」[40]，再輔以 11 條、12 條對雇主解僱權之限制規定，應可得知勞基法是藉由法律規定，將形式上具有定期合意之契約擬制為不定期契約，並配合限制雇主解僱權方式，來保障勞工之工作以達就業安定，而得推論 9 條為強制規定，不可由勞資雙方合意排除。

　　不過法院間仍有不同意見，如臺高院 87 上 1608 號表示：「查兩造訂立系爭聘用合約，就任職期間之條件應為不定期之契約。茲系爭聘用合約就任職期間之條件竟訂為 2 年為期之定期契約，有違勞基法第 9 條關於有繼續性工作應為不定期契約之強制規定甚明。按勞基法關於勞動條件所為之規定，俱屬強制性之規定，本件系爭聘用合約，顯已違反上開之強制規定，依民法第 71 條規定，系爭聘用合約書第 7 條第 2 項該服務期間之約定應屬無效。故該條項之約定無拘束兩造之效力。」而最高法院 91 台上 2271 號則認為：「按勞基法第 9 條第 1 項固規定：勞動契約，分為定

---

[39] 在除外規定部分，同時應注意特別法，例如依中高齡者及高齡者就業促進法 28 條：「六十五歲以上勞工，雇主得以定期勞動契約僱用之。」者，依該法施行細則 7 條 1 項：「雇主依本法第二十八條以定期勞動契約僱用六十五歲以上勞工，不適用勞動基準法第九條規定。」

[40] 最高法院 92 台上 1328 號認為，強制將定期契約視為不定期契約之規定，於依聘用人員聘用條例所聘用之員工亦有適用，而表示：「……勞基法所稱之勞工，係指『受雇主僱用從事工作獲致工資』之人，而該法適用之行業包括水電業。本件上訴人乃受被上訴人僱用從事工作而獲致工資之人，縱上訴人依聘用條例予以聘用為職員而非工員，亦無礙上訴人受被上訴人僱用從事工作獲致工資之本質，故上訴人應屬勞基法所稱之勞工。是上訴人主張其非公務員，有關系爭聘用契約之解僱事宜，應有勞基法之適用一節，即屬可採。又上訴人所擔任之工作已形成永久性，為被上訴人自承，且上訴人受僱於被上訴人，雖每年簽訂聘用契約一次，但自 71 年 9 月起至 86 年 6 月止連續簽訂已達 14 年餘而未曾中斷，依勞基法第 9 條第 1 項、第 2 項第 2 款之規定，兩造間之勞動契約應屬不定期契約，不因聘用契約定有期限而有不同。」惟同院 93 台上 230 號，則對依「交通部所屬事業機構約聘要點」第 5 條，約聘人員期滿後，因所任工作確有繼續辦理之必要者，得予續約之規定所聘用人員，認為並不改變該兩造間為定期聘約之事實。

期契約及不定期契約。臨時性、短期性、季節性及特定性工作得為定期契約；有繼續性工作應為不定期契約。但定期契約與不定期契約對於勞工而言，僅在：特定性定期契約之期前終止權（第15條第1項）、不定期契約之終止前預告期間（第15條第2項）、特定性定期契約之勞工期前終止或定期勞動契約之勞工期滿離職者，不得請求加發預告期間工資及資遣費（第18條）等項見其差異，並不影響勞工依勞基法可享之其他權益，該第9條即難解為係屬強制規定。故原審認上訴人關於兩造間之僱用契約因違反上開規定而為無效之主張為不可採，尚無違誤。」

（二）定期契約規定之相關疑義

雖然勞基法9條以及施行細則6條，已對臨時性、短期性、季節性、特定性工作有明文定義，但仍有如下疑問：

1. 可在六個月內完成之特定性工作與短期性工作，難以區別

因為短期性工作「係指可預期於六個月內完成之非繼續性工作」，而特定性工作「係指可在特定期間完成之非繼續性工作」，因此可在六個月內完成的特定性工作與短期性工作，就難以區別。對此89台勞資二字0011362號函雖曾表示：「二、至於『短期性工作』與『特定性工作』如何認定疑義，就勞動基準法之立法原旨，該法第9條所稱『短期性工作』是謂工作標的可於預見期間完成，完成後別無同樣工作標的者。『特定性工作』是謂工作標的係屬於進度中之一部分，當完成後所須之額外勞工或特殊技能之勞工因已無工作標的而不需要者。」然而，在雇主為特定工程標案所僱用的「特定性工作」短期契約工外，工程進行中為趕工再多僱用的勞工，是屬於「特定性工作」或是「定期性工作」，似難劃分。

2. 季節性工作之認定尚有混淆

季節性工作，係指受季節性原料、材料來源或市場銷售影響之非繼續性工作，且其工作期間在九個月以內者。惟據此定義操作認定時，常有

疑義，如 87 台勞資二字 013495 號函：「蕃茄之生產有其季節性，如貴公司確於每年之十二月至三月間收購蕃茄並需立即加工處理。該等因應此類工作所僱用之勞工得依上揭規定，簽訂季節性定期契約。」但同號函文另表示：「從事其他果汁之生產而召募之勞工，按果汁尚非屬不得儲存之產品，僱主得視淡旺季調配適當人力，且調理與生產亦為事業單位內經常性工作，尚不得依揭條文規定，簽訂定期契約。」則難免會有「為生產蕃茄汁而僱用之勞工得簽訂定期勞動契約，生產其他果汁所僱用之勞工，則不得簽訂季節性定期勞動契約，依此函釋標準，即產生不知能否因生產含有蕃茄汁的綜合果菜汁，而僱用季節性定期勞動契約工」的疑問[41]。

3.「特定性工作」如何認定，特定期間如何約定，有無核備是否影響定期契約效力

因為施行細則 6 條 4 款規定「特定性工作：係指可在特定期間完成之非繼續性工作。其工作期間超過一年者，應報請主管機關核備。」因此如何認定是「特定性工作」，如何約定「特定期間」，以及「有無核備是否影響定期契約效力」，即成實務問題。

（1）如何認定是「特定性工作」

就如何認定是可以訂立定期契約的特定性工作，從上開施行細則 6 條 4 款之定義，要件在於「可在特定期間完成」及「非繼續性工作」。而所謂「可在特定期間完成」，雖然 89 台勞資二字 0011362 號函表示：「三、至於『短期性工作』與『特定性工作』如何認定疑義，就勞動基準法之立法原旨，該法第九條所稱『短期性工作』是謂工作標的可於預見期間完成，完成後別無同樣工作標的者。『特定性工作』是謂某工作標的係屬於進度中之一部份，當完成後其所需之額外勞工或特殊技能之勞工，因已無

---

[41] 周兆昱，開放定期勞動契約之法理與實務，「勞動契約法律化：臺灣勞動基準法與大陸勞動合同法之同步觀察」會議資料，151 頁，2010 年 5 月 26、27 日，政治大學法學院勞動法與社會法研究中心，臺灣勞動法學會主辦。

工作標的而不需要者。」但或許是與「可在特定期間完成」的文義未盡相符，引用者不多，司法實務上的重點仍在於前述實務與學說介紹的如何判斷是否非繼續性工作。以下略述派遣事業單位與派遣勞工間，以及事業單位承包特定工程與其所僱用勞工間，是否可訂立定期勞動契約之實務爭議。

對於派遣事業單位與派遣勞工間的勞動契約，是否可以約定為定期契約，雖然臺北地院 100 勞簡上 69 號表示：「兩造間勞動派遣契約之性質，實乃約定以被上訴人從事要派企業服務需求之特定性工作為內容之定期契約，亦即以完成特定要派企業之派遣服務需求作為兩造間勞動派遣契約之目的，依勞基法第 9 條之規定，該特定性工作完成後，兩造間之勞動派遣契約即因經濟目的已達而告終止。至於上訴人公司另行嘗試為終止派遣之求職者尋覓要派企業，該求職者之薪資、職務內容等勞動條件，亦需重新議定，自屬重行約定另一勞動派遣契約之問題，並非謂兩造間之勞動派遣契約為不定期契約。」但主管機關一向的立場是：「查有繼續性工作應為不定期契約，勞動基準法第九條定有明文。貴公司所營事業項目之一為人力派遣，人力派遣即為貴公司經常性業務，故尚不得為配合客戶之需求，而與勞工簽訂定期契約。」（87 台勞資二字 051472 號、勞資 2 字 0980125424 號），另司法實務臺中高分院 95 勞上易 17 號、高雄地院 96 勞簡上 1 號、最高行政法院 101 判 230 號見解也略同。對以上爭議，108 年 5 月 15 日公布修正勞基法 9 條 1 項而增訂後段：「派遣事業單位與派遣勞工訂定之勞動契約，應為不定期契約。」以立法方式弭平爭議。

至於事業單位因承攬特定工程而僱用勞工，臺高院 104 勞上易 82 號認為事業單位與其業主間的合約，和事業單位與勞工間的勞動契約性質係屬不同層次，而表示：「……而參以卷附被上訴人於經濟部商業司登記之營業項目涵蓋住宅及建築清潔服務業、病媒防治等……，應認上訴人係從事被上訴人主要經濟活動所生之工作，核屬繼續性工作。……徵以證人

李○○證稱：清潔公司的慣例就是承包工作是一年一標，一年期滿就要重新開標，若有標到也會問員工是否要繼續工作，如果不願意就走人，若沒有標到而由其他新公司標到，原來的公司會問員工是否願意留在原公司，由原公司另找其他的點工作等語……可知，縱被上訴人未標得上訴人原駐點廠商之清潔工作，被上訴人仍會為上訴人安排其他駐點工作，則兩造間之勞動契約，即非以被上訴人與其業主間承攬合約之期間為據之定期契約，被上訴人與其業主間合約之訂立，乃屬其對外取得承攬工作之層次，究與兩造間勞動契約性質無涉，是以，兩造契約關係應為不定期勞動契約。」不過臺高院 99 勞上易 111 號則表示：「又所謂『特定性之工作』，係指可在特定期間完成之非繼續性工作而言……。另雇主為處理事業永續經營必然伴隨之事務所訂立之勞動契約，應以不定期契約為原則，至於事業因一時特定工作之需，於工作完成後即無勞力需求者，則應承認雇主亦得訂立定期勞動契約，以資因應，畀免雇主負擔非其事業所需之勞務成本，致危及事業之存續。……（1）兩造就歷次簽訂之系爭勞動契約，均有約定僱用期限之形式，且上訴人於受僱期間內，僅為被上訴人承攬之特定數項工程……提供勞務等情，有卷附系爭勞動契約書可參……；而前開數項工程均屬政府之公共建設，必有其預定完工時程，於工程完工點交後，即與被上訴人之事業脫離，故該數項工程顯非被上訴人永續經營事業所必然伴隨之事務，應堪認定。（2）又被上訴人……，承攬之工程種類繁多，而不同種類之工程，營造方法各異，需用之技術勞力質量自亦不同，何時攬得何種工程，所承攬工程需用何種勞力，勞力需求量多寡，前一工程所需勞力後一工程是否可用，施作前一工程之勞力何時可用於後一工程，均屬無從預料，自非以一批常備勞力即可因應。被上訴人自有視工程種類、規模、時程，決定需用何種勞力及其勞工數量之必要。準此以觀，被上訴人顯有以特定性定期勞動契約僱用勞工之需求。」似已納入前述學說即主觀的工作需求之面向來思辯。

（2）特定期間如何約定

　　就特定期間如何約定，行政主管機關 88 台勞資二字 024846 號函要求具體特定，而表示：「事業單位報請核備一年以上之特定性定期契約……，如為定期契約，每項工作應有明確之起訖或不同之起訖時間，含糊以『本公司訂立之定期契約為兩年』難以令人信服。」但臺高院 86 勞上 40 號則表示：「按勞基法第 9 條第 1 項明定特定性之工作得為定期契約，是否為特定性工作之定期契約，並不以有明確之終止日期為必要，如以特定工作完成時為終止之期日，其終止日期亦可得確定，仍不失為定期契約之一種。……而所定契約期限『至工程結束日止』，其完工之時期雖不確定，但北二高隧道工程完工則屬可確定之事實，該項記載顯非屬『條件』，上訴人所引勞委會 86 年勞資二字第 024712 號函，指上訴人所擔任者屬繼續性工作，應為不定期契約……云云，均與上開說明不符……尚不得採為有利上訴人之認定。」則認可得確定即可。

（3）有無核備是否影響定期契約效力

　　依施行細則 6 條 4 款規定：「特定性工作：……『其工作期間超過一年者，應報請主管機關核備』。」就此最高法院 87 台上 2578 號表示：「勞動基準法第 9 條第 1 項規定，特定性工作得為定期契約，又民國 74 年 2 月 24 日發布之勞動基準法施行細則第 6 條第 2 項僅規定特定性工作之期間超過一年者，應報請主管機關核備，並未規定未報請核備者，即應視為不定期契約。」高雄高分院 99 勞上易 16 號也認為：「上訴人雖又主張被上訴人並未將系爭勞動契約向主管機關申請核備，違反勞基法施行細則第 6 條第 4 款之規定，應視為已生不定期契約之效果等語。然此項報備僅為行政機關在行政管理上之需求所為之規定，並非契約性質為定期或不定期之認定依據……。」

4. 定期契約期限屆至後，未滿三個月內，另訂新約之規制

除了上述 9 條 2 項規定，將定期契約期限屆滿後，勞工繼續工作而雇主未表示反對之意思，或於三十日內另訂新約而前後二個契約超過九十日時，強制視為一個不定期契約外，10 條也規定：「定期契約屆滿後……，未滿三個月而訂定新約……，勞工前後之工作年資，應合併計算。」從體系來看，9 條 2 項 2 款應是設定前後兩個契約皆為定期契約之型態，而強制將第二個定期契約視為不定期契約，而 10 條則應是設定第二個另訂之新約為不定期契約，而強制將前一個定期契約之年資併計進來。

因為現行法有上述疑義，因此勞工行政主管機關曾於 99 年公布的勞基法修正草案中，對第 9 條即有修正，置於附錄一供參。

四、勞動契約為繼續性契約

債權契約中，依債之內容是否一次給付即可完結，或是繼續性地實現者，可將債權契約分為一時性契約與繼續性契約二大類別。

勞動契約既然是以繼續性的勞務給付為內容，而且隨著時間經過，將使契約當事人間產生新的權利義務，因此是典型的繼續性契約。而因為民法原則上是以一時性契約（如買賣、互易等）為其規範對象，因此針對其中若干規定是否應直接適用於繼續性契約中，即有疑問。例如學者指出，在契約中如有因當事人一方欠缺行為能力等因素，而致契約溯及自始無效之情形，於一時性契約，原則上應依不當得利（民法 179 條以下）之規定處理，即一方可以向他方請求返還其所已領受的利益等。但是在繼續性契約之情形，是否應使契約無效的法律效果只向將來發生，而不要溯及既往，值得研究（例如，已經受領的工資以及已經給付的勞力，是否可無庸再為返還）[42]。

---

[42] 王澤鑑，民法實例研習叢書第 3 冊，債編總論第 1 卷，108 頁下，1988 年 1 月，著者發行。

第四節 勞動契約中勞資雙方之權利義務

第一項｜一般契約發展過程中之義務群

在債權契約中，不論是單務契約或雙務契約，都因契約有效成立而至少使當事人之一方負有義務，只是這裡所謂的義務，除了決定契約類型的主要義務外，在契約發展過程中，根據法律規定及雙方約定等因素，另外也可能有其他應遵守之義務，一般將這些義務統稱為「債之關係上的義務群」，簡介如下[43]：

一、主給付義務

所謂主給付義務，是指債之關係所固有、必備的義務，就債權契約而言，即為決定契約類型之基本義務。例如、在當事人達成一方將房子租給他方使用、收益，他方支付租金之合意，此時縱使當事人不知使用「租賃契約」之名稱，甚或以其他契約名義訂立，然而法院還是會適用民法421條1項：「稱租賃者，謂當事人約定，一方以物租與他方使用收益，他方支付租金之契約。」以下的租賃契約相關規定來裁判。

二、從給付義務

在債之關係的發展過程中，為使債權人因為債務人之給付而得到的利益最佳化，往往基於法律規定、當事人特別約定以及由誠實信用原則解釋出，契約雙方當事人在主給付義務以外的義務，稱之為從給付義務。就中基於法律明文規定者，例如民法540條：「受任人應將委任事務進行之狀況，報告委任人，委任關係終止時，應明確報告其顛末。」基於誠信原則所解釋出者，例如名馬之出賣人應交付血統證明書給買受人；基於當事人

---

[43] 以下本小節關於義務群之論述，參酌王澤鑑，債編總論第1卷，26頁下，1988年1月，著者發行。

之約定者，例如醫院僱用專任醫生，與醫生約定夜間不得在醫院旁自行開業。

三、附隨義務

在契約履行過程中，除上述義務外，為維護他方當事人身體或財產上利益（保護功能），以及為促進實現主給付義務（輔助功能），實務及學說往往在法無明文情況下，基於誠信原則而認定契約當事人之附隨義務。例如，在保護功能上，雖然民法 483-1 條規定：「受僱人服勞務，其生命、身體、健康有受危害之虞者，僱用人應按其情形為必要之預防。」而不及於受僱人置於事業單位之財物等，但在僱用人要求受僱人須身著特定制服之情形，解釋上受僱人替換而放置於事業單位之衣服、財務，僱用人仍有保護義務，以避免受僱人因此受有損害；在輔助功能上，瓷瓶之出賣人，應妥為包裝，使買受人得以安全攜回，均為適例。

以上，附隨義務與從給付義務的區別實益，在於得否獨立請求，以及有無同時履行抗辯權即民法 264 條 1 項：「因契約互負債務者，於他方當事人未為對待給付前，得拒絕自己之給付。但自己有先為給付之義務者，不在此限。」等規定之適用。

第二項｜勞動契約發展過程中勞資雙方之義務群

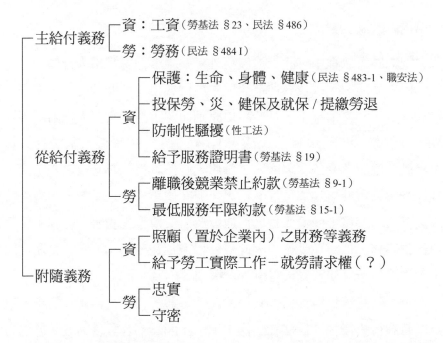

雖然因為勞資雙方經濟地位不平等，及總論所述的勞動力特徵等理由，而必需以法制加強保護勞工，致使勞動法制與用來規範對等當事人間之民法相關法制有所不同，而具有社會化的色彩。但是勞動契約仍然是一種債權契約，因此關於契約上義務群，基本上的架構應當可以引用上述理論而加探討[44]：

一、主給付義務

既然「勞動契約：指約定勞雇關係而具有從屬性之契約。」（2條1項6款），且其中：「勞工：指受雇主僱用『從事工作』『獲致工資者』。」

---

[44] 國內討論勞動契約之專論有郭玲惠，勞動契約法論，2011年9月，三民書局。附帶提及，就雇主違反義務時，勞工如何行行政程序主張，勞動檢查法32條要求，事業單位應依勞動部頒定的公告書，在顯明而易見之場所公告，以便勞工明瞭申訴機構與流程等。

（2 條 1 項 1 款），則雇主於勞動契約中之主給付義務應為給付工資，而勞工之主給付義務，即在於提供勞務。

只是，因為勞動契約具有前述社會化色彩，因此關於工資給付，並非完全任由當事人自由約定，例如對基本工資額度、甚至於工資給付標的等，法律皆設有強行規定，以保護經濟弱勢之勞工（勞基法第三章）。又關於勞工之勞務給付，雖然一般認為重點在於勞務的提供而非勞務的成果，不過從 11 條 5 款將工作能力不能勝任，列為雇主得終止契約之法定事由來看，至少勞工給付勞務的品質與速度，仍然應列為評價勞務給付是否具有瑕疵之重點，就此學者也簡介德國法院見解：「如果某一勞工可以超過一般平均水準給付勞務，那麼其義務則必須以超過一般平均水準要求之，若某一勞工只能低於一般水準給付勞務，那麼其義務就依低於一般平均水準要求之。」[45] 作為判斷標準。

二、（雇主）從給付義務

在法令上直接而正面規定的勞方從給付義務，有職安法 20 條 6 項規定，即勞工對於同條 1 項所定，雇主於僱用勞工時應施行體格檢查；對在職勞工應施行：1. 一般健康檢查；2. 從事特別危害健康作業者之特殊健康檢查；3. 經中央主管機關指定為特定對象及特定項目之健康檢查時，有接受之義務，其餘並不多見。一般僅由勞基法 12 條「無正當理由連續曠工三日」等，引論出勤勉義務，或由同條「故意洩漏雇主技術上、營業上之秘密，致雇主受有損害」等規定，引申出保密義務等。至於在約定的勞方從給付義務，實務上雇主經常透過個別約定或工作規則等方式，使勞工負擔最低服務年限或離職後競業禁止等義務，而此兩種約款因實務運作多年

---

[45] 焦興鎧等人合著，勞動基準法釋義－施行二十週年之回顧與展望，110 頁（本部分由劉士豪執筆），2013 年 3 月，新學林出版（股）公司。

已有案例累積，且勞基法於 104 年分別增訂明文，故另專項介紹，以下僅先敘述常見法令中的雇主從給付義務：

（一）普通民事法令中的保護照顧義務，與勞基法所訂給予服務證明書之後契約義務

雇主履行勞動契約過程中，依民事法令而來的從給付義務有民法 483-1 條：「受僱人服勞務，其生命、身體、健康有受危害之虞者，僱用人應按其情形為必要之預防。」及勞基法 19 條：「勞動契約終止時，勞工如請求發給服務證明書，雇主或其代理人不得拒絕。」之後契約義務等。

（二）性工法中防治職場性騷擾行為發生及事後補救義務

我國自 89 年施行性別工作平等法（原稱兩性工作平等法，目前其適用範圍擴大至公務人員、教育人員、軍職人員及實習生等，詳該法 2 條），該法 13 條訂有：「（I）雇主應防治性騷擾行為之發生……。（II）雇主於知悉前條性騷擾之情形時，應採取立即有效之糾正及補救措施。」又在該法 27 條 1 項及 28 條分別訂有：「受僱者或求職者因第十二條之情事，受有損害者，由雇主及行為人連帶負損害賠償責任。但雇主證明其已遵行本法所定之各種防治性騷擾之規定，且對該事情之發生已盡力防止仍不免發生者，雇主不負賠償責任。」「受僱者或求職者因雇主違反第十三條第二項之義務，受有損害者，雇主應負賠償責任。」亦即，雇主在勞動契約中負有事先防止該法所訂職場性騷擾行為發生，以及事後補救之義務，違反者即負有損害賠償責任，略述如下：

1. 職場性騷擾之定義

性工法 12 條 1 項將職場性騷擾區分為下述環境型與交換型性騷擾兩種類型。至其認定，則應就個案審酌事件發生之背景、工作環境、當事人

之關係、行為人之言詞、行為及相對人之認知等具體事實為之（性工法
12 條 2 項）。

（1）環境型性騷擾

　　依性工法 12 條 1 項 1 款，係指：「受僱者於執行職務時，任何人以
性要求、具有性意味或性別歧視之言詞或行為，對其造成敵意性、脅迫性
或冒犯性之工作環境，致侵犯或干擾其人格尊嚴、人身自由或影響其工作
表現。」

　　而環境型性騷擾既然規定行為人為「任何人」，則包括雇主在內（臺
北地院 95 勞訴 64 號），只是文義解釋上必須形成敵意性、脅迫性或冒犯
性之工作環境，因此僅因職務上人員之偶發衝突，縱出言不遜，而無關於
上述與性有關之態樣，或僅為少數人偶發之行為，不具一般性、持續性、
積極性之情形，是否已該當於性騷擾境域，即有斟酌餘地。

　　又受害之受僱者，需於執行職務時遭受性騷擾方適用環境型性騷擾之
相關規定，而如何認定是否執行職務，實務上認定甚為廣泛。例如在北高
行 101 簡 282 號事件中行政機關表示：「考量申訴人係公司之新人，又是
派遣人員，地位較正職人員弱勢，也擔心不夠配合會被要派公司換掉，因
此 A 君在第一次參加要派公司主管邀請之部門聚餐，且部門同仁全部參
加之情境下，應很難拒絕參加第 1 場或第 2 場聚會，故此聚會雖看似下班
後之聯誼活動，但實為『職場權力關係延伸』，應有性別工作平等法之適
用。」

（2）交換型性騷擾

　　依性工法 12 條 1 項 2 款，係指：「雇主對受僱者或求職者為明示或
暗示之性要求、具有性意味或性別歧視之言詞或行為，作為勞務契約成
立、存續、變更或分發、配置、報酬、考績、陞遷、降調、獎懲等之交換
條件。」

2. 雇主之事先防治與事後補救措施

（1）事先防治義務

性工法 13 條 1 項，除課雇主防治性騷擾行為發生之義務外，進一步規定僱用受僱者 30 人以上者，應訂定性騷擾防治措施、申訴及懲戒辦法，並在工作場所公開揭示，再於同條 3 項規定就性騷擾防治措施、申訴及懲戒辦法之相關準則，由中央主管機關定之。

而勞工行政主管機關也據此頒布「工作場所性騷擾防治措施、申訴及懲戒辦法訂定準則」，其中第 4 條就雇主應採取防治性騷擾之措施包括：實施防治性騷擾之教育訓練；頒布禁止工作場所性騷擾之書面聲明；規定處理性騷擾之申訴程序，並指定人員或單位負責；以保密方式處理申訴，並使申訴人免於遭受任何報復或其他不利益之待遇；對調查屬實之性騷擾行為人之懲戒處理方式。

（2）事後補救措施

因為性工法 13 條 2 項規定，雇主於知悉前條性騷擾情形時，應採取立即有效之糾正及補救措施。則本條文之問題首先在於何謂「知悉」，其次在於何謂立即有效之「糾正」及「補救」措施。

就此雖有對「知悉」採比較嚴格之認定，認為單純申訴尚不屬之而表示：「當事人主張事實，須負舉證責任，倘其所提出之證據，不足為主張事實之證明，自不能認其主張之事實為真實……申訴人雖稱其遭受『性騷擾』一節已於 100 年 5 月 13 日第 1 次離職面談時申訴云云，但除其口頭敘述外，迄未經提出其他任何證據資料加以證明，自不能僅憑其一己事後之口頭陳述，即遽認其所言為實在。」（臺北高等行政法院 101 簡 158 號），「可知○○公司於第 1 次受理甲之口頭申訴時，已進行相關之調查，惟甲未釋明之，○○公司亦查無實證，○○公司無從知悉確有性騷擾之行為，縱依甲所稱○○公司對其第 1 次申訴未為任何處置或補救措施，亦難認有何違反『兩性工作平等法』第 13 條第 2 項規定……。」（臺高

院 94 勞上 49 號）。

　　但高雄高等行政法院 105 訴 525 號認為本條文排序上應為「知悉」、「補救」與「糾正」，且其定義分別如下：「又雇主於知悉有性騷擾情事時，即負有啟動立即有效之糾正及補救措施機制之義務……。而雇主所應採行之糾正及補救措施，並非直到申訴處理完畢後才進行，亦不以雇主所知悉之情事應經調查確定該當性騷擾之構成要件為前提，『換言之，雇主一經接獲員工為性騷擾之申訴，即處於性平法第 13 條第 2 項之知悉狀態』，即應採取適當之糾正及補救措施。」「又性平法第 13 條第 2 項所稱『糾正，係指對性騷擾行為人進行懲處，並將懲處方式告知申訴人』；至所謂『補救，則指雇主於知悉性騷擾行為發生時，主動介入調查以確認事件始末，及設身處地關懷被性騷擾者之感受，盡力避免使被性騷擾者繼續處於具敵意性、脅迫性或冒犯性之工作環境而言，且非以被性騷擾者是否已離開工作環境而有差別』。若雇主於知悉有受僱者提出性騷擾申訴案件時，未以審慎態度處理該申訴案件，並採取適當解決之措施，以免被性騷擾者長期處於具敵意性、脅迫性或冒犯性之工作環境，並可藉此防止其他員工再遭受性騷擾之機會，反而採取對受僱者不利之措施，即難認已符合該項規定。」

3. 雇主就職場性騷擾行為所負之行政與民事責任

（1）行政責任

　　為處理上述職場性騷擾等性別工作平等事項，目前在中央主管機關設有性別工作平等委員會，而縣市政府主管機關也同樣設有該等委員會或是就業歧視評議委員會（性工法 5 條）。一旦雇主未盡事先防治職場性騷擾義務，或發生職場性騷擾行為後未採取立即有效之糾正與補救措施時，求職者或受僱者，得向地方主管機關申訴，而由地方主管機關視其情節，依性工法 38-1 條為罰鍰等處分。

（2）民事責任與雇主舉證免責及衡平責任

雇主連帶責任：受僱者或求職者因性工法 12 條之情事，即受職場性騷擾而致損害者，雇主應與性騷擾之行為人連帶負損害賠償責任。但雇主證明其已遵行本法所定之各種防治性騷擾之規定，且對該事情之發生已盡力防止仍不免發生者，雇主不負賠償責任（即雇主可舉證免責）。只是如被害人因雇主舉證免責之規定不能受損害賠償時，法院因其聲請，得斟酌雇主與被害人之經濟狀況，令雇主為全部或一部之損害賠償（學說上稱為衡平責任）。雇主賠償損害時，對於為性騷擾之行為人，有求償權（性工法 27 條）。

雇主獨立責任：至於受僱者或求職者，因為雇主在發生職場性騷擾後，未採取立即有效之糾正及補救措施，而受有損害時，得向雇主請求損害賠償（性工法 28 條），是雇主的獨立民事責任，又此時既然未採取妥善措施，自無舉證免責之問題。

又在上述情形，受僱者或求職者除了得請求財產上的損害賠償以外，雖非財產上之損害，也得請求賠償相當之金額，其名譽被侵害者，並得請求回復名譽之適當處分（性工法 29 條）。

（三）公法上義務

雇主因公法上規定而來的從給付義務，較主要者有勞保條例（該條例 6、10、11 條）、災保法（該法 6 至 11 條）、就保法（該法 5 條），以及職安法和行政主管機關依據職安法 6 條 3 項授權所制訂之法令等。

對於公法上保護勞工、防止意外的規定，實務上可以注意的是：「依現今勞動法上通說之見解，公法上保護勞工的法規具有所謂的雙重效力（Doppelwirkung），亦即其不僅僅課與雇主對國家應負義務、遵行一定勞工安全衛生方面的規定，於其違反時予以一定之處罰（公法上效力）。就勞動契約法言，這類法規原則上可同時形成雇主對勞工所應負之保護與

照顧義務的最基本內容（私法上效力）。……準此雇主乙違反勞工安全衛生法令之行為，可能同時構成勞動契約上雇主保護與照顧義務之違反，從而對勞工應負債務不履行的損害賠償責任。」[46] 至於雇主因勞資雙方約定而來從給付義務，或許是因為一般言之勞方較不具談判實力，故實務上較少見。

在勞保投保實務上，因為月投保薪資是由投保單位以被保險人勞工之月薪資總額（適用勞基法者以勞基法 2 條 3 款規定之工資為準／勞保條例施行細則 27 條，災保法施行細則 26 條）為基礎，再依各該法令之投保薪資分級表規定級距，向勞保局申報投保，所以常見如下問題：

1. 勞工每月薪資不固定時，是否需按月調整投保級距

對此可依勞保條例 14 條 2 項：「被保險人之薪資，如在當年二月至七月調整時，投保單位應於當年八月底前將調整後之月投保薪資通知保險人；如在當年八月至次年一月調整時，應於次年二月底前通知保險人。其調整均自通知之次月一日生效。」及同條例施行細則 27 條 1 項：「本條例第十四條第一項所稱月薪資……其每月收入不固定者，以最近三個月收入之平均為準。」規定，在每年 2 月及 8 月底前分別依最近三個月（即 11、12、1 月或是 5、6、7 月）之平均薪資額申報調整，調整後之級距則分別於 3 月 1 日及 9 月 1 日生效。另依災保法 17 條 1、2 項，職災保險依「勞工職業災害保險投保薪資分級表」投保，且其年度調整時間也略同。新制勞工退休金則依「勞工退休金月提繳分級表」提繳，其調整依勞退條例 15 條與前述勞保略同。只是，固然依法可以一年只調整 2 次，但是因為保險給付法制沒有配合完整，因此在有業績獎金等每月薪資變動幅度大之人員，發生職災或是請領育嬰津貼時，會影響其請領金額度，實務上容易衍生爭議。

---

[46] 林更盛，職業災害中的雇主責任，勞動法案例研究（一），155 頁下，2002 年 5 月，著者發行。

2. 雇主單方面將勞工薪資以多報少，投保較低級距之責任為何

此種情形除依勞保條例 72 條 3 項規定按其短報之保險費金額，處 4 倍罰鍰（另健保法 89 條、就保法 38 條 3 項前段、勞退條例 53 條 1 項、災保法 98 條，也都有罰鍰規定）外，又在勞工發生勞保保險事故時，勞保給付因之短少部分，需由雇主賠償（勞保條例 72 條 3 項後段，失業給付短少部分依就保法 38 條 3 項後段）。同時在刑事責任上也因為將不實薪資總額登載於其業務上作成之文書，並據此文書向勞保局及全民健康保險局提出投保之申請，以減少雇主的勞、健保費用支出，足生損害於勞工可得之保險給付利益及勞、健保局對保險管理、投保薪資額申報之正確性，而可能構成刑法 216 條行使登載不實之業務上文書罪，以及雇主會因不實申報而獲得財產上不法利益，致陷有實質審查權限的勞、健保局於錯誤，而減少雇主之勞、健保費用之支出，而構成刑法 339 條 2 項詐欺得利罪（臺高院 103 上易 1257 號刑事判決）。以上高薪低報會有行使偽告文書罪及詐欺得利罪等刑事責任，但不投保似無行使偽造文書罪，法制上有些不均衡。

3. 經勞資雙方合意高薪低報投保勞保，以致保險事故發生後勞保給付短少情形，雇主得否援引民法 217 條 1 項：「損害之發生或擴大，被害人與有過失者，法院得減輕賠償金額，或免除之。」請求減免損害賠償

對此最高法院 107 台上 1854 號表示：「按民法第 217 條第 1 項所謂被害人與有過失，必須其行為與加害人之行為，為損害之共同原因，而其過失行為並為有助成損害之發生或擴大之行為者，始屬相當。又勞保條例第 6 條第 1 項、第 10 條第 1 項規定雇主為投保單位，應為其所屬勞工，辦理投保手續及其他有關保險事務；而勞工月投保薪資之申報係屬有關勞工保險之事務，應由投保單位按勞工之月薪資總額，依投保薪資分級表之規定，向保險人覈實辦理，投保單位向保險人申報勞工之月投保薪資，係履行其公法上之義務，並無事先知會勞工之必要，亦無與勞工合意不據實

申報之餘地，此觀同條例第 14 條第 1 項、第 2 項、第 14 條之 1 第 1 項規定之意旨自明。是投保單位縱與勞工合意將投保薪資金額以多報少或以少報多，仍應依法據實申報月投保薪資額，無從憑以解免其據實申報之義務，倘未據實申報，致勞工受有損害，因勞工對損失發生原因之月投保薪資之不實申報，並無從助成其發生或損害之擴大，其依勞保條例第 72 條第 3 項規定求償時，自無過失相抵原則之適用。」

三、附隨義務

雖然在論述雇主附隨義務時，有認為基於勞資雙方身分上共同關係，雇主應有保護照顧勞工之附隨義務。但是因為民法 483-1 條已經明定雇主對於勞工之生命、身體、健康應有保護照顧義務，而且職安法 18 條 1、2 項更進一步明定：「（I）工作場所有立即發生危險之虞時，雇主或工作場所負責人應即令停止作業，並使勞工退避至安全場所。（II）勞工執行職務發現有立即發生危險之虞時，得在不危及其他工作者安全情形下，自行停止作業及退避至安全場所，並立即向直屬主管報告。」[47] 已使該等義務具有獨立請求之可能性並有同時履行抗辯，因之此等義務，在該等法條增訂後應已成為從給付義務之一環，而非僅是附隨義務。不過除了該法條所訂的生命、身體、健康，等法益外，其他人格法益如名譽，以及勞工

---

[47] 本條文所謂「立即發生危險之虞」，施行細則 25 條詳訂為：「本法第十八條第一項及第二項所稱有立即發生危險之虞時，指勞工處於需採取緊急應變或立即避難之下列情形之一：一、自設備洩漏大量危害性化學品，致有發生爆炸、火災或中毒等危險之虞時。二、從事河川工程、河堤、海堤或圍堰等作業，因強風、大雨或地震，致有發生危險之虞時。三、從事隧道等營建工程或管溝、沉箱、沉筒、井筒等之開挖作業，因落磐、出水、崩塌或流砂侵入等，致有發生危險之虞時。四、於作業場所有易燃液體之蒸氣或可燃性氣體滯留，達爆炸下限值之百分之三十以上，致有發生爆炸、火災危險之虞時。五、於儲槽等內部或通風不充分之室內作業場所，致有發生中毒或窒息危險之虞時。六、從事缺氧危險作業，致有發生缺氧危險之虞時。七、於高度二公尺以上作業，未設置防墜設施及未使勞工使用適當之個人防護具，致有發生墜落危險之虞時。八、於道路或鄰接道路從事作業，未採取管制措施及未設置安全防護設施，致有發生危險之虞時。九、其他經中央主管機關指定公告有發生危險之虞時之情形。」

置放於雇主所管領之工作場所的隨身財物，雖然並沒有使雇主負照顧義務明文規定，但是基於誠信原則，仍然應使雇主負擔而至少做為附隨義務為宜。

至於勞工在勞動契約中之附隨義務，一般雖論述有守秘、勤勉義務，然而關於守秘、勤勉者，或者依據法律之解釋（如 12 條 5 款），或者已在工作規則中有所規範，因之此等義務，究竟為從義務或為附隨義務，則應個案具體認定，如臺高院 104 勞上 6 號表示：「按勞工離職時，對於雇主之業務承接應負有交接之義務，此等義務本屬勞動契約勞工之契約附隨義務。而交接不僅指『財物』之交接，更兼指『業務』之交接。……且業務交接手續之完成，並非單純以是否已履行雇主所開列之交接清單詳列之事宜為憑。交接清單縱經雇主各部門負責人簽章完竣，如嗣後發現有未經移交之業務而要求離職員工補辦交接手續，仍應認員工有補辦交接手續之義務，否則即難謂其交接業已完成，要屬當然。」

可注意者為，雖然在一般契約中為圓滿達成契約目的，使雙方當事人得到最大利益，故由誠信原則導出契約雙方的附隨義務如上，然而在勞動法領域中也有認為：勞資雙方間之利益狀態並非一致、相互信賴，反而具有不可終局調和、不對等之衝突對立，例如勞工同盟自由基本權，其根本前提就是承認勞資雙方間的對立衝突，因此在勞動關係中強調勞工與雇主負有一廣泛的維護對方利益之義務，只是造成角色混淆與衝突而已。申言之，原則上勞工之附隨義務，應嚴格限制在實際生產過程中，或對此等過程必定會造成重大影響之範圍，又為克服勞工因從屬性等所致之物化現象，仍應廣泛承認雇主之附隨義務，以保護勞工之人格權[48]。

---

[48] 黃程貫，勞動法中關於勞動關係之本質的理論，政大法學評論，59 期，243 頁，1998 年 6 月。

第三項｜勞工就勞請求權與雇主懲戒權

第一款　勞工就勞請求權

　　在雇主的非主給付義務上，司法上曾有爭論的是，雇主是否負有具體給予勞工實際工作之義務（由勞工立場可稱為就勞請求權）[49]。會有此爭議是因為最高法院 29 渝上 965 號判決先例表示：「債權人……，除法律有如民法第 367 條（編按，即買受人對於出賣人有交付約定價金及受領標的物之義務）……等特別訂定外，不負受領給付之義務……。」認為勞工並沒有強制雇主受領勞務的請求權（換言之，雇主並無給予勞工具體工作之義務）。

　　但是，除了學者基於權利社會化之觀點，並比較德、日實務學說之見解，而主張在我國法體系下，如果實際工作對於勞工有「特別利益」（例如沒有現實工作，則勞工的職業技術難以維持）時，應肯認勞工有就勞請求權（學說上稱為限制肯定說）外 [50]。另引述我國下級法院對上述最高法院之看法亦非全盤接受，例如臺北地院 79 勞訴 26 號，即採全面肯定勞工有就勞請求權之立場而表示：「最高法院 29 年上字第 956 號……，債權人不負受領給付之義務……，此係民法以個人思想為背景之法律結構所導致之結論，尚難引為勞動契約之解釋。本件兩造間之僱傭關係既係存在，被告有受領原告勞務給付之義務，應容許原告進入工作場所提供其勞務，使工作權得以實現。」又如臺北地院 79 勞訴 25 號，則採限制肯定說而表示：「勞工之工作權與雇主之財產權，同為憲法上所保障之基本權利，如何調適工作權與財產權，本是勞動法學上重要之課題……，本院認為就勞

---

[49] 如果可否獨立請求是從給付義務與附隨義務的重要區別要點，那麼在承認就勞請求權觀點下，就不應將之列為附隨義務而討論。

[50] 劉志鵬，論就勞請求權，氏著勞動法理論與判決研究，79 頁下，2000 年 5 月，元照出版公司。又本小段所述裁判字號與內容，皆引自同一文章，不過關於字號臺北地院 79 勞訴 26 號判決，於該文章中似另表示為 72 號。

請求權之存否，不宜無限制的承認（即採完全肯定說），而宜採限制的肯定說，即如不就勞，致勞工職業技術水準無法維持時（……如高級之電腦程式設計師），始承認勞工之就勞請求權存在……。」

第二款　雇主懲戒權

在近代企業經營中，勞工在工作上的分工與協力已經被複雜地加以組織，因此雇主對勞工的要求，除了履行勞動契約上之勞務給付義務外，同時也要求勞工應遵守各該企業訂立的工作場所規範。而企業經營既然需要藉由結合多數個別勞工相互合作（組織上從屬性），則企業組織之秩序即不可或缺，又企業組織秩序之規範，如果僅有關於企業內必要之工作秩序及勞工行為之規範，而無違反該等規範時之制裁規定作為後盾，則無法發揮規範之效力，致使一直以來皆存有各種懲戒措施。

然而，個人之自由與平等是近代法基本原理，當事人一方得對他方為懲戒處分，僅在封建社會中之不對等關係間得以容許，在近代市民社會上，具私法性質的勞動契約當事人間，雇主是否有權對勞動契約之他方當事人勞工行使懲戒？如果有之則其根據何在？範圍如何？仍待探討。

一、懲戒處分之性質與權源

我國學界對雇主懲戒權的論述，在於懲戒處分性質與懲戒權根據。之所以討論懲戒處分性質究竟是因為勞工違反勞動契約義務，而生的債務不履行損害賠償之「契約罰」，還是違反企業秩序所科加的「秩序罰」，應是想釐清在什麼範圍內（是違反勞動契約的義務，還是違反企業秩序或利益）雇主可以行使懲戒權，以及司法得否或如何審查雇主懲戒處分的合法性。至於對懲戒權根據的討論，重點應該是如果契約或工作規則等就懲戒事由與對應處分等沒有明定，則雇主是否仍得行使懲戒。

只是，在將懲戒定位為契約罰者，固得依該懲戒是否為金錢性質，而分別由我國民法 252 條：「約定之違約金額過高者，法院得減至相當之

數額。」及 253 條：「前三條之規定，於約定違約時應為金錢以外之給付者準用之。」導出法院的司法審查權。即使在將懲戒權根據求之於秩序罰者，也有認為企業秩序違反之制裁規範的制定是雇主指示權，乃勞動契約本質上之形成權，故仍應受司法審查[51]，如此則關於懲戒處分性質的討論，其實益似在於懲戒範圍。

至於懲戒權根據的研究，雖然學界有多種不同看法[52]，然而因為現今大多已不採懲戒權根據係雇主基於維持工作、經營秩序之實際需要，所當然擁有之權限，因此雇主在無任何明文規定之情形下，也可對勞工施以制裁的「固有權說」，那麼無論是採取因為我國勞基法 70 條 6、7 款，將勞工的獎懲及解僱列為雇主單方制訂工作規則的必要記載事項，而認為是雇主基於勞基法授權而有懲戒權的「法律授權說」；或是站在「勞動契約說」的立場認為，雇主之懲戒權僅於勞動契約中，得到勞工具體同意之限度內方屬可能，亦即雇主於工作規則中明定懲戒之事由及手段，並得到勞工明示或默示同意，成為勞動契約之內容後，雇主方取得懲戒權之見解。似乎在無具體明定懲戒事由與對應處分情形下，雇主都不得恣意行使，則對於懲戒權根據的討論，其重要性漸少[53]。不過，在文獻上仍可整理如下：

（一）我國學界見解 —— 以契約說為多數

雖然依 70 條 6 款：「雇主僱用勞工人數在三十人以上者，應依其事業性質，就左列事項訂立工作規則，報請主管機關核備後並公開揭示

---

[51] 黃程貫，企業懲罰權，台灣社會研究季刊，1989 秋 / 冬季號，21、22 頁。

[52] 對於懲戒根據之中文文獻參閱，周兆昱，勞動關係中雇主懲戒權行使界限之研究，文化大學勞工研究所碩士論文，1998 年。

[53] 不過學者認為各種學說仍有不同，例如：「契約說與法律授權說仍存有根本之不同。若認為係由勞動契約賦予雇主懲戒之權利，勞工便同樣地可以依該契約來尋求其權利之救濟，法院亦可有充分地，與一般司法契約相同之審查權限。反之，如認係法律授權雇主可單方地制定懲戒規則並執行之，則僅能於認定雇主係濫用其權利時才會使之失去其懲戒權。」周兆昱，勞動關係中雇主懲戒權行使界限之研究，36 頁，文化大學勞工研究所碩士論文，1998 年。

之：……六、考勤、請假、獎懲及升遷。」規定，對勞工之獎懲是工作規則中必要記載事項，似乎是認為在僅有工作規則而無個別勞工之同意時，雇主仍然可以依據工作規則而行使懲戒權，因此帶有「法律授權」之意味。

然而，不但對於工作規則是否不需經勞工同意即得拘束勞資雙方，學界尚有爭論，且也有認為勞基法規定工作規則中應明定懲戒有關事項，其目的並非在授予雇主懲戒權，而是在限制雇主懲戒權之行使，因此不能由上述規定推論出雇主懲戒權之根據在於法律授權[54]，而不需經勞動契約之明定。更有認為：「違反企業內組織秩序或工作秩序之制裁得以契約法秩序基本原則解決之。基於所謂契約法秩序基本原則，契約當事人之義務狀態將因而透明化、明確化……。企業組織規範、工作規則等對勞工而言，實際上無非只是勞工依勞動契約所負之從屬義務（即維護企業秩序之義務）的具體化而已，只有在違反或不履行勞動契約義務之範圍內，雇主始有企業懲戒權。」[55] 因之，在此問題上我國目前明確表示見解之學者中，應以採契約說者為多數。

（二）法院判決 —— 未臻一致

至於司法實務見解，臺高院 93 勞上 21 號表示：「依勞基法第 70 條第 6、7 款規定既允許僱主在自訂工作規則中，訂定獎懲及解僱事項，基此，雇主即得基於雇主企業之領導權、組織權，在合理範圍得對於勞動者之行為加以考核、制裁，即雇主懲戒權之行使。」認為懲戒權根據來自於法規授權。

---

[54] 周兆昱，勞動關係中雇主懲戒權行使界限之研究，文化大學勞工研究所碩士論文，36頁，1998年。

[55] 黃程貫，企業懲罰權，台灣社會研究季刊，1989 秋／冬季號，45、46 頁。另外，周兆昱上揭勞動關係中雇主行使懲戒權之研究，所採者亦以契約說為主，但是周兆昱認為，如事實上無法達成個別之合意，則經由團體協商所簽訂之團體協約亦得作為勞雇間之合意，與黃程貫之文章尚有不同。

而臺北地院 89 重勞訴 14 號則認為：「1. 按懲戒係指雇主對於違反企業秩序者所課以之懲罰，雇主對勞工得否享有懲戒權，又懲戒權之性質及法源為何，向有固有權說、契約說、集體合意說、法規範說及否定說等，本院認為勞動者在工作中，違反雇主依管理權所作之規定或指示時，雇主得對之加以懲戒（即經營體之司法權），但應區分為兩部分，即一般懲戒權與特別懲戒權。前者指依據法律規定在具備法定要件時，雇主得對之為懲戒者即得加以懲戒，例如懲戒解僱（勞動基準法第 12 條規定參照），或依民法之規定勞動者對雇主之生產設備等予以破壞，雇主得對之主張損害賠償者是。後者則其懲戒權之基礎在法律規定之外，而係事業主之特別規定，在學理上稱之為秩序罰，此種懲戒在本質上是一種違約處罰，其方式例如：記過、降級、申誡、減薪等，此種懲戒處罰必須事先明示並且公告，其程序並應合理，法院對秩序罰不僅可審查其合法性，並得對其妥當性加以審查。」（只是，雇主何以得自外於法律規範之外，而自訂秩序罰之特別規定作為處罰依據，判決並無進一步說明，也因此與判決中「懲戒在本質上為違約之處罰」之說法，欠缺連結）[56]。

（三）小結

綜上，懲戒制度確實一直存在現今廠場實務，但是某一制度在社會生活中之現實存在，並不當然等於該制度具備規範上的正當性與合法性。而勞工與雇主間僅係依勞動契約而結合，換言之，既非屬於公務員與國家間之所謂「特別權力關係」[57]，亦不該當於父母子女間之保護教養關係，僅是相對的契約當事人，而在教師對於學生是否得有懲戒權，都已有不同聲

---

[56] 吳姿慧，勞動契約之違約金與契約罰，第三屆兩岸勞動法學術研討會會議資料，政治大學法學院主辦，2012 年 6 月 1～2 日。

[57] 所謂「特別權力關係」乃基於特別法律原因，於一定範圍內，對相對人具有高度服從義務之法律關係，其特徵則顯現於：當事人地位不平等、義務不確定等。吳庚，行政法之理論與實用，188 頁下，1995 年，三民書局。但吳教授於同書 201 頁指出，即便是此種「特別權力關係」之理論，其存在之必要近日亦甚受懷疑。

音之今日，是否應承認雇主對於勞工具有懲戒權，或是僅應承認契約上債務不履行之責任，也值得反省。

只是確如學者指出，目前在契約法上，一旦勞工發生債務不履行情況時，雇主只有解除契約（民法 489 條，勞基法 12 條等），或損害賠償（民法 227 條）之可能。因此，如果直接否認雇主懲戒權，而逕以契約上債務不履行之方式處理，對於勞工之保護反而可能有所欠缺。而且在工作規則上得以訂立懲戒條款之立法理由何在，以及我國工作規則之法律性質如何，尚未經充分討論而有較普遍性之見解下，如何建構理論以適應實際需要，確非一蹴可幾。

二、懲戒處分之態樣與範圍

（一）懲戒處分之態樣

關於雇主實際上行使懲戒權之處分態樣，學者以為[58]：因各個企業之獎懲規定及其企業文化有所不同，故欲臚列整理有所困難。然在一般較常引用且可能有所爭議之懲戒態樣中，依其是否因懲戒而終止勞動契約，則可有下列分類型態：1. 未終止勞動契約之懲戒：在此型態之懲戒處分，有單純訓誡（可由口頭警告至公布懲戒事項[59]）、人事紀錄、扣減工資、降低或調動職位[60]、停止出勤、懲戒休職或停職。2. 終止勞動契約之懲戒：此即一般通稱之懲戒解僱，依據 12 條規定，勞工有該條 1 項所列各款事

---

[58] 周兆昱，勞動關係中雇主懲戒權行使界限之研究，37 頁下，文化大學勞工研究所碩士論文，1998 年。

[59] 黃程貫教授認為：雇主不得為將勞工之姓名及行為制裁張貼於公布欄上之懲戒，蓋此種方式之懲戒已對勞工之人格有所貶損，氏著企業懲罰權，台灣社會研究季刊，1989 秋／冬季號，47 頁下。

[60] 是否得以改變勞動契約要素之調職方式行使懲戒，學者對此持保留態度，不過臺北地院 91 勞訴 127 號則認為：「○○公司原得依勞基法第 12 條第 1 項第 4 款規定，不經預告終止契約，茲○○公司以原告有不適任原職之事由，改採以懲戒調職，避免勞工之即面臨失業之窘境，顯對勞工較為有利。從而○○公司……對原告所為之調職，自無不合。」

由時，雇主即得不經預告終止勞動契約，再依同法 18 條規定，此時雇主並無給付資遣費之義務。

（二）雇主懲戒權之範圍

對於雇主懲戒權之範圍，除了法律所科加限制（如勞基法 12 條對於懲戒解僱之限制）外，大致有兩種思考方向，亦即如果認為懲戒處分之性質是「秩序罰」者，那麼其界限在於「企業秩序」之範圍；而如果認為懲戒處分的性質是「契約罰」者，那麼其界限應該在於「勞動契約的義務」何在。

例如，採嚴格契約說之學者即認為：「蓋勞動契約係勞工進入勞動關係之唯一（至少是最主要的）的管道；而既然係由勞動契約制度探求勞工自由受限制的程度與範圍，則自應係純由勞動契約制度之諸義務群中加以界定，不待外求；非屬勞務給付行為之勞工個人生活領域，如勞工在企業外之行為或非其工作時間所從事之行為，則均非屬勞動關係所得限制，而係屬於勞工個人之自決自治範圍，故此範圍亦非企業懲罰所得涵蓋。」[61]

而最高法院 82 台上 1786 號表示：「因此在工作時間外之勞工業務外行為，屬於勞工私生活範圍，非雇主所得任意支配，惟有勞工之行為與事業活動有直接關連，且損害事業之社會評價，為維持事業秩序之必要，方足成為懲戒之對象……。」其中所謂「為維持事業秩序之必要」，解讀上有將雇主懲戒權範圍求之於「企業秩序」界限何在的意味。雖然最高法院此一見解較同案二審更為學者贊同[62]，但透過現代契約法上契約義務群之發展，以及雇主對於其所持有設施之管理權限，而尋求懲戒之界限（或說勞工義務之範圍），或許比將之託付於空泛的「企業秩序」，更能掌握雇

---

[61] 黃程貫，企業懲罰權，台灣社會研究季刊，1989 秋／冬季號，36 頁。

[62] 劉志鵬，雇主之人事管理權與勞工私生活之分際 —— 台灣高等法院 82 年度勞上字第 5 號民事判決評釋，勞動法理論與判決研究，101 頁下，2000 年 5 月，元照出版公司。

主可以懲戒勞工之界限（或者應當說是勞工的債務不履行，以及侵害雇主財產權之範圍）。

　　另外，雖然民事法院在個別勞動法領域中如上表示：「勞工之行為與事業活動有直接關連，且損害事業之社會評價，為維持事業秩序之必要，方足成為懲戒之對象。」但如果此時涉及到工會活動，則基於集體勞動法中工會行動權的保障等，勞動部不當勞動行為裁決委員會 106 勞裁 33 號表示：「工會及工會會員所依據之事實大致為真實，或是有確信為真實之相當理由時，則工會之主張、批判、或訴求之言論，只要不是對於公司的董監事或管理者做不相當之個人攻擊，或是誹謗、中傷、暴露其私事，則應認為係正當之工會活動。假使工會或工會會員之言論內容有部分事實與事實不符，如雇主有澄清或反駁之可能性時，亦不應對於工會或工會會員施以懲戒或不利待遇。關於工會或工會會員所為之批判性言論或活動是否具正當性，主要應考量該批判之真實性以及雇主之反駁可能性，並斟酌該批判或活動是否逸脫表現方法之界限、對於企業之影響、及工會或工會會員進行該批判或活動之原因等因素，綜合判斷之。」南投地院 89 自更（一）字 3 號刑事判決也表示：「除國家自消極面界定最低工作條件外，工作權在積極方面之實現，必須透過團結、團體協商、爭議等勞動三權，使得勞動者取得與資方平等之地位，以免在資方不斷擴大生產規模、壟斷生產工具、瓜分市場之餘，片面決定勞動條件。因是，勞動權之積極實現既必須依賴勞資間相互之調整，故倘誹謗性言論在勞資對抗關係之情境下產生，即有審究該等言論是否已與工作權之行使相結合，並提升其價值位階之必要。惟該等言論須有助於工作權之實現，且不逾必要之範圍，自不待言。」

三、防制懲戒權濫用之理論

　　關於懲戒權的研究，除了懲戒權根據、範圍等理論建構外，實務上較常發生的問題在於雇主懲戒權濫用之對應。對此日本在 2007 年制訂的

勞動契約法 15 條訂有：就雇主得對勞工為懲戒時，對照於勞工的行為性質、態樣與其他情事，如該懲戒欠缺客觀上合理的理由，不被認為具有社會通念上相當性，為權利濫用，該懲戒無效。至於此相當性判斷，有學者認為：首先在對於相同程度的違規事件，應予相同程度懲戒之公平要求，從而懲戒處分應據相同先例作成，又對向來默認的行為種類為懲戒時，應予事前警告為必要。其次，欠缺程序正義而不被認為具社會通念上相當性時，也構成懲戒權之濫用，亦即如工作規則、團體協約中訂有與工會協議或經勞資代表組成之懲戒委員會之討論為必要時，當然應遵守該等程序，即便沒有相關明文程序規定，然只要沒有特別的障礙事由，仍應給與當事人勞工辯明機會，類此違反程序正義的懲戒處分，若非輕微程序瑕疵，亦應構成懲戒權濫用[63]。

　　上述問題，我國學界也有所著墨，而認為雇主所為懲戒不得有處分過當情形[64]，實務上有臺高院 95 勞上 50 號具體表示：「勞基法第 70 條第 6、7 款規定既允許雇主在自訂工作規則中，訂定獎懲及解僱事項，乃基於雇主企業之領導、組織權，而得對勞動者之行為加以考核、制裁，惟勞基法第 12 條第 1 項第 4 款僅有關於違反勞動契約或工作規則情節重大時，得予以懲戒解僱之規定，至較輕微之處分例如警告、申誡、減薪、降職及停職等，雇主之裁量權除受勞基法第 71 條之限制外，另應遵循『權利濫用禁止原則』、『勞工法上平等待遇原則』、『相當性原則』為之。顯然雇主對勞工之懲戒，可分為一般懲戒權與特別懲戒權，前者指依據法律規定在具備法定要件時，雇主得對之為懲戒者即得加以懲戒，例如懲戒解僱（勞基法第 12 條規定參見），或依民法規定勞動者對雇主之生產設備等予以破壞，雇主得對之主張損害賠償者為是；後者則其懲戒權之基礎在法律規定之外，而係事業主之特別規定，屬『秩序罰』性質，本質上為

---

[63] 菅野和夫，労働法，502 頁下，第 10 版，2013 年，弘文堂株式会社。
[64] 劉志鵬，勞動法解讀，38 頁下，1996 年，月旦出版社。

違約處罰，其方式如罰錢、扣薪、罰加班、降級、延長試用期間等，此處罰必須事先明示且公告，程序並應合理妥當。」而士林地院 92 勞訴 12 號也認為，雇主以違反同一工作規則事由，先後為調職減薪、記過降級及解僱等三次懲戒處分，已違反「一事不兩罰之基本原則」，其所為第二次及第三次懲戒當屬無效。只是在程序正義部分，最高法院 104 台上 2010 號認為：「懲戒（包括解僱在內）處分之作成，固應具備實質正當性及符合比例原則，惟就實施懲戒之程序，法律未設明文規定，故雇主於作成包括解僱在內等懲戒處分前，除勞動契約或工作規則另有約定或規定外，尚無應遵循特定程序之義務。」

四、懲戒處分之司法救濟

　　承上，縱算認為雇主在勞動關係中擁有懲戒權，然而其所為的懲戒處分，也可能會超出懲戒權之界限，或不具社會通念上相當性而無效，此時勞工尋求司法救濟，乃是合法維護自己權益的正當手段。但是，除了懲戒處分的性質不好掌握外，亦如學者所言[65]：「在我國民事訴訟實務上，除勞工受非法解僱後，以民事訴訟尋求司法救濟外，勞工受其他懲戒處分，而尋求司法救濟之實例並不多見，勞工法學者中亦鮮有研究勞動訴訟者，因此受不當懲戒處分之勞工，應以如何之訴訟型態尋求司法救濟，在學者、實務界及當事人間，可說係處於摸索狀態中。」而且不但應該以何種訴訟型態提出有所疑義，甚至是否得為司法審判之對象，仍有不同見解，以下臚列幾則實務不同見解供參：

（一）認為不得就記過之懲戒處分尋求司法救濟者

　　勞工行政主管機關（77）台勞資三字 22971 號函[66]：「雇主對於員工之行政處分（如記大過或記過等），員工如有不服應循勞資溝通管道或雇

---

[65] 鄭傑夫，勞工對於雇主所為不當懲戒處分之司法救濟，勞動法裁判選輯，733 頁下，1998年，月旦出版社。

[66] 本號函示引自黃程貫，勞動法（修訂再版），309 頁，2001 年 6 月，國立空中大學。

主行政體系申訴，勞工行政主管機關不宜做為勞資爭議處理之標的」，認為雇主所為記過等之懲戒處分，並非勞資爭議處理法中之調整事項爭議，亦非權利事項爭議，故不得作為勞資爭議處理之標的，倘以此論點推論，該等懲戒處分既非權利事項爭議，則當不得以司法程序救濟之。臺北地院臺北簡易庭 80 勞簡 16 號亦認為：「本件原告（即勞工）欲撤銷被告公司基於內部人事管理規則對其所為記過處分，非屬私法法律關係……，理應循申訴等行政救濟程序解決。」

（二）當懲戒處分已違反勞動契約，或對勞工升遷、獎金等重大身分、財產上請求權、其他基本權利有所侵害時，即得提起司法救濟者

上揭臺北地院臺北簡易庭 80 勞簡 16 號，經上訴於二審後，該院之 80 勞簡上 6 號認為：「……上訴人應係一般勞工……，又上訴人受本件之懲戒處分，倘無功過相抵，依被上訴人公司工作人員考核懲戒注意事項第 20 條、第 21 條規定，其考核應為丙等，不得晉級及支領工作獎金，就上訴人而言，非無受有財產上之損害，是被上訴人對於上訴人所為之懲戒處分，顯非屬純營業管理上所生之特殊權利義務之關係。」肯定其得提起司法訴訟[67]。

又臺北地院 98 勞訴 149 號表示：「原告……以電子郵件將其所寫上開『有關增訂本公司適用勞退新制從業人員之撫卹規定說明』寄予工會會員代表之行為，尚難認有『不實記載紀錄、製作報告或竄改文件致生不良後果、詆毀勞資會議代表、傳播不妥言論』之情事，已如前述。則原告之行為與被告所頒『從業人員獎懲基準』第 6 點第 13 項、第 14 項、第 25 項：『不實記載紀錄、製作報告或竄改文件，致生不良後果者』……等規

---

[67] 本小段二則判決引自鄭傑夫，勞工對於雇主所為不當懲戒處分之司法救濟，勞動法裁判選輯，733 頁下，1998 年，月旦出版社。惟應注意的是，本判決雖肯定記過處分得提起司法訴訟，但其所附之要件是勞工因記過而受有財產上損害。所以若僅係單純之申誡或命提出悔過書之懲戒，得否提起訴訟，尚不可一概而論。

定，即不相符，被告據以對原告為記過扣發獎金之處分，自屬逾越其依兩造勞動契約所得行使權利之範圍。……3、綜上所述，被告……各對原告記 2 次小過、均屬違約之行為。而此項懲戒處分，足使聽聞者對原告產生失職怠惰之負面評價，於原告之名譽人格權自有侵害。……被告雖辯稱伊所為上開懲戒處分，司法機關無審查當否之權……。然被告所為已涉及勞動契約之違反，本屬司法審查之範疇，原告據以提起本訴請求撤銷被告所為違約之懲戒處分，自無不合。」

　　臺高院 99 勞上 103 號：「其餘如申誡、記過、扣薪、降級等懲戒或其他處分，雖未達解僱程度，不直接影響其工作權利，但受僱人之違規行為與雇主所為懲戒處分不相當，且對勞工升遷、獎金等重大身分、財產上請求權、或其他基本權利有所侵損時，本於憲法第 16 條有權利即有救濟之意旨，並參照司法院大法官會議釋字第 684 號解釋相同之法理，仍應允許權利受侵害之勞工向法院請求救濟，如勞工以雇主不當對其處以曠職（工）一日之紀錄，並據以扣發一日工資時，應允許勞工向法院提起命雇主塗銷該曠職（工）登記之訴（最高法院 98 年度台上字第 73 號裁定參照），即其適例。」

第四項｜最低服務年限約款（提前離職違約金約款）

　　我國廠場實務上，企業考量對員工之訓練成本得以回收獲利，或人才留任等因素，經常在不定期勞動契約成立或履行中，藉由工作規則或雙方另以書面訂立至少應服務若干年，否則即應返還特定費用或支付一定賠償金等之最低服務年限約款（或稱提前離職違約金條款）。然而在以中小企業為主之我國勞動市場上，不但企業少有百年經營之比例，勞工也少有長期固定於同一事業單位終身服務之計畫，所以實務上常生爭議。

　　就此，日本勞基法 16 條規定有：「雇主不得訂定因不履行勞動契約時之違約金或預定損害賠償之契約。」韓國勞基法 24 條也有：「雇主不得訂定任何規定契約不履行時應付違約或損害賠償之契約。」之明文[68]。但是，我國在 104 年 11 月立法院增訂勞基法 15-1 條規定前，並無明文規範，僅於 5 條規定有：「雇主不得以強暴、脅迫、拘禁或其他非法之方法，強制勞工從事勞動。」惟在一般情形下提前離職違約金之約定，尚難評價為強暴、脅迫或類似於該等行為之非法方法，故此種約定是否有效，即有爭議。

　　而此爭議所涉及之法條除上開勞基法 5 條外，依 9 條 1 項中段規定「有繼續性工作應為不定期契約」，而最低服務年限卻有期間限定，故有認為應違反該條而無效之意見；另依勞基法 15 條 2 項：「不定期契約，勞工終止契約時，應準用第十六條第一項規定期間預告雇主。」規定，勞工得隨時預告後終止勞動契約，則最低服務年限約款既限制勞工終止契約權，因此也產生是否違反該條而無效之疑問；再者據民法 247-1 條：「依照契約當事人一方預定用於同類契約之條款而訂定之契約，為左列各款之約定，按其情形顯失公平者，該部分約定無效：……三、使他方當事人拋棄權利或限制其行使權利。四、其他於他方當事人有重大不利益者。」規定，即最低服務年限約款，是否因已限制勞方的轉業自由或不工作自由之權利，或對勞方有重大不利益等而無效；最後在訴訟實務上也常見依民法 252 條：「約定之違約金額過高者，法院得減至相當金額。」規定，請求法院酌減違約金。為明瞭相關問題緣由及立法演進以掌握全貌，分述如下：

---

[68] 焦興鎧等人合著，勞動基準法釋義 —— 施行二十週年之回顧與展望，242 頁（本部分由黃程貫執筆），2013 年 3 月，新學林出版（股）公司。

一、正式立法前之實務問題與處理模式

（一）約定最低服務年限約款之效力

1. 早期行政與司法之見解

　　如上，最低服務年限約款尚難評價為強暴、脅迫或類似於該等行為之非法方法，因此無論是行政機關抑或法院判決，對該約款效力，以往大多基於契約自由而持原則上有效，只是如果約定之違約金過高者，得依法酌減之見解。例如 83 台勞資二字 58938 號函表示：「查勞動契約為私法上之契約……。因之事業單位若基於企業經營之需要，經徵得勞工同意，於勞動契約為服務年限及違約賠償之約定，尚無不可，惟該項約定仍應符合誠信原則及民法相關規定。」司法院 14 期司法業務研究會，就雇主派員工出國受訓，約定「勞工受訓後，勞工同意至少應服務若干年，若有違反，願賠償雇主若干元之損失」之問題，亦表示：「題示情形，約定之內容，於法既無禁止之規定，於公序良俗亦屬無違背，基於契約自由之原則，應屬有效。至其約定之賠償金額，應屬懲罰性違約金性質，如約定金額過高時，法院得核減之。」再如新北（板橋）地院 89 簡上 212 號：「勞動契約為私法上之契約，以當事人間意思表示之合意而成立，僱用之事業單位，若基於企業經營之需要，於勞動契約中約定，勞方須繼續為該事業單位服務若干期限，應無不可。」

　　且所謂定期契約，是期間屆至契約自然終止，而最低服務年限約款則是至少服務一定年限，期限屆至後勞動契約仍然存續，與定期契約有別，故不生違反勞基法 9 條問題。又如屬繼續性工作，尚不能僅因系爭勞動契約訂有最低服務年限，即變更其性質為特定性工作之定期契約（最高法院 96 台上 1396 號），亦不生勞工得依據 15 條 1 項規定於三年後終止契約問題。

　　至於雖有認為 15 條 2 項：「不定期契約，勞工終止契約時，應準用第十六條第一項規定期間預告雇主。」規定，係屬強制規定者（臺高院 91 勞上易 59 號），故不得以最低服務年限約款限制勞工離職。惟依文義言，15 條 2 項僅是針對勞工行使終止權時，是否應為預告而已，是否得推論為強制規定，尚有疑義。故也有認為該項條文乃任意規定，並不排除當事人以合意限制勞工終止權之行使，只要該合意不排除勞工關於民法 489 條之重大事由終止權之行使，即不得認為無效（臺高院 88 勞上 56 號）。且基於保障勞工離職自由權，並平衡雇主之營業權或財產權，以兼顧勞雇雙方之權益，對於是項約款之效力，自應依具體個案情形不同而分別論斷。

　　最後，對於勞方主張應依民法 247-1 條規定審查，臺北地院 91 勞小上 3 號認為：「（一）就程序面言……上訴人亦未舉證證明其係如何迫於無奈不得不簽此約，因此，在程序上言，上述合約書並無顯失公平之處。（二）就實質上言：按雇主為勞工支出召募費用、職業訓練費用、技能養成費用等，乃要求勞工為最低服務年限作為回饋，使勞工在一定時限內不得任意離職，從必要性原則而言，斟酌勞工之職業自由及雇主對勞動技能養成之支出，最低之服務年限之約定，應受允許，否則新進勞工隨時離職，雇主不時支出召募人員成本，自無法為有效之經營，亦非法律期求勞資和諧之本意。……本件聘僱合約書要求上訴人最低服務三年期間，雖使上訴人不得提前離職，然依被上訴人提出上訴人之職前訓練、在職訓練之書面資料，可知被上訴人曾對上訴人為訓練支出，被上訴人對此既有訓練支出，自非屬民法第 247 條第 2 款僅加重上訴人責任，亦無同條第 2 款限制上訴人行使終止勞動契約權利之情形，上訴人謂前述約款有違定型化契約條款之限制規定，並不足採。」

2. 學說見解

只是消極地酌減違約金，對勞工而言甚為不利，故有學者認為溯本清源，在於該種條款效力之司法審查，而提出必須兼具「必要性」與「合理性」要件，約款方有效之見解表示[69]：「關於最低服務年限約定條款之效力判斷問題，實應分為兩階段來判斷，簡而言之，首先必須具備約定最低服務年限條款的『必要性』（按，有無必要性之判斷，應看雇主有無合法正當的『預期利益』存在[70]）；其次是最低服務年限期間長短的認定，也就是約定年限的『合理性』，綜合各項因素而為判斷。經衡量下列因素：一、訓練期間。二、訓練成本。三、補償措施。四、勞動力之替代可能性。五、其他足以影響服務期間合理性之情形，如結果仍有顯失合理之情形，則最低服務年限約定，應屬無效，若衡量結果並無顯失合理之情形，則約定應屬有效，對勞工有拘束力。」

3. 後期法院認定 ── 漸有採用以必要性及合理性為審查基準

上開藉由「必要性」及「合理性」判斷方式，對最低服務年限約款的司法審查見解，經最高法院 96 台上 1396 號採用而表示：「現行勞動基準法……，雖未設有勞工最低服務期間之限制，或不得於契約訂定勞工最低服務期限暨其違約金之禁止約款，但為保障勞工離職之自由權，兼顧各行業特性之差異，並平衡雇主與勞工雙方之權益，對於是項約款之效力，自應依具體個案情形之不同而分別斷之，初不能全然否定其正當性。又最低

---

[69] 焦興鎧等人合著，勞動基準法釋義－施行二十週年之回顧與展望，247 頁（本部分由黃程貫執筆），2013 年 3 月，新學林出版（股）公司。

[70] 所謂「約定之必要性」，依前註書 248 頁之說明為：「最低服務年限約定之目的，實頗有賠償雇主依民法 267 條 2 項規定：『依通常情形，或依已定之計劃、設備或其他特別情事，可得預期之利益』的意味，準此以解，有無最低服務年限約定必要性之判斷，與雇主有無合法正當的『預期利益』存在問題，實為一體兩面。因此，若企業未因訓練員工支出鉅額費用，僅因勞工離職須另行招募、訓練造成雇用管理上輕微不便者，似即欠缺約定最低服務年限之必要性。」至於更詳盡的說明與整理，則可參見黃泰平，勞動契約上最低服務年限之研究，政治大學法研所碩士論文，2004 年 7 月。

服務年限約款適法性之判斷，應從該約款存在之『必要性』與『合理性』觀之。所謂『必要性』，係指雇主有以該約款保障其預期利益之必要性，如企業支出龐大費用培訓未來員工，或企業出資訓練勞工使其成為企業生產活動不可替代之關鍵人物等是。所謂『合理性』，係指約定之服務年限長短是否適當？諸如以勞工所受進修訓練以金錢計算之價值、雇主所負擔之訓練成本、進修訓練期間之長短及事先約定之服務期間長短等項為其審查適當與否基準之類。」[71]

只是，依上開學者文義似乎需兼具必要性與合理性要件，最低服務年限約款始生效力，然司法實務則認為對於不具合理性之過苛條款可以調整至合理範圍內有效，如臺北地院 86 勞訴 29 號：「經查該約定之內容十五年部分雖屬過長。但原告已主動減為五年而為請求……，從而該部分並非無效，即並無何違反法令之強制或禁止之規定，於公序良俗亦屬無違背，且亦無任何不合理之處，則基於契約自由之原則該約定應屬有效。」[72]

對此，理論上應與本文後述離職後競業禁止約款之效力爭議處理相同，亦即如條款過苛，或違約金約定過高時，是否影響約款之效力時，比較法上之處理模式有：（1）全有或全無原則：即必須條款的「全部」皆

---

[71] 惟如勞資雙方約定，勞工先取得一定給與，以作為約定久任之對價，嗣於勞工提前離職時，應（比例）返還該給與以作為違約代價之約定時，法院之審查似以只要具期間的合理性即可，如臺中地院 99 勞訴 130 號表示：「……於 98 年 9 月 3 日所簽立之同意書第 1 條、第 2 條第及第 3 條約定，被告承諾繼續任職於原告公司最低服務年限 2 年（即久任期間）後，原告則許以配發股票紅利，以為被告在此 2 年久任期間其職業轉換自由受到限制之補償措施，並依被告履行最低服務年限期間之遞減情況，而約明原告已為給付上開股票紅利按員工紅利增資股上市日收盤價計算之利益須按未履行久任期間之比例返還，作為被告履行該久任期間約款之確保，經核此等約款之內容，對於兩造間原有勞動契約之權利義務內容，並未有何重大且不合理之變動，……而兩造間於系爭同意書所約定最低服務年限僅為 2 年，以此而論，原告以系爭同意書約定許以被告高額股票分紅，以換取被告對原告盡久任及忠誠義務，亦未限制員工不得離職，且無剝奪勞工依勞動基準法、公司法等相關法規應有之權益，是系爭同意書關於最低服務年限附加違約金之約款，並無不當連結之情事，且其期間實尚屬合理適當，自難認被被告有何不當限制被告轉職自由情事。」

[72] 本號判決引自黃泰平，勞動契約上最低服務年限之研究，98 頁，政治大學法研所碩士論文，2004 年 7 月。

被法院認為合理，法院才承認其「全部」有效，有任何一部分被判認不合理，則條款「全部」一概歸於無效；（2）藍鉛筆原則：當合理及不合理的條款很容易可由法院予以區隔開來時，只承認合理部分的條款為有效，不合理部分的條款則當然無效（好像一份契約可用一支藍筆劃分為兩部分的樣子，以此得名）。當然其前提是條款間是可分割的，若不可分割則法院只能判認全部無效；（3）合理化原則：當一條款被判認不合理時（全部不合理或部分不合理皆同），法院有權在其認為「合理」的限度內賦予其有效執行之效力。

附帶提之，如採取以必要性及合理性之判斷方式，對最低服務年限為司法審查，則在以定型化契約為最低服務年限約款之事件，應有在民法247-1 條所訂「顯失公平之情事」之要件中，直接融入必要性與合理性之可能。

二、104 年 12 月 16 日公布之立法

立法院在 104 年 11 月 27 日通過增訂勞基法 15-1 條（12 月 16 日公布施行）為：「（I）未符合下列規定之一，雇主不得與勞工為最低服務年限之約定：一、雇主為勞工進行專業技術培訓，並提供該項培訓費用者。二、雇主為使勞工遵守最低服務年限之約定，提供其合理補償者。（II）前項最低服務年限之約定，應就下列事項綜合考量，不得逾合理範圍：一、雇主為勞工進行專業技術培訓之期間及成本。二、從事相同或類似職務之勞工，其人力替補可能性。三、雇主提供勞工補償之額度及範圍。四、其他影響最低服務年限合理性之事項。（III）違反前二項規定者，其約定無效。（IV）勞動契約因不可歸責於勞工之事由而於最低服務年限屆滿前終止者，勞工不負違反最低服務年限約定或返還訓練費用之責任。」

本增訂條文基本上納入上開學界與法院見解，即需具備必要性與合理性的判斷方式（但要求雇主提供合理補償，不但是審酌服務年限是否具合理性的判斷標準，同時也列為必要性要件之內涵），而在實務運用上，略

需注意如下問題：

（一）本條新增規定是否適用於增訂前已約定之最低服務年限約款

　　首先，在 104 年修法增訂本條文前約定最低服務年限者，是否亦得適用本條文做為裁判依據，有認為法律不溯及既往者（臺北地院 108 勞簡上字 4 號），但高雄地院 105 勞簡上 19 號表示：「又上開法文雖增訂於系爭合約簽訂之 103 年 6 月 5 日後，但基本上係依學界、司法實務既有見解所訂而予以明文化，如上開法文第 1 項之規定，即最高法院 96 年度台上字第 1396 號民事裁判要旨所稱之『必要性』，第 2 項即屬上開裁判要旨所稱之『合理性』，故本件仍可參照上開法文規定意旨予以判斷。」（新北地院板橋簡易庭 104 板簡 1351 號亦同）。

（二）從立法過程看，「支付培訓費用的專業培訓」與「提供合理補償」應是二擇一的關係

　　其次在必要性方面，15-1 條 1 項固然臚列了「支付培訓費用的專業培訓」與「提供合理補償」兩款，但經學者研究：「在去年（2015）11 月 16 日的委員會審查中，勞動部長陳雄文表達勞動部的立場，建議雇主給付勞工代償或補償措施（如簽約金）後，也可約定最低服務年限。他的理由是：『基於勞雇契約自由及有利產業人才流動』。……，本案也就依勞動部意見修正後通過。然後在 11 月 27 日不用經政黨協商就三讀通過（立法院公報第 104 卷第 89 期院會紀錄，頁 354）。」[73] 即主管機關是認為基於契約自由及有利產業人才流動，在沒有專業培訓下也得僅以提供合理補償而約定最低服務年限，從而兩款規定是二擇一的關係，而擴大了向來必要性的內涵。

---

[73] 張鑫隆，離職的自由可以交易嗎？──評最低服務條款之明文化，引自 https://labor-vision.org/2016/02/15/，查詢日：2017 年 10 月 26 日。

在實務見解方面，臺北地院 107 勞訴 372 號採上述二擇一的見解而表示：「1. 按『未符合下列規定之一，雇主不得與勞工為最低服務年限之約定：一、雇主為勞工進行專業技術培訓，並提供該項培訓費用者。二、雇主為使勞工遵守最低服務年限之約定，提供其合理補償者。……』，勞基法第 15 條之 1 定有明文。是依第 1 項規定之反面解釋，雇主於符合第 1 項所列各款之一情形時，即得與勞工約定最低服務年限，非以同時符合第 1 項第 1 款及第 2 款之條件為必要。」但是上開高雄地院判決表示：「且兩造不爭執被上訴人○○○於上開訓練期間共支出訓練費用 242,858 元，且該費用均係上訴人公司所提供……，則亦合於系爭最低服務年限規定第 1 項第 1 款後段『雇主提供培訓費用』之必要性規定意旨，故……合於系爭最低服務年限規定第 1 項第 1 款之必要性規定意旨……。上訴人公司就客艙組員服務滿 1 年而表現正常者，亦有各項工資增加之優惠，是認系爭合約之最低服務年限約定，亦合於系爭最低服務年限規定第 1 項第 2 款『提供合理補償』之必要性規定意旨。從而，應認系爭合約之最低服務年限約定，合於系爭最低服務年限規定第 1 項之必要性規定意旨……。」則同時論斷兩款規定。

（三）承上，若就 1 項的必要性要件，採二擇一的見解，則 2 項的合理性要件，或須分別檢討

15-1 條 1 項 1 款所訂：「未符合下列規定之一，雇主不得與勞工為最低服務年限之約定：一、雇主為勞工進行專業技術培訓，並提供該項培訓費用者。……。」除了注意需與職務有關之訓練費用（台中地院 101 簡上 21 號）外，也應注意與人員內部基礎訓練區別，如臺北地院 108 北勞小字 26 號：「復參以原告所提教育訓練課程內容，諸如：辦公室環境介紹、行政規範、營運系統、業務運作流程、業務單據簽核流程、客戶資料管理、客戶訂單管理規範、倉庫運作管理、出貨管理、帳務管理等等，僅能認係○○公司為便於內部人員控管，俾業務進行順利所為之基礎培訓及

工作交接，本屬雇主應負擔之一般人事成本，原告亦未舉證證明○○公司確有花費鉅資聘請外部講師為被告進行前揭教育訓練課程，○○公司更未提供費用協助被告取得何種專業證照，足徵○○公司並未花費龐大成本培訓被告並使其成為企業生產活動不可替代之關鍵人物，顯與勞動基準法第15條之1第1項第1款規定不符。」

至於15-1條1項2款：「二、雇主為使勞工遵守最低服務年限之約定，提供其合理補償者。」的類型，因為立法上並沒有類似施行細則7-3條就離職後競業禁止的合理補償為強制規定，因此實務上較尊重契約自由，如臺南高分院108上124號表示：「3、查嶺○公司與林○○簽訂系爭契約一，依林○○之需求按月貼補購車費用15,000元，至購車金額付清為止，車輛每年稅金、全險及車輛保養費用則由林○○支付，公務行程可依規定補償油資，有系爭契約一可稽……；嶺○公司與薛○○簽訂系爭契約二，給付薛○○ 70萬元獎金，並將其職務由業務組長晉升為課長，每月薪資增加1,000元，且約定每年薪資調增百分之1至4，復提供1800CC公務車作為薛○○上下班及假日私用之交通工具使用等情，有系爭契約二可稽……。林○○及薛○○均具有相當社會經驗之成年人，而上開給付，既係其等各自衡量本身經濟能力、需求及工作情況，多方因素考量下，所提出之條件，嶺○公司就最低服務年限之約定，亦依其等要求提供合理補償，則系爭服務年限契約之最低服務年限約定，自符合必要性與合理性，且衡平雇主與勞工雙方之權益，並無違反衡平原則之處，是認系爭服務年限契約，自屬有效，兩造應受上開約定之拘束。」

而如果對1項的「必要性」採取二擇一的見解，那麼在2項的「合理性」方面，是否在上述兩類型下都必須全部具備，就有些疑問。因為如經雙方合意的「合理補償」即具有約定最低服務年限的必要性，則因此時雇主並無提供「支付培訓費用的專業培訓」，因此2項1款的「雇主為勞工進行專業技術培訓之期間及成本」，即失去附著因素，應不需列入考

量。又既然認為經雙方合意的「合理補償」,即具有約定最低服務年限約款的必要性,則 2 項 2 款「從事相同或類似職務之勞工,其人力替補可能性」,似非當事人注重之點。

又條文 4 項處理了不同原因離職後的條款效力及常見的訓練費用返還,只是在可歸責於勞工違約情形時,對於訓練費用返還,似宜規定亦得酌減,以免爭議。另從條文 3 項解讀,就不合理條款之要件部分似採全有全無原則,不過,因為最低服務年限約款是勞工仍然在職之情形,所以在要求服務期間應為合理補償之同時,又僅規定至不合理額度的補償,最低服務年限約款無效,而未考量後續問題,則在以加薪做為合理補償之情形下,如果額度不合理時,勞工是否因約款無效,而負不當得利的返還,或許會有些困擾。

三、受訓費用返還、違約金酌減與保證問題

在最低服務年限爭議中,除了上開有效要件的演進外,因為最低服務年限約款的違約效果,實務上除違約金外,也常見受訓費用返還約定,且對於各該違約效果,通常同時也由勞工覓連帶保證人保證,因此另產生如下問題:

(一) 受訓費用返還是否得適用民法 251 及 252 條酌減

因為違約金有民法 251 條:「債務已為一部履行者,法院得比照債權人因一部履行所受之利益,減少違約金。」及同法 252 條:「約定之違約金額過高者,法院得減至相當之數額。」即一部履行酌減與過高酌減之規定適用,因此在支付培訓費用的專業培訓之最低服務年限約款中,事業單位常將違約效果區分為受訓費用返還與違約金二種,以免全受酌減。而司法實務對受訓費用返還之性質固有認為:「系爭聘僱契約關於被告曾○○違反保證服務年限及轉訓新機種服務年限承諾所應賠償之訓練費用,乃將債務不履行債務人應賠償之數額予以約定,性質上屬損害賠償預定性之違

約金。」（臺北地院 104 勞訴 67 號）；但也有從費用返還之法律性質分析而認為：「有關訓練費用應予賠償之約定，核係上訴人同意離職後，就被上訴人原無償為徐〇〇所支付之訓練費用應予填補之約定而已，不具違約金性質。」（臺高院 102 重勞上 51 號），且有表示：「惟按有關訓練費用賠償約定，乃被上訴人請求賠付已支出之訓練費用，非屬違約金之性質，且被上訴人與上訴人間就訓練費用之賠償額既已約定依被上訴人訂頒之系爭訓練費用賠償辦法辦理，則被上訴人依該約定請求上訴人賠償，法院即無酌減之餘地……。」（臺高院 100 勞上 62 號）。不過有認為，無論勞工實際履約多久，皆負相同返還費用責任，並不公平，應可類推適用民法 251 條一部履行酌減，至於同法 252 條過高酌減則無類推適用餘地。[74]

（二）勞方最低服務年限約款的連帶保證人，是否有民法人事保證規定適用

為確保最低服務年限約款違約處罰的法律效果，通常由勞方覓連帶保證人，一旦勞方違約時，保證人在訴訟上常主張，此種保證是屬於民法 756-1 條 1 項：「當事人約定，一方於他方之受僱人將來因職務上之行為而應對他方為損害賠償時，由其代負賠償責任之契約。」之人事保證，應適用同法 756-3 條 1 項：「人事保證約定之期間，不得逾三年。逾三年者，縮短為三年。」及 756-8 條：「僱用人對保證人之請求權，因二年間不行使而消滅。」對此，最高法院 103 台上 2427 號表示：「民法第 756 條之 1 所定人事保證，係以受僱人將來因職務上行為即勞務提供，對僱用人可能發生內容不確定之損害賠償債務為保證對象。保證契約就受僱人勞務給付義務之履行為擔保者，則係對於受僱人不履行該義務所負特定損害賠償責任之保證，其性質為一般保證，並非人事保證。」但是同院 104 台上 183 號則表示：「按稱人事保證者，謂當事人約定，一方於他方之受僱

---

[74] 陳金泉，勞動訴訟實務，387 頁，2020 年 9 月，新學林出版（股）公司。

人將來因職務上之行為而應對他方為損害賠償時，由其代負賠償責任之契約。……所稱受僱人將來因職務上之行為而應對他方為損害賠償，包括因僱傭契約終止，而受僱人應對僱用人負債務不履行損害賠償責任之情形在內。系爭聘僱契約第 2 條至第 5 條係約定徐○○應自契約生效日起服務 20 年，於該期間絕不自請離職，倘有違背，應賠償被上訴人訓練費用 3,560,095 元及任職期間之各項訓練費用，並賠償相當於離職前正常工作 6 個月薪資總額之違約金，楊○○、傅○○保證對徐○○應付之賠償責任，負連帶清償之責，有系爭聘僱契約在卷可稽……。果爾，能否謂楊○○、傅○○與被上訴人間所訂立之前開保證契約非上開法條所定之人事保證契約，無上開法條規定之適用，即不無研求之餘地。」

就上述不同見解，最高法院 108 年第 4 次民事庭會議結論為：「一、採甲說（編按，即一般保證說）。二、雇主與勞工訂立之勞動契約，如有勞工違反最低服務年限，應賠償訓練費用等及相當違約金之約定，並由保證人就該部分負連帶保證責任者，此保證之性質為一般保證。惟法院受理具體個案時，應併注意民國 104 年 12 月 16 日公布施行之勞動基準法第 15 條之 1 之規定。」且臺高院 108 重勞上更三字 6 號表示，固然：「法院組織法增設最高法院大法庭制度，修正刪除第 57 條並增訂第 57 條之 1 於 108 年 7 月 4 日生效施行，最高法院決議及判例制度已廢止，前依舊法編選之判例，若無裁判全文可資查考者，應停止適用；其餘判例之效力與未經選編為判例之最高法院裁判相同。準此，增訂法院組織法第 57 條之 1 第 1 項、第 2 項規定於 108 年 7 月 4 日施行後，原最高法院判例已無通案之拘束力，依舉重明輕之理，原最高法院所為之決議亦無通案之拘束力。惟本院認系爭聘僱契約第 5 條之約定性質為一般保證，係本院基於確信之見解而為之解釋……。」

四、最低服務年限約款效力應視各種離職情形而有不同

又如果將最低服務年限約款中之違約金，定性為勞工債務不履行責任，則上述違約金之支付，應該只限於可歸責於勞工而離職情形。這是因為關於債務不履行，除了需要具備「債務不履行情形之發生」外，另需具備「可歸責於債務人之事由」（亦即該債務不履行是因為債務人之故意、過失而發生）等二項要件才構成。

而在勞工離職是因為雇主具有勞基法 14 條 1 項情形，或是雇主於具有勞基法 11 條情形（但因為最高法院認為能為而不為，亦屬 11 條 5 款的工作能力不能勝任，因此實務操作時應予區辨）而資遣勞工時，雖然同樣在客觀上具有債務人（即勞工）未能依約履行（即充足約定之最低服務年限）事由發生，但是勞工因為此等事由而提前離職時，並不具有故意、過失之可歸責性，因此縱算勞動契約或工作規則中之提前離職違約金條款，並未做離職原因之限制，但此等狀況下提前離職應不負違約責任，故 15-1條 4 項明文：「勞動契約因不可歸責於勞工之事由而於最低服務年限屆滿前終止者，勞工不負違反最低服務年限約定或返還訓練費用之責任。」而臺高院 108 勞上易 37 號也表示：「本件既……經兩造合意於 105 年 1 月31 日終止僱傭契約，即非因被上訴人無法任職，顯非因可歸責於被上訴人之事由致兩造間僱傭契約於最低服務年限屆滿前終止，依上開規定，被上訴人自不負違反最低服務年限約定或返還訓練費用之責任。」

第五項｜離職後競業禁止約款

勞動契約終止後，實務上常衍生的爭議在於雇主藉由與員工間之約定或工作規則等制式規定，而要求員工於離職後之一定期間及特定區域內，不得從事相同或類似性之競爭工作，否則即應賠償一定金額之條款，即所謂離職後競業禁止約款而產生之訴訟。

　　因為離職後競業禁止約款，限制勞工於相當時期內以其專長謀生，通常也連帶影響勞工專業技能之維持或精進，對於社會經濟發展（失業率高低；限制競爭導致廠商之技術提昇緩慢；消費者因限制競爭所受之影響）是否正向也有疑慮。而我國相關勞動法令於 104 年 11 月勞基法增訂 9-1 條前，只於工廠法（編按，已在 107 年 11 月 21 日經華總一義字10700125421 號令公布廢止）56 條 2 項規定有：「前項契約不得限制學徒於學習期滿後之營業自由。」對一般勞工並無相關規定可繩。

　　至於比較法的借鏡，則大略有：（一）以憲法（如墨西哥）或實定法（如美國加州）明文禁止者；（二）以實定法明文承認者（如奧地利、瑞士、中國大陸）；（三）實定法未規定而法院判決承認者（如法國、英國、日本）等制度[75]。亦即，在勞基法增訂 9-1 條規定前，如欲將外國立法例引用為民法第 1 條所訂：「民事，法律所未規定者，依習慣；無習慣者，依法理。」中之「法理」，而做為裁判依據，也因各國不同而有難度，所以此種條款之效力如何，未正式立法前在實務與學界中皆有不同見解，為明瞭立法演進，大致整理如下：

一、正式立法前之實務問題與處理模式

（一）無效說

　　本說認為：「在利益衡量上，前雇主如果為了保護營業秘密則只需以簽訂保密協議條款依『營業秘密法』保護即為已足；如果是考慮到離職勞工的不正競爭，則以公平交易法（例如第 19 條第 3 款的惡性挖角條款等）來規範、保護也無問題，並不需要採用如此激烈、幾近毀滅性的禁絕就業條款來規制，這同時也違反了財富極大化的原則！因勞工勢必在競業禁止

---

[75] 陳金泉，論離職後競業禁止契約，引自 http:// 明理 .com/rule_page.php?no=24，查詢日：2014 年 3 月 12 日。

期間內必須拋棄原所學、所能，而另謀他就非他本行的他職甚或完全不就業，這對勞工及其家庭乃至整個國家、社會來說都是傷害！」[76]

（二）於一定要件下有效說 [77]

1. 司法實務

司法實務演進上，雖然最高法院 75 台上 2446 號表示：「人民之工作權並非一種絕對之權利，此觀諸憲法第 23 條（按即：以上各條列舉之自由權利，除為防止妨害他人自由，避免緊急危難，維持社會秩序或增進公共利益所必要者外，不得以法律限制之）之規定自明，……該項競業禁止之約定，附有二年間不得從事工作種類上之限制，既出於被上訴人之同意，與憲法保障人民工作權之精神並不違背，亦未違反其他強制規定，且與公共秩序無關，其約定似非無效。」而認為即便僅有「競業禁止時間限制之條件」，競業禁止條款亦合法，似對其效力採取較為寬鬆之看法。

然而，在臺北地院 85 勞訴 78 號提出：「競業禁止之契約或特約之有效要件，至少應包括下列所述各點…… 1. 企業或雇主需有依競業禁止特約保護之利益存在，亦即雇主的固有知識和營業秘密有保護必要。2. 勞工或員工在原雇主或公司之職務及地位，……關於沒有特別技能、技術且職位較低，並非公司之主要營業幹部，處於弱勢之勞工，縱使離職後再至相同或類似業務之公司任職，亦無妨害原雇主營業之可能，此時之競業禁止約定應認拘束勞工轉業自由，乃違反公序良俗而無效。3. 限制勞工就業之對象、期間、區域、職業活動之範圍，需不超逾合理之範疇。4. 需有填補勞工因競業禁止損害之代償措施…… 5. 離職後員工之競業禁止行為是否

---

[76] 陳金泉，論離職後競業禁止契約，引自 http:// 明理 .com/rule_page.php?no=24，查詢日：2014 年 3 月 12 日。只是關於公平交易法的條號及條文目前已有所修正。

[77] 本小節之論述參考：姚文勝，知識經濟時代企業人力資源策略－最低服務年限及離職後競業禁止條款之運用，淡江大學國際企業學系碩士論文（其中第二章第三節），2011 年 1月。

具有顯著背信性或顯著的違反誠信原則。」等五項判斷該約款是否有效之要件後，司法實務大抵上採取較為嚴格審查之態度。

　　不過，在繼上述提出五項要件之判決後，其後各個法院之判決中，對於是否全面採用相同見解仍略有差異，且相關法令亦有更改，綜合後續判決針對離職後競業禁止條款之司法審查模式，大略可整理如下：

（1）審查離職後競業禁止約款是否有效之要件，在五要件至三要件中游移

　　繼臺北地院提出以上開五項要件判斷離職後競業禁止約款是否有效之見解後，雖然亦有部分判決認同[78]，但仍有不同見解。

　　即其後判決分別有捨棄上開五要件中第 4 要件之「雇主代償措施有無」或是「顯著背信性」之第五要件，而僅採取四要件者。如臺北地院 89 勞簡上 46 號表示：「再查系爭競業禁止之約定對被上訴人從事行業之限制，只在於限制其從事相同或類似的工作行業，並不限制以外之行業，且只六個月期間，衡情自無不合理之處。至有無給予待業補償，應僅得作為斟酌違約金考量因素之一，於此期間內，縱令未有補償之約定亦不影響該競業禁止約定之效力。」[79] 而認為雇主是否有代償措施，不應做為審查該約款是否有效之要件；臺北地院 89 勞訴 76 號則表示：「然衡諸『顯著背信性』之標準，應係在個案中先行肯認競業禁止之約定為有效後，根據個案勞工之競業行為是否具有顯著背信性而為斟酌，並非審認競業禁止約定是否無效之前提。」而不採取五項要件中第 5 項顯著背信性之要件[80]（肯定應有此一要件者之理由為：勞工之行為若被認為在市場自由競爭的合理

---

[78] 如臺北地院 87 勞訴 21 號、高等法院 87 勞上 18 號判決等。

[79] 因為本號判決使用「並不限制以外之行業」，因此本文推論，法院認為不需將雇主之代償措施作為要件之一者，其理由或在於勞工仍可就業營生。同樣採此見解者另有臺北地院 88 勞簡上 14 號。

[80] 臺北地院 89 勞訴 76 號。

範圍內，則原則上應認定其行為是合法的，在此觀點下，前述實務與相關學說有採取「顯著背信性」之標準者，或可贊同[81]）。

　　更有排除上開第 4 要件「代償措施有無」以及第 5 要件「顯著背信性」，而僅採取三要件者。例如臺北地院 91 勞訴 11 號表示：「被告固以系爭競業禁止條款並無代償之措施，且被告並無為背信之競業行為，抗辯其競業禁止之約定應屬無效云云，惟有無給予待業補償，應僅得作為斟酌違約金考量因素之一，於此期間內，縱令未有補償約定，亦不影響該競業禁止約款之效力，而有無為背信性之競業行為，係於員工離職後方始出現，性質上為屬審查離職員工是否違反競業禁止義務之審查標準，與競業禁止約款是否有效，應分屬不同層次之問題。」[82]

（2）以「定型化契約」方式為離職後競業禁止約定時 —— 適用民法
　　247-1 條規定審查，再以上開要件作為審酌競業禁止條款，是否有該
　　條所訂「顯失公平之情事」

　　因為 88 年新增訂民法 247-1 條規定為：「依照當事人一方預定用於同類契約之條款而訂定之契約，為左列各款之約定，按其情形顯失公平者，該部分約定無效：一、免除或減輕預定契約條款之當事人之責任者。二、加重他方當事人責任者。三、使他方當事人拋棄權利或限制其行使權利者。四、其他於他方當事人有重大不利益者。」而：「新修正民法第247 條之 1 之規定，於民法債編修正施行前訂定之契約，亦適用之，為民法債編施行法第 17 條明文。……查系爭保密切結書有關競業禁止約定，乃事先打字規範之附合契約，被上訴人無法自由選擇，且有違上述之原則（編按：即民法 247-1 條 2、3、4 款），加重其責任，並限制其離職後之

---

[81] 林更盛，離職後競業禁止約款的審查：雇方值得保護的正當利益－評臺灣高等法院臺中分院 91 年度上字第 367 號判決。氏著勞動案例研究（二），163 頁下，2009 年 3 月，五南圖書出版（股）公司發行。

[82] 臺北地院 91 勞訴 11 號。臺北地院 88 勞簡上 14 號。

發展，造成被上訴人重大不利，顯失公平，為防止此類契約自由原則之濫用及維護交易公平，自應無效。」（臺高院 91 重上 119 號）[83]

　　亦即於上開條文增訂後，法院已漸有視具體事件事實，而適用民法247-1 條以審查離職後競業禁止約款之有效性，只是本條文與上開五要件間之關係如何，尚有疑問。就此，臺南高分院 93 上易 152 號表示：「然在該競業禁止之約定係以附合契約即定型化契約之方式訂定時，仍應審酌該競業禁止之約定，是否有上開民法第 247 條之 1 各款……且顯失公平情形。在離職後競業禁止約定之效力問題，應就雇主與受僱人間之利益量加以判斷，其以附合契約即定型化契約之方式訂定時，審酌該競業禁止之約款是否有顯失公平之情事，其判斷標準均應以下列各項加以審酌：（1）……雇主的固有知識和營業祕密有保護之必要。（2）為受僱人之離職勞工或員工在原雇主或公司之職務及地位，足可獲悉雇主之營業秘密……（3）限制受僱人就業之對象、時間、區域、職業活動之範圍，應不逾合理範疇……（4）需有填補勞工即受僱人因競業禁止損害之代償或津貼措施。（5）離職後員工之競業行為是否具有顯著背信性或顯著的違反誠信原則……。」認為上開要件可以融入民法 247-1 條對定型化約款之規範內，作為判斷該條文所訂「顯失公平」之不確定法律概念內涵。

（3）對於「過苛條款」，最高法院認為在「合理限度內」有效

　　在採取離職後競業禁止約款於一定要件下有效之見解，如果該條款所訂之競業種類、期間、地域等過於廣泛，或者違約金的約定過高時，是否影響約款效力，在理論上尚有疑義。而學者整理美國各州法院發展出之處理模式有[84]：（1）全有或全無原則（all or nothing approach），即必須「全

---

[83] 同樣以民法 247-1 條規定，作為審查該案件事實中離職後競業禁止約款是否有效之判決，另有新竹地院 93 竹簡 131 號、臺北地院 91 勞訴 129 號等判決。

[84] 陳金泉，論離職後競業禁止契約，引自 http:// 明理 .com/rule_page.php?no=24，查詢日：2014 年 3 月 12 日。

部」的競業禁止條款皆被法院認為合理，法院才承認其「全部」有效，有任何一部分被判認不合理，則「全部」競業禁止契約一概歸於無效；（2）藍鉛筆原則（blue pencil rule），當合理及不合理的條款很容易可由法院予以區隔開來時，只承認合理部分的條款為有效，不合理部分的條款則當然無效（好像一份契約可用一支藍筆劃分為兩部分的樣子，以此得名）。當然其前提是競業禁止契約的條款間是可分割的，若不可分割則法院只能判認全部無效；（3）合理化原則（rule of reasonableness），當一份競業禁止契約被判認不合理時（全部不合理或部分不合理皆同），法院有權只在他認為「合理」的限度賦予其有效執行之效力。

　　就此，因為民法 252 條訂有：「約定之違約金額過高者，法院得減至相當之數額。」亦即立法者在傳統民事法方面認為過高的違約金約定在「合理限度內」仍有效，而非全部無效。至於在禁止競業的時間、地域等約定要件部分，雖然臺高院 80 上 203 號表示：「其約定並無期間之限制……，且亦無限制競業之地域記載，……系爭切結書之『競業禁止』之約定，顯屬過甚，與公共秩序、善良風俗有違，依民法第 72 條規定，應認為無效。」似採全有全無原則，不過本案在經上訴最高法院而發回更審之同院 81 上更（一）字 283 號則認為：「切結書第三項並無時間及地域限制，雖逾合理限度，惟被上訴人在第一審係請求禁止上訴人於 81 年 5 月 11 日以前為同業競業，即離職後二年內禁止競業……應認兩造間之禁止競業約定為離職時起二年內，始為合理範圍，而為有效。」改採合理化原則，嗣得最高法院 83 台上 1685 號維持[85]。

　　只是臺北地院 99 勞訴 4 號仍據理表示：「如前所述，美國法院多數見解對競業禁止條款採取嚴格審查態度，對於限制範圍（包含對象、

---

[85] 此 3 號判決係引自陳金泉，論離職後競業禁止契約，引自 http:// 明理 .com/rule_page. php?no=24，查詢日：2014 年 3 月 12 日。不過，應注意此等判決係 1999 年民法增訂 247-1 條以前之裁判。

期間、區域、職業活動等）之合理性逐一審究，若其中有任一項範圍逾越保護雇主合法利益所需之程度，即認為該競業禁止約定無效而不予執行……。此乃為約束雇主於制訂約款時即謹慎考慮實際必要之程度，避免雇主心存僥倖，漫天擴張限制範圍再留待法院刪改，或視員工事後行為是否恰巧落入法院認為應禁止之範圍內而允許雇主之請求，同時亦避免因法院之過度介入而導致當事人須受其事實上從未合意之契約條款之拘束。就我國法對兩造締約地位不平等之契約（如定型化契約、勞動契約）之規制而言，此一解釋方式亦符合規範目的，否則無異提供雇主竭力擴張限制範圍之誘因，難以達匡正契約過度向締約地位優勢一方傾斜之目的。本件被告所應徵者並非高階管理階層，顯無可與原告平等議約之地位，且系爭約定書復為原告準備之定型化約款，被告之議約空間更受壓縮，自有採用上開解釋原則之必要……。」

　　本文認為：依民法 252 條規定，合理化原則之見解，在民法解釋上或有所據。只是基於總論提及勞動法之特殊性，對於民法規定是否全盤適用於勞動法領域，已值思索。而且一個勞工的養成，除了自己從小到大多年努力外，也經過家庭、國家的數十年栽培，是否允宜每工作個一、二年即受競業限制，更有斟酌餘地。尤其現在不但高科技業，甚至美容業、飲食業、飲料業都出現競業條款，已對勞工的職業自由產生心理上的強制力，如再採取合理化原則，則四處可見的競業禁止條款，其內容將更漫無限制，因為如果不論條款如何不合理，法院都會在合理範圍承認其效力，則企業即無庸考量司法資源的經濟性，而隨意約定廣泛的限制競業條款，再讓法院充為企業法務即可，因此在勞動法上確應思考採取全有無原則。退步言，即便在違約金的約定部分，尊重立法者在民法上採合理化原則的價值判斷（約定過高仍承認其有效，只是由法院酌減），不過在禁止競業的對象、期間、區域、職業活動等約定要件部分，基於上述理由，仍有思考採全有全無原則之空間。

2. 學說見解

（1）關於如何審查離職後競業禁止約款，思考程序稍有不同，惟要件內涵則與司法實務大略相同

　　學界就離職後競業禁止約款適法性之審查程序，或整理實務見解而表示：「在具體個案之判斷中，可分為二個爭點，而且具有邏輯上之關連，故有其階段性：在第一階段應判斷者，係離職後競業禁止之約定本身是否有效的問題（按本階段應審查者為：究竟有無約定離職後競業禁止之必要性，即雇主有無值得保護之營業秘密或重大資訊存在，及勞工客觀上是否有侵害雇主上開重大利益；以及所約定之離職後競業禁止範圍是否合理，即競業行為之種類與內容、就業對象、禁止期間、禁止地域等），其法律依據係民法第 72 條；在第二階段應判斷者，係所伴隨之違約金約定有無過高與是否已一部履行，而應予以酌減的問題，法律依據乃是民法第 252 條與 251 條。」[86]

　　或認為：「本文認為可以採取以下三步驟（一）雇方有無值得保護的正當利益？若無，應該為該約定無效。若有，（二）該約款所限制之競業者（勞工）、範圍（限制競業之種類、地域、期間等），與雇方所企圖保護之正當利益是否保持合理的關聯？若答案是否定的，該約定無效。若有，（三）該約款是否給予勞方合理的補償，若答案是否定的，該約定原則上無效；反之，該約款方為有效。」[87]

　　亦即，雖然見解上略有不同，不過大致是維持「必要性」與「合理性」之審查程序，另於要件上，則仍然在上述司法實務之五至三個要件中取捨。

---

[86] 焦興鎧等人合著，勞動基準法釋義 —— 施行二十週年之回顧與展望，261 頁下（本部分由黃程貫執筆），2013 年 3 月，新學林出版（股）公司。

[87] 林更盛，離職後競業禁止約款的審查 —— 評最高法院 94 年台上字第 1688 號判決，氏著勞動案例研究（二），199 頁下，2009 年 3 月，五南圖書出版（股）公司。

（2）依據勞工離職原因之不同，判斷競業禁止約款之效力是否存續

　　因為勞工離職原因多樣，故學者依據離職原因不同，進一步認為：如果勞工離職是因為雇主依據勞基法第 11 條、13 條但書、第 20 條規定預告解僱、第 54 條強制退休，企業併購法第 16、17 條情形未被留用或不同意留用，或是勞工依據勞基法第 14 條主動立即終止，和勞資雙方合意終止等情形，因為此時勞工並無可歸責之事由，應認此時競業禁止約定失效，不得拘束勞工，頗具說服力[88]。

　　而高雄地院 88 訴 672 號也認為：「依兩造所簽訂之聘任契約書第 5 條後段規定：『乙方……合約期間中途離職，於離職後二年內，亦不得經營、從事與本公司業務類似之相關行業或業務，否則應負與年薪等額之賠償責任』……本件雙方契約之訂立，並未具體解釋『中途離職』之意義，惟基於契約公平之原則及二造簽訂契約時地位之差距，契約之制式規格，自不容許可歸責之一方無故解約，並以此限制對方再尋覓自己有專業知識、經驗之同質性工作之機會，是在此之所謂『中途離職』應係指可歸責於受僱人之原因而離開職務……。」[89]

3. 行政機關於 104 年 10 月訂定參考原則

　　勞工行政機關對於競業禁止約款之效力，多年來也略同司法實務五要件之見解，並有意於勞動契約法之立法中將之納入，惟因進度問題，乃於 104 年 10 月 5 日先以勞動關 2 字 1040127651 號函頒布「勞資雙方簽訂離職後競業禁止條款參考原則」，期望以行政指導之方式，提供業界及司法實務參考。惟因如後所述，本參考原則頒布後，立法院旋於同年 11 月

---

[88] 陳金泉，論離職後競業禁止契約，勞資關係論文集，313 頁以下，1999 年，中華民國勞工教育研究推廣協會編印。

[89] 有提出：「惟若員工之離職係可歸責於雇主者……臺灣高等法院 76 年度上更（一）字第 20 號判決認為此與離職員工是否應受離職後競業禁止特款之拘束無關」，不過因本書未查到判決全文，因此僅在此併述。許慧貞，勞工離職後競業禁止之研究，57 頁，中原大學財經法律學系碩士論文，2008 年 1 月。

就離職後競業禁止約款正式立法，因此勞動部即於 105 年 1 月 14 日廢止本參考原則，只是由其內容應可探知主管機關之想法，因此仍略述重點如下：

（1）同上述司法實務部分：離職後競業禁止之期間、區域、職務內容及就業對象，不得逾合理範圍（期間方面：應以保護之必要性為限，最長不得逾二年；區域方面：應有明確範圍，並應以事業單位之營業範圍為限，且不得構成勞工工作權利之不公平障礙；競業禁止之職務內容及就業對象方面：應具體明確，並以與該事業單位相同或類似且有競爭關係者為限）。

（2）就何謂競業禁止補償措施之合理性加以明文：① 合理之補償於離職後競業禁止期間內，每月補償金額，不得低於勞工離職時月平均工資百分之五十，並應約定一次預為給付或按月給付，以維持勞工離職後競業禁止期間之生活。未約定補償措施者，離職後競業禁止條款無效；② 雇主於勞工在職期間所給予之一切給付，不得作為或取代前目之補償。

（3）明定競業禁止約款失效原因：在雇主無正當理由終止勞動契約或勞工依勞基法第 14 條規定終止勞動契約者，勞工得不適用離職後競業禁止條款。事業單位未為一部或全部離職後競業禁止條款補償之給付者，亦同。

二、104 年 12 月 16 日公布之立法

（一）勞基法 9-1 條明文採四要件，只是對不合理條款之效力如何，仍有疑義

104 年 12 月 16 日公布施行增訂勞基法 9-1 條：「（I）未符合下列規定者，雇主不得與勞工為離職後競業禁止之約定：一、雇主有應受保護之正當營業利益。二、勞工擔任之職位或職務，能接觸或使用雇主之營業秘

密。三、競業禁止之期間、區域、職業活動之範圍及就業對象，未逾合理範疇。四、雇主對勞工因不從事競業行為所受損失有合理補償。（II）前項第四款所定合理補償，不包括勞工於工作期間所受領之給付。（III）違反第一項各款規定之一者，其約定無效。（IV）離職後競業禁止之期間，最長不得逾二年。逾二年者，縮短為二年。」

而在約定的形式方面，105 年 10 月修正施行細則 7-1 條規定：「離職後競業禁止之約定，應以書面為之，且應詳細記載本法第九條之一第一項第三款及第四款規定之內容，並由雇主與勞工簽章，各執一份。」新北地院 109 勞訴 227 號據此表示：「依前述勞基法施行細則第 7 之 1 條……之規定，即可知離職後競業禁止約定應由勞雇雙方簽訂書面契約為要件，業已排除以其他形式締結競業禁止約定之可能，亦當然不允許雇主片面以工作規則形式限制員工離職後之工作自由。」至於實質要件則綜合 9-1 條與相關施行細則規定略如下：

1 項 3 款所謂未逾合理範疇，依施行細則 7-2 條：「……應符合下列規定：一、競業禁止之期間，不得逾越雇主欲保護之營業秘密或技術資訊之生命週期（修正理由：指從產品的誕生或推出開始，經過成長而後銷售量減少終至退出市場為止之歷程），且最長不得逾二年。二、競業禁止之區域，應以原雇主實際營業活動之範圍為限。三、競業禁止之職業活動範圍，應具體明確，且與勞工原職業活動範圍相同或類似。四、競業禁止之就業對象，應具體明確，並以與原雇主之營業活動相同或類似，且有競爭關係者為限。」

1 項 4 款所定之合理補償，依施行細則 7-3 條：「（I）……應就下列事項綜合考量：一、每月補償金額不低於勞工離職時一個月平均工資百分之五十。（修正理由表示：補償得為現金、有價證券或其他具相當價值之財產）。二、補償金額足以維持勞工離職後競業禁止期間之生活所需。三、補償金額與勞工遵守競業禁止之期間、區域、職業活動範圍及就業對

象之範疇所受損失相當。四、其他與判斷補償基準合理性有關之事項。（修正理由表示：雇主應考量勞工技能減損、職業生涯轉換過程培訓支出及不從事競業行為之經濟損失等因素，給予必要之代償措施，照顧受競業禁止約定約束之勞工，使其不因轉業自由遭限制而影響原有生活，尚非僅以薪資收入為代價唯一考量。惟此補償之範圍，尚不包含放棄其他更高薪資工作機會之損失）。（II）前項合理補償，應約定離職後一次預為給付或按月給付。」本款規定常是實務上爭點，在此除了應注意勞工離職時一個月平均工資百分之五十的規定，僅是最低額度的限制而非一定合理外，且臺高院 104 重勞上 50 號認為至遲應於勞工離職時約定合理數額而表示：「3.……僱傭雙方於締結之競業禁止約定，應明文代價或補償內容，且其數額亦需為員工於離職之際事先知情且得為合理生活之程度，對於員工而言，方具期待可能性，始可認競業禁止條款為有效。」

　　勞基法增訂本條文，第 1 項明文採取四要件下承認競業禁止約款之效力。至於第 3 項固然似對不合理條款之要件部分採取全有全無原則，而規定違反第 1 項各款規定之一者，競業禁止約款無效，致使禁止競業期間（1 項 3 款）過長等之不合理約款，應為無效。惟緊接於第 4 項又規定競業禁止期間超出二年者，縮短為二年，顯然又非無效，是幽默而難理解之立法。而臺灣高等法院暨所屬法院 107 年法律座談會民事類提案第 7 號，就「勞動基準法第 9 條之 1 第 1 項第 3 款及第 3 項規定：『（第 1 項）未符合下列規定者，雇主不得與勞工為離職後競業禁止之約定：三、競業禁止之期間、區域、職業活動之範圍及就業對象，未逾合理範疇。……（第 3 項）違反第 1 項各款規定之一者，其約定無效。』如經法院審理後，認當事人間競業禁止約定條款，就勞動基準法第 9 條之 1 第 1 項第 3 款所定事項，有部分逾越合理範疇之情形時，該競業禁止約定條款之效力為何？」問題，最後之審查意見採僅超過合理範圍部分無效之甲說（編按，乙說是全部無效說），理由為：「競業禁止約定中有關競業禁止之時間、

地區、範圍及方式，如依社會一般觀念及商業習慣，認為有部分已逾越合理之範疇，應僅該部分係違反勞動基準法第 9 條之 1 第 1 項第 3 款規定，依同條第 3 項規定，其約定為無效，至尚在合理範圍之部分，既屬合理適當且不危及勞工之工作權，則兼為確保雇主之利益，並促進經濟之發展，自應認為有效，而無從嚴認定競業禁止約款全部無效之必要。」

　　另因第 4 項用語為逾二年者，縮短為二年，而非最長不得逾二年，則法院是否可逸脫條文文義，逕認一年內有效，也是有趣。另外，相較於前述勞動部頒訂之參考原則，增訂條文第 2 項僅規定合理補償不包括勞工於工作期間所受領之給付，但並未對補償措施之最低額度為限制，亦未明定競業禁止條款失效原因（例如，在雇主無正當理由終止勞動契約或勞工依勞基法 14 條規定終止勞動契約者、事業單位未為一部或全部離職後競業禁止條款補償之給付者，此時離職後競業禁止條款是否失效），而勞動部制訂之施行細則應是受限法令層級，僅針對補償措施之最低額度為規定。

　　以上「104 年 12 月 16 日後增訂之勞動基準法第 9 條之 1 第 1 項至第 3 項、勞動基準法施行細則第 7 條之 3 第 1 項……，上開規範雖係於兩造系爭契約簽訂後始行增訂，然本院仍得依民法第 1 條規定，以上開規範意旨為法理，作為審究系爭契約中有關離職後競業禁止約定是否顯失公平之解釋、認定依據。」（臺高院 106 勞上 26 號，臺高院 109 勞上 52 號）。

（二）有判決認為於自然人受委任等具勞務性質契約，而約定有離職後競業禁止時，亦得依勞基法 9-1 條要件判斷效力

　　而在以自然人個人為經銷商時「關於離職後競業禁止之約定，其限制之時間、地區、範圍及方式，在社會一般觀念及商業習慣上，可認為合理適當且不危及受限制當事人之經濟生存能力，其約定始非無效（最高法院103 年度台上字第 1984 號……）。至經銷合約終止後之競業禁止約定，基於相同法理，亦應依前揭標準審酌事業單位有無需保護之商業機密或營

業利益、限制之內容是否合理適當且不危及受限制者之經濟生存能力等，以定其效力。」（臺高院 106 上 810 號）。又：「上開競業禁止條款之約定及其效力之判斷，本不限於僱傭關係，委任關係亦有其適用，此觀民法第 562 條經理人或代辦商、公司法第 32 條公司經理人於在職期間即有競業禁止之規定即明，遑論經理人因所擔任之職位或職務，能接觸或使用雇主營業秘密之機會遠較一般勞工之機率為高，更有可能與其簽訂競業禁止條款，此時自仍應依上開要件判斷其競業禁止條款之效力。」（臺高院 106 上 327 號）。

　　只是在雙方皆為公司法人間時，智財法院 107 民營上 5 號表示：「按勞動基準法第 9 條之 1 固明訂勞工離職後競業禁止約款，應符合『雇主有應受保護之正當營業利益』、『勞工擔任之職位或職務，能接觸或使用雇主之營業秘密』、……等要件，然該條立法目的係在保障勞動契約中弱勢勞方之生存權、工作權，惟富○公司在本件系爭契約關係中，並非弱勢之契約相對人，無法比照『勞工』，而與勞動基準法第 9 條之 1 規範目的不符，富○公司主張應類推適用該規定，故系爭契約第 7 條第 4 項應無效云云，亦不足採。」

（三）涉及營業秘密時，會使離職後競業禁止規定弱化

　　雖然由上開立法及施行細則規定而觀，立法及行政機關一方面在競業期間以補償措施維持勞工生活，一方面限縮離職後競業禁止約款的適用，而儘量使勞工得以其專長營生，但是在勞工的職務涉及營業秘密時，似乎有些難以達成，因為：「營業秘密具相當之獨占性及排他性，且關於其保護並無期間限制，在其秘密性喪失前，如受有侵害或侵害之虞，被害人得依營業秘密法第 11 條第 1 項規定請求排除或防止之，此項請求權不待約定，即得依法請求。至競業禁止約款，則係雇主為保護其商業機密、營業利益或維持其競爭優勢，與受僱人約定於在職期間或離職後之一定期間、

區域內，不得受僱或經營與其相同或類似之業務。此類約款須具必要性，且所限制之範圍未逾越合理程度而非過當，當事人始受拘束，二者保護之客體、要件及規範目的非盡相同。是以企業為達保護其營業秘密之目的，雖有以競業禁止約款方式，限制離職員工之工作選擇權，惟不因而影響其依營業秘密法第 11 條第 1 項規定之權利。倘其營業秘密已受侵害或有侵害之虞，而合理限制離職員工之工作選擇，又係排除或防止該侵害之必要方法，縱於約定之競業禁止期間屆滿後，仍非不得依上開條項請求之。」（最高法院 104 台上 1589 號 [90]）。

　　而實務上就營業秘密之保護方式，可參考高雄地院 109 勞簡上 25號：「2. 經查，系爭約定固約定被上訴人於離職後，應就受僱期間接觸之上訴人具有相當商業利益價值資料負保密義務，直至相關資訊可於公共領域取得時止，且為免疑慮，進而約定被上訴人自上訴人離職後 2 年內，於國內有下列與上訴人經營有競爭關係之行為或於國內與上訴人經營有競爭關係之競爭者有下列行為（即：（1）直接或間接投資、持有、管理、經營、融資、控制與原告公司營業項目相同直接競爭之油壓缸設計／製造事業。（2）受僱於與上訴人營業項目相同、直接競爭之油壓缸設計／製造業務公司或任何營業組織，或為從事、計畫從事與聲請人相同、直接競爭之油壓缸設計／製造業務之任何組織個人，提供意見、服務或保證。（3）對任何任職上訴人期間內所知悉或可得而知之客戶、供應商或材料商，兜攬生意、接洽業務、提供服務，或從事其他可能損害上訴人利益之行為）者，應於行為前 30 日以書面向上訴人說明其從事或經營之行為並提出避免侵害上訴人具有相當商業利益價值資料之具體有效保護措施，然系爭約定確實未限制被上訴人於離職後之一定期間、區域內，不得受僱或經營與上訴人相同或類似之業務工作，此有系爭勞動契約……在卷可稽，

---

[90] 本號判決引自最高法院網站 → 104 年度民事具有參考價值之裁判要旨暨裁判全文。

綜觀系爭約定，僅要求被上訴人任職競爭者前 30 日須以書面通知上訴人，使上訴人有相當期限採取保護其商業利益之措施，並無禁止或限制被上訴人受僱競爭者之情事，是被上訴人主張系爭勞動契約第 10 條之約定係屬競業禁止約定云云，並無可採。」

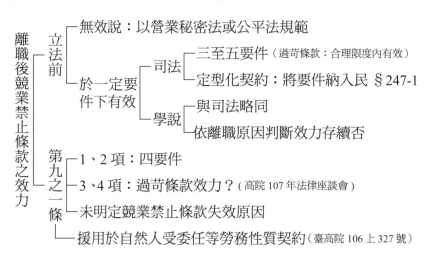

第六項｜雇主指揮監督權與員工秘密通訊自由權等之衝突

　　除了探討雇主與勞工基於勞動契約當事人身分，而各別由契約關係所生的權利義務外，因為勞動契約的特徵在於具有人格從屬性，勞工需接受雇主的指揮監督，然而雇主對員工的監督行為通常會與員工的隱私等人格權有所衝突，則其間如何劃分合法界限即有研究必要。

　　就此，有學者引述德國法學界見解為：「雇主之監督行為必須是在尊重員工人格權的前提下，且係基於勞動關係之目的所必須者，始可能被認定為合法。因此一雇主之監督行為至少是藉由監督而企求一正當之需求（eine berechtigtes Anlegen）始可。」基此，勞工除了在勞動契約範圍內需忍受、接納一定範圍內的人格權侵害外，並且「雇主亦得藉由監督行為確保在其事業單位內部不至於有刑事犯罪行為或違反善良風俗之行為發

生。只要有可得認知與勞動關係的關連性，與可得推測、推定有非法行為發生之動機，則應認為雇主事實上已具備一正當的監督目的與需求。」[91]

　　而在我國實務上，較常見的是雇主監看員工的電子郵件，而引發是否構成侵害員工隱私、秘密通信自由等權利之問題，對此臺北地院 91 勞訴 139 號表示：「公司監看員工之電子郵件，是否侵害員工之言論自由、秘密通訊自由或隱私權等基本權利，應視員工是否能對其在公司中電子郵件通訊之隱私有合理期待，若公司對於員工電子郵件之監看政策有明確宣示，或是員工有簽署同意監看之同意書，則難以推論員工對於自身電子郵件隱私有一合理期待。又若無法有合理期待，則應另視有無法律明文禁止雇主監看員工之電子郵件。查被告曾……以電子郵件向被告公司員工公告：不得將公司內部往來文件洩漏、轉寄、寄發、郵寄予非屬……員工之第三人，管理階層將嚴肅看待這個問題，並將隨時監視且於必要時採取懲戒措施，有被告所提上開電子郵件內文影本為證。足認被告已事先宣示，電子郵件之使用，應以日常公務上之必要為原則，嚴禁以電子郵件對外傳遞有關公司之營運及技術機密，管理階層將隨時監視員工電子郵件之傳遞，以免洩密。被告既已事先宣示公司對於員工電子郵件之監看政策，自難認為原告對於其自身電子郵件之隱私有合理之期待。」（臺高院 101 上 204 號見解略同）。

　　因為通訊保障及監察法 3 條規定：「（I）本法所稱通訊如下：一、利用電信設備發送、儲存、傳輸或接收符號、文字、影像、聲音或其他信息之有線及無線電信。二、郵件及書信。三、言論及談話。（II）前項所稱之通訊，以有事實足認受監察人對其通訊內容有隱私或秘密之『合理期待者』為限。」著重點在於受監察人對其通訊有隱私或秘密之合理期待，所以雇主宜就事業場所內之有線、無線電信及郵件及書信等之通訊、監察

---

[91] 黃程貫，雇主監看員工電子郵件之合法界限──臺北地院 91 年勞訴字第 139 號判決評釋，臺灣法學雜誌，73 期，206 頁，2005 年 8 月，新學林出版（股）公司。

制定合理規範，並事先公告宣示，以降低受監察人員工因對其通訊內容有隱私之合理期待，而使雇主因監察行為而涉及刑責（通訊保障及監察法3條1、2項），或因之產生侵權行為民事賠償之爭議。

第五節　勞動契約內容變更

第一項｜勞動契約內容之確定

承前，關於勞動契約之生效，只要勞資雙方間對於工資及工作內容達成合意即為生效，至於其他非必要之點，則應由民法153條2項等條文決定。換言之，勞動契約的詳細內容，雖然可能在訂約時未經雙方明確表示，但仍然無礙於勞動契約之成立生效與內容確定，而使勞資雙方受到拘束。

不過因為勞動契約是繼續性契約，因此在履行過程中難免內容會有變更，就此實務上常生的爭議首先在於職務（或工作地點）之調動，其次在於工作規則的變更。會有爭議的原因是，如上所述在勞動契約成立生效時，「工作（內容）」是勞動契約之要素，需由勞資雙方達成合意並與工資互為對價，則顯然「工作內容」（即職務）已經特定，雇主是否可以未經契約相對人之勞工同意，而單方面以業務命令方式調動勞工職務，而變更勞動契約之要素，在契約法理上尚有疑問。而工作地點固然並非勞動契約之要素，但其變動通常引致勞工家庭生活秩序失去常軌。至於工作規則部分，則因為實務上常將其視為勞動契約之一部分，然而依70條規定文義，似乎工作規則只要雇主單方面制訂即可，並不需經勞工同意，再加上最高法院81台上2492號表示：「工作規則應報請主管機關核備後公開揭示之規定，僅係雇主應受同法第79條第1款規定處罰之問題。苟該工作規則內容並無違反強制或禁止之規定，仍屬有效。」以致在企業運作實務

中，雇主經常以單方面更改工作規則之方式，而變更勞動契約內容，使勞工處於不利之局面。以下，簡述此二種常見爭議。

第二項 | 勞動契約內容之變更 —— 人事異動與工作規則不利益變更

第一款　人事異動之類型與其合法性 / 兼述勞動派遣

　　企業為遂行其企業目的，僱用適合經營上所需要之人，並配置在各個職位，是所當然。而在企業活動時為了對應市場需求與變動，又有定期或臨時將此等勞動力加以異動的需求，當然為了維持工作場所秩序，也會採取各種賞罰與解僱等措施，似此種種通常稱之為人事管理。而在企業人事管理中，為因應業務上需要，而變更員工之工作地點或職務內容的措施，一般稱為人事異動。此人事異動雖然為對應企業活動需要，有各式各樣型態，而如果依受人事異動後之勞工是否仍在同一雇主之指揮監督下服勞務為標準，則可將之分為如下兩大類別：

第一目　人事異動之類型

一、企業內人事異動

　　受人事異動後之勞工，其工作地點或職務內容雖有變更，但是仍在同一雇主之指揮監督下服勞務者，即為企業內之人事異動。又此企業內之人事異動，可再視其異動是否為暫時性而分為：

（一）暫時性人事異動 —— 支援、出差

　　所謂暫時性人事異動係指：企業基於臨時性或特定性之需要，而暫時地變更其對員工之配置。例如：1. 工作支援：企業基於業務上需要，而臨時或暫時性地指派員工至同一企業之其他部門工作的附期限人事異動。

2. 出差：乃在同一雇主之指揮監督下，暫時性地指派勞工至企業所屬地點以外工作之暫時性人事異動。

（二）非暫時性人事異動 —— 調職

　　所謂非暫時性人事異動係指：雇主於同一企業內，長期或不定期地變更受其僱用勞工之職務種類或工作地點的人事異動（即一般所稱之調職）。其與前述出差、支援之區別，在於異動時間的久暫，就此並無異論。惟異動時間需達何種程度才是調職，否則僅為出差或支援而已，則尚少討論。事實上在多樣化的勞務種類中，欲以統一之時限加以劃分，確有困難。然而施行細則 6 條 2 項，對短期性工作所設不得超過六個月之限制，於個案中應可為重要之判斷標準。

二、企業外人事異動 —— 借調與轉僱

　　勞工受人事異動後，非但其職務內容或工作地點已有變更，並且給付勞務時之指揮監督者，也非原雇主時，一般稱此種異動為企業外人事異動。亦即，企業外人事異動與企業內人事異動二者，在職務內容或工作地點有所變更之點上，並無軒輊，但是異動後之勞工需在不同法人格事業單位之指揮監督下服勞務乙點上，二者不同。

　　又企業外人事異動，依該受異動之勞工是否保持原僱用關係下之員工地位，得有借調與轉僱之分：（一）所謂借調者，即受異動之勞工保持與原雇主僱用關係下的從業員地位，而於相當時間內在他企業之指揮監督下服勞務，期滿之後得歸建原雇主下之企業外人事異動[92]；（二）所謂轉僱

---

[92] 國內學者在介紹此種人事異動概念時，有直接引介日文文獻之用語，即「出向」或「在籍出向」者，如邱駿彥，調職法理之探討，劉志鵬、黃程貫主編，勞動法裁判選輯，242 頁，1998 年 5 月，月旦出版社；也有轉譯為「借調」者，如勞委會（勞動部）於 1989 年 7 月委託陳繼盛教授主持之「我國勞動契約法制之研究」，61 頁（本部分由魏朝光執筆）。二者用語雖有不同，惟指向之概念同一。

者，乃使受異動之勞工與原雇主間之勞動契約關係終了，而另與他企業間成立新的勞動契約關係之企業外人事異動。

第二目　各種人事異動之合法性探討

一、暫時性調動

關於出差、支援及廠場實務上同一課股職位之異動，但其職務內容與工作地點未隨之變動等，並不涉及勞動契約內容變動，理論上會有認為此是事實行為，不成為裁判對象，也會有認為此為雇主基於指揮監督權與企業經營權所擁有之權限，勞工應有服從義務，只是仍受權利不得濫用等原則限制。然而不論採取何種見解，皆認為此種人事異動不需另外徵得勞工同意。

二、調職

（一）調職命令權根據之學說梗概

就調職之合法性探討，首先面臨的是雇主是否擁有調職權，對此一般基於企業營運需求，及人事活化與勞工歷練等因素，大多肯定雇主擁有調職權，然而對於雇主調職命令之法律性質及其根據為何，則學說上有不同見解。

根據經營權說認為：雇主擁有調職命令權，而此權利之根據來源於雇主經營權（或其下位概念之人事權），亦即在勞動關係中，雇主對勞工所為之調職命令，不過是勞務內容等之指定或變更的事實行為，係屬雇主之裁量權，因此倘無明顯不合理的裁量權濫用，則法院並不適宜在法律上評論其恰當與否。至於根據契約說者：或採概括合意而認為，除非勞資雙方就工作內容與地點已有明示、默示同意等情形，否則勞工係將勞動力使用權概括委由雇主決定，故原則上雇主即因勞動契約之訂立而有調職命令權（為形成行為）；或採限定合意而認為，雇主僅在勞動契約所預訂的範圍

內，取得調職命令權，在此權限內行使者為事實行為，超出此權限則為變更勞動契約內容之要約；或採特定合意說認為，除勞動契約中明確約定雇主有調職命令權外，就性質上屬於變更勞動契約內容的調職，應每次得到勞工同意。

（二）104 年 12 月公布新法前我國學界見解與司法認定

1. 調職五原則之提出與法院引用

雖然，對調職命令之根據與法性質有上述學理討論，不過在 104 年 12 月公布新法前，因為法無明文，故法院最常引用的是內政部 74 年台內勞字 328433 號函釋（一般稱為調職五原則）：「勞動基準法施行細則第 7 條第 1 款規定，工作場所及應從事之工作有關事項應於勞動契約中由勞資雙方自行約定，故其變更亦應由雙方自行商議決定。如雇主確有調動勞工工作必要，應依下列原則辦理：（1）基於企業經營上所必需；（2）不得違反勞動契約；（3）對勞工薪資及其他勞動條件，未作不利之變更；（4）調動後與原有工作性質為其體能及技術所可勝任；（5）調動工作地點過遠，雇主應予必要之協助。」亦即，只要雇主所為之調動符合上述五項原則，則該項調動命令，在判決實務上極容易被視為合法。

2. 學界意見與法院後續見解

上開判斷模式依契約法理尚有疑問，因為調職已經牽涉勞動契約要素之變更，而工作地點雖然只為契約之偶素，不必在契約成立時即達成合意，然而依民法 314 條：「清償地除法律另有規定或契約另有訂定，或另有習慣，或得依債之性質或其他情形決定者外，應依左列各款之規定：（二）其他之債，於債權人之住所地為之。」規定，至少在勞工正式就職時，應該以雙方約定或習慣、債之性質等因素加以確定。所以除了法律另有特別規定（如職安法 21 條 1 項：「雇主依前條……健康檢查發現勞工有異常情形……；其經醫師健康評估結果，不能適應原有工作者，應參採

醫師之建議，變更其作業場所……。」）外，是否容許雇主以單方面之意思而加以變更，在契約法理上容有斟酌餘地。只是，調職做為企業人事管理之一環，如果固守於一時性契約之法理概念，而不允許企業視經營需要，於合理範圍內為調動，似又脫離現實，因此不論學界抑或法院皆有看法如下：

（1）學界見解

國內學說或者採取無論是職務內容抑或工作地點，雇主對之所為的調職命令，均係勞動契約內容變更之要約，除非勞動契約有明確授權，否則應得勞工同意之限定合意說見解[93]，並進一步提出可依循二個步驟（即先看雇主是否有調職命令權，再看此調職命令是否有權利濫用）及三個判斷（即有無違反現行法律強制、禁止規定等不當動機與目的；有無調動必要、人選妥當、對勞工帶來過苛不利益等權利濫用；參考調職五原則）[94]，對具體案件為審查；或者認為調職五原則仍有其存在價值，然而只是判斷調職是否合法之五項基本原則，應視個案增添判斷要素（例如調職係出於報復或不當勞動行為動機，則無經營必要性），而試圖沖淡調職五原則的絕對影響力。

（2）法院判決

調職五原則提出後不但行政機關奉為圭臬，也引領司法實務多年，不過也有如最高法院 97 台上 1459 號：「依勞動契約行使權利、履行義務，應依誠實及信用方法，並不得違反公共利益或以損害他人為主要目的。雇主調動勞工工作，應斟酌有無企業經營之必要性及調職之合理性，尚非全以內政部所定調職五原則為衡量標準。被上訴人受僱於上訴人，曾任電氣

---

[93] 邱駿彥，調職法理探討，劉志鵬、黃程貫主編，勞動法裁判選輯，240 頁下，1998 年 5 月，月旦出版社。

[94] 焦興鎧等人合著，勞動基準法釋義──施行二十週年之回顧與展望，159 頁下（本部分由邱駿彥執筆），2013 年 3 月，新學林出版（股）公司。

及冷氣空調技術員，調職之前，擔任運轉課組長，管理全班人事及機台、電氣、空調之修理，上訴人將被上訴人調任為保全課助理專員，負責機器維修，為原審確定之事實……，原審未說明所憑理由，遽謂兩者工作性質完全不同，已有判決不備理由之違法，且勞工擔任不同之工作，其受領之工資當有所不同，尚不得僅以工資總額減少，即認調職違法。」（本號判決承認得為懲戒性調職，並在此前提下不採用勞動條件不得不利變更之原則），明白表示應斟酌有無企業經營之必要性及調職之合理性，尚非全以內政部所定調職五原則為衡量標準。

　　另外具體案件上，也常見公司因為業務外包或虧損，而引用勞基法11條1項4款後段所稱「無適當工作可供安置」之規定，而將勞工調職之爭議（有稱為迴避資遣型調職）。此時司法實務固然也引用調職五原則，但常放寬認定，例如臺北地院91勞簡上18號表示：「況上訴人因結束○○品牌營業，本得以業務緊縮為由資遣被上訴人，然其未予資遣而將被上訴人調至同在大台北地區，且工作性質相同、薪資等勞動條件均無較不利之新職，使被上訴人不致喪失工作，且仍保有退休金之期待權，於上訴人並無任何不利益，核與兩造之契約、勞動基準法、勞工法令及上開內政部74年……臺內勞字第328433號函釋意旨均無違背。被上訴人主張上訴人所為本件調職違反勞動契約，其得依勞動基準法第14條第1項第6款規定終止兩造之契約，並不足採。」此時關於不得違反勞動契約之原則，放寬認定。

　　簡言之，司法實務固然常引用調職五原則為依據，但是在對於雇主調職權的來源與範圍，尚無一致見解下，判決仍難有可預測性。亦即判決雇主勝訴者，通常強調經營上必要，而判決勞方勝訴者，則常引用違反勞動契約或對勞動條件為不利益變更。又調職含有不定期性職務內容（僅為職階或職級調整，未必是調職）與工作地點之變更，是否應承認得做為懲戒手段，還有研究餘地。至於迴避資遣型調職，固然是雇主的義務，然而僅

因為雇主有此義務，即反面認為勞工也有接受調職之義務，不得拒絕，否則就懲戒解僱而非回復原來之資遣，除解釋上有疑義外，結論上也似乎帶有敬酒不吃，吃罰酒之意味，也許可以再斟酌。

（三）104 年 12 月 16 日公布之立法

勞基法在 104 年 12 月 16 日公布施行增訂 10-1 條為：「雇主調動勞工工作，不得違反勞動契約之約定，並應符合下列原則：一、基於企業經營上所必須，且不得有不當動機及目的。但法律另有規定者，從其規定。二、對勞工之工資及其他勞動條件，未作不利之變更。三、調動後工作為勞工體能及技術可勝任。四、調動工作地點過遠，雇主應予以必要之協助。五、考量勞工及其家庭之生活利益。」

上開增訂條文本文使用「雇主調動勞工工作，不得違反勞動契約之約定」用語，似有採用調職命令權根據契約說之意向。且從整體條文而觀，應是以調職五原則為基礎，再加上不當動機禁止（重點在規範不當勞動行為）與勞工家庭生活維護，似有採用上開學者提出之二個步驟與三個判斷之理論。然而，一旦要明文處理調職時，首先似需賦予調職之立法定義（其與出差、支援、借調、轉僱等相類概念，是否需予區別，又應如何區別。尤其是否承認懲戒調職、迴避資遣型調職，如果承認則是否仍與一般調職同等處理）；又如果是考量雇主在法律上的調職義務（如職安法 21 條），則在文字上所謂「法律另有規定者，從其規定」，似應置放於本文，而非第 1 款。

再者 5 款將「考量勞工及其家庭之生活不利益」列為調職合法要件，立法上是否允當，不無疑問，例如立法前即曾有判決認為：「並不適合就勞工個別家庭生活情事進行判斷，蓋每一勞工家庭或日常生活各自有別，若過度重視個別勞工私人事由而影響企業之人力運用，則自企業經營合理性之觀點，或勞工職業利益面加以考量，實均非妥適，何況，過度拘泥勞工個人情事之調職，反而將帶來企業內人事有不公正之虞，是此部分應

就社會一般通念視該調職命令是否給勞工帶來難以忍受以上之不利益為標準。」（臺北地院 92 勞訴 195 號），尤其在遷廠等情形中，是否允宜就個別勞工為不同認定，或需再思考[95]。只是因為已經立法明文，因此實務操作上仍應注意觀察判決見解，如：勞工有平日「須獨自照顧之行動不便高齡父母、罹患嚴重疾病之同住親屬」（臺高院 106 勞上 47 號／本號判決另涉及調職是否違反勞動契約等爭議），或「須照顧未成年子女與年邁父母」（臺高院 107 勞上 52 號），亦即縱然是遷廠或提供有宿舍等情形，仍認對個別勞工家庭產生不利益，事業單位宜加注意。

（四）調職爭議時之勞資攻防

一旦產生調職合法性爭議時，有勞工依 14 條 1 項 6 款：「雇主違反勞動契約或勞工法令，致有損害勞工權益之虞者。」終止契約並請求資遣費，對此雇主則抗辯縱認調職違法也僅生調職無效之效果，惟勞工仍應向原職報到服勞務，雇主如拒絕受領僅生受領遲延而已，尚不構成勞工終止契約事由。另如勞工不主張終止契約而繼續原約時，則應向原職報到（此時雇主通常以未向新職報到為由，而據無正當理由繼續曠工三日解僱）或新職報到（此時勞工怕是否被解讀為默示同意調職）也難抉擇。

針對上述勞工主張調職違法而依 14 條終止勞動契約之勞資雙方主張，高等法院 100 勞上易 63 號表示：「況依勞基法第 14 條第 1 項第 6 款

---

[95] 有認為遷廠涉及憲法第 10 條所保障的雇主遷徙自由，並非調職，勞工有無移地勞動義務，應依誠信原則定之，此時可參考就業保險法 13 條 2 款「申請人對公立就業服務機構推介之工作，有下列各款情事之一而不接受者，仍得請領失業給付：……二、工作地點距離申請人日常居住處所三十公里以上。」來認定對勞工有無特別困難，陳金泉，勞動訴訟實務，245 頁，2020 年 9 月，新學林出版（股）公司。不過，除距離外或許交通所需時間也是重點。另外無論雇主調動是否合法，在勞工請領失業給付部分，勞動部表示：「……遷廠即為就業保險法（編按，第 11 條 3 項）所定非自願離職事由之一，且變更工作地點對勞工及其家人日常生活勢必產生相當影響，因此作成行政函釋，即使雇主已提供必要的協助而未違反勞動契約，仍屬非自願離職，不影響勞工失業給付權益」，勞動部網站，引自 https://www.mol.gov.tw/announcement/2099/24252/，查詢日：2017 年 12 月 26 日。

規定，勞工於雇主有違反勞動契約或勞工法令，致有損害勞工之『虞』者，即得於知悉之日起 30 日內向雇主終止勞動契約。並不以勞工須繼續提出勞務為前提，更不以雇主違反勞動契約或法令，已造成實害為要件。上訴人稱，縱其調動違法，僅生調動不生效力，被上訴人應繼續提出給付致其受領勞務遲延云云，無異強令被上訴人於上訴人違法調動之情形下，仍須繼續依調動前之職務提出勞務給付，實與前開規定要件不符，所辯顯不足採。」只是勞方仍宜注意，此終止契約合法之前提需法院認定調職違法。另外，因為調職命令發布與實際職務調動常有一段時間差，因此訴訟上雙方攻防重點也常在於勞工終止契約是否符合 14 條 2 項：「勞工依前項……第六款規定終止契約者，應自知悉其情形之日起，三十日內為之。但雇主有前項第六款所定情形者，勞工得於知悉損害結果之日起，三十日內為之。」除斥期間規定。

　　至於勞工如選擇繼續原約時，因為：「雇主違法調職者，勞工固無接受之義務，惟勞工如未依勞基法第 14 條第 1 項第 6 款規定終止契約而選擇繼續留任時，自應繼續提供勞務；除雇主拒絕受領勞工提出之勞務給付，或勞工因調職致客觀上無法提供勞務等情形，勞工因此未服務，可認有正當理由外，尚不可因此逕不到職。」（最高法院 109 台上 2250 號）則應繼續提出勞務，即向原職報到或至少表明願依原勞動條件繼續提供勞務之意思表示。只是向原職報到之方式，一者並不確定調職是否合法，二者也容易衍生雇主依無正當理由繼續曠工三日解僱之後續訴訟（最高法院 98 台上 600 號認為：無故拒絕接受調動已構成得逕行解僱事由，不必再論是否繼續曠工三日），因此也有向新職報到並「及時」聲請調解或訴訟救濟（臺中地院 95 年勞訴 94 號判決肯認原告勞工為保全工作並免遭記過，遂先行至新職報到，仍有起訴確認調職命令無效之利益），至於此所謂「及時」，在權利失效原則下，有認為或可參酌勞資爭議處理法 39 條 2 項：「前項裁決之申請，應自知悉有違反工會法第三十五條第二項規定

之事由或事實發生之次日起九十日內為之。」規定，應在知悉違法調動後90日內提起給付訴訟、確認訴訟或申請裁決爭執，期間過後即應認為勞工已同意調職，以兼顧勞資雙方利益。[96]

三、借調

（一）借調命令權之根據

因為民法484條1項：「僱用人非經受僱人同意，不得將其勞務請求權讓與第三人，受僱人非經僱用人同意，不得使第三人代服勞務。」已經明確指出雇主讓與「勞務請求權」，應得勞工同意。因此學說上大致肯定，雇主所為借調命令應有本條適用即須勞工同意而表示：「本條文之涵義如以法律用語來說明的話，就是像僱傭契約之類的勞務供給契約，比較注重僱用人與受僱人間之信賴關係（例如受僱人之人格品行、工作能力），而有『一身專屬性』，又因勞動契約本質上就是勞務契約的一種典型，所以本條文當然也可適用。」[97]

雖然雇主為借調時，應適用民法484條1項規定而須得勞工同意，為學界共識。然而此等同意必須為個別具體同意，抑或可為事前概括同意，以及雇主藉由工作規則中單方面訂立借調條款之效力又如何，則有探討空間。

1. 事前概括同意借調條款之效力

對於事前概括同意，我國學者似乎傾向肯定見解，例如有以為：「……同意為有相對人之單獨行為，意義上則包括允許（事前同意）及承認（事後同意），其為後者時，其承認有溯及效力（民法115條）……。」

---

[96] 本小段主要係參考自李瑞敏，調職實務爭議研析，「勞動法重要實務議題入門」課程講義，臺灣律師學院主辦，2021年12月9日。而就違法調動訴訟的詳盡整理，可參見陳金泉，勞動訴訟實務，243頁下，2020年9月，新學林出版（股）公司。

[97] 劉志鵬，不同一企業間可否為職務異動，律師通訊，74期，19頁下。

[98] 也有認為：「……先就勞務給付受領對象改變的情形而論（編按，即指借調），由於原勞動契約依然存續，而且在期間上有所限制，只要其他勞動條件維持不變，對此種情形勞工所為的『事前概括同意』應可承認其效力，但仍應注意於事後實際調動時，是否有其他不利益的情事變更發生，若有則仍須勞工個別同意。」[99]

然而日本學者針對該國民法 625 條規定（與我國民法 484 條類似）之見解，應該可以給我們一些不同思考方向。亦即：此種事前同意雖然不必完全否認，但必需充足以下三要件方可，即（1）基於勞工之真意下所明確為之者；（2）至少必須就做為與借調有關的重要事項之借調目的事業、借調期間、借調時之勞動條件及回調時之條件等，有具體之合意；（3）並且此相關之諸項條件對勞工而言，並不含有不具合理性之顯著的不利益[100]。

2. 以工作規則訂立勞工須服從借調命令之效力

（1）學界見解

在討論工作規則中的借調條款時，學界見解則大多否定其效力，其理由為：「工作規則既然在性質上屬於附合契約。其有關調動勞工之規定，與前述個別勞動契約一樣，當然應經勞工明示或默示同意，才能對勞工發生效力。蓋依民法第 484 條之規定，僱用人非經受僱人同意，不得將其勞務請求權讓與第三人。否則受僱人得終止契約。此規定應解為係保護受僱人之強行規定。依勞基法第 71 條之規定，工作規則如違反此強行規定則應無效。」[101] 即使在承認工作規則中調職條款效力之學者，也表示：

---

[98] 邱聰智，債法各論中冊，19 頁，1995 年，著者發行。

[99] 林炫秋，關係企業間勞工之調動與勞工之同意權 —— 評高雄地院 82 年度雄簡字第 525 號暨勞簡上字第 6 號判決，劉志鵬、黃程貫主編，勞動法裁判選輯，445 頁下，1998 年 5 月，月旦出版社。

[100] 和田 肇，出向命令権の根拠，日本労働法学会誌，63 号，26 頁下，昭和 59 年，総合労働研究所。

[101] 林炫秋，關係企業間勞工之調動與勞工之同意權 —— 評高雄地院 82 年度雄簡字第 525 號暨勞簡上字第 6 號判決，劉志鵬、黃程貫主編，勞動法裁判選輯，456 頁，1998 年 5 月，月旦出版社。

「……比較有問題的是，假設……工作規則中已記載勞工應服從雇主之派遣命令時，雇主是不是可憑此即將勞工派遣至他企業工作，而不須再徵求勞工個人同意呢？……筆者以為國內目前工會組織不十分普及，工會與勞工個人之力量亦薄弱，與日本勞動環境不可相比，因此在現階段而言，尚不宜冒然採納日本判例及學說，換句話說，雇主仍應得到勞工個人同意才能派遣勞工至他企業，以保護居於經濟劣勢之勞工。」[102]

（2）法院認定

　　不過臺高院 91 勞上易 5 號，在公司工作規則訂有「因業務需要，本公司得依政府頒行調動勞工工作五原則，以調動本公司及所屬關係企業之員工」之事件中，則認為：「關係企業內之各個事業單位，在法律上係各自獨立之法人公司，因而勞工受僱於其中之一，但事後被調動至其他事業單位，事實上雖仍為同一關係企業內，但就法律上而言，其實已被調至其他法人公司，因而即發生雇主有所變動之情形，亦即勞動契約當事人根本已有所變動，而僱用人非經受僱人同意，不得將其勞務請求權讓與第三人，當事人一方違反前規定時，他方得終止契約。民法第 484 條第 1 項前段、第 2 項定有明文。故此類調職即為變更契約內容之要約，未得勞工之同意時，調職對勞工不生拘束力，反之，若已得勞工同意，則公司應營運之必要而為勞工之調職，尚非法所不許……楊○○既已簽署僱用契約，且兩造均應受工作規則內容之拘束，已如前述，則上訴人銀行因業務需要，依政府頒行調動勞工工作五原則，以調動公司及所屬關係企業之員工，即無違反民法第 484 條規定。」已承認工作規則中的轉僱規定效力，推理上借調規定應該相同。

---

[102] 劉志鵬，不同一企業間可否為職務異動，律師通訊，74 期，20 頁。但應注意劉律師雖然表示，現階段不應承認工作規則中借調條款之效力，不過其認為工作規則具有定型化契約之性質，故雇主可依其中所訂之調職條款而取得調職命令權。

（二）借調後之法律關係

　　雖然開始討論借調時，重點大多與處理調職之問題相同，將焦點置於雇主有無調職權限之點上。然而因為借調時勞工雖與原雇主尚維持勞動契約關係，但卻是在原勞動契約以外第三人，即借調目的事業之指揮命令下服勞務，於是勞工與借調目的事業間之法律關係，即有進一步探討必要。

　　就此，日本學界以為：雖然現實上是借調目的事業對於勞工為日常性的勞務指揮，然而此勞務指揮之法律評價及其法律根據為何，尚有不同看法。亦即在採「單一契約關係說」者認為，借調目的事業之勞務指揮權，是基於勞工與原雇主間之勞動契約，申言之，借調目的事業是基於原雇主的委讓，而取得向勞工行使勞務指揮之權限；而採「二重契約關係說」者以為：借調目的事業之勞務指揮權，乃來自於借調目的事業與勞工間之合意，申言之勞工與原雇主間之合意，為原雇主取得借調命令權之根據，然而在開始為借調勞務給付之時，勞工與借調目的事業之間，對於勞動條件及勞務指揮等尚有另一合意產生，不論將此合意解為係為勞動契約或者是無名契約，借調目的事業之勞務指揮權乃係植基於此合意（簡言之，此說認為勞工與原雇主，勞工與借調目的事業之間分別存有契約關係）。

　　以上學術爭論，在探討借調目的事業之勞務指揮權的範圍，或在有關勞動條件紛爭發生時，勞工應該以誰為相對人而請求救濟時，有其實益。而且由勞動契約法上雇主認定之疑義出發，借調的法律問題比調職更為複雜多變，例如勞基法及職業安全衛生法等所謂勞工保護法上的責任，究應由原雇主負擔抑或應由借調目的事業負責，也值得注目。

四、轉僱

　　至於轉僱，因為現實上勞工與原雇主間之勞動契約關係已終了，而另與轉僱目的事業間成立勞動契約關係。所以討論轉僱的文獻，一般將焦點置於雇主轉僱命令權之有無，而不再討論轉僱後之法律關係。又或許是因

為勞工一旦轉僱，則其工資等其他勞動條件，必隨轉僱目的事業之不同而有變化，因此我國學界，對僱主之轉僱命令權皆從嚴認定。

例如學者認為[103]：在轉僱時法律手段上所得採行之方式，有勞工與原僱主終止勞動契約後，再由勞工與轉僱目的事業訂立另一新的勞動契約之方式，以及原勞動契約並不終止，而由轉僱目的事業承擔原僱主之法律地位（亦即契約承擔）等兩種方法。又當事人若以契約承擔方式為之時，雖然我國對於意定契約承擔無明文規定，但為通說及判例（73 年台上字第1573 號）所肯定，復有民法 425 條買賣不破租賃為法定契約承擔之規定，所以意定契約承擔應為現行法之精神所承認。更且依民法 484 條規定，只要受僱人同意，僱用人即得將勞務給付請求權讓予第三人，既然屬人性甚強之勞務給付請求權亦得讓與，則僱傭契約中的其他權利義務之讓與或承擔，亦只要經過契約當事人之同意即得為之。因此，只要經過原勞動契約當事人及承擔人（即轉僱目的事業）三方面的同意，即得由轉僱目的事業承擔原僱主在原勞動契約上的法律地位。只是此種同意不包括事前概括同意與工作規則中轉僱條款之規定，因為若勞工得事前概括同意，則新僱主為何人乃由原僱主決定，實際上無異於原僱主得單方決定與勞工締結契約之對象，實有違契約自由中原則中選擇締約對象的自由。而工作規則在性質上既然屬於一種附合契約，因之即使承認工作規則中之轉僱條款，也屬於事前概括同意，如上所述亦不應發生效力[104]。

---

[103] 林炫秋，關係企業間勞工之調動與勞工同意權 —— 評高雄地院 82 年度雄簡字第 525 號暨勞簡上字第 6 號判決，劉志鵬、黃程貫主編，勞動法裁判選輯，450 頁以下，1998 年 5 月，月旦出版社。

[104] 另有學者表示：「……無論如何此種約定並非調動……這對原工作之年資是無法律依據要求資遣或退休，而新的勞動契約之資方是否承認，亦無法律要求其承認。故對勞工是相當不利，對勞動人格化亦為藐視！勞工行政機關應認為此種約定無效……。」李文良，調動與勞動契約之變更，勞工行政，95 期，18 頁下，1996 年 3 月。其結論亦與林炫秋上揭文同，只是林炫秋以為勞工受轉僱後之工作年資是否可以併算，應繫於勞基法 57 條所謂「同一雇主」之解釋，而非一定不得併入。

　　相對於上述的嚴格見解，我國法院雖曾有較為寬鬆看法，即承認事前概括同意（如誓願書等），或雇主單方面所訂之工作規則，皆得為雇主轉僱命令權之根據，如高雄地院 82 雄簡 525 號表示：原告勞工既出具誓願書表明願遵守被告公司所立規章，自應受被告公司工作規則之拘束。該工作規則縱未經高雄市政府核備，亦僅係雇主應受處罰之問題，苟該工作規則未違反強制或禁止規定仍應有效。故而原告無論依伊所出具之誓願書抑或公司工作規則之規定，均應接受被告之調任而至其關係企業公司服務（即轉僱）。

　　不過，也有判決認為：「本件上訴人丙……簽署之同意書……固約定：……『本人同意公司基於業務需要，得隨時調動本人至關係企業任職』等語……，然關於企業外調職之情形，有可能係指勞務受領對象之改變，也可能係雇主的變更，依系爭同意書第 10 點約定文義，尚無從明確得知上開約定究屬上述 2 種方式中何種方式，自難憑上開約定即認兩造就此內容已有合意，況倘認為上開約定乃上訴人丙同意與上訴人公司終止原勞動契約，再與新雇主即訴外人公司重新締結勞動契約，或由新雇主公司承擔上訴人公司與上訴人丙間勞動契約之雇主變更情形，皆涉及原雇主退出勞動關係，而由新雇主加入勞動關係，但上訴人丙在簽訂系爭同意書時，根本未能確定誰是新雇主，且新雇主經營良窳仍未可知，預先要求上訴人丙概括同意在未來不可預知之時點與不明新雇主共事，亦強使上訴人丙之受僱地位陷於極端不安定，加之，若認上開約定屬上訴人丙概括同意接受企業外調職，則新雇主為何人，實由原雇主即上訴人公司決定，實際上無異於上訴人公司得單方決定與上訴人丙締結勞動契約的對象，亦有違契約自由中選擇締約對象自由之原則，故縱使上訴人丙曾簽訂系爭同意書，上開關於企業外調職之約定亦屬違反民法第 484 條之強制規定而無效。」（臺北地院 97 勞簡上 33 號）。

五、調職與借調、轉僱處理方式之逐漸合流

　　雖然如上所述，因為借調、轉僱或者涉及勞務指揮權移轉，或者涉及契約當事人變動，因此以往學界大略採取較嚴格見解，而與企業內調職有所不同。不過，除了實務上已有部分判決（如前舉臺高院 91 勞上易 5 號）採取較彈性的方式處理關係企業間的調動外，學者鑑於政府為提振企業國際競爭力，鼓勵擴大經營規模，相繼公布施行企業併購法、金融機構合併法及金融控股公司法，關係企業似已成為我國企業常見之型態下，或者認為：「金控公司雖然無法直接監督管理各該子公司之日常業務，然金控公司間之人力調派決策、相當困難由二子公司間自行決定，爰此對於傳統雇主之定義，似乎應視其事由而由（有）不同之認定，……特別於調職部分，以金控做為雇主，而是（視）為企業內調職，似乎為一可以思考之方向。」[105] 或者表示：「關於本問題（編按，即關係企業間勞工之職務異動）筆者曾於十餘年前撰寫論文，當時國內關係企業未若現今普遍，尤其關係企業法律相關法律尚未制定，因之，筆者對關係企業間勞工職務流動，採取比較嚴格之見解，惟如上所述，國內經濟結構，企業組織法規等這幾年來已有重大變革，勞工在關係企業間流動日趨常態，對於關係企業間勞工之職（務）異動問題實有重新審視之必要。」進而提出在符合「企業有進行關係企業間之職務異動必要；勞動契約、工作規則或團體協約中約定雇主得進行關係企業間之職務異動；員工調職後之勞動條件明確，且無不合理之不利益之變更」之要件下，調動即為合法之見解[106]。

---

[105] 郭玲惠，金融控股公司與企業併購對於勞工勞動條件保障之初探 —— 以調職為例，律師雜誌，291 期，16 頁下，2003 年，台北律師公會發行。

[106] 劉志鵬，關係企業與勞工之職務異動 —— 台灣高等法院 91 年度勞上易字第 5 號判決評釋，律師雜誌，291 期，40 頁下，2003 年，台北律師公會發行。

第三目　勞動派遣

一、勞動派遣之意義

　　關於勞動派遣，勞基法 2 條在 108 年 5 月 15 日公布修正增訂 7 至 10 款為：「七、派遣事業單位：指從事勞動派遣業務之事業單位。八、要派單位：指依據要派契約，實際指揮監督管理派遣勞工從事工作者。九、派遣勞工：指受派遣事業單位僱用，並向要派單位提供勞務者。十、要派契約：指要派單位與派遣事業單位就勞動派遣事項所訂立之契約。」據此，所謂勞動派遣是指：從事勞動派遣業的派遣事業單位在與派遣勞工維持勞動契約之基礎下，和要派單位簽立要派契約，而使派遣勞工在要派單位指揮監督下服勞務的非典型僱用型態[107]。其法律關係為：勞動契約存在於派遣事業單位與派遣勞工間，派遣事業單位與要派單位間則訂有要派契約，至於要派單位與派遣勞工間僅存有勞動力使用之指揮監督關係，亦即勞動派遣的特徵在於僱用與使用的分離。

　　承上，勞動派遣與承攬的區別在於，承攬是承攬人指揮自己僱用的勞工，完成定作人交付之工作，而勞動派遣則由要派單位指揮派遣事業單位僱用之派遣勞工；與企業人事異動中「轉僱」的區別在於，勞動派遣中勞動契約的當事人並未改變，而在轉僱則否；至於與「借調」的區別，如果對借調的法律性質是採單一契約說（即僅勞工與原事業單位維持勞動契約，而未另與借調目的事業成立勞動契約）者，因為兩者都是僱用與使用分離，則此時的區別僅在於原事業單位是否以派遣為業。

---

[107] 學者舉出：在勞動派遣實務上，除了有派遣勞工常時與派遣公司維持勞動契約關係之「常用僱用型派遣」外，也有勞工僅於派遣公司處登記，並未與之訂立勞動契約，等派遣公司應要派公司需求時，再與勞工訂立定期派遣勞動契約的「登錄型派遣」，此種型態派遣的法制問題，需與職業介紹加以區別，邱駿彥，勞工派遣法制之研究，勞動派遣法制研討會會議資料，1 頁下，臺灣勞動法學會主辦，1999 年 12 月 19 日。而既然人力供應是派遣事業單位以之為業的繼續性工作，則登錄型派遣在我國的合法性，應有疑問，故本文的勞動派遣定義中，未將之納入。

　　雖然，勞動派遣是否為使用勞工之事業單位為了規避勞動法（尤其是勞基法）責任之脫法行為，或為現行法制所容許者，有不同意見。不過，勞工行政實務自 87 年 4 月 1 日起，即以「其他工商服務業項下人力供應業」為名，將勞動派遣業納入勞基法適用範圍，且隨著廠場實務上派遣人數增多，在未有正式立法前，除司法實務針對勞動派遣衍生之具體問題表示見解外，勞工行政主管機關於 98 年發布「勞動派遣權益指導原則」，101 年發布「要派契約書範本」及「派遣勞動契約應約定及不得約定事項」（以上其後皆有修正內容），近年來並朝向將勞動派遣法制化，例如曾在103 年 2 月份提出「派遣勞工保護法」草案送請行政院審議，並在未立法完成前，先在 108 年兩次修訂勞基法，即增訂 2 條 7 至 10 款、9 條 1 項後段、22-1 條以及 17-1 條、63-1 條等勞動派遣相關條文，茲將各該條文列於司法實務前所表示見解，便於理解比對。

二、司法實務在勞動派遣法律關係中所表示之見解與 108 年勞基法修法對照

（一）勞動派遣法律關係中的（擬制）雇主與轉掛型派遣勞工的轉換雇主請求

1. 勞動派遣法律關係中的雇主

　　因為勞動派遣具有僱用與使用分離的特徵，而有三方當事人存在，且實務上派遣理由也具有多樣性，因此在派遣法律關係中，如何認定勞動契約相對人，具體個案不免有疑。而臺中地院 93 重勞訴 3 號，在外觀上由數家派遣事業單位接續與原告勞工等人訂立僱傭契約後，再依前後派遣事業單位與要派單位間之人力供給契約，將原告勞工等人指派至要派單位施工處提供勞務達 9 年以上之事件中表示：「外觀上與現今市場流行之勞動派遣契約相仿，然仔細觀察被告雖以公開招標方式，與各人力派遣顧問公司簽訂人力支援之商務契約，然所需人力之性質、數額均大致相符，換

言之,被告係將同性質工作所需人員全數委外處理,均由新簽約之派遣機構與前一顧問公司所指派至被告處工作之員工逐一徵詢是否仍願繼續擔任原職,而與新顧問公司簽訂新僱傭契約後,由新顧問公司指派至被告處工作,形式上,原告等人均與前一顧問公司終止原僱傭契約,而與新顧問公司簽訂新僱傭契約,然實質上,原告等人無論與新舊顧問公司間僱傭契約之終止及簽訂,或新舊顧問公司與被告間之人力支援商務契約之簽訂與否,原告等人在被告施工處執行相同性質勞務之期限,短則九年,長則高達十五年……。則原告等人與被告間之關係,是否仍可僅按既有文件之資料外觀,逕解讀為係本於勞動派遣制度下之派遣勞工與要派機構之情形,非無疑義。……否則雇主得以將長期雇用之人員,由第三人依雇主之指示出面聘任後,由第三人名義指派員工前往提供勞務之方式,來更改實際僱傭關係之名義,使僱傭關係不存在實際僱用人,無異助長脫法法行為,難以保護經濟上之弱者。」認定該等派遣契約因脫法行為無效,應以要派單位為雇主。

　　只是學者認為:此種認定方式,並不表示所有派遣都脫法而無效,因為勞動派遣是否或應如何加以限制(派遣業應否得國家機關之同意、使用派遣之行業別、期間長短等),屬於法政策之決定,基本上應由立法者決定,非司法者得越俎代庖,因此現行法對此欠缺妥當規定,並不構成司法者可以填補的漏洞。亦即,基本上應該認為和派遣勞工簽訂勞動契約者即為其雇主,而這通常就是指派遣單位,又基於債之相對性,契約當事人間的權利義務基本上只能向相對人即派遣事業單位主張,並不及於要派單位。而上開臺中地院93重勞訴3號,嗣後也為臺中高分院95重勞上3號廢棄改判,再經最高法院96台上2103號駁回勞方上訴而確定。

2. 勞動派遣法律關係中的擬制雇主

　　雖然原則上仍以派遣事業單位為派遣勞工之雇主,但基於勞動派遣之僱用與使用分離的特徵,法制上也有將使用勞動力的要派單位擬制為雇主

之規定。例如，性工法 103 年 6 月修正公布 3 條 3 款後段規定：「三、雇主：……。要派單位使用派遣勞工時，視為第八條、第九條、第十二條、第十三條、第十八條、第十九條及第三十六條規定之雇主。」於各該情形中將要派單位視為派遣勞工之雇主。職安法 102 年修正 2 條 1 款規定：「本法用詞，定義如下：一、工作者：指勞工、自營作業者及『其他受工作場所負責人指揮或監督從事勞動之人員』。」並於同法 51 條 2 項明定：「第二條第一款所定受工作場所負責人指揮或監督從事勞動之人員，於事業單位工作場所從事勞動，比照該事業單位之勞工，適用本法之規定。但第二十條之體格檢查及在職勞工健康檢查之規定，不在此限。」也明文比照適用。

3. 轉掛型派遣勞工的轉換雇主請求

　　為規範實務上要派單位決定特定人選後，轉由派遣事業單位僱用，再派遣至要派單位任職之人員轉掛類型派遣，108 年 6 月 21 日施行增訂勞基法 17-1 條，明文規定人員轉掛類型時的處理方式為：

（1）「（I）要派單位不得於派遣事業單位與派遣勞工簽訂勞動契約前，有面試該派遣勞工或其他指定特定派遣勞工之行為。」本項規定係規範要派單位不得有事先指定特定派遣勞工之行為。勞動關 2 字 1080127136 號對此舉例以：要派單位自行招募及決定派遣人選後，再要求派遣事業單位僱用；或於要派契約屆滿時，要求新派遣事業單位承接僱用原有派遣勞工等情形，即屬違反本項規定禁止面試或其他指定特定派遣勞工行為之規定。

（2）而當「（II）要派單位違反前項規定，且已受領派遣勞工勞務者，派遣勞工得於要派單位提供勞務之日起九十日內，以書面向要派單位提出訂定勞動契約之意思表示。」此時「（IV）派遣事業單位及要派單位不得因派遣勞工提出第二項意思表示，而予以解僱、降調、減薪、損害其依法令、契約或習慣上所應享有之權益，或其他

不利之處分。（V）派遣事業單位及要派單位為前項行為之一者，無效。」而因為第 2 項只是規定派遣勞工可請求協商訂約，因此 90 日之規定，應非形成權的行使期間，但立法上是否有意及早確定法律關係而使生失權效果，尚待觀察實務見解。至於書面要式規定的違反，是否會適用民法 73 條前段：「法律行為，不依法定方式者，無效。」等條文，而認要派單位不受拘束，抑或得有其他想法，也有疑問。

（3）而且「（III）要派單位應自前項派遣勞工意思表示到達之日起十日內，與其協商訂定勞動契約。逾期未協商或協商不成立者，視為雙方自期滿翌日成立勞動契約，並以派遣勞工於要派單位工作期間之勞動條件為勞動契約內容。」只是，一般情形派遣勞工與派遣事業單位間勞動契約的勞動條件，會低於要派單位中相同職務的正職勞工，而要派單位如欲與派遣勞工協商成立勞動契約時，本來應該受到 25 條後段：「雇主對勞工……。工作相同、效率相同者，給付同等之工資。」即同工同酬的拘束而與正職勞工同，但本項規定既然「以派遣勞工於要派單位工作期間之勞動條件為勞動契約內容」，因此實務上要派單位基於利益衡量，或會傾向於不協商而使直接適用本項規定成立勞動契約。

（4）經上述程序後，派遣勞工與派遣事業單位間原勞動契約之處理方式為：「（VI）派遣勞工因第二項及第三項規定與要派單位成立勞動契約者，其與派遣事業單位之勞動契約視為終止，且不負違反最低服務年限約定或返還訓練費用之責任。（VII）前項派遣事業單位應依本法或勞工退休金條例規定之給付標準及期限，發給派遣勞工退休金或資遣費。」

（5）末者，勞動關 2 字 1080127025 號表示：「一、查勞動基準法第 17 條之 1 業於 108 年 6 月 19 日經總統公布，並於同年月 21 日生效；

本次修正未有溯及適用之特別規定，故自生效日起，向將來發生效力。……三、至於勞基法第 17 條之 1 規定生效前，要派單位、派遣勞工有同條第 1 項及第 2 項規定之情形者，雖有法律不溯既往原則之適用，惟若該派遣勞工認與要派單位間於實質上具有僱傭關係，仍得循民事訴訟程序確認之，由法院依個案事實判定。」

（二）勞動派遣法律關係中雇主義務分擔

既然勞動派遣中，勞動契約存在於派遣事業單位與派遣勞工間，故應該由派遣事業單位負擔雇主責任。但是學者認為：在勞動法制中依據各自的法規目的，其著眼點可能是針對「僱用主體」（例如工資問題），也可能是針對「使用主體」（如安全衛生、職災補償），所以應當進一步就不同法律領域，依據各自的法規文義、立法目的等因素，認定要派單位是否應該共同負雇主責任，以及界定派遣單位與要派單位內部責任分擔的問題，特別是直接跟指揮監督（指示權）之行使有關者，凡契約上雇主、以及實際上行使行使雇主指揮監督權人，基本上都應納入規範對象，方能貫徹法規目的，並防止雇主藉由派遣規避相關規範[108]。

臺中地院 96 勞訴 106 號，也認定要派單位為派遣勞工之勞工安全衛生法（編按，該法已於 102 年更名為職業安全衛生法）上雇主，而表示：「按『本法所稱勞工，謂受僱從事工作獲致工資者。本法所稱雇主，謂事業主或事業之經營負責人。』勞工安全衛生法第 2 條第 1、2 項定有明文。……查被告乙與被告丁（即益盛工程行之業務實際執行人）約定，由丁指派勞工甲去為被告乙服勞務，而受被告乙指揮、監督。被告乙與被告丁間所訂帶工不帶料之合約，係以勞動給付為目的，且被告乙對被告對丁所僱勞工甲具指揮監督管理權限……，則被告乙對於丁所派遣之勞工甲

---

[108] 林更盛，勞動派遣 —— 對勞動派遣幾個問題的反思，第三屆兩岸勞動法學術研討會會議資料，103 頁下，2012 年 6 月 11 日，政治大學法學院主辦。

間，應係僱傭關係，被告應係勞工安全衛生法上甲之雇主無誤，行政院勞工委員會中區勞動檢查所 96 年 4 月 3 日勞中檢營字第 0961004315 號函文亦同此認定，有該函附卷可稽。」[109]

　　就此除應注意前述性工法及職安法的擬制雇主規定外，法制上也有雇主義務分擔規定，如勞基法於 108 年 5 月 15 日公布增訂 22-1 條：「（I）派遣事業單位積欠派遣勞工工資，經主管機關處罰或依第二十七條規定限期令其給付而屆期未給付者，派遣勞工得請求要派單位給付。要派單位應自派遣勞工請求之日起三十日內給付之。」由要派單位負工資給付補充責任，只是「（II）要派單位依前項規定給付者，得向派遣事業單位求償或扣抵要派契約之應付費用。」

　　勞基法另於 108 年 6 月 21 日施行增訂 63-1 條，除規定要派單位的無過失職災補償連帶責任為：「（I）要派單位使用派遣勞工發生職業災害時，要派單位應與派遣事業單位連帶負本章所定雇主應負職業災害補償之責任。（II）前項之職業災害依勞工保險條例或其他法令規定，已由要派單位或派遣事業單位支付費用補償者，得主張抵充。」另就要派單位違反職安法時的職災賠償連帶責任為：「（III）要派單位及派遣事業單位因違反本法或有關安全衛生規定，致派遣勞工發生職業災害時，應連帶負損害賠償之責任。（IV）要派單位或派遣事業單位依本法規定給付之補償金額，得抵充就同一事故所生損害之賠償金額。」只是第 3 項文字是「要派單位『及』派遣事業單位因違反……。」文義解釋上似需二者皆有違反安全衛生規定，才有職災連帶賠償責任。

（三）勞動派遣中勞動契約的特性 —— 定期或不定期

　　對於派遣事業單位與派遣勞工間的勞動契約，是否可以約定為定期

---

[109] 對此，學者間仍有不同意見，劉士豪，當勞動派遣遇上就業歧視或性別歧視，誰該負責任？ —— 法定雇主及要派公司責任探討，全國律師雜誌，51 頁，2012 年 3 月。

契約，雖然有部分判決如臺北地院 100 勞簡上 69 號表示：「兩造間勞動派遣契約之性質，實乃約定以被上訴人從事要派企業服務需求之特定性工作為內容之定期契約，亦即以完成特定要派企業之派遣服務需求作為兩造間勞動派遣契約之目的，依勞基法第 9 條之規定，該特定性工作完成後，兩造間之勞動派遣契約即因經濟目的已達而告終止。至於上訴人公司另行嘗試為終止派遣之求職者尋覓要派企業，該求職者之薪資、職務內容等勞動條件，亦需重新議定，自屬重行約定另一勞動派遣契約之問題，並非謂兩造間之勞動派遣契約為不定期契約。」但行政主管機關一向的立場是：「查有繼續性工作應為不定期契約，勞動基準法第 9 條定有明文。貴公司所營事業項目之一為人力派遣，人力派遣即為貴公司經常性業務，故尚不得為配合客戶之需求，而與勞工簽訂定期契約。」（87 台勞資二字051472 號），而且司法實務臺中高分院 95 勞上易 17 號、高雄地院 96 勞簡上 1 號，也採相同見解。

　　以上爭議，在 108 年 5 月 15 日公布修正勞基法 9 條 1 項而增訂後段為：「派遣事業單位與派遣勞工訂定之勞動契約，應為不定期契約。」以立法方式解決實務爭議。

（四）在派遣關係中的競業禁止約款效力

　　在派遣實務上，因為派遣事業單位與派遣勞工訂立特定對象的競業禁止約款（即禁止勞工在離職後任職於要派單位），會受司法審查或增訂 9-1條限制，故有轉與要派單位在要派契約中約定，禁止直接聘用該受派遣勞工，對此等約款效力，臺北地院 100 勞訴 42 號表示：「行政院勞工委員會為保障派遣勞工之工作權，於 98 年 10 月 2 日勞資二字第 0980126335號函頒布之勞動派遣權益指導原則第 3 條第 8 項明定『要派單位與派遣單位終止要派契約，不影響派遣勞工為派遣單位工作之受僱者權益』。另依行政院勞工委員會 93 年 1 月份提出勞動基準法修正草案第 26 條規定『勞

動契約、要派契約禁止派遣勞工於勞動契約終止後，與要派機構另定勞動
契約者，無效』」，其立法目的係為保障派遣勞工之工作權，並禁止派遣機
構藉由契約訂定限制派遣勞工之工作自由，爰參考國際勞工組織第 188 號
建議書、德國勞動派遣法第 9 條第 3、4 款規定及日本勞動派遣法第 33 條
規定，明定派遣機構不得藉勞動契約或要派契約的訂定，限制派遣勞工與
要派機構於派遣關係結束後，另訂勞動關係之自由。……可知上開規範除
禁止派遣公司與派遣勞工於勞動契約中訂立特定對象之競業禁止，亦禁止
派遣公司與要派公司於要派契約中訂立禁用該派遣勞工之約定，無非係為
避免派遣公司規避與派遣勞工訂定競業禁止約定，轉與要派公司訂定禁止
要派公司與派遣勞工訂立勞動契約，變相限制勞工工作權，顯失公平。」
而認為派遣事業單位為規避與派遣勞工訂定競業禁止約定須受有效性標準
之檢驗，轉與要派單位訂定契約禁止要派單位進用派遣勞工，其效果與直
接禁止勞工與要派單位訂立勞動契約相同，違反公共秩序及善良風俗，應
屬無效。

第二款　工作規則之（不利益）變更

　　所謂工作規則，是雇主為維護其工作場所就業秩序，並統一處理勞
工的勞動條件，而單方面作成之文書。大體而言，雇主可藉由工作規則統
一規範企業內人員之各項勞動條件，以建立企業經營秩序並提高生產力。
又可明確規範勞雇間之權利義務關係，使雙方行為均有一定程度的可預期
性，進而增進勞資和諧。至於在法律上，工作規則和勞動契約之關係，則
視對工作規則法律性質採契約說、法規範說等看法而會有不同。而在未訂
團體協約之事業單位中，工作規則具有指引團體協約締結，以及作為團體
協約基礎之功能。又政府藉由法律強制企業須制定工作規則，可使主管機
關便於監督企業是否遵守，及如何實踐勞基法或其他勞工法令所規定之最
低勞動條件。

第一目　工作規則之作成與生效

一、工作規則之作成

依 70 條規定：「雇主僱用勞工人數在三十人以上者，應依其事業性質，就左列事項訂立工作規則，報請主管機關核備後並公開揭示之：一、工作時間、休息、休假、國定紀念日、特別休假及繼續工作之輪班方法。二、工資之標準、計算方法及發放日期。三、延長工作時間。四、津貼及獎金。五、應遵守之紀律。六、考勤、請假、獎懲及升遷。七、受僱、解僱、資遣、離職及退休。八、災害傷病補償及撫卹。九、福利措施。十、勞雇雙方應遵守勞工安全衛生規定。十一、勞雇雙方溝通意見加強合作之方法。十二、其他。」略釋如下：

（一）作成義務

只要雇主僱用勞工人數在 30 人以上時，依法應有作成書面工作規則，並於 30 日內報請當地主管機關核備後，公開揭示之義務（70 條 1 項本文暨施行細則 37 條 1 項），否則依 79 條處罰鍰。雖然 70 條 1 項本文，是否係指事業單位「一旦」僱用勞工之人數到達 30 人時，即應作成工作規則，還是應以「常時」僱用 30 人以上，而排除一時性趕工而增加之定期契約工，有解釋空間。但施行細則 37 條於 107 年 2 月增訂第 2 項：「本法第七十條所定雇主僱用勞工人數，依第二十二條之一第一項規定計算。」規定，其中所謂 22-1 條 1 項為：「本法……所定雇主僱用勞工人數，以同一雇主僱用適用本法之勞工人數計算，包括分支機構之僱用人數。」亦即雇主於僱用勞工人數滿 30 人時應即訂立工作規則，而關於是否僱用滿 30 人，應以同一雇主「僱用適用勞基法」之勞工，條文並未排除因臨時性需要而聘僱之定期工之勞工人數，且包括分支機構之僱用人數，則主管機關應是有意指事業單位「一旦」僱用適用勞基法之勞工人數到達 30 人時，即應作成工作規則。且不但工作規則作成時應送核備，也

應依據法令、勞資協議或管理制度變更情形適時修正，修正後並依 1 項程序報請核備（施行細則 37 條 3 項）。

（二）內容記載事項

雖然依 70 條文義，除第 12 款「其他」性質上可視為任意記載事項，得由雇主自行決定訂定與否外，其餘 11 款規定均屬於絕對必要記載事項，非訂定不可。只是在必要記載事項中如工時、休假、工資、解僱、退休、傷病補償等，勞基法皆有強制規定，縱算雇主有比勞基法更優惠之措施，然一旦訂定於工作規則中，其後變更又需受不利益變更之審核限制，因此事業單位制訂工作規則時，通常只是將勞基法及其施行細則或附屬法規（如勞工請假規則）之規定，轉抄為工作規則，以求形式上符合勞基法 70 條之規定而已。制訂實務上可參考勞動部頒訂之工作規則範本（勞動部首頁 → 業務專區 → 勞動條件、就業平等 → 工作規則 → 工作規則參考手冊）。

又雇主認有必要時，得分別就 70 條各款事項另訂單項工作規則（施行細則 39 條），且事業單位之事業場所分散各地者，得訂立適用於其事業單位全部勞工之工作規則或適用於該事業場所之工作規則（施行細則 40 條）。而主管機關認為有必要時，亦得通知雇主修訂工作規則（施行細則 37 條 4 項）。

另應注意，雖然勞雇雙方應遵守勞工安全衛生規定，為工作規則之必要記載事項（70 條 10 款），不過職安法 34 條 1 項規定：「雇主應依本法及有關規定會同勞工代表訂定適合其需要之安全衛生工作守則，報經勞動檢查機構備查後，公告實施。」其中所稱勞工代表，依職安法施行細則 43 條：「本法第三十四條第一項、……，事業單位設有工會者，由工會推派之；無工會組織而有勞資會議者，由勞方代表推選之；無工會組織且無勞資會議者，由勞工共同推選之。」亦即固然勞基法 70 條第 10 款訂

有「勞雇雙方應遵守勞工安全衛生規定」，將勞安事項設定為工作規則之應記載事項，而得由雇主單方制訂，但是做為特別法之職安法規定，則將該等事項規定由勞雇雙方會同制訂。另外，因為職安法34條1項是使用「報經勞動檢查機構備查後，公告實施」，其主管機關是勞動檢查機構，而且並非如70條使用「核備」，而是「備查」，因此據了解目前行政機關仍採雙軌併行方式，亦即事業單位需制訂內含簡化勞安事項之工作規則送主管機關核備，同時另外依據職安法作成詳細之安全衛生守則送勞檢機構備查，似尚未簡化為將安全衛生守則內含於工作規則中，再併送勞雇雙方會同制訂之證明予主管機關核備。

（三）作成後之履踐程序

　　負有作成書面工作規則義務之雇主，於依上開內容作成書面後，應將工作規則送交地方行政主管機關「核備」，再於事業單位內「公開揭示」，且施行細則38條要求「印發予各勞工」。此所謂公開揭示，重點在於是否為勞工易於認識之狀態，而不在於形式，因此公開揭示之方式不限於張貼公布欄方式，其他如將工作規則設於雇主內部網站、電子郵件傳送、傳閱方式周知，均符公開揭示之要求（臺高院93勞上50號）。主管機關也表示：事業單位若以公告方式，將工作規則文件於公司內部網路隨時可查閱瀏覽，並以紙本傳閱勞工個人簽名歸檔，且免費提供下載服務，供勞工留存參考（替代印發各勞工），尚屬適宜。[110]

二、工作規則之生效 —— 未經勞工同意／核備／公開揭示之影響

　　如前述，勞基法僅在70條：「雇主僱用勞工人數在三十人以上者，應依其事業性質，就左列事項訂立工作規則，報請主管機關核備後，並公開揭示之……。」及71條：「工作規則，違反法令之強制或禁止規定或

---

[110] 勞動部訂頒工作規則參考手冊109年7月版之工作規則常見問題Q&A。

其他有關該事業適用之團體協約者，無效。」分別規定工作規則之制訂程序及其法源位階，相當簡潔。只是因為我國之工會組織率及團體協約簽立比率皆低，因此工作規則往往是規範勞動條件之最重要依據。惟勞基法對於工作規則之規定，又只有上述簡單條文，所以在實務上即面臨是否需經勞工同意，及雇主未依照70條規定報請主管機關「核備」或「公開揭示」時，是否仍得生效而拘束勞工等問題。

（一）是否需經勞工同意

1. 現行行政實務操作

雖然依70條規定，工作規則之作成義務、內容以及程序，大略如上，並沒有需徵得勞工同意之明文。不過因為程序上須報請主管機關核備，而主管機關73年頒布（其後有多次修正）之「工作規則審核要點」，其中4條規定：「工作規則內容依本法及相關法令規定應徵得勞方同意、先行報備或核准之事項，事業單位應檢附相關文件送核，或應先依規定辦理完成，始得列入工作規則內容，其餘部分事業單位亦得會商勞方檢附相關文件送核。」似乎工作規則之部分內容須經勞工同意。

只是，上開審核要點4條所謂「依法應徵得勞方同意事項」究竟為何並無具體規定。就此，學者表示：「雖有認為此同意事項是指：1.勞基法第21條工資應由雙方議定之。2.勞基法第30條工作時間之調整。3.勞基法第32條延長工作時間。4.勞基法第34條晝夜輪班，工作班次之更換。5.勞基法第39條節日、休假日照常工作。」但「細繹以上勞基法之條文，有些不宜訂之於工作規則，例如：工資，每人不同，而且可能調整頻繁，有些企業，甚至員工之薪資均屬保密，何得訂之於工作規則而公開揭示？何況勞基法第70條第2款，所規定的是工資之標準、計算方法及發放日期，非指勞基法第21條之『工資數額』，故勞基法第21條第1項前段工資應由勞雇雙方議定，非此意義下『依規定應徵得勞方同意之事項』。另

如延長工時、例休假加班，應係指於具體事件發生時，方須於具體的需要延長工時或例休假日加班時，取得勞工之同意，無須在制定一般性的工作規則時即取得其同意。惟如雇主擬一勞永逸，在制定一般性的工作規則時即取得勞工對延長工時，例休假日加班之概括同意，勞方竟亦同意，並以書面出具同意書連署，則在往後漫長的日子裡，當具體需要加班時，勞方是否仍保有具體反對權？如無，顯然對勞工太不利，如有，則訂立工作規則時附具之連署同意書，無異形同具文。本文以為，勞方對延長工時，例休假日加班之同意權，以於有具體需求時行使之，較為妥當，不應事先訂立於工作規則中。勞基法第 34 條之工作班次更換亦同此情形，不再詳論。剩下來，似乎只有勞基法第 30 條第 2 項工時之調整，比較適合事先訂立於工作規則中，但吾人仍以為慮及工作規則之訂立、變更，均應報請主管機關核備，為利彈性調整之時效性，仍不宜訂立於工作規則，否則一旦發現有需再調整、回復之需要，只因工作規則需變更、核備，未免自縛手腳。綜上所述，『工作規則審核要點』第 4 條所謂之『依規定應徵得勞方同意之事項』，無一適於訂立於工作規則。」[111]

2. 學說／司法 —— 由工作規則之法律性質探討

（1）學說

　　雖然如上所述，勞基法規定由雇主單方制訂工作規則，並無需得勞工同意之明文，但審核要點則有勞工同意字樣，因此制訂工作規則是否需經勞工同意？相同疑問，也發生在雇主透過變更工作規則之手段來調整勞動條件時。諸此疑問，學說上透過工作規則之法律性質論述，企求解決（當然，一旦為工作規則之法律性質定性，即如總論所述，通常也影響對工作規則在法源上位階之見解）。而目前我國對工作規則法律性質之討論，多

---

[111] 陳金泉，工作規則中涉及勞雇雙方應協商事項需附勞工同意書否則不予核備並需裁罰最高行政法院判決，引自明理法律事務所網站 → 勞動法判解新訊，查詢日：2014 年 3 月 12 日。

參酌日本學界見解，即契約說、法規範說、根據二分說、集體合意說等[112]，而發展出如下幾種看法：

① 契約說：本說基本上認為經由雇主單方面制訂之工作規則，本來只是一種單純的規範，經由勞工同意方始成為勞動契約之內容而得規範勞資關係。我國學者在引介日本學說後表示：從工作規則於經核備後，應公開揭示，於事業場所內公告並印發勞工（勞基法 70 條、施行細則 38 條）來看，我國工作規則符合定型化契約之「開示原則」，又從工作規則不得違反法令之強制、禁止規定與團體協約（勞基法 71 條），及受主管機關通知而修改（施行細則 37 條 2 項）、主管機關並依審核要點而審查、核備等來看，也符合定型化契約之「合理原則」，因此採定型化契約說。

② 法規範說：本說共通之看法認為工作規則發生拘束力的根源，在於其具有法規範的性格，而與勞工主觀之意思表示無關。其或認為工作規則是勞基法基於保護勞工之目的，而賦予工作規則法效力，或認為是雇主基於經營權而得單方面制訂，只須告知勞工而不待其同意即有拘束力。又我國學者在此基礎下另提出「修正法規範說」認為：在工作規則的擬定階段採法規範說，即只要不違反勞基法 71 條（因違反法令之強制、禁止規定或其他有關該事業適用之團體協約規定者，無效），而公開揭示或交付勞工即可生效，無須勞工或工會之參與、同意，但工作規則一經生效後即成為勞動契約之附件，補充勞動契約所未約定者而具勞動契約之效力，惟不可牴觸勞動契約。

③ 根據二分說：應依據工作規則內容性質之不同，而將其分成二部分，其一為關於工資、工時等狹義勞動條件部分，認為此部分係勞動契約之內容，適用契約說；另外則是勞工於服勞務時應遵守之行為規律，本部

---

[112] 關於日本學界見解之介紹，本書是參考劉志鵬，論工作規則之法律性質及其不利益變更之效力，氏著勞動法理論與判決研究，259 頁下，2000 年 5 月，元照出版公司。又後述「定型化契約說」即為劉律師提出，嗣後影響我國實務深遠。

分則為雇主基於指揮命令權所制訂，採法規範說。又我國學者提出「獨立法源否認說」，同樣也是依據工作內容條款性質之不同而分別判斷，只是其判斷係透過其他已被承認的法源型態而正當化（即工作規則之內容，如涉及單純雇主經營理念等，不發生拘束力問題；如涉及當事人合意對象時，原則上為定型化契約；如涉及雇主單方決定權行使時，工作規則之重點在於對於雇主的自我拘束）。

（2）司法

而我國法院對於工作規則法律性質之見解，雖然臺北地院 91 勞訴 105 號認為：「（二）我國勞動基準法於第 70 條已規定雇主可以就第 70 條各款所列事項訂定工作規則，此乃因如強調工作規則須經勞工同意始得發生效力，此一結論恐與現實勞動生活有悖，且不符現代企業運作之必要性，職是，我國工作規則應係採取法規說中之授權說……，故雇主基於法律授權訂定之工作規則，勞工與雇主間之勞動條件依工作規則之內容而定，有拘束勞工與雇主雙方之效力，不論勞工是否知悉工作規則之存在及其內容，或是否予以同意，除該工作規則違反法律強制規定或團體協約外，勞工均應遵守。」採取法規範授權說之見解。

但是，臺北地院 84 勞訴 38 號：「工作規則之於僱傭契約，即如同運送業或保險業所訂定之一般契約條款之於運送契約保險契約，除非當事人有反對之意思表示之外，當然成為僱傭契約內容之一部。」表示採取定型化契約說，最高法院 91 台上 1625 號也表示：「按工作規則為雇主統一勞動條件及工作紀律，單方制定之定型化規則。雇主公開揭示時，係欲使其成為僱傭契約之附合契約，而得拘束勞雇雙方之意思表示。勞工知悉後如繼續為該雇主提供勞務，應認係默示承諾該工作規則內容，而使該規則發生附合契約之效力。」嗣臺高院 95 勞上 10 號、同院 96 勞上 15 號、臺北地院 96 勞訴 32 等多號判決也紛予引用後，此一見解應已為下級法院之主流見解。

實務上應注意者為，在對工作規則採定型化契約的看法下，法院時有引用民法 247-1 條對工作規則為合法性審查。例如對於工作規則中訂有「若在留職停薪到期時，員工未尋適當職位，公司將會以自願離職處理，離職日為留職停薪終止日，且無資遣費」等條文之效力，臺高院 107 重勞上 48 號表示：「則系爭留職停薪辦法及上訴人所簽署之留職停薪文件前揭條款，要求留職停薪之員工負有在留職停薪到期前找尋復職職位之責任，並規定留職停薪員工於留職停薪期滿未尋適當職位復職，即以自願離職處理云云，顯然已於現行勞基法關於勞動契約終止之法定事由以外，另行以訂定工作規則及約定勞動契約之方式創設契約終止事由；此與勞基法前揭強制規定，顯然有違。……；該等條款既將雇主本於勞動契約應提供勞工職務之義務，轉為應由勞工自行尋覓職務始能復職，已加重勞工在勞務契約下所負之義務；而被上訴人為雇主，既掌握人事任用決定權，顯然實質控制員工復職與否，嚴重侵害勞工受憲法第 15 條保證之工作權，自屬顯失公平。系爭留職停薪辦法及系爭條款既違反勞基法之強制規定，且屬定型化契約條款而有減輕被上訴人責任、加重上訴人責任之顯失公平之情事，依民法第 71 條及第 247 條之 1 規定，自不能認為有效。」（最高法院 109 台上 1753 號維持原判）。

（二）未經核備與公開揭示之影響

1. 行政機關與法院認定

對此，中央勞工行政主管機關的立場，在送請「核備」部分，86 台勞動 1 字 031794 號函稱：「查工作規則依勞動基準法第 70 條規定應報請主管機關核備，其未報請主管機關核備之工作規則自不發生該法所定工作規則之效力。準此，所詢該公司未經主管機關核備之內部行政管理規定『營運車輛行車安全獎懲考核管理準則規定』自不發生該法第 70 條所定工作規則之效力，雇主亦不得援引終止勞動契約。」至於在「公開揭示」

部分，若依 103 年勞動一字 1030130220 號函：「二、……本會……台勞動 1 字第 031794 號函釋，係基於該法保護勞工，避免雇主恣意行為之意旨，釋明未報明主管機關核備者，不生該法所定工作規則之效力……。三、至未符法定要件與程序之『工作規則』是否具私法契約效力，應視其內容是否違反法令之強制禁止規定或其他有關事業適用之團體協約之約定而定。」[113] 除重申核備為生效要件外，似認未公開揭示原則上仍有效。

　　司法實務之見解則有些紛歧，如最高法院 97 台上 2012 號判決表示：「按工作規則經僱主公開揭示後，得拘束勞雇雙方，同理，工作規則有修訂或廢止之情形，亦須經公開揭示，方得拘束勞雇雙方」；而較常受到討論的最高法院 81 台上 2492 號則表示：「雇主違反勞基法第 70 條，工作規則應報請主管機關核備後公開揭示之規定，僅係雇主應受同法第 79 條第 1 款規定處罰之問題。苟該工作規則未違反強制或禁止規定，仍屬有效。」認為 70 條所訂的「公開揭示」與「主管機關核備」，皆非工作規則的生效要件，只要工作規則實質上未違反法令之強制、禁止規定或其他有關該事業適用之團體協約規定者（71 條），即可生效而拘束勞工。

2. 學界見解

　　然而，只因為 79 條對於雇主違反 70 條而未履行公開揭示等程序時，其法律效果為罰鍰，即推論 70 條之程序遵守並非效力規定，在法律解釋上或有速斷。故學說上則分別探討「核備」及「工作規則」之法律性質為何，據之討論未經核備或公開揭示是否會影響工作規則之生效。

（1）應探究此處所訂「核備」之性質為何

　　關於「核備」之性質為什麼會影響工作規則是否生效，是因為在法規用語上「備查」係指下級機關或公私機構、個體，對上級機關或主管事務之機關，有所陳報或通知，使知悉其事實之謂，即使未踐行此項程序，

---

[113] 勞動部編印，勞動基準法令彙編，532 頁，2015 年。

也不影響該事項之法律關係或效力;「核定」指上級機關或主管事務之機關,對於該所陳報之事項必須加以審查,並作成決定,俾完成該事項之法定效力,如不經核定,該事項即無從發生效力;「核備」乃核准備案,即上級機關或主管事務之機關,對於所陳報之事項,除知悉事實外,經審查其內容無違反有關法規後,而表示予以備查之謂,亦即核備僅限於有無違反法規而不能對於是否妥當加以審查或監督。事實上,核定與備查不可同時為之,依實務言,核備乃備查或備案之誤用,故似應避免使用核備。

申言之,如認為此處之核備係「備查」,則雇主是否報請主管機關備查,皆不影響工作規則之效力,但如認為此處之核備係屬「核定」,則雇主必須報請主管機關審查,並經其准駁後,決定其效力。而無論學界或是上開 102 年修正之職安法 34 條後段將具工作規則性質之安全衛生工作守則明定為:「報經勞動檢查機構備查後,公告實施」,則比較接近「備查」。實務上臺北高等行政法院 103 訴 304 號表示:「既然行政法規在『核定』之外另立『核備』之制度,如有意義,當在使受監督機關將其擬作成或已作成之行為,陳報監督機關,使其知有該事實,於必要時得據以採行其他監督方法,監督機關並得對該行為表示意見,供受監督機關之參考。受監督機關依規定應報請核備之事項,縱未依規定辦理者,並不影響該行為之合法性及效力。因此,所謂之『核備』,應係指由監督機關核示意見,並予以備查。」

（2）一般認為公開揭示應為生效要件

至於公開揭示是否為工作規則之生效要件,理論上或應與工作規則之法律性質有所關聯。例如若貫徹對工作規則採契約說之見解下,只要確經勞工明、默示同意,則未公開揭示應不影響其效力。不過,或許是因為以證明個別勞工是否同意而分別判斷效力,似與工作規則為統一性規範有所扞格,故學界大多認為:雇主必須善盡周知義務,使勞工知悉或可得知悉工作規則之規定,勞工始有遵循之可能,因此應仿效法律生效在於「公布

施行時」之思考方式，於公開揭示時生效[114]。

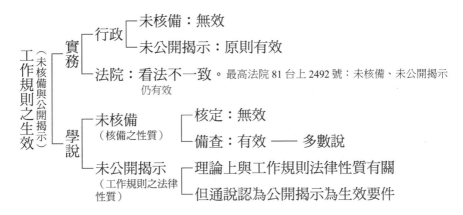

第二目　工作規則之（不利益）變更

　　企業實務上常有雇主藉由變更工作規則，更改勞動條件而使勞動契約內容變更之情形，此在變更而對勞工有利時，一般而言勞工皆無異議不致產生爭議，但是在不利益變更時，則通常會引起勞工反彈，因此應否得到勞工同意即有爭議[115]。

　　雖然依據上舉最高法院判決，似乎有不需勞工同意即可之意涵，然而此種看法對於經濟弱勢之勞工不甚公平。不過反向思考者也認為如果企業經營上有所必要時，仍限制雇主應得所有勞工同意，否則即不得更改，並不能適應企業經營需求，也不合理，因此學界與法院逐漸產生下述見解：

---

[114] 此為楊通軒教授整理學者黃越欽、黃劍青、呂榮海、李來希之見解。氏著個別勞工法理論與實務，221 頁，2012 年 2 月，五南圖書出版（股）公司。

[115] 本目所述工作規則不利益變更，雖然學界與實務重點一直在於是否應得勞工同意，不過在其前提，即如何判斷是否為不利益變更，仍有模糊地帶，例如放寬優惠退休的年資條件，但同時減少退休金時，則在判斷是否構成不利益變更時，應切割判斷或總體判斷，還是得有其他想法，有待研究。

一、學說 —— 提出合理性變更得拘束反對勞工之理論

如果欲精確論述不利益變更是否得拘束反對勞工，或許應該回溯上述契約說與法規範說等之爭議（亦即採契約說者，應得出工作規則的變更需得勞工明示或默示同意之結論；而採法規範說者，除了變更前的勞動條件是否適用既得權保障之考量外，可能會有不同結論）。

但是在對於工作規則之法律性質尚未有一致看法之目前，學者參考日本實務見解而提出：在工作規則之變更具有合理性時，不需得到勞工同意即得拘束勞工之見解。至於何謂具有合理性則有認為：應由法院於個案就雇主方面之經營必要性、合理性，以及因不利益變更導致勞工不利益之程度綜合判斷[116]。也有在此見解上進一步具體表示：「但是在台灣，有鑒於工作規則中制定、變更工作規則不須聽取勞工之意見，以及勞動市場裡長期僱用制度僅存在於少部分企業（行業），所以應該堅守『不得拘束反對變更之勞工』之『原則』，合理性判斷應當作是例外的情況以作判斷。由於合理性判斷也是一種綜合判斷，所以基本上應以『變更的必要性』和『勞工所受的不利益之程度』為中心來比較考量，同時應考慮『補償措施之有無及其程度』、『其他同業者之狀況』、『與工會或勞工之協商經過、及其他勞工之反應』等因素。」[117]

二、司法實務

（一）接受合理性變更得拘束反對勞工之法理

司法實務在繼臺北地院 84 勞訴 38 號表示：「本件應審酌者，為雇主將工作規則為不利益於勞工之變更，其效力究為如何？按對工作規則採法

---

[116] 劉志鵬，論工作規則之法律性質及其不利益變更之效力，氏著勞動法理論與判決研究，261 頁下，2000 年，寰瀛法律事務所發行。

[117] 王能君，工作規則不利益變更之法律效力 —— 最高法院 88 年度台上字第 1696 號民事判決評釋，勞動法裁判選輯（四），92 頁，2006 年，新學林出版（股）公司。

規範說者，既認工作規則為雇主單方所制定，不論勞工是否同意其內容，均對勞工發生效力，因此工作規則之修改亦為雇主之權限，勞工全無拒絕之權利，此說完全忽視勞工之權益，自有所偏。採契約說者則認工作規則不利益之變更，非經勞工之同意，否則對勞工不生效力，惟如此一來，將造成勞動條件不統一及雇主經營管理上之困難，亦有所偏。本院認為保護勞工之利益及兼顧雇主經營管理上之必要，雇主單方不利益變更工作規則時，原則上不能拘束表示反對之勞工；但如雇主所為之不利益變更，其變更具有合理性時，例外地亦能拘束表示反對之勞工。」明白採取上開「合理變更得拘束反對勞工」之理論，並得到最高法院 88 台上 1696 號支持，其後也多有判決採用[118]。

（二）在薪資、退休金等重要勞動條件不利益變更，提出「高度必要性」理論

只是在薪資、退休金等重要權利的變更上，有法院進一步認為，雇主應具有「高度之必要性」方可藉由單方面變更工作規則之方式降低勞工薪資，例如臺高院 88 勞上 63 號表示：「亦即，以工作規則變更勞動條件如係剝奪勞工之既得權、課予勞工不利益之勞動條件，原則上是不受允許，惟如不利益變更有其合理性及必要性時，亦能拘束反對變更之勞工。特別是對工資、退休金等重要的權利、勞動條件為不利益變更時，更須具備『高度之必要性』，於具體事件中，應考慮企業經營狀況之低迷、經營環境是否惡化至改革薪資制度有其必要性、變更後對勞工經濟上不利益之程度、相關其他待遇之改善以及是否與勞工團體進行協議等一切情狀。」

---

[118] 本段判決引自焦興鎧等人合著，勞動基準法釋義 —— 施行二十週年之回顧與展望，411頁（本部分由王能君執筆），2013 年 3 月，新學林出版（股）公司。

三、從現行法律體系看「合理性變更得拘束反對勞工」之法理，併介紹「剩餘要件實現可能性」理論

（一）從現行法律體系看合理性變更得拘束反對勞工之法理

　　從整體立法設計來看，當事業單位具有虧損、業務緊縮等事由，而致營運困難時，如果經營者仍然看好產業前景，則得藉由公司法所訂之增、減資或發行公司債等程序加以因應，非以犧牲勞工薪資，而成全公司之持續營運為必要；而如果產業前景確實不佳時，則對勞工減薪，又能如何？因此如果確實符合勞基法 11 條所訂虧損等事由，而有人力整編需求時，立法者僅賦予雇主資遣勞工之權限，亦即此時如果勞資雙方未能就減薪乙事，達成妥協，則雇主應該給予勞工預告期間謀職假，以及負有給付資遣費之義務，立法者並在勞動市場法制上給予勞工六個月以上之失業給付，並有職業訓練服務設計。

　　而且，立法者並非沒有預想過具有繼續性性質的勞動契約，在履行過程中有變更勞動條件之需求，因此在勞資爭議處理法中設計了「仲裁制度」。亦即對於勞動條件將來應如何變更的「調整事項」，如果勞資雙方調解不成，則透過仲裁制度來處理，這是因為司法的本質只能「依法裁判」，至於為當事人調整已經約定的工資等重要勞動條件，並非司法所得處理。而此種特別的立法制度設計，尤其是面對多數勞工集體勞動條件變更，應該也已排除民法 227-2 條 1 項：「契約成立後，情事變更，非當時所得預料，而依其原有效果，非當時所得預料，而依其原有效果顯失公平者，當事人得申請法院增減其給付或變更其他原有之效果。」即情事變更原則之適用。

　　申言之，法理上基於權力分立原則，司法解釋有其侷限性，而在我國法制中，立法者不但未曾賦予雇主片面變更工資等勞動條件之形成權，反而就屬於將來勞動條件變更事項，定位為調整事項而設有仲裁制度，此

時司法者是否得將調整事項納入司法審判範圍，再依據性質上屬於民法第1條所訂「法理」之他國立法例或裁判來判決，已值斟酌；而且在情理上，司法機關亦不宜以犧牲小我，完成大我之觀念所轉化的「合理與否」或「高度必要性」，作為判斷雇主得否片面變更薪資等既定勞動條件之依據。蓋以，如果司法允許雇主得持以上原因而片面變更既定工資，則在現今以分期付款為生活常態，而每個勞工生活負擔不同且物價高漲之今日，究以如何刪減為合理，已不無疑問（在我國目前勞退制度下，刪減勞工薪資，影響所及者不只每月薪資，也同時調降了新制退休金之提繳金額，也必然影響舊制退休金、資遣費之總額，甚至於勞保的老年給付）。又如果司法允許勞動契約當事人一方之雇主，於一旦具有「高度必要性」即得片面變更刪減約定工資，則他日是否亦應允許契約相對人勞工以具有「高度必要性」（如物價上漲致生活費用提昇）為由，片面自行加薪再起訴請求？

（二）「剩餘要件實現可能性」理論

司法實務除了漸次形成上述合理性變更即得拘束反對勞工，或具高度必要性可片面變更工資之法理外，臺中地院100重勞訴9號則另提出「剩餘要件實現可能性」理論：「本件被告退休年資規定之變更，兩造爭議重點亦可視為被告修正後之退休年資規定是否得溯及適用而拘束原告。學理上關於法令之溯及適用效力問題，有以新法秩序所適用之事實是否已經『終結』，而區分為『真正溯及既往（適用）』與『不真正溯及既往（適用）』，所謂『真正溯及既往（適用）』乃指新規定適用於生效前已經開始，且已經終結的案例事實，至於所謂『不真正溯及既往（適用）』，則係指新規定雖不得適用於其生效前已經終結的案例事實，但卻得適用於生效前已經開始而尚未未終結的案例事實，基於信賴保護及法安定性考量，『真正溯及既往（適用）』，原則上應加以禁止，『不真正溯及既往（適

用）』，原則上則不禁止。又該二分法，尚無法精確反應各該案件受新法秩序受衝擊的程度，即既存事實或既得權益，受新法秩序衝擊的應不只有真正溯及或不真正溯及二種情形，應該以光譜方式來呈現各種強弱不同的影響程度，舉例而言，設有被告資深員工甲與新進員工乙，於被告 88 年修正退休年資規定時，分別有退休年資 19 年、1 年，而位於光譜之兩端，雖均為不真正溯及適用，然若認該修正退休年資規定，均得一體適用或全部不適用甲、乙，顯然都有失公平，故於探究本件修正退休年資規定是否應溯及適用時，實仍應將個案當事人所已經符合的實體要件，及所已經進行的程序，占全體要件的比率予以量化，即依個案『事實發展階段』作為觀察『既存事實受影響程度』，以決定應否溯及適用，此亦為司法院大法官會議釋字第 605 號解釋理由書第 3 段所指『惟人民依舊法規預期可以取得之利益並非一律可以主張信賴保護，仍須視該預期可以取得之利益，依舊法規所必須具備之重要要件是否已經具備，尚未具備之要件是否客觀上可以合理期待其實現，或經過當事人繼續施以主觀之努力，該要件有實現之可能等因素決定之』，依『剩餘要件實現可能性』加以分析是否應溯及適用（此亦可從公務人員退休規定，從七五制改為八五制，而設有十年之逐年適用期加以理解）。」也值得研究。

第六節　勞動契約之終止

依民法及勞基法之相關規定，勞動契約終止除了勞資雙方合意終止外，可以依據主動權屬於誰而區分為，雇主主動終止及勞工主動終止二大類別。而在此二大類別下，依據終止時是否需預告，可再分別做預告終止及立即終止二分類。另外勞工於服務滿一定年資時得自請退休，以及雇主在勞工符合法律規定之要件時得強制勞工退休，也分別為勞工與雇主終止勞動契約之事由，以下依此類別分段敘述。

第一項 | 合意終止

在合意終止時，首應注意勞工是否處於表意自由之狀態，如最高法院103台上2700號表示：「按勞基法第12條第1項規定，勞工有該條項所列情形之一者，雇主得不經預告終止契約。故雇主非有該項各款之事由，不得任意不經預告終止契約，此為民法第71條所稱之禁止規定，如有違反，自不生終止之效力（效力規定）。準此，雇主倘故意濫用其經濟上之優勢地位，藉『合意終止』之手段，使勞工未處於『締約完全自由』之情境，影響其決定及選擇之可能，而與勞工締結對勞工造成重大不利益之契約內容，導致勞工顯失公平，並損及誠信與正義者，即屬以間接之方法違反或以迂迴方式規避上開條項之禁止規定。於此情形，勞工自得比照直接違反禁止規定，主張該合意終止契約為無效，以落實勞基法依據憲法第15條、第152條及第153條規定而制定之本旨。」

其次，實務上較常爭議者為，勞工在雇主發給之資遣通知上簽名及收受資遣費後，嗣資遣被認定不合法時，是否得解釋為合意終止。就此臺高院102重勞上更（一）字4號表示：「足見被上訴人係因上訴人單方通知已終止僱傭關係，並隨函附上收訖資遣費及預告期工資，並無使被上訴人表示是否反對或允許資遣之回應機會，自難以被上訴人在該通知書上簽名並領取資遣費，即認被上訴人有承諾終止僱傭關係之合意，充其量被上訴人收訖資遣費及預告期工資僅屬對於上訴人單方所為資遣解僱後之後續配合處理問題，實非應允上訴人之資遣，自不得因上訴人單方所為之資遣不合法後，即轉而解釋被上訴人於通知書簽名並領取資遣費係對於上訴人所為資遣解僱之意思表示為承諾。」（同院93勞上30號見解略同）。

第二項 | 雇主主動終止

第一款　預告終止／裁員解僱法制與大量解僱勞工保護法之影響

雇主主動終止部分，在未達法定強制退休標準前，為了保護勞工維持就業安定，勞基法一方面強制規定勞動契約以不定期為原則，一方面限制雇主單方面終止勞動契約，以免勞工因為勞動契約沒有特定期限，致適用民法 488 條 2 項：「僱傭未定期限，亦不能因勞務之性質或目的定其期限者，各當事人得隨時終止契約⋯⋯。」規定，而被雇主任意解僱。申言之，雇主解僱勞工必須具備法律明文規定的終止事由，而且勞基法根據解僱事由不同更將雇主主動終止勞動契約區分為：不需要給予勞工預告期間的立即終止（12 條），以及需要給予勞工一定預告期間的預告終止（主要在 11 條及 20 條）。惟無論何者，實務操作上事業單位宜注意：「又同法第 11 條、第 12 條分別規定雇主之法定解僱事由，為使勞工適當地知悉其所可能面臨之法律關係的變動，雇主基於誠信原則應有告知勞工其被解僱事由之義務，並基於保護勞工之意旨，雇主不得隨意改列其解僱事由，始符『解僱最後手段性原則』。查上訴人之資遣通知書並無明載任何具體事由，僅於事先印製之『離職原因』欄位勾選『勞動基準法第 11 條第 5 款』，難認已合法告知解僱事由。」（最高法院 101 台上 366 號）。

至於在預告終止部分，除 11 條 5 款的工作能力不能勝任，涉及勞工個人因素外，約略是雇主因經營因素而整編人力，與文獻上所稱之裁員解僱，大致相符[119]。而在承認自由經濟市場的前提下，雇主既然必須面對市

---

[119] 所謂裁員解僱，即雇主因經營需要，致所需僱用勞工人數減少，而解僱過剩勞力，其意義大致上與預告終止相符。亦即，除了 11 條 1 項 5 款所訂「勞工對於所擔任之工作確不能勝任」外，該條 1 至 4 款（歇業或轉讓；虧損或業務緊縮；不可抗力暫停工作在一個月以上；業務性質變更有減少勞工之必要，又無其他適當工作可供安置），以及企業併購法 17 條（企業併購時，未經新舊雇主留用或不願留用之勞工），皆屬之。陳金泉，裁員解

場競爭，自然有調整人事，以因應市場變化之必要，強令雇主僱用多餘勞工，將增加其成本，非但有害於競爭，也將透過市場機能轉嫁給社會全體負擔。然而裁員解僱，除了對勞工的經濟基礎、人格發展產生重大影響，並可能使社會不安（尤其是大量裁員），因此解僱保護法制之主要目的，即在於交錯與對立的勞、資方與社會整體利益之間求取適當平衡[120]。

　　裁員解僱涉及多方利益衡量，除了法令外，在實務運作上，法院見解也常成為勞資雙方注目焦點，而且政府為了穩定勞動市場所建構的就業安全體系即「失業給付」、「就業服務」以及「職業訓練」等勞動市場法制，雖然不屬於私法範圍，不過也相當程度地影響到裁員解僱的實務運作（尤其在勞資爭議調解中，現在大多案件皆必須同時處理影響失業給付的非自願性離職證明，以及就業保險投保薪資），因此也應一併注意。最後，我國於92年5月7日施行大量解僱勞工保護法，依據該法2條1項規定，其適用對象為事業單位有勞基法11條所列各款預告解僱，或因併購、改組而解僱勞工等情形，相當程度地對預告解僱的運作產生影響，也應同時觀察。

第一目　預告終止／裁員解僱之法制與實務運作

一、應具備法定原因

（一）勞基法11條

　　依11條規定：「非有左列情事之一者，雇主不得預告勞工終止勞動契約：一、歇業或轉讓。二、虧損或業務緊縮。三、不可抗力暫停工作一

　　催實務法律問題初探，律師雜誌，282期，69頁，2003年3月。只是因為本書以勞基法為主，而且大保法包含勞基法11條各款，因此本書也將非屬嚴格意義的裁員解僱，即勞基第11條5款，一併置於本項討論。

[120] 焦興鎧等人合著，勞動基準法釋義，268頁（本節由林更盛執筆），新學林出版（股）公司，2013年3月。

個月以上時。四、業務性質變更，有減少勞工之必要，又無適當工作可供安置時。五、勞工對於所擔任之工作確不能勝任。」文義上既然是以「非有左列情事之一者，雇主不得……。」之立法方式，應屬於限制列舉，理論上除本條所訂事由外，雇主不得再以其他理由資遣勞工。

1. 第1款 —— 歇業或轉讓

　　雖然司法院第七期業務研究會曾表示：「又該款係參照工廠法第20條第1款『工廠為全部或一部之歇業時得終止契約』之規定而訂定，故所稱之歇業，自應包括一部歇業。」不過現行勞基法之解僱事由，與已廢止之工廠法規定並不相同，而且「一部歇業」之概念與本條各款所訂之「業務緊縮」、「業務性質變更有減少勞工之必要」，也有重疊，因此本款之歇業似應不包括一部歇業。

　　又，如果對照3款不可抗力暫停工作一個月以上之規定，則本款「歇業」之意義，應該是指事業單位不再繼續經營，因此包括合夥、公司法人之解散、清算、破產等情形。至於是否以依商業登記法18條：「商業終止營業時，應自事實發生之日起十五日內，申請歇業登記。」辦理歇業登記等程序為必要，臺高院91勞上14號表示：「按雇主因歇業或轉讓時，得預告勞工終止勞動契約，勞動基準法第11條第1款定有明文。該款所稱之歇業係指事實上歇業而言，雇主如實際上真的不做了，已不需再雇用勞工，自可終止勞動契約，不因未辦理法律所規定之歇業程序而認非本款之『歇業』，蓋歇業之原因不止一端，勞動基準法第11條第1款所稱之歇業，應係指事實上歇業而言，並不以經辦理歇業登記為必要。」

　　在以客觀情形作為認定是否歇業之見解下，實務操作除了可以申請地方勞工行政主管機關為「事實上歇業認定」（勞動部核頒有「地方主管機關辦理核發事業單位歇業事實之證明文件應行注意事項」）外，臺北地院90勞訴110號對於雇主已經事實上歇業，但卻未明白為終止勞動契約之意思表示時，勞工得否主張勞動契約已經依據本條規定終止，而請求資遣

費事件表示：「被告自 90 年 6 月以後即未再給付原告及其他被告公司員工薪資，亦未繼續在其承租之房屋即營業所在地營業以提供勞工從事工作之機會，就其行為，實際上已足認定業以默示之意思表示終止勞動契約，故被告所辯不足採，兩造間勞動契約已因被告歇業而遭被告終止。」

　　至於本款所訂「轉讓」之意義，有認為係指事業單位將其一切資產、設備之所有權，完全轉讓給另一事業單位承受經營，即由原來法律上主體轉到另一法律上主體繼續經營。申言之，在公司組織者，係指合併或移轉其營業、財產而消滅其原有之法人人格，另立新之法人人格而言；非公司組織者，則指無獨立法人格之獨資或合夥事業單位負責人、所有人變更之情形 [121]。

2. 第 2 款 —— 虧損或業務緊縮

　　本款規定之「虧損」，指資產不足抵償負債，亦即收入不敷支出而言，可以企業的資產負債或財務報告為憑（臺高院 92 勞上 25 號），雖然意義明確，不過應該用事業單位哪一範圍內計算盈虧，以及計算盈虧期間長短如何，實務上甚難掌握。臺高院 106 重勞上 24 號認為：「『受僱人所服務之個別部門若有盈餘，且受僱人並非該部門之多餘人力，企業全體之虧損即與該部門無涉，雇主自不得以企業虧損為由解僱該盈餘部門之員工。』固有最高法院 95 年度台上字第 2716 號及 96 年度台上字第 1935 號判決可參，惟上開判決所適用之事實，係以公司內各部門之盈餘、虧損情形已臻明確為前提……。」「是以應認雇主依勞基法第 11 條第 2 款規定以虧損或業務緊縮為由終止勞動契約，應具備最後手段性之要件，即必須雇主業務緊縮或虧損之狀態已持續一段時間，且無其他方法可資使用，雇主為因應景氣下降或市場環境變化，方可以虧損或業務緊縮為由終止勞動契約。」

---

[121] 陳金泉，勞動契約終止類型與相關法律問題研析，93 年度勞動契約實務座談會書面資料，新竹科學工業園區管理局承辦，勞委會（勞動部）主辦。

所謂「業務緊縮」之意義如何,則包括縮小範圍、減少生產能量,撤裁銷售門市等皆屬之,應視事業的實際業務狀況而定(臺高院 92 勞上 25號)。「惟本諸勞基法保障勞工權益及加強勞雇關係之旨趣,仍應以相當時間持續觀察,從雇主之事業單位近年來營業狀況及盈虧情形綜合加以判斷,自客觀上觀察其整體業務是否有應予縮小範圍之情形及必要。如僅短期營收減少或因其他一時性原因致收入減少,而不致影響事業之存續,或僅一部業務減少而其他部門依然正常運作仍需勞工者,尚不得遽認其得預告勞工終止勞動契約,以避免雇主僅因短時間業務減縮或適逢淡旺季,生產量及營業額發生波動起伏,即逕予解雇勞工之失衡現象。」(最高法院106 台上 2648 號)。

本款雖然使用「虧損『或』業務緊縮」,而將二者併列為資遣事由,且最高法院 91 台上 787 號也認為:「按虧損或業務緊縮,二者有其一,雇主即得預告勞工終止勞動契約,此由勞動基準法第 11 條第 2 款規定之反面解釋自明。被上訴人既有業務緊縮之情形,為原審確定之事實,則不論營業淨損是否該當於上開規定所謂之虧損,被上訴人均得預告終止與上訴人間之僱傭契約。」不過也有認為如果只要具有「業務緊縮」之原因,即得資遣勞工而不論其盈虧,則根本不需另外規定「虧損」,因此認為本款應該解釋為「虧損『致』業務緊縮」之見解。

3. 第 3 款 —— 不可抗力暫停工作一個月以上時

所謂「不可抗力暫停工作一個月以上」,一般係指由外部來臨,異於尋常的事件,而為人力所無法抗拒者。若係因勞工罷工而引起,原則上是所謂的勞資爭議風險問題,並非本款所訂範圍[122]。

---

[122] 焦興鎧等人合著,勞動基準法釋義 —— 施行二十週年之回顧與展望,284 頁,2013 年 3月,新學林出版(股)公司。

4. 第 4 款 —— 業務性質變更，有減少勞工之必要，又無適當工作可供安置時

本款「業務性質變更」，係不確定法律概念，法院認為：「除指公司營業項目、產品種類、生產技術之變更外，凡公司組織結構變更如民營化、法令適用、機關監督、經營決策等均屬之，故『業務性質變更』之涵射範圍廣泛，並不侷限於變更章程所訂的事業項目或從登記之事業範圍中之一項改變，應本於經驗法則及論理法則，並參考工商業發展與勞動市場之條件與變化，企業經營決策與人員管理方式，及實際運作之狀況等綜合考量，如足認雇主所為確係出於經營決策與生存所需，應可認為必要及合理，此於定期僱傭契約亦有適用。」（臺北地院 92 勞訴 86 號）；「所謂業務性質變更，就雇主所營事業項目變更固屬之；就經營事業之技術、手段、方式有所變更，致全部或部分業務發生結構性或實質性之變異亦屬之。故雇主出於經營決策或為因應市場競爭條件及提高產能、效率需求之必要，採不同經營方式，該部分業務之實施，亦發生結構性、實質性之變異，亦屬業務性質變更之範疇。」（最高法院 98 台上 1821 號）。

只是，業務性質變更的定義固然廣泛，但實務操作還需觀察法院在具體個案的表示，例如：「被上訴人係以產品推廣工作將委由人力派遣公司所提供人員為之，因此終止兩造之契約⋯⋯，即本由被上訴人公司直接僱用派遣至各大賣場工作之情形，改由人力派遣公司僱用人員為之，難認業務性質有所變更」（臺高院 94 勞上 21 號）。附帶提及，這種「自行操作改為委外操作」而資遣的模式，雖然不屬於業務性質變更，但有認為可以用虧損理由而資遣，例如臺高院 96 重勞上 15 號：「上訴人從事之國際航空客運業務中，機場劃位櫃檯人員之工作雖不可或缺，但是，卻可以根據人力需求、成本及服務品質控管等因素而採取『自行操作』或『委外操作』之模式。上訴人於發生虧損後，減少每天之航班，導致多餘之人力及高額之經營成本，於重整計畫後，經過評估發現臺灣分公司之訂位組及機場劃

位櫃檯人員績效及成本分析結果，如能減省此類開支，將有助於上訴人於破產保護程序中提出有效提升經營獲利減少虧損之證明，因此，上訴人為力求減少鉅額虧損、脫離破產，必須實施減少機場劃位櫃檯人員之措施，故有機場劃位櫃檯人員之工作需求與為節省機場劃位櫃檯人員之人力成本而資遣機場劃位櫃檯人員，自難指為『違反社會正當性及解僱最後手段原則』，是以上訴人以勞基法第 11 條第 2 款之虧損事由行使終止權，並無不法。」

又依本款規定，除事業單位有業務性質變更之客觀事實外，另外需具備「因業務性質變更而有減少勞工之必要」，而且事業單位對於此等被裁員之勞工，又「無適當工作可供安置」，方得終止勞動契約。而此所謂「無適當工作可供安置」，雖然事業單位偶或運用「已告知勞工得在內部網站申請職缺，亦提供外部謀職合作廠商聯絡方式，另支援原告得帶職帶薪對外謀職」等方式來履行安置義務，「惟按所謂『無適當工作可供安置』，應指雇主主動為勞工安置而不可得之情形，非謂勞工須自行尋求安置或另向雇主應徵其他工作。被告抗辯原告得主動透過公司網站應徵新職而未提出申請云云，形同被告在解僱原告時，自始無庸考量迴避資遣的調職，不須主動為勞工安置職務，要求勞工自行為新的職務要約之申請，雇主得被動單方決定是否繼續聘用原告，亦無異規避安置義務，顯然與勞基法第 11 條第 4 款規定之精神相左。」（臺北地院 109 重勞訴 22 號）。

且法院在後述解僱最後手段性理論之基礎下，除了認為：「雇主須試圖於同一部門或同一企業中，安插轉職或換工作地點之可能性，縱使此轉職須先經由再訓練或教育始有可能時，除非造成雇主重大困擾，否則雇主不得拒絕。」（臺北地院 93 勞簡上 3 號），以迴避解僱外，更曾進一步表示：「故解釋該款末句所稱之『無適當工作可供安置時』，……為防止雇主以法人之法律上型態，規避不當解僱行為之法規範，杜絕雇主解僱權濫用之流弊，自可將與『原雇主』法人有『實體同一性』之他法人，亦

無適當工作可供安置之情形併予考慮在內，即『原雇主』法人與另成立之他法人，縱在法律上之型態，名義上之主體形式未盡相同，但該他法人之財務管理、資金運用、營運方針、人事管理暨薪資給付等項，如為『原雇主』法人所操控，該他法人之人格已『形骸化』而無自主權，並有適當工作可供安置勞工，二法人間之構成關係顯具有『實體同一性』者，均包括在內，始不失該條款規範之真諦，庶幾與誠信原則無悖。」（最高法院98 台上 652 號），而賦予雇主必須在具有「實體同一性之數個法人」間，就勞工為調動而不可能時，方得解僱之義務[123]。而「倘雇主已提供適當新職務善盡安置義務，為勞工拒絕，基於尊重企業經營自主權及保障勞工工作權之平衡，要求雇主仍須強行安置，當非立法本旨。」（最高法院 105台上 144 號）。

5. 第 5 款 —— 勞工對於所擔任之工作確不能勝任

　　本款所謂不能勝任工作，往往同時也構成違反勞動契約或工作規則，因此容易與 12 條 4 款混淆，雖然臺北地院 88 勞訴 109 號，透過法律體系解釋後表示：「按勞基法第 11 條、第 12 條第 1 項分別列舉規定雇主單方終止勞動契約之事由。其第 11 條規定有該條各款情形之一者，雇主得預告勞工終止勞動契約，其中 1 至 4 款屬雇主本身有經濟能力減少、業務緊縮或調整等情形，均為不能歸責於勞工之事由。雇主並應依同法第 16條、第 17 條規定給付勞工預告期間之工資及資遣費。……又第 12 條所定各款事由均屬可歸責於勞工之情形，且依同法第 18 條規定，勞工一旦遭合法解僱，不得請求雇主加發預告期間工資及資遣費。從上開規範體系，及法律分別雇主本身之事由，或可歸責於勞工之事由，對雇主行使終止權

---

[123] 本二號判決引自林佳和，關係企業間的工作安置義務？最後手段性原則的進一步發展／最高法院判決 98 台上 652，臺灣法學雜誌，129 期，2009 年 6 月 1 日。然而，最高法院在此所表示的「二法人之構成關係顯具有『實體同一性』者」，似乎與我國公司法上之關係企業章不盡相符，其與英美法上「揭穿公司面紗原則」具有如何之關係，或有進一步研究餘地。

加以除斥期間之限制或不為限制，及對遭解僱之勞工予以預告工資及資遣費之保護，或認為無庸給予保護觀之。應解為第 11 條第 5 款所定勞工對於所擔任之工作確不能勝任時之解僱事由，係指不可歸責於勞工之情形者。亦即指勞工於勞動契約存續期間，因不可歸責於其之事由，其學識、能力、技術等在客觀上已無法勝任其工作之情形而言。至勞工怠忽所擔任之工作，致不能完成，或違反應忠誠履行勞務給付之義務，既為可歸責於勞工之事由，應不屬勞基法第 11 條第 5 款雇主可隨時資遣之事由，而應視勞工行為，認定是否該當同法第 12 條第 1 項所列舉雇主得單方終止勞動契約之事由，及雇主之行使終止權是否罹於除斥期間，以決定雇主之終止契約是否合法。」認為本款僅限於客觀上之能力不足以勝任工作，至於主觀上怠忽工作，則劃歸是否屬於 12 條 1 項 4 款懲戒解僱事由之判斷。

　　只是一方面最高法院 84 台上 673 號認為：「……所謂『不能勝任工作』，非但指能力不能完成工作，即怠忽所擔任之工作，致不能完成，亦屬之。」將客觀上工作能力不足，以及主觀上怠忽工作，都歸屬於本款「不能勝任工作」。而且在實際操作方面，客觀上工作能力不足與主觀上怠忽工作，常不免有灰色地帶，尤其已經任職十數年的勞工，驟然只因一時期的表現不佳，即適用 12 條予以解僱，也不符情理，因此法院見解有些紊亂，判決難有預測性。在此兩難下，臺北地院 96 勞訴 152 號表示：「比較勞基法第 11 條第 5 款經預告解僱規定所謂『工作確不能勝任』，及第 12 條第 1 項第 4 款不經預告解僱所稱之『違反勞動契約或工作規則情節重大』，二者於勞工所任事務消極怠惰不依雇主指揮監督之場合，規範意旨相同不易區分，其如何適用，應視勞工違反雇主指揮督，有違勞動契約或工作規則，雖已至必須解僱始能維護企業內部秩序之程度，惟如其嚴重程度尚未導致資遣費之給付明顯不可能者，於保障勞工權益之意旨，應認雇主僅能依勞基法第 11 條第 5 款所定預告終止勞動契約並給付資遣費之方式，解僱勞工，尚不能依同法第 12 條第 1 項第 4 款規定，不經預

告而逕行終止勞工之勞動契約。」將本款與 12 條 1 項 4 款區分運用，可為參考。

　　本款係資遣常見條文，而在以：「勞基法第十一條第五款規定勞工對於所擔任之工作確不能勝任時，雇主得預告勞工終止勞動契約。……，惟仍須雇主於其使用勞基法所賦予之各種手段，仍無法改善之情況下，始得終止勞動契約，庶符『解僱最後手段性原則』。」（最高法院 103 台上 1116 號）做解僱之司法控制下，較具規模之事業單位常在勞工未達關鍵績效指標（Key Performance Indicator）後，又未能依績效改善計畫（Performance improvement Plan）改善，做為本款解僱依據。就此，有整理判決軌跡略為：「依被上訴人訂頒員工手冊績效管理政策關於『表現不佳』之職員，係指連續六個月拿到績效評等『四』或在展現價值評等方面得到『D』而言……。而徐○○在九十七年三月之業績表現有達到被上訴人要求之業績標準，復為原審所是認，則至徐○○於同年八月起進入績效改善計畫程序（PIP）時，徐○○似無連續六個月績效評等『四』之情事，則能否謂被上訴人得將其進入上開改善程序，自滋疑問。」（最高法院 105 台上 1184 號），「廖○○於離職前為會計人員，其工作內容為訂傳票、匯兌、代理櫃台人員，黃○○原為櫃台人員，其工作內容為收付款等語……，廖○○等 2 人似未從事信託、保險、信貸或理財等業務，則其等未取得相關證照或未達上述績效要求，被上訴人是否即無法達成其透過勞動契約所欲達成客觀合理之經濟目的，而得認為廖○○等 2 人不能勝任工作？即非無疑。原審未遑究明廖○○等 2 人原任職務及其業務內容為何，遽謂系爭改善項目均為其等原擔任之業務，得作為能否勝任工作之判斷標準，被上訴人基於系爭規定要求廖○○等 2 人取得信託及保險證照，並對其等施以績效改善輔導，仍未見改善，其等確不能勝任工作云云，尚嫌速斷。」（最高法院 109 台上 1516 號），「倘所定業績目標與受僱人之職級、薪級相當，並無顯然高估，致受僱人無法達成之情形，且其業績表現與其

附隨工作所提供客戶之專業服務息息相關,則受僱人長期無法達成業績目標,經僱用人給予相當改善期間仍無法達到,且無法轉任其他職缺者,僱用人即非不得以受僱人之業績表現不佳,不能勝任工作為由,終止雙方之勞動契約。」(最高法院 103 台上 1254 號)。即應先審視工作規則是否有與受僱人職級、薪級相當之績效指標與績效改善計畫相關規定,其次在長期未達績效指標下,啟動之績效改善計畫應與工作相關且具合理性,並給予相當改善期間仍無法達到,再又無法轉任其他職缺時,較有解僱合法可能。[124]

(二) 勞基法 20 條與企業併購法 17 條

雖然前述 11 條是用限制列舉之立法方式處理雇主的經濟性解僱,不過依 20 條:「事業單位改組或轉讓時,除新舊雇主商定留用之勞工外,其餘勞工應依第 16 條規定期間預告終止契約,並應依第 17 條規定發給勞工資遣費。其留用勞工之工作年資,應由新雇主繼續予以承認。」規定,雇主亦得於此時資遣未經新舊雇主商定留用之勞工。

對於上開 20 條規定,問題首先在於何謂「事業單位改組、轉讓」,其次為依照本條文義,在事業單位有改組、轉讓情形發生時,只有未經新、雇主商定留用的勞工,才發生雇主需給付資遣費的問題,而已經為新、雇主商定留用的勞工,則只規定到同意留用者應年資併計,但是如果該勞工不同意接受留用時,雇主是否亦應給付資遣費則無明文。就第一個疑問,最高法院 84 台上 997 號表示:「按勞動基準法第 20 條所謂事業單位改組或轉讓,如事業單位為公司組織者,係指事業單位依公司法之規定變更其組織或合併……而言。」勞委會 77 台勞資二字 12992 號表示:「勞動基準法第 20 條所稱『事業單位改組或轉讓』,係指事業單位依公司法

---

[124] 黃馨慧律師,關於員工績效改善,全國金融業工會聯合總會演講講義,2021 年 12 月 9 日,未公開發行。

之規定變更其組織型態，或其所有權（所有資產、設備）因移轉而消滅其原有之法人人格；或獨資或合夥事業單位之負責人變更而言。」（最高法院 109 台上 2579 號亦同）；而就第二個問題，臺北地院 90 勞訴 6 號、臺高院 90 重勞上 13 號，以及最高法院 93 台上 331 號，在涉及公司消滅合併的同一事件中，除了首先依據最高法院 84 台上 997 號，而闡釋本條所謂「事業單位改組或轉讓」之意義，包含公司合併情形外。另透過方法論之探討，肯定勞基法 20 條得為事業單位改組轉讓時，不同意接受留用勞工之資遣費請求權基礎，其理由如下：

1. 意定契約承擔應有三方同意

公司合併時勞動契約原係存在於舊雇主與勞工之間，依契約法之一般原則，契約當事人不得未經他方當事人之同意，即迫使其與第三人締結契約，因此勞動契約之承擔，以所有的關係人，即勞工、新、舊雇主之合意為要件。而事業單位轉讓時，新、舊雇主商定留用勞工後，是否須經該勞工同意，勞基法第 20 條固無明文，惟法定契約承擔，因為已破毀契約自由原則，應有法律明文之嚴格解釋方屬之（例如民法 425 條明文規定，租賃契約對於受讓人仍繼續存在），而勞基法 20 條既無法定契約承擔之規定，僅規定新、舊雇主間之轉讓契約，自應依意定契約承擔之原則，須有三方之同意，方得發生勞動契約承擔之效力。

2. 歷史沿革及比較法觀察解釋

又由歷史沿革以及比較法上之觀察得知，實際上同屬大陸法系之德國於企業合併時，已將勞動契約明定為法定契約承擔，以充分保障勞工之工作權，更且同時肯認在法定契約承擔下，勞工仍有不同意之權利；反觀 20 條之規定，新、舊雇主仍有「不為商定留用」之權，如若再解釋為「只要新、舊雇主商定留用而不需勞工同意」，則對於勞動法之立論，非但遠遠落後於其他先進國家，甚且此種完全排除勞工作為契約當事人一方之自

由意願，亦將使我國之勞動法制回至巴比倫時期，將勞動者視為法律上物品的不自由勞動時代，殊失允當。

3. 合憲性解釋原則

更者，如若認為不願繼續留用之勞工，不得依 20 條請求資遣費，非但剝奪勞工之工作選擇權，且將使雇主憑此留用權利而不思以更佳之勞動條件留用勞工，而使勞資雙方失去協調之空間，此種解釋殊非勞基法之立法目的，亦與憲法 15 條及 154 條，工作權以及勞資雙方協調原則之保障有違等。

惟上述勞基法 20 條是否可以作為不同意留用勞工的請求資遣依據之疑義，在 91 年 2 月 6 日施行企業併購法後，由該法 17 條所訂：「（I）公司進行併購，未經留用或不同意留用之勞工，應由併購前之雇主終止勞動契約，並依勞動基準法第十六條規定期間預告終止或支付預告期間工資，並依法發給勞工退休金或資遣費。（II）前項所定不同意留用，包括經同意留用後，於併購基準日前因個人因素不願留用之情形。」規定，在企併法的適用範圍內，已獲釐清。

只是，立法論上也可以參考企業併購時應全數留用的法定契約承擔，但勞工有不同意權而請求資遣費之立法例，以使勞工而非雇主取得選擇權。另外，依金融機構合併法 12 條 1 項 2 款規定：「擬合併之金融機構向主管機關申請許可時，應提出合併申請書，並附具下列書件：二、合併契約書：除應記載事項外，『尚應包括對受僱人之權益處理等重要事項』。」而使涉及受僱人權益的員工安置計畫，做為目的事業主管機關審核是否許可合併的事項，因此實務上金融機構合併時，被併購方的員工權益，在目的事業主管機關的關心下，通常較有保障，企併法或應考慮加入類此條款，以使所有行業一體適用。

二、法定限制解僱期間與事由

如前述，在事業單位因為經營因素而裁員整編人員時，涉及多方利益考量，因此法律除了在勞基法 11 條等條文，設有明文的構成要件外，也訂有多種解僱勞工之限制。綜言之，大略可分為：

（一）特定事由解僱之限制

首先，關於本項所述特定事由解僱禁止，著重在限制雇主以「該特定事由」為理由而解僱勞工，因此縱使勞工具有「該特定事由」，但雇主具有其他法定解僱事由時，仍得依法行使。例如「雇主確有虧損或業務緊縮之法定原因，預告勞工終止勞動契約，即不發生違反誠信原則或與工會法第 35 條第 1 項規定不符，而無效之問題。」（最高法院 81 台上 1207號）。其次，整理各別相關法令略述如下：

1. 申訴解僱禁止

常見者有勞基法 74 條：「（I）勞工發現事業單位違反本法及其他勞工法令規定時，得向雇主、主管機關或檢查機構申訴。（II）雇主不得因勞工為前項申訴，而予以解僱、……之處分。（III）雇主為前項行為之一者，無效。」性工法 36 條：「雇主不得因受僱者提出本法之申訴或協助他人申訴，而予以解僱、……之處分。」中高齡者及高齡者就業促進法16 條：「雇主不得因受僱之中高齡者及高齡者提出本法之申訴或協助他人申訴，而予以解僱、……之處分。」職安法 39 條：「（I）工作者發現下列情形之一者，得向雇主、主管機關或勞動檢查機構申訴：一、事業單位違反本法或有關安全衛生之規定。二、疑似罹患職業病。三、身體或精神遭受侵害。……（IV）雇主不得對第一項申訴之工作者予以解僱、……之處分。」（本條文字上只因勞工申訴特定事由，雇主就不可為解僱等動作，而未如同上述條文限定在「因該項申訴」，不甚合理，應有限縮解釋空間）。

2. 籌組、參與工會活動解僱禁止

工會法 35 條：「（I）雇主或代表雇主行使管理權之人，不得有下列行為：一、對於勞工組織工會、加入工會、參加工會活動或擔任工會職務，而拒絕僱用、解僱、降調、減薪或為其他不利之待遇。二、對於勞工或求職者以不加入工會或擔任工會職務為僱用條件。三、對於勞工提出團體協商之要求或參與團體協商相關事務，而拒絕僱用、解僱、降調、減薪或為其他不利之待遇。四、對於勞工參與或支持爭議行為，而解僱、降調、減薪或為其他不利之待遇。五、不當影響、妨礙或限制工會之成立、組織或活動。（II）雇主或代表雇主行使管理權之人，為前項規定所為之解僱、降調或減薪者，無效。」

3. 歧視解僱禁止

較常見且訂有效力規定者有性工法 11 條：「（I）雇主對受僱者之退休、資遣、離職及解僱，不得因性別或性傾向而有差別待遇。（II）工作規則、勞動契約或團體協約，不得規定或事先約定受僱者有結婚、懷孕、分娩或育兒之情事時，應行離職或留職停薪；亦不得以其為解僱之理由。（III）違反前二項規定者，其規定或約定無效；勞動契約之終止不生效力。」大保法 13 條：「（I）事業單位大量解僱勞工時，不得以種族、語言、階級、思想、宗教、黨派、籍貫、性別、容貌、身心障礙、年齡及擔任工會職務為由解僱勞工。（II）違反前項規定或勞動基準法第 11 條規定者，其勞動契約之終止不生效力。」其他未有效力規定，但明文禁止因特定事項對所僱用員工歧視者有就服法 5 條 1 項、中高齡者及高齡者就業促進法 12 條等。

4. 其他解僱禁止

職安法 18 條：「（II）勞工執行職務發現有立即發生危險之虞時，得在不危及其他工作者安全情形下，自行停止作業及退避至安全場所，

並立即向直屬主管報告。（III）雇主不得對前項勞工予以解僱、調職、不給付停止作業期間工資或其他不利之處分。但雇主證明勞工濫用停止作業權，經報主管機關認定，並符合勞動法令規定者，不在此限。」團體協約法 22 條 2 項：「受團體協約拘束之雇主，因勞工主張其於團體協約所享有之權利或勞動契約中基於團體協約所生之權利，而終止勞動契約者，其終止為無效。」

（二）特定期間解僱禁止

1. 職災醫療期間解僱禁止

13 條明定：「勞工在……第五十九條規定之醫療期間，雇主不得終止契約。但雇主因天災、事變或其他不可抗力致事業不能繼續，經報主管機關核定者，不在此限。」另取代職災勞工保護法而自 111 年 5 月 1 日施行的災保法 84 條也規定：「（I）非有下列情形之一者，雇主不得預告終止與職業災害勞工之勞動契約：一、歇業或重大虧損，報經主管機關核定。二、職業災害勞工經醫療終止後，經中央衛生福利主管機關醫院評鑑合格醫院認定身心障礙不堪勝任工作。三、因天災、事變或其他不可抗力因素，致事業不能繼續經營，報經主管機關核定。（II）雇主依前項規定預告終止勞動契約時，準用勞動基準法規定預告勞工。」

2. 產假期間解僱禁止

50 條 1 項規定：「女工分娩前後，應停止工作，給予產假八星期；妊娠三個月以上流產者，應停止工作，給予產假四星期。」此時「勞工在第五十條規定之停止工作期間……，雇主不得終止契約，但雇主因天災、事變或其他不可抗力致事業不能繼續，經報主管機關核定者，不在此限。」（13 條）。又性工法 15 條 1 項賡續規定：「……妊娠二個月以上未滿三個月流產者，應使其停止工作，給予產假一星期；妊娠未滿二個月流產者，應使其停止工作，給予產假五日。」因為不在勞基法 13 條所明

定範圍，故理論上會有認為：因為兩者都是產假（流產假）的停止工作，似無差別必要，而類推適用；以及既然性工法是較後之立法，而立法時未參酌勞基法 13 條而明定，則屬有意疏漏。另性工法 15 條 3 項：「受僱者經醫師診斷需安胎休養者，其治療、照護或休養期間之請假……。」的安胎假，是否也應類推適用勞基法 13 條，應該也會有爭議。

3. 調解、仲裁、裁決期間解僱禁止

　　解讀本小節時宜先注意，勞資爭議處理法在 100 年 5 月 1 日大幅翻修公布施行，新舊法中條號及內容俱有更動。例如舊法 7 條：「勞資爭議在調解或仲裁期間，資方不得因該勞資爭議事件而歇業、停工、終止勞動契約或為其他不利於勞工之行為。」及 8 條：「勞資爭議在調解或仲裁期間，勞方不得因該勞資爭議事件而罷工、怠工或為其他影響工作秩序之行為。」在 100 年新法則併移至第 8 條，並配合該法第四章不當勞動行為裁決機制等法規而修正為：「勞資爭議在調解、仲裁或裁決期間，資方不得因該勞資爭議事件而歇業、停工、終止勞動契約或為其他不利於勞工之行為；勞方不得因該勞資爭議事件而罷工或為其他爭議行為。」又如舊法第 11 條 1 項：「勞資爭議之調解，直轄市或縣（市）主管機關，應於接到當事人申請調解或依職權交付調解之日起七日內，組成勞資爭議調解委員會處理之。」新法則有獨任調解人和調解委員會的兩種形式，供申請人選擇，而修正為：「直轄市或縣（市）主管機關受理調解之申請，應依申請人之請求，以下列方式之一進行調解：一、指派調解人。二、組成勞資爭議調解委員會（以下簡稱調解委員會）。」了解以上新舊法差異，對於解讀以往判決，應有助益。

　　亦即，勞資爭議處理法 8 條規定：「勞資爭議在調解、仲裁或裁決期間，資方不得因該勞資爭議事件而歇業、停工、終止勞動契約或為其他不利於勞工之行為；……。」條文既然明定「因該勞資爭議事件而……。」因此「資方非因該勞資爭議事件，而係另有法令上之正當理由或勞方確有

違反法令構成終止契約情事為由而終止勞動契約，於法並無不合。」（77 台勞資三字 27201 號）。另者，本規定乃在限制資方不得單獨行使契約終止權，以免勞資爭議加劇，但並不禁止勞資雙方以合意之方式解決雙方爭端，是兩造以資遣方式終止雙方之僱傭關係，自不受上開規定限制（最高法院 88 台上 1773 號）。又權利事項勞資爭議經調解不成立者，已難期待爭議當事人冷卻其爭議，縱使爭議當事人之一方再度申請調解，他方當事人仍應得行使其合法爭議手段，不受勞資爭議處理法第 7 條、第 8 條規定之限制（最高法院 98 台上 600 號）。除以上實務見解應予注意外，如何計算本條文所訂之調解期間、仲裁期間等，尚有不同見解。

　　行政主管機關認為：一、調解期間係指地方主管機關依職權交付調解，並通知勞資爭議當事人之日，或接到勞資爭議當事人一方或雙方之完備調解申請書之日起算，至調解紀錄送達之日終止；二、仲裁期間指主管機關依職權交付仲裁、並通知勞資爭議當事人之日，或接到勞資爭議當事人一方或雙方之完備仲裁申請書之日起算，至仲裁判斷書送達之日終止；三、裁決期間指中央主管機關接到勞資爭議當事人一方之完備裁決申請書之日起算，至裁決決定書送達之日終止（勞資 3 字第 1010125649 號令）。但有法院表示：「『勞資爭議在調解或仲裁期間，資方不得因勞資爭議事件而歇業、停工、終止勞動契約或為其他不利於勞工之行為』，勞資爭議處理法第 7 條固定有明文，同法第 11 條第 1 項又明定『勞資爭議之調解，主管機關應於接到當事人申請調解或依職權交付調解之日起 7 日內，組成勞資爭議調解委員會處理之』，故爭議事件於提出申請後，於主管機關尚未組織處理之調解爭議委員會之前，根本無法處理調解，當非勞資爭議處理法第 7 條所指之『勞資爭議在調解或仲裁期間』，是自不能認已申請者，即認係已進入調解或仲裁程序。」（臺高院 98 勞上易 20 號）。

　　附帶提及，既然「依勞資爭議處理法第 7 條規定：『勞資爭議在調解或仲裁期間，資方不得因該勞資爭議事件而歇業、停工、終止僱傭契約或

為其他不利於勞工之行為」（編按，100 年 5 月 1 日施行之現行法為第 8 條），此規定旨在保障勞工合法之爭議權，並使勞資爭議在此期間內得以暫時冷卻，使勞資雙方等待勞資爭議調解委員會或仲裁委員會之調解或仲裁結果，避免爭議事件擴大，故雇主關於勞資雙方在爭議調解期間內所涉爭議事件之終止權，在該段期間內被限制暫時不得行使，此時若繼續計算勞基法第 12 條第 2 項之三十日除斥期間，無異使雇主需在勞工申請調解之前即先為終止契約之表示，以避免該三十日不能行使終止權之不利益，恐使雇主為爭取時間而在未充分瞭解事實等相關問題之情況下即先為終止，如此對勞工應更為不利，應認雇主在上開調解期間內既不能行使終止權，該調解期間不應計入上開三十日除斥期間，嗣調解期間結束雇主解僱權可行使後再將之前所經過之時間合併計算。」（臺北地院 97 重勞訴 13 號）。

三、部分裁員時之優先留用問題

　　預告終止除了應依法定原因行使，並受限制解僱原因之拘束，在裁員解僱部分員工時也有探討法定優先留用次序，定期契約工是否應優先裁減，及人選妥當性等問題，也應一併注意：

（一）本國勞工與外國勞工 —— 相同職務的本國勞工優先留用

　　「為保障國民工作權，聘僱外國人工作，不得妨礙本國人之就業機會、勞動條件、國民經濟發展及社會安定。」就服法 42 條定有明文，最高法院 95 台上 1692 號對此表示：「次按就業服務法第 42 條所定『優先留用本勞』之原則，係指『同一職務』而言，非指事業單位需將外勞裁至一個不剩時，方可裁減本勞。是於企業裁減本勞時，如尚留有外勞，只要工作職位並非相同，則其裁減本勞，即不得指為違法。」

（二）同為本國勞工 ── 定期契約工與不定期契約工的選擇問題

基於不定期契約勞工僱用穩定要求，實務上也產生雇主如有資遣事由發生時，是否應先資遣定期契約工之爭論。對此，臺北地院 92 勞訴 35 號表示：「原告雖主張被告……如有裁減員工之需要，亦應先裁減臨時工或約僱員工……，惟查……約僱人員為因季節性業務需要，以契約訂定僱用期間僱用之人員，其僱用期間不得超過六個月。工讀生則為必要時以實際工作時數計薪之工作人員……，足見被告約僱員工及工讀生與正職員工之勞動條件及契約性質均不相同，非可等同評比，而雇主如何調配其正職員工與約僱員工、工讀生之工作內容及人數比例，為雇主基於營運順暢必要之裁量權。」

（三）同為不定期之本國勞工 ── 年資、年齡、家庭負擔等因素的考量問題

在外國立法例上，法國勞動法明文規定企業以經濟性理由（如業務緊縮）而資遣勞工時，為避免雇主濫用其裁量權，雇主在決定資遣人選時，有義務參酌下列法定因素：家庭責任（即考量勞工負擔家庭生計之輕重）、在職年數（即考慮勞工在企業任職年數之多寡，在職期間越久，其受資遣的順位應越後）、再就職的困難度（即考慮勞工遭資遣後另覓他職之困難度）、勞動能力（即勞工就該職務所具備之專業能力）[125]。

對此，我國法令並沒有上開科加雇主義務之明文，而臺北地院 90 重勞訴 5 號指出：「事業單位因虧損或業務緊縮，為謀求事業單位之永續經營及保障其餘勞工之權益，解僱部分勞工既屬無可避免，則其選定解僱或留用勞工之情形，除有明顯不合理，或歧視特定勞工族群，如年資較長、身心障礙、女性、懷孕、職災，或擔任工會或勞工代表之勞工等情形外，於年資、考績、工作能力等條件相仿勞工間之選擇解僱或留用，應賦予雇

---

[125] 野田 進，「労働契約の変更と解雇」，317、318 頁，1997 年，信山社出版株式会社。

主相當之裁量選擇權，使雇主能依其經營管理上之合理考量做選擇，俾便企業經此整理解僱而得改善經營體質、提高營運績效永續經營。」認為原則上雇主應有裁量權，只是法院對於雇主資遣對象的選取標準，可以進行合理性審查，以防止雇主出現明顯不合理或是歧視特定勞工族群之情形。而高等法院 94 勞上 43 號則表示：「又雇主解僱勞工之次序，亦應慎重為之，並應考量各種因素，例如各勞工間之家庭狀況、年資、所得、職位高低、職位是否相同、所受訓練教育是否相類似等，蓋解僱將終止勞雇雙方之勞動契約關係，所導致之後果最為嚴重，亦涉及勞工既有的工作將行喪失之問題，當屬憲法工作權保障之核心範圍，因此在可期待雇主之範圍內，捨解僱而採用對勞工權益影響較輕之措施，應係符合憲法保障工作權之價值判斷。綜合上述衡量因素，其考量之本質實不外為『比例原則』下之必要性原則之適用，另亦須適用平等原則。」

　　另外雖有認為：在部分裁員時，身心障礙者保護法（編按，已修改更名為身心障礙者權益保障法）31 條雖僅規定，各公私立機構未達進用具有工作能力一定比例以上的身心障礙者時，處以代金，而無優先留用明文，但是寓有鼓勵優先留用身心障礙者之效果，且原住民族工作權保障法亦同[126]。不過其所稱「寓有鼓勵留用之效果」部分，似尚未構成違反者，即生解僱無效之效果。又（76）台勞資一字第 7224 號函重申內政部時代（69 年台內勞字第 13611 號函）[127]，公司資遣員工時，如留用人員在 30 人以上，工會職員自應予以優先留用之意旨，也會對非工會會員的勞工，產生不公平待遇，因此這些條款是否應為法定優先留用規定，或許尚有疑問。

---

[126] 陳金泉，裁員解僱實務法律問題，引自明理法律事務所網站 → 勞動法論文選輯，查詢日：2014 年 8 月 11 日。只是於該文發表後，身心障礙者保護法已更名為身心障礙者權益保障法且條號已有變動，本書定稿時關於身心障礙者之就業保障名額規範於身心障礙者權益保障法 38 條，而未足額進用之差額補助費（即代金）則規範於該法 43 條。

[127] 本兩號函釋，引自陳金泉，裁員解僱實務法律問題。

四、裁員解僱的司法控制 —— 解僱最後手段性理論，已成為司
法控制雇主濫用解僱權之手段，但是否同時適用於裁員解
僱，仍有不同見解

因為（預告及立即）解僱將使勞工喪失既有工作，屬於憲法工作權
保障之核心，在承認憲法上基本權應有間接第三人效力理論立場，學界提
出廣義比例原則下之「必要性原則」，於判斷是否符合解僱事由時應加考
量之看法。對此，司法判決亦屢有援用，例如臺北地院 89 勞簡上 4 號：
「……雇主之解僱，雖為契約自由原則之一種表現，惟因勞工既有工作將
行消失，當屬憲法工作權保障之核心範圍，在可期待雇主之範圍內，捨棄
解僱而採用對勞工權益影響較輕之措施，應係符合憲法保障工作權之價值
判斷。換言之，解僱應為雇主終極、無法避免，不得已之手段。」及桃園
地院 88 勞訴 12 號：「保障勞動契約存續、合理地限制雇主解僱權，正
符合勞基法保障勞工權益之要求，故要求解僱應符合最後手段性原則，
乃現行法之價值判斷。換言之，解僱應為雇主終極、無法迴避、不得已的
手段，即『解僱之最後手段性』原則，且解僱最後手段性原則乃是各種類
型之勞動契約終止所共通之原則，因此於裁員解僱（編按，即預告終止）
時，亦應其適用。」

不過，臺高院 93 勞上 50 號則表示：「勞基法第 11 條所定因經濟性
因素被資遣之失業勞工，因立法者已透過所謂就業安全三大體系，即失業
保險給付、職業訓練、就業服務三大體系加以保護，且雇主依勞基法第
11 條規定資遣勞工，因勞工享有資遣費及失業保險給付等保障，且離職
證明書上所載離職原因較為緩和中性，不致影響勞工再就業之機會，故當
雇主確有該條所定資遣事由時，即得資遣勞工，要無再適用解僱最後手段
性原則之餘地……。況勞基法第 11 條各款所定事由，均有限定其要件，
已寓有解僱最後手段性原則之判斷，實務上亦經由判決累積形成嚴格之審
查標準，實無再適用該原則以保護勞工之必要。更重要者，如認雇主依勞

基法第 11 條終止勞動契約時亦須適用該原則，不但形同強要雇主繼續接受原已不適任人員，更勢必造成雇主寧可選擇改依同法第 12 條規定不發給資遣費而逕予解僱，如此對勞工更屬不利。」將解僱最後手段性原則，限於立即解僱時適用。

五、應遵守法定程序

（一）給予勞工法定預告期間

雇主因為前述特定事由而欲解僱勞工時，應向勞工為終止契約之意思表示，並依 16 條 1 項：「一、繼續工作三個月以上一年未滿者，十日前預告之。二、繼續工作一年以上三年未滿者，於二十日前預告之。三、繼續工作三年以上者，於三十日前預告之。」規定給予勞工預告期間。而「勞工於接到前項預告後，為另謀工作得於工作時間請假外出。其請假時數，每星期不得超過二日之工作時間，請假期間之工資照給。」（16 條 2 項。另依 77 台勞動二字 05189 號函，此時雇主不得扣發全勤獎金）。不過「雇主未依第一項規定期間預告而終止契約者，應給付預告期間之工資。」（16 條 3 項），即雇主也可以選擇在向勞工為終止契約之表示時，同時將預告期間折算為工資發給而不必給預告期間。

實務操作上，就預告期間之計算與折算工資標準，有勞動關 2 字 1090128292A 號令釋以：「一、預告期間之計算方式，以雇主通知勞工之次日（預告通知當日不計）起算，依曆計算至勞工依約應提供勞務之最後一日止。二、預告期間工資之給付標準，為『雇主應預告期間之日數乘以勞工一日工資』；該一日工資，為勞工契約終止前一日之正常工作時間所得之工資。其為計月者，為契約終止前最近一個月正常工作時間所得之工資除以三十所得之金額。但該金額低於平均工資者，以平均工資計給。」

在此程序中所衍生之問題為，如果雇主既未給預告期間，又未折算工資發給，則其所為終止勞動契約的表示是否有效。對此，學者認為理論上可有：認為此時雇主之意思表示，已經違反 16 條之強制規定而採「絕對

無效說」；以及認為未經預告之解僱，只不過產生主管機關得依 79 條科處罰鍰效果，但是該等解僱仍有效力的「有效說」；和認為隨著時間的經過（即預告期間屆滿），或雇主補給預告期間工資後，將使原本有瑕疵的解僱獲得補正而生效的「相對無效說」（此為日本實務界通說）；以及勞工可以主張有效也可主張無效的「勞工選擇權說」等多種看法。

　　而司法實務，雖然臺高院 83 勞上 26 號曾表示：「查雇主預告終止勞動契約（勞動基準法第 11 條）及勞工預告終止勞動契約（同法第 15 條），未經預告所為終止契約，其終止意思表示不生終止效力，勞工應經預告而不踐行預告義務就終止契約，應負義務不履行之違約後果，而非得認其終止契約之意思表示為合法有效，如認為終止意思到達後，經過相當之期間為合法有效，無異將終止勞動契約之預告制度取消，自非立法本意。」採取絕對無效說。但是，司法院第一廳則採有效說而認為：「苟具有法定終止契約事由，縱未依第 16 條第 1 項各款規定之期間為預告，依同條第 3 項規定：『雇主未依第一項規定期間預告而終止契約者，應給付預告期間之工資』。則雇主未經預告而逕行解僱勞工者，僅應負給付預告期間工資之義務，於終止契約之效力，並無影響……。」

　　附帶提及，雖然勞基法在 73 年立法時規定，雇主可以選擇在向勞工為終止契約之表示時，同時將預告期間折算為工資發給，而不必另外給予預告期間（16 條 3 項），應有避免職場人際關係緊繃的考量，其後因為電腦資料存取技術的發達，此一制度對雇主而言更有需求。但因為後來建立了就業安全體系，於就業保險方面，被保險人在非自願離職辦理退保當日前三年內，保險年資合計滿一年以上，即有領取失業給付的可能（就保法 11 條 1 項 1 款）。所以具有相同保險年資的勞工，可能會因為雇主是採用折算工資的方式，立即終止勞動契約並退保，或是給予預告期間而繼續加保，而未能同等得到就業安全體系的支撐，此種不公平現象，立法上或應尋求彌補。

（二）於勞工離職日之 10 日前，向主管機關為資遣通報

　　雇主除須依上開條文給被資遣員工預告期間外，另應依就服法 33 條 1 項：「雇主資遣員工時，應於員工離職之十日前，將被資遣員工之姓名、性別、年齡、住址、電話、擔任工作、資遣事由及需否就業輔導等事項，列冊通報當地主管機關『及』公立就業服務機構。但其資遣係因天災、事變或其他不可抗力之情事所致者，應自被資遣員工離職之日起三日內為之。」規定，分別於離職之 10 日前或離職之日起 3 日內，列冊通報地方行政主管機關及公立就業服務機構，否則依同法 68 條科處罰鍰。本條規定要求同時向地方行政主管機關及公立就業服務機構為資遣通報，或為失業人數統計與就業服務用，但因為電腦連線作業發達，已有部分縣市僅向主管機關通報即可，故可考慮修法簡化。

　　又實務上應注意者是：1. 雖然條文規定需於離職生效日前 10 天通報，但在勞工工作期間未滿 10 日者，得依勞職業字 0970087602 號函，自員工離職之日起 3 日內辦理資遣通報；2. 依勞職業字 1000074034 號，勞工與雇主終止勞僱關係後，勞雇雙方始因對離職事由認知不同，申請勞資爭議，若經雇主同意依勞基法 11 條 5 款終止勞動契約，並達成協調或調解成立，雇主應於協調或調解成立當日起 3 日內依就服法 33 條 1 項但書規定辦理補通報；3. 關於期間計算，一般是順著計算，且依民法 120 條 2 項：「以日、星期、月或年定期間者，其『始日不算入』。」但是就服法 33 條是以離職生效日為始日，而反向計算 10 天，實務計算可參考勞職業字 1010503133 號函：「……『核釋就業服務法第 33 條第 1 項規定，雇主資遣員工應列冊通報期間日數之計算，以員工離職生效日為始日，並包含星期例假日，末日為星期日、國定假日或其他休息日者，以該日之次日為期間之末日。』故有關資遣通報期間日數之計算，係以『員工離職生效日』為始日。舉例說明：雇主預定讓某員工任職至 101 年 2 月 20 日，則該員工之離職生效日為 101 年 2 月 21 日，依前揭函釋，雇主資遣員工應列冊

通報期間以離職生效日 101 年 2 月 21 日為始日，末日原為 101 年 2 月 12 日（星期日）因適逢假日，以該日之次日 101 年 2 月 13 日（星期一）為期間之末日，故雇主應於 101 年 2 月 13 日前為該員工辦理資遣通報。」

六、應依法計算資遣費（或退休金），及開立服務證明書等

（一）應依法計算資遣費／退休金 —— 注意勞基法的分段適用，以及勞工退休金條例與勞基法的不同計算方式；且在勞工已符合退休之要件時，應轉換為退休金給付

　　預告解僱大多是因為事業單位基於經營上原因，而有重新整理企業組織狀態，以致不得不解僱勞工，通常非可歸責於勞工。因此雇主在具備上述原因而解僱勞工時，如其工作年資跨越勞基法適用時點，則依 84-2 條規定，適用勞基法前之年資依當時適用之法令（主要者為已廢止之臺灣省工廠工人退休規則、廠礦工人受僱解僱辦法），或各該事業單位之自訂人事管理辦法；至於適用勞基法後之年資，則依據 17 條規定，在同一雇主之事業單位繼續工作，每滿一年發給相當一個月平均工資之資遣費；未滿一年之剩餘月數，或工作未滿一年者，以比例計算給付；未滿一個月部分，以一個月計算。

　　但是，因為 94 年 7 月 1 日後另施行勞工退休金條例，而該條例對於適用勞退新制者，其資遣費另有特別規定。亦即在 94 年 7 月 1 日以後方始任職者，或者雖然在當日之前已經任職，但是選擇適用勞退新制者的新制年資部分，依勞退條例 12 條所定：其資遣費由雇主按其工作年資，每滿一年發給二分之一個月之平均工資，未滿一年者，以比例計給；最高以發給六個月平均工資為限，不適用勞基法 17 條之規定。

　　而 17 條雖然規定：「在同一雇主之事業單位繼續工作……。」不過 57 條但書也規定有：「但受同一雇主調動之工作年資，及依 20 條規定應由新雇主繼續予以承認之年資，應併予計算。」因此除受調職而在同一公

司法人中不同單位繼續工作之年資,應予併計外,受借調而在不同公司法人工作之年資也應併計。對此,82 台勞動三字第 41107 號函亦表示:「本案勞工受僱於適用勞動基準法之甲公司,被要求前往乙公司工作,但編制仍在甲公司,且向甲公司領取薪資,此即前述借調之勞動關係。勞工與甲公司間之勞動契約並未因赴乙公司工作而終止,其在甲、乙公司工作之年資,自應合併計算。」臺高院 90 重勞上 13 號見解亦同。

又,如果勞工已經符合強制退休或自請退休要件時,則應分別注意最高法院 86 台上 1528 號:「同時符合勞動基準法第 11 條……及第 54 條雇主得強制退休之規定者。因後一規定,對勞工較為有利,基於勞動基準法保護勞工之意旨,應認雇主僅得依後一規定強制勞工退休。」及 89 台勞資二字 0010782 號函:「事業單位依勞動基準法第 11 條規定終止勞工勞動契約,勞工如已符合同法第 53 條『自請退休』條件,則無庸勞工再提出自請退休,雇主即應依法給付勞工退休金,本會前已釋示在案(編按,即 81 台勞動三字 05213 號函);是以,案內雇主雖係按退休金標準發給,惟該契約之終止係雇主按同法第 11 條規定主動為之,仍應依勞基法第 16 條規定預告勞工。」

(二) 開立服務證明書與非自願性離職證明書

1. 請求發給服務證明書之依據與證明書內容

在勞動契約終止後,原則上為契約當事人勞雇雙方的權利義務應至此終結。不過依 19 條:「勞動契約終止時,勞工如請求發給服務證明書,雇主或其代理人不得拒絕。」規定,雇主於契約終止後仍然負有發給服務證明書之後契約義務,問題是服務證明書內容如何,勞基法則未有規定。

而學者研究立法過程後指出,內政部當初送審之施行細則草案第 10 條原本規定:「依本法第 19 條雇主發給勞工之服務證明書,除記載僱用期間、工作種類、在該單位之職位、工資及勞工依事實所請求記載的事項外,不得記載對勞工不利之事項。」其理由是認為勞工服務證明書的功

能，僅在證明勞工已獲得的工作經驗和職位待遇等事項，上述事項已能表明其應有的內容，其他超載範圍之記載對勞工不利，不得列入。惟行政院審查時，則認為如勞工在服務期間有不良紀錄，自應據實記載，使新雇主於僱用前知所抉擇，且亦可促使勞工於服務期間珍惜自己的榮譽，努力工作避免有不良行為，以免於離職時有不良紀錄，而造成謀職的困難，從而予以刪除[128]，因此若以此等立法過程而觀，則難免有認為證明書之記載事項，並不限於上述僱用期間、工作種類等客觀事項。

　　但是發給服務證明書之目的，係使勞工再就業時，能使新雇主得知其過往之工作經驗而已，至於工作表現及人格特質之評價，難免摻雜有雇主個人主觀判斷，而且如果雇主得於服務證明書上為此種記載，則不免使勞工於任職時為免將來主觀不確定之評價，而屈服於不合理指揮。因此學者認為應參酌德國立法例，即原則上服務證明書僅得記載工作種類、性質、任職起迄期間等中性事項，至於涉有主觀判斷成分之服務成績工作表現，如勞工請求一併記載時，雇主固得據實記載，惟如勞工發現記載不利時，得即時請求另發給無服務成績工作表現記載之服務證明書，如此規定方能維護勞工之工作權及生存權，不受不當侵害。臺北地院 100 勞訴 125 號也表示：「勞工如請求發給服務證明書，雇主或其代理人不得拒絕。勞基法第 19 條定有明文。此係為便利勞工謀求新職，以證明其工作經驗……。至證明書之內容勞基法雖未規定，惟參諸勞基法第 1 條為保障勞工權益之規定，自不得意圖阻礙勞工就業，而記載不利於勞工就業之事項。」

2. 請求開立非志願離職證明之管道

　　依就業保險法 25 條：「（I）被保險人於離職退保後二年內，應檢附離職或定期契約證明文件……並填寫失業認定、失業給付申請書及給付收

---

[128] 陳金泉，離職證明書相關問題之探討 —— 臺灣板橋地方法院 79 年度勞訴字第 9 號判決評介，劉志鵬、黃程貫主編，勞動法裁判選輯，194 頁，1998 年 5 月，月旦出版社。

據。……（III）第一項離職證明文件，指由投保單位或直轄市、縣（市）主管機關發給之證明；其取得有困難者，得經公立就業服務機構之同意，以書面釋明理由代替之。（IV）前項文件或書面，應載明申請人姓名、投保單位名稱及離職原因。（V）……。」勞工在依就保法申請失業給付時，原則上需具備非自願性離職證明書（訴訟上有運用本條 3 項做為向雇主請求發給之請求權依據）。

　　只是在勞雇雙方對是否屬於資遣有所爭議時，雇主通常不願開立非自願性離職證明書，此時依就保法 23 條 1 項：「申請人與原雇主間因離職事由發生勞資爭議者，仍得請領失業給付。」規定，被保險人勞工可申請地方主管機關依勞動部勞保 1 字 0920003857 號令釋：「就業保險法第 25 條第 3 項直轄市、縣（市）主管機關發給離職證明文件，係指就業保險法施行後，申請人如無法自投保單位取得離職證明，而有下列情形之一者，直轄市、縣（市）主管機關應核發離職證明文件：……三、申請人與原雇主間因離職事由發生勞資爭議，經調解有案。四、其他經地方主管機關事實查證確定。」開立離職證明文件。也可提出敘明非自願離職事由與法條依據的勞資爭議調解而經受理之證明文件影本，或勞資爭議仲裁經受理之證明文件影本，或因勞資爭議提起訴訟之相關資料影本，並於收到勞資爭議之調解紀錄、仲裁判斷書或確定判決之日起十五日內，檢送該資料影本予公立就業服務機構或保險人審查（就保法施行細則 19-3 條），再憑各該文件及切結，辦理求職登記後依法申領失業給付。實務上在進行前揭流程時，可參閱勞動部頒「地方主管機關依就業保險法發給離職證明文件之處理流程及相關法令規定」（編按，本規定於 108 年 1 月 7 日以勞動保 1 字 1070140633 號函修正）。

　　另實務上常有雇主在資遣勞工時，提出優惠退休或自請離職優惠給付方案，以求順利終止勞動契約，此時勞動四字 0980022279 號函表示：「二、……本會……勞保 1 字 0052493 函示：事業單位人力精簡，其所

屬員工如無選擇留任之權利，……或不離職將使勞動條件遭受損失者，則屬勞工保險失業給付給付辦法規定之非自願離職；惟如員工具有選擇之權利，而卻自願提前優惠退休或自請離職方案離職，則不符上開辦法之規定，不得請領失業給付。本會前揭函釋於就業保險法施行後，仍繼續適用。」[129]

七、積欠工資墊償基金與就業安全法制等的後續介入

（一）積欠工資墊償基金

如裁員解僱是雇主歇業、清算或宣告破產等原因，則勞工本於勞動契約所積欠之工資未滿六個月部分；雇主未依勞基法給付之退休金；雇主未依勞基法或勞工退休金條例給付之資遣費等勞工債權，首先得與抵押權等物權比例受清償，其次仍未能獲得完全清償之部分，則有最優先受清償之權，只是雇主既然已歇業、清算，通常無清償能力。

為此設有積欠工資墊償基金制度，即雇主應按其當月僱用勞工投保薪資總額，乘以規定的費率（由中央主管機關於萬分之十五範圍內擬訂，報請行政院核定之），而繳納一定數額之積欠工資墊償基金（墊償基金累積至中央主管機關規定金額後，應降低費率或暫停收繳），以備墊償：1. 勞工本於勞動契約所積欠之工資未滿六個月部分；2. 雇主未依勞基法給付之退休金、雇主未依勞基法或勞工退休金條例給付之資遣費（本部分合計數額以六個月平均工資為限／ 28 條 2 項 2 款）之用。雇主積欠之工資、退休金及資遣費，經勞工請求未獲清償者，由積欠工資墊償基金墊償之，雇主應於規定期限內，將墊款償還積欠工資墊償基金。積欠工資墊償基金，由中央主管機關設管理委員會管理之。基金之收繳有關業務，得由中央主管機關，委託勞工保險機構辦理之。基金墊償程序、收繳與管理辦法及管理委員會組織規程，由中央主管機關定之（28 條）。

---

[129] 勞資關係法令彙編，41 頁，新北市政府勞工局，2013 年 12 月。

（二）就業保險法上有失業給付、職業訓練生活津貼等多項給付

目前就業保險法中設有就業獎助津貼、育嬰留職停薪津貼等多種津貼與給付，一般重視者有：

1. 失業給付：在被保險人因非自願性離職，即投保單位關廠、遷廠、休業、解散、破產宣告離職，或因勞基法 11 條、13 條但書、14 條及 20 條規定各款情事之一離職時（就保法 11 條 3 項）[130]，如被保險人於辦理退保當日前三年內，勞保年資合計滿一年以上，具有工作能力及繼續工作意願，向公立就業服務機構辦理求職登記，自求職登記之日起 14 日內仍無法推介就業或安排職業訓練時，得請領按申請人離職辦理本保險退保之當月起前六個月平均月投保薪資之百分之六十，按月發給之失業給付（就保法 11 條 1、3 項，16 條）。又依就保法 11 條 2 項：「被保險人因定期契約屆滿離職，逾一個月未能就業，且離職前一年內，契約期間合計滿六個月以上者，視為非自願離職，並準用前項之規定。」故目前定期契約也得依法請領失業給付。

2. 職業訓練生活津貼：被保險人非自願性離職，向公立就業服務機構辦理求職登記，經安排參加全日制職業訓練者，於受訓期間，每月按其離職辦理本保險退保之當月起前六個月平均月投保薪資百分之六十，發給職業訓練生活津貼，最長發給六個月。

---

[130] 就業保險法 11 條 3 項規定的請領失業給付的情形似較勞基法的裁員解僱規定更廣泛。因此勞動部於 104 年 12 月 8 的發布新聞稿表示：「實務上有雇主基於經營成本搬遷工廠，勞工不願意變更工作地點而選擇自行離職，但因雇主已有提供免費住宿及交通費用補貼等必要協助，未違反勞動契約，衍生是否認定為非自願離職爭議。考量就業保險目的在保障非因勞工本身原因而離職之就業安全，並不以雇主資遣勞工或違反勞動契約等可歸責於雇主的離職事由為限，遷廠即為就業保險法所定非自願離職事由之一，且變更工作地點對勞工及其家人日常生活勢必產生相當影響，因此作成行政函釋，即使雇主已提供必要的協助而未違反勞動契約，仍屬非自願離職，不影響勞工失業給付權利」。引自勞動部網站 https://www.mol.gov.tw/announcement/2099/24252/，查詢日：2017 年 12 月 26 日。

（三）投保年資十五年以上者得繼續參加勞工保險

勞工參加勞保年資合計已滿十五年以上，因為被資遣或依服務單位所訂自動退休辦法辦理退休，但是年齡或保險年資還不到申請勞保老年給付的條件時，可在被資遣或退休離職的二年內，視情形不同而分別由原投保單位、勞保局委託之代辦團體或個人，向勞保局申請繼續參加勞工保險普通事故保險（勞保條例 9-1 條，及被裁減資遣被保險人繼續參加勞工保險及保險給付辦法）。

第二目　大量解僱勞工保護法施行後之影響

企業因為上揭經營因素而整編員工時，涉及到勞工就業安定以及雇主經營衡量之衝突，而且在大量解僱時，對於以一身勞力換取全家溫飽並支付各種貸款的現代工業社會，往往又同時牽動諸多社會問題，為調和二者利益並維護社會安定，在 92 年 5 月 7 日施行大量解僱勞工保護法（其後陸續有修正）。依大保法 2 條 1 項，其適用對象為事業單位有勞基法 11 條所列各款預告解僱，或因併購、改組而解僱勞工之情形。因此事業單位在符合本項情形，且其解僱人數符合下述「大量解僱」解僱之要件時，除了勞基法所訂之程序外，應同時注意大保法之程序規定。

一、大量解僱之定義

大保法的大量解僱定義在該法 2 條 1 項：「本法所稱大量解僱勞工，指事業單位有勞動基準法第十一條所定各款情形之一、或因併購、改組而解僱勞工[131]，且有下列情形之一：一、同一事業單位之同一廠場僱用勞

---

[131] 本條所謂「改組、併購」之意義為何，尚待釐清。因為就「改組」而言，勞基法 20 條也有「改組、轉讓」之用語，而關於「併購」則 2002 年 2 月 6 日公布施行之企業併購法訂有「合併」（有消滅合併與新設合併之分）、「收購」（有資產收購與股份收購之分）、「分割」等併購類型。其所指涉之意義為何，二者是否相同，尤其「改組」之意義為何，仍有待研究。

工人數未滿三十人者，於六十日內解僱勞工逾十人。……。」亦即除因併購、改組等原因外，同時需符合該項 5 款其中之 1 所訂之僱用總人數與時段內解僱人數。

　　本條文值得注意的是：因為 1 項已經明定所謂「大量解僱勞工」，僅指事業單位有勞基法 11 條，或因併購、改組而解僱（勞資 3 字1010127322 號：包含事業單位併購、改組時，經新舊雇主商定留用而不同意留用之勞工）勞工，因此如果勞工與雇主合意終止勞動契約或提前退休或被懲戒解僱者，並不受到該法之規範，自然不併計入上述人數計算，此外有學者認為優惠資遣方式，也不受大保法規範。

　　又本條文關於人數之計算，97 年修正前之規定是定期契約工不併入僱用人數之計算，惟修正後計算各款僱用及解僱勞工人數，只不包含就業服務法 46 條（即雇主聘僱外國人在中華民國境內從事之工作）所定之定期契約勞工。[132]

二、大量解僱應遵守之程序

（一）解僱計畫書之作成與通知、揭示義務

　　事業單位發動大量解僱時，應以文書記載：解僱理由、解僱部門、解僱日期、解僱人數、解僱對象之選定標準、資遣費計算方式及輔導轉業方案等事項的解僱計畫書（大保法 4 條 3 項）。

　　除有天災、事變或突發事件（指該事件之發生為人力所無法控制及預知，且非循環性之緊急事故）外，應於計畫解僱勞工之日的 60 天前，將

---

[132] 郭玲惠，大量解僱勞工保護法制之初探，大量解僱勞工保護法制之研究，1 頁下，2004年 6 月，臺灣勞動法學會。郭教授文中，對於本條文僅訂事業單位有勞基法 11 條各款，而不及於同法 14 條之情形，如雇主積欠多數勞工工資、不當調職或留職停薪等，致勞工依 14 條 1 項 6 款終止契約時，無法適用大量解僱之保護，認為有以解僱原因限縮保護對象，與立法目的，顯有不符，值得重視。而 97 年修法時，即在 12 條 2 項增訂，勞工於行使勞基法 14 條 1 項 5、6 款終止契約時，亦可禁止事業單位代表人或實際負責人出國。

解僱計畫書通知主管機關，以及事業單位內涉及大量解僱部門勞工所屬之工會、事業單位勞資會議之勞方代表、事業單位內涉及大量解僱部門之勞工（但不包含就服法 46 條所定之定期契約勞工／大保法 4 條 1、2 項），並公告揭示。

　　事業單位未於期限前將解僱計畫書通知主管機關及相關單位或人員，並公告揭示者，依大保法 17 條處以罰鍰，並限期令其通知或公告揭示；屆期未通知或公告揭示者，按日連續處罰至通知或公告揭示為止[133]。

（二）協商義務

1. 自主協商：自事業單位提出前述的解僱計畫書之日起 10 日內，勞雇雙方應即本於勞資自治精神進行協商（大保法 5 條 1 項）。
2. 強制協商：如果勞雇雙方拒絕協商或無法達成協議時，主管機關應於 10 日內召集勞雇雙方，組成協商委員會，就解僱計畫書內容進行協商，並適時提出替代方案。

　　上述程序所組成之協商委員會如果達成協議，則應作成書面協議書，此協議之效力除明文及於個別勞工以外，主管機關亦得在協議成立之日起 7 日內，將協議書送請管轄法院審核，該協議書如經法院核定，而其內容為給付金錢或其他代替物或有價證券之一定數量為標的者，即得為執行名義（大保法 6 條、7 條）。

三、主管機關之介入

　　除了上述主管機關介入強制協商外，在大量解僱時，主管機關之介入尚有：

---

[133] 學者認為：雖然大保法 4 條的書面要求是強制規定，但通知終究只是雇主對於主管機關所負之公法義務，如未遵守僅受行政罰鍰，並非無效。楊通軒，我國大量解僱勞工保護法制實施檢討與重設計，大量解僱勞工保護法制學術研討會會議資料，2005 年 7 月 22 日，勞委會（勞動部）主辦。

（一）指派就業服務人員提供諮詢

　　主管機關於協商委員會成立後，應指派就業服務人員協助勞資雙方，提供就業服務與職業訓練之相關諮詢。雇主不得拒絕前項就業服務人員進駐，並應排定時間供勞工接受就業服務人員個別協助（大保法8條）。

（二）禁止代表人及實際負責人出國

　　事業單位於大量解僱勞工時，如積欠勞工退休金、資遣費或工資，而有符合大保法12條1項各款所訂僱用勞工人數與積欠總金額之情形（如1款：「僱用勞工人數在十人以上未滿三十人者，積欠全體被解僱勞工之總金額達新臺幣三百萬元。」）經主管機關限期令其清償，屆期未清償者，中央主管機關得函請入出國管理機關禁止其代表人及實際負責人出國。

　　為落實上開條文，目前行政主管機關頒有「大量解僱勞工時禁止事業單位董事長及實際負責人出國處理辦法」，並成立審查委員會以認定所謂事業單位代表人及實際負責人。依該辦法第2條禁止出國之事業單位董事長及負責人有：股份有限公司之董事長；有限公司為章程特設之董事長；未設有董事長者，為執行業務之董事；無限公司及兩合公司之執行業務股東；未設執行業務股東者為代表公司之股東；合夥者為執行業務之合夥人。獨資者為出資人或其法定代理人；其他法人團體者為其代表人（本項事業單位董事長及負責人以公司登記證明文件、商業登記證明文件、法院或主管機關備查文書所記載之人為準）。另事業單位經主管機關查證另有實際負責人屬實者，亦同。

　　關於禁止負責人出國，因為大量解僱原來僅只適用在勞基法11條等，而不及於因事業單位積欠工資等，而在勞工依勞基法14條終止契約之情形，為防惡性關廠，大保法修法時增訂12條2項：「事業單位歇業而勞工依勞動基準法第14條第1項第5款或第6款規定終止勞動契約，

其僱用勞工人數、勞工終止契約人數及積欠勞工退休金、資遣費或工資總金額符合第 2 條及前項各款規定時，經主管機關限期令其清償，屆期未清償者，中央主管機關得函請入出國管理機關禁止其代表人及實際負責人出國。」以茲防弊。

（三）主管機關對於解僱是否涉及歧視的實質審查

　　大保法 13 條規定：「（I）事業單位大量解僱勞工時，不得以種族、語言、階級、思想、宗教、黨派、籍貫、性別、容貌、身心障礙、年齡及擔任工會職務為由解僱勞工。（II）違反前項規定或勞動基準法第 11 條規定者，其勞動契約之終止不生效力。（III）主管機關發現事業單位違反第一項規定時，應即限期令事業單位回復被解僱勞工之職務，……。」因為解僱計畫書中應包含「解僱對象之選定標準」（大保法 4 條 3 項 5 款），而本條文又具體明定涉及歧視之解僱無效，所以有認為地方行政主管機關對於雇主所提的「解僱計畫書」，除了必須進行程序有無違法的審查外，並對「解僱計畫書」的內容為實質審查。

四、大保法及於解僱保護法制之影響

（一）通知期間在法制上多有不同

　　依勞基法 16 條，事業單位應視受裁員解僱勞工年資的不同，而給予最長為 30 日的不同預告期間，而依大保法 4 條，事業單位應於計畫解僱勞工之日的 60 天前將解僱計畫書通知主管機關，以及事業單位內涉及大量解僱部門勞工所屬之工會、事業單位勞資會議之勞方代表、事業單位內涉及大量解僱部門之勞工，並公告揭示。

　　關於大保法 4 條的 60 天前「通知」與勞基法最多 30 天的預告期間之關係，勞委會（勞動部）93 年勞資三字 0930062817 號函表示：「大量解僱勞工保護法第 4 條第 1 項所課予雇主於大量解僱時於 60 日前通知義務，係屬雇主單方之事實行為，其旨在使主管機關預知大量解僱範圍，及

有無採取避免大量解僱之可能，同時被解僱勞工有受告知之權利。其與事業單位如有勞動基準法第 11 條之事由，爰依同法第 16 條之規定，針對預告終止勞動契約，並不相同。」亦即本條文之通知與勞基法之預告，兩者性質不同。惟 105 年勞動關 3 字 1050030690 號卻又表示：「因貴公司依本規定於 105 年 11 月 22 日提交大量解僱計畫書，『應於通報期間 60 日屆滿始得大量解僱勞工』，爰前揭三批勞工解僱日期為 106 年 1 月 22 日，始合於本法規定，爰本部要求貴公司應遵守本法規定給付相關經費（資遣費、退休金及工資），並依法給付至合法之契約終止日，以符法制。」[134] 文義上似乎是認為，雇主仍需待通報期滿始得終止契約（但依大保法第 10 條，經預告解僱之勞工，於預告期間仍得離職），且在大量解僱時資遣預告期應為大保法的 60 天。但是，一方面認為大保法著重在勞資雙方的協商管道、政府機關的介入輔助，勞工資遣費退休金的確保，因此勞基法的預告期與大保法的通報期間性質不同，一方面又表示大保法的通報期間取代勞基法的預告期間，且需待通報期滿始得終止契約，有些矛盾。

　　其次，雖然解釋上關於勞基法的 30 日前預告，與大保法 60 日前通知期間之不同，是因為「已否達到大量解僱門檻」，而做不同處理。但是大保法既然適用在「併購」情形，然而企業併購法 16 條 1 項規定：「併購後存續公司、新設公司或受讓公司應於併購基準日 30 日前，以書面載明勞動條件通知新舊雇主商定留用之勞工。該受通知之勞工，應於受通知日起 10 日內，以書面通知新雇主是否同意留用，屆期未為通知者，視為同意留用。」只要求在併購基準日的 30 日前才為是否留用之通知。因此有認為，這幾個法條的不同規定，在併購實務運作上會有困擾，因為併購計畫事前曝光，不僅可能會影響勞工工作情緒，引發社會關注與討論，更可

---

[134] 以上兩號函釋引自：朱瑞陽，大量解僱勞工保護法通知期間法律性質初探，106 年度健全我國大量解僱勞工保護法制實務研討會會議資料（未公開發行），勞動部主辦，台北律師公會協辦，2017 年 12 月 22 日。

能進而影響併購交易之成敗，因此似宜考慮將該通知期間縮短為 30 日，以減少因該項通知要求，對雇主所造成之困擾[135]。

（二）協商時期之預告期間雇主不得終止契約

依勞基法 16 條 3 項，雇主如未給予勞工同條 1 項所訂 10 至 30 日的預告期間，即終止契約時，應折算工資發給（亦即可以不用給預告期間，或是在預告期間也可以隨時終止契約，而以工資取代預告期間）。但是大保法 10 條規定：「（Ⅰ）經預告解僱之勞工於協商期間就任他職，原雇主仍應依法發給資遣費或退休金。但依本法規定協商之結果條件較優者，從其規定。（Ⅱ）協商期間，雇主不得任意將經預告解僱勞工調職或解僱。」[136] 則協商時期之預告期間雇主不得終止契約。只是，大保法 10 條 2 項所訂協商期間雇主不得任意將預告解僱勞工調職或解僱，有些不好理解，例如雇主是否可以用預告工資取代預告期而資遣解僱，似乎有疑問。不過本條 1 項規定，應該是考慮到「經預告解僱的特定勞工」，在協商期間內因另就他職而離職，此時因為預告期未滿即雙方間勞動契約尚未終止，可能產生是否屬勞工自請離職而不得請領資遣費等效果，所以特別規定雇主仍應給予法定資遣費、退休金或協商所得之更好條件。若係如此，則第 2 項或應承續第 1 項，而解釋為指經預告解僱的特定勞工，雇主不得再藉由單方面調動單位而使該勞工不列入大量解僱部門，或是其他不屬該次大量解僱等方式終止契約，而使勞工不能具領資遣費、退休金或協商所得更好條件。意即大保法 10 條 2 項，是否直接以表面文義「協商期間，雇主不得任意將經預告解僱勞工……解僱」，而解釋為雇主不得據勞基法以預告工資取代預告期而即時終止契約，或許有討論空間。

---

[135] 蔣大中、陳瑞敏，我國大量解僱勞工保護法制之司法實務與修法回饋，大量解僱勞工保護法制學術研討會會議資料，2007 年 7 月 29 日，勞委會（勞動部）主辦。

[136] 學者表示：本條文原為行政院提案版本所無，是立法院朝野協商時，立法委員提案增訂。陳金泉，裁員解僱實務法律問題初探，律師雜誌，282 期，69 頁下，2003 年 3 月。

（三）被解僱勞工之優先受僱權

大保法 9 條：「（I）事業單位大量解僱勞工後再僱用工作性質相近之勞工時，除法令另有規定外，應優先僱用經其大量解僱之勞工。（II）前項規定，於事業單位歇業後，有重行復工或其主要股東重新組織營業性質相同之公司，而有招募員工之事實時，亦同。（III）前項主要股東係指佔原事業單位一半以上股權之股東持有新公司百分之五十以上股權。……。」

本條文之用語為「事業單位……『應』優先僱用經其大量解僱之勞工」，似指勞工可以據本條規定，直接起訴要求事業單位為訂立勞動契約之意思表示，並請求契約生效後之工資，惟事業單位再僱用勞工之時點，與原來大量解僱之時點，可能已經相隔多年，在資訊時代各種主客觀條件應有變化，立法上是否應設有一定期間之限制，或值斟酌。不過雇主資遣勞工後，如於三個月內再度與原勞工另訂新約，依據最高法院 86 台上 957 號表示：「按勞基法第 10 條規定定期契約屆滿後或不定期契約因故停止履行後，未滿三個月而訂定新約或繼續履行原約時，勞工前後工作年資，應合併計算。其立法本旨在於保護勞工權益，避免雇主利用換約等方法，中斷勞工年資之權益，故對上開條文應採擴張解釋，除退休外，縱因資遣或其他事由離職，於未滿三個月內復職，而訂立新約或繼續履行原約時，勞工前後工作年資均應合併計算。」

第三目　立即終止／懲戒解僱

一、事由——勞基法 12 條

當勞工有：「一、於訂立勞動契約時為虛偽意思表示，使雇主誤信而有受損害之虞者。二、對於雇主、雇主家屬、雇主代理人或其他共同工作之勞工，實施暴行或有重大侮辱之行為者。三、受有期徒刑以上刑之宣告確定，而未諭知緩刑或未准易科罰金者。四、違反勞動契約或工作規則，

情節重大者。五、故意損耗機器、工具、原料、產品，或其他雇主所有物品，或故意洩漏雇主技術上、營業上之秘密，致雇主受有損害者。六、無正當理由繼續曠工三日，或一個月內曠工達六日者。」勞基法 12 條 1 項所訂情形時，雇主得不經預告立即解僱勞工。

（一）1 款 —— 於訂立契約時為虛偽意思表示，使雇主誤信而有受損害之虞者

　　本款所謂「虛偽意思表示」，並不以積極虛偽意思表示為必要，如勞工就其資格或其他重要事項故意隱瞞，亦足當之（桃園地院 99 勞訴 8 號）。又本款情形大部分為詐稱學、經歷之情形，惟單只詐稱並不一定構成解僱事由，仍須符合「致使雇主誤信，而有受損害之虞」。從而解釋上應為「重大」之學、經歷詐稱，亦即如雇主於勞工應募當時知悉該等學、經歷，即不會作出僱用勞工之決定者，始足當之。因此如果勞工虛增在前雇主之受僱條件，並與後雇主達成受僱條件之合意，只要其仍可勝任工作，而新雇主於訂約時也願就該職位付出相當之條件，則新雇主事後是否得因此主張付出太優厚之條件致受有損害而解僱勞工，即有疑問。

　　不過臺北地方法院 90 勞訴 125 號表示：「查薪資條件為聘僱契約之重要條件，雇主於決定員工薪資數額時，除參酌員工之學、經歷外，員工於原雇主之薪資，通常亦為重要之參考，尤其當該員工是雇主主動接觸招聘時，員工於原雇主之薪資數額，除了是新雇主決定雇用之薪資數額之重要參考外，同時並為雇主用以判斷該員之工作能力、工作表現等各方面之重要參考。……員工於訂立雇用時就其於原雇主服務所得之薪資為虛偽之陳述，如其陳述與事實相去太遠，則不僅會誤導雇主之判斷，且將破壞勞雇間之誠實信賴關係。而誠實信賴關係為勞雇關係得以持續維持之重要因素，勞雇間如喪失誠實信賴關係，將使雙方無法密切合作為公司創造最高之利益。本件原告與被告公司洽訂聘僱契約時，依其與原雇主之契約及當時原雇主之承諾，原告於 2001 年全年可得之報酬為美金 63 萬 914 元，其

中包含 2000 年度美金 35 萬 2,911 元之任意性獎金，僅美金 27 萬 8,000 元
為固定性之報酬，而其向被告稱其全年報酬為美金 75 萬元，其中約有一
半為保證獎金，就報酬之數額及獎金之性質，與事實均不相符且相去甚
遠，致被告誤信而允予與原預定薪酬美金 60 萬元高出約美金 15 萬元之報
酬，而受有損害，且將勞雇雙方之關於誠實信賴基礎破壞殆盡，被告公司
自非不得依勞動基準法第 12 條第 1 項第 1 款之規定終止兩造之契約。」
又因為本款必須具備「使雇主誤信而有受損害之虞」，因此勞工雖有詐稱
學、經歷之行為，然於經過相當時間後，如已經足以表示勞工得勝任該工
作，則應可為「雇主並無因此詐稱而受有損害」之證明。

　　另外，對於受僱前學、經歷之詐稱，實務上也有雇主主張依民法
92 條 1 項本文：「因被詐欺……而為意思表示者，表意人得撤銷其意思
表示。」而撤銷僱用之意思表示，就此臺中高分院 107 勞上 8 號認為：
「六、被上訴人於本院主張上訴人既不具電機維修專業且僅係霧峰農工肄
業，卻於人事資料上填載其係霧峰農工畢業，並表示其有工業配線及電器
維修等專長，使伊陷於錯誤而與其先後為聘僱、承攬之法律關係，伊得依
民法第 92 條規定，以附帶上訴暨答辯（一）狀繕本送達時為撤銷兩造間
所存在之法律關係之意思表示云云，惟有關雇主受勞工虛偽意思表示而訂
立勞動契約並受有損害者，勞基法第 12 條第 1 項第 1 款規定雇主得不經
預告而終止契約，即無再適用民法第 92 條規定……。」

（二）2 款 —— 對於雇主、雇主家屬、雇主代理人或其他共同工作之勞工，實施暴行或有重大侮辱之行為者

　　雖然有認為解釋本款所訂重大侮辱之意義：「為免雇主……任意解僱
勞工，自應以其行為構成刑法上公然侮辱或誹謗罪時，始符合。」（高雄
地院 89 勞訴 14 號），不過此種看法缺少文義支持。而士林地院 101 重勞
訴 14 號，則就本款所訂暴行與重大侮辱之意義如何區別表示：「按勞動
基準法第 12 條第 1 項第 2 款……，勞工對於其他共同工作之勞工有實施

暴行或重大侮辱之行為者⋯⋯。所謂侮辱，係指以言語或舉動使他人覺得難堪而言；而重大與否，則應就具體事件，衡量受侮辱者所受侵害之嚴重性，並斟酌勞工及受侮辱者雙方之職業、教育程度、社會地位、行為時所受之刺激、行為時之客觀環境及平時使用語言之習慣等一切情事為綜合之判斷（編按，與最高法院 92 台上 1631 號同），⋯⋯勞動基準法第 12 條第 1 項第 2 款所稱之『暴行』，係與同條款列舉之『侮辱』互相對照，又侮辱行為不僅包含言詞上之羞辱舉止，亦包括表示輕蔑、鄙夷之行為（例如呸人口水），故並非涉及有肢體動作者，均應歸類於『暴行』。再為保障勞工，避免雇主任意解釋條文之涵意，是勞動基準法第 12 條第 1 項第 2 款之『暴行』，係謂直接或間接對於人之身體施以暴力，或行為人以威嚇加之於被害人，使其精神上萌生恐懼之心理，並使被害人生命、身體、健康、財產受到侵害，或其行動或精神之自由受到抑制。原告係將裝有洛神花茶之水壺對證人○○○潑灑，對於證人○○○並不具有強制性，其目的是在使證人○○○因而感到屈辱羞愧，即非屬暴行之行為，而應為侮辱行為。」

又本款所稱「共同工作之勞工」，臺北地院 98 勞簡上 55 號對其界限的設定為：「共同工作勞工，解釋上並不以編制上同一單位或事實上同一辦公司處所為限，僅須該重大侮辱行為係嚴重破壞職場和諧，達無法期待受侮辱者與該勞工繼續共事之程度，即為已足。」

至於勞工為本款行為時之時間與空間，有否限制，雖然臺高院 82 勞上 5 號認為，本款著重在一定之身分，而不論事實發生之時間與地點，因此表示：「⋯⋯上述規定將勞工對於雇主、雇主家屬或雇主代理人與其他共同工作勞工並列，且未限定在工作場所或在工作時間內，而雇主之家屬或其代理人，並非全然於上班時間內，從事與勞工相同之工作，揆其立法意旨，顯係注重一定之身分，而非限於在工作之場所或在勞工工作時間內對其他勞工實施暴行或重大侮辱行為為限，否則如謂限於在上班時間，

或在工作場所,雇主始得解僱者,則勞工大可利用下班時間,於廠外門口或上述各有關人員之住宅,或廠外任何時地,對其實施暴行或重大侮辱行為,即不受上開之限制,則該法條之規定豈非形同具文。」不過最高法院 82 台上 1786 號則認為:「勞資關係係以勞動力為中心,受時間、空間限制之結合關係,並非勞工與雇主之全人格之結合關係,因此在工作時間外之勞工業務外行為,屬於勞工之私生活範圍,非雇主所得任意支配,有勞工行為與事業活動有直接關聯,且損害事業社會評價為維持事業秩序必要,方足成為懲戒之對象。」

(三) 3 款 —— 受有期徒刑以上刑之宣告確定,而未論知緩刑或未准易科罰金者

勞工因案受刑事判決而處有期徒刑以上刑之宣告,且未同時宣告緩刑或為易科罰金之執行時,則此時因勞工已將入監服刑,而事實上不能繼續依照勞動契約提供勞務,因此雇主得依據本款終止契約。不過,勞工如因涉犯刑案而遭法院羈押,後經判處有期徒刑確定,且未論知緩刑,惟於宣判時因羈押日數折抵刑期期滿而當庭釋放,無庸入監服刑,則雇主得否依本款規定,不經預告終止勞動契約?臺灣高等法院暨所屬法院 94 年法律座談會民事類提案第 21 號就此法律問題採:「乙說:勞動基準法第 12 條第 1 項第 3 款之規定,除考量勞工如須入監服刑即無法提供勞務外,亦係考量倘勞工因犯罪而經法院判處有期徒刑之宣告確定,如同時准予緩刑或易科罰金者,一般多屬輕微犯行,為免勞工因少許犯行而驟失工作,並藉此鼓勵勞工自新,而有上開規定之制訂;且緩刑為法院刑罰權之運用,旨在獎勵自新,如合於刑法第 74 條所定之條件,法院有自由裁量之職權,且緩刑期滿而緩刑之宣告未經撤銷者,其刑之宣告失其效力,與以已執行論之效果,並不相同……,是法院如認有宣告緩刑之必要,自會於量刑時加以斟酌,而不會僅因羈押日數與刑期相同即未予宣告緩刑。是 X 既未經法院論知緩刑,足見原告之犯罪情節及手法顯非輕微,自難以其羈押日數

折抵刑期期滿無庸入監服刑為由，謂 Y 依上開條文終止契約不合法。」只是，本款立法意旨，係恐勞工如須入監服刑，將無法提供勞務，而影響勞動契約之履行，則如果個案中不影響勞動契約履行，斟酌解僱最後手段性，或會有不同見解。

另，勞基法 73 年立法後，刑法另有易服社會勞動制度（刑法總則第五章之二），也將產生是否因為未符本款所訂緩刑或易科罰金之文義而得終止之疑問。解釋時或應參考，易服社會勞動制度目的之一，是讓經濟弱勢者，即便無力易科（繳納）罰金，仍有機會以提供勞動或服務來替代入監執行，既可維持既有的工作與生活，又可兼顧家庭照顧，而且可以避免因入監執行產生新的社會問題。

（四）4 款 —— 違反勞動契約或工作規則情節重大者

本款所訂勞工「違反勞動契約或工作規則，情節重大者」，雇主得不經預告終止勞動契約之規定，據學者研究係源自 18 年公布之工廠法（編按，本法已於 107 年經華總一義字第 10700125421 號令公布廢止），該法首先將雇主得終止勞動契約之情形，區分為預告解僱與即時解僱兩大類別，而關於即時解僱部分，工廠法 31 條 1 款即規定有：「有左列各款情事之一時，縱於工作契約期滿前，工廠得不經預告終止契約：一、工人違反工廠規則而情節重大時。」嗣後降至 25 年公布之勞動契約法則仍沿續工廠法精神，也作上揭兩大類別之區分，而在該法 36 條 1 項 6 款規定：「有左列情形之一時，雇方得不經預告，於勞動契約期滿前解約：……六、勞動者對於勞動契約有重大違反，或無正當理由屢次違反服務規則時。」雇主得於勞動契約期滿前解約，最終則於 73 年勞基法立法時，加以參酌而形成本款[137]。

---

[137] 劉志鵬，論勞工確不能勝任工作，氏著勞動法理論與判決研究，133 頁下，寰瀛法律事務所，2000 年 5 月。

　　至於在認定「情節重大」與否，應以客觀的社會通念為主，或是依雇主的主觀想法，法院有不同見解。例如臺中地院 88 勞簡上 11 號：「此由事發後，上訴人公司並未將被上訴人解僱，而至一個半月後鈕○發生侵占公款之情事後，始據為解僱之理由，亦足見該事由原非重大。」認為應參酌雇主之主觀意見。然而基隆地院 88 勞訴 6 號則以：「辱罵行為，與其執行職務行為無關，且原告僅約辱罵約二、三聲，聞或將受移送妨害公務，即未再出言辱罵，尚知所節制，此行為使雇主之人格信賴產生影響輕微，然對於事業場所之秩序、和平並不足以產生障礙，更不影響原告繼續提供勞務之能力等客觀事實，依社會通念，難認原告之辱罵行為已達重大程度，被告認定原告行為已達重大程度，過於主觀，遂行對原告為解僱行為，是屬權利濫用，應屬無效。」等論理，認為應純由客觀上來看情節是否重大。

　　在採客觀判斷情節是否重大時，因：「所謂『情節重大』，係屬不確定之法律概念，不得僅就雇主所訂工作規則之名目條列是否列為重大事項作為決定之標準，須勞工違反工作規則之具體事項，客觀上已難期待雇主採用解僱以外之懲處手段而繼續其僱傭關係，且雇主所為之懲戒性解僱與勞工之違規行為在程度上須屬相當，方符合上開勞基法規定之『情節重大』之要件。則勞工之違規行為態樣、初次或累次、故意或過失違規、對雇主及所營事業所生之危險或損失、勞雇間關係之緊密程度、勞工到職時間之久暫等，均為是否達到懲戒性解僱之衡量標準。」（最高法院 95 台上 2465 號），「客觀上是否符合『情節重大』，則可依：1. 平等對待原則、2. 罪刑法定主義的要求、3. 不溯既往原則、4. 個人責任原則、5. 懲戒相當性原則及 6. 懲戒程序的公正（查清事實真相予勞工本人辯白的機會）等方面予以衡量。另外、企業本身的特性及勞工在企業中的地位不同，對於受懲戒的程度，亦應有不同。」（臺高院 92 勞上 3 號）。

　　本款實務常見，有整理相關判決所列判斷標準後認為：如以判決解僱有效與否之結果為區分，則可發現「勞工行為之嚴重程度」及「雇主因此所受之損失」固仍為最重要之判斷要素，但關於「最後手段性原則」，多集中出現在解僱無效之案件，故可認如法院肯定最後手段性原則之適用，則判決結果上認定解僱無效之機率較高；有關「雇主之企業特性」此一判斷標準明顯集中於解僱有效之案件，如「特別要求勞工守時之雇主企業特性」（快遞公司 / 臺高院 92 勞上 3 號）、「著重公共安全之企業特性」（汽車貨運業者 / 高雄高分院 103 勞上更一字 1 號；石化業者 / 高院 98 勞上更一字 7 號）、「重視與勞工信賴關係之企業特性」（軍用通信器材維修 / 高雄高分院 96 勞上易 11 號；金融保險業 / 高等法院 100 勞上 79 號；快遞業 / 高等法院 101 勞上 86 號）。[138]

　　又本款雖然只規定違反勞動契約或工作規則情節重大，雇主即可終止勞動契約而未有其他要件，不過除有學者認為應該加上「可歸責於勞工」之要件，而表示：「第 12 條第 4 款『違反勞動契約或工作規則』應像民法債編所規定『債務不履行』之領域，強調『可歸責於債務人之一面』……，在『可以歸責於勞工』之情形，才有第 12 條第 4 款之適用……。」[139] 外，更有以下列考量而認為尚需增加「社會相當性」之要件者，即：「是否須經預告終止契約……，應進一步考慮事由之嚴重程度……，尤其是前者我們不妨應用民法上『債務不履行』之概念，以是否有『可歸責於當事人之原因』，作為初步之認定標準。然而必須注意者，勞動契約並非僱傭契約，以是否『可歸責於當事人』作為唯一之基準，並不妥當……。況且如果勞工有可歸責之原因，導致雇主遭受損失，雇主自

---

[138] 游千賢，我國勞動基準法第十二條第一項第四款之研究，62 頁，國立臺灣大學法律學研究所碩士論文，2007 年 1 月。轉引並參考自張詠善，解僱，2021 年 12 月 16 日「勞動法重要實務議題入門」課程講義，未公開發行，臺灣律師學院。

[139] 呂榮海，勞基法實用 I，147 頁，1993 年 9 月，蔚理法律出版社。

可依民法之相關規定,請求賠償……。綜此,愚以為認定終止事由是否成立,應將評估範圍進一步擴及其他社會性因素,特別是雙方當事人對於資遣費及預告期間之期待可能性……。」[140]

相對於本條其他各款之具體規定,本款似乎有概括規定之外觀,因此有學者認為:對於勞基法 12 條 1 項 4 款,與民法 489 條之關係,應將第 4 款解為概括規定,而認為 12 條 1 項未有列舉者,則應得以第 4 款涵蓋之,若仍未能涵蓋在第 4 款之內者,則自不得終止契約,無論如何不得再行適用民法 489 條(當事人之一方,遇有重大事由,其僱傭契約縱定有期限,仍得於期限屆滿前終止之)之規定。惟亦有學者表示,單就一般之立法技術而言,所謂概括規定應置於規定之首或其末,而勞基法 12 條 1 項 4 款並非規定各款之首,亦非各款之末,而是置於其中。因此由立法技術與慣例言之,立法者顯然未將第 4 款之規定當作是一概括規定,而是當作列舉規定之一,只是所規定之內容不明確而已,故勞基法 12 條之各款規定,僅係民法 489 條第 1 項「重大事由」之具體化而已,如果未能符合該款規定,而有其他「重大事由」,雇主仍得據民法規定以終止勞動契約[141]。

(五)5 款 —— 故意損耗機器、工具、原料、產品或其他雇主所有物品,或故意洩漏雇主技術上、營業上之秘密,致雇主受有損害者

勞動契約為繼續性契約,而且具有人格上從屬性,因此雙方間之信賴關係,於契約履行過程中相形重要,此所以本款規定勞工故意損耗機器、工具、原料、產品,或其他雇主所有物品,或故意洩漏雇主技術上、營業上之秘密,致雇主受有損害時,雇主得予懲戒解僱。雖然嚴格言之,以上所規範的行為並非違反勞動契約之主要義務,然而因為這些基於故意並造成損害之行為,已經足使雙方間信賴關係崩毀,因此也成為雇主得懲戒解僱之事由。

---

[140] 郭玲惠,終止勞動契約 —— 兼論德國之制度,中興法學,37 期,29 頁下,1994 年。
[141] 黃程貫,勞動法(修訂再版),492 頁,2001 年 6 月,國立空中大學。

應進一步討論者是，因為勞基法對於何謂營業秘密並無明文規定，而依營業秘密法 2 條：「本法所稱營業秘密，係指方法、技術、製程、配方、程式、設計或其他可用於生產、銷售或經營之資訊，而符合左列要件者：一、非一般及該類資訊之人所知者。二、因其秘密性而具有實際或潛在之經濟價值者。三、所有人已採取合理之保密措施者。」規定可知，營業秘密法上之營業秘密，應有「非周知性」、「具經濟價值性」、以及「秘密性」等三項要件，否則即不為該法所保護。因此勞基法本款所謂之營業上秘密，是否應以具有上揭營業秘密法所規定之要件方屬之，在解釋上即有疑義。就此可以想見的是，如果植基於法律文義一致性之要求，以及懲戒解僱最後手段性原則，則應盡量限縮此所謂營業上秘密之範圍，而應以符合上揭營業秘密法之要件為基本（臺中高分院 100 勞上 33 號、臺南地院 106 勞訴 5 號）。然而如果植基於立法目的不同，相同法律用語得為不同解釋之見解，則本款既然著重在信賴關係之破毀，自不需強令本款所訂之營業秘密受到上揭營業秘密法之限制等二種看法。

（六）6 款 —— 無正當理由繼續曠工三日，或一個月月內礦工達六日者

本款以連續曠工 3 日或一個月內曠工達 6 日為懲戒解僱事由，其中所謂連續曠工 3 日，雖不因有例假、休假日之間隔而阻卻其連續性，但該例假、休假日不能視為曠工而併計於曠工之日數。

至於 1 個月內曠工達 6 日中所稱之「1 個月」計算，應以首次曠工事實發生之日起，依曆計算 1 個月，其期間之終止則依民法 121 條 2 項：「期間不以星期、月或年之始日起算者，以最後之星期、月或年與起算日相當日之前一日，為期間之末日。但以月或年定期間，於最後之月，無相當日者，以其月之末日，為期間之末日。」規定辦理（88 台勞資二字 0048187 號）。具體計算可參考最高法院 107 台上 1548 號：「末查勞動基準法第 12 條第 1 項第 6 款所稱之『1 個月』內曠工達 6 日者……，基於勞動者提供勞務之繼續性，該『1 個月』自應以曆法計算。原審以上

訴人於民國100年12月5日、21日、26日、28日、30日，101年1月4日均未到職，共計6日，且未依規定請假，自100年12月5日曠工首日算至次月相當日之前一日為期間末日即101年1月4日止，已達『1個月』內曠工6日，被上訴人依上開規定於同年月11日終止勞動契約，應屬合法……。」

本款實務上常見爭議在於，勞工因未符合行政主管機關依據43條：「勞工因婚、喪、疾病或其他正當事由得請假；請假應給之假期及事假以外期間內工資給付之最低標準，由中央主管機關定之。」所制定的「勞工請假規則」中之請假程序辦理時，是否產生曠職效果，以及雇主是否具有對請假事由的實質審查權，略述如下：

1. 未遵守請假程序的法令及工作規則，是否產生曠職效果

（1）最高法院見解

就此最高法院97台上13號認為：「勞工因有事故，必須親自處理者，得請事假。勞工請假時，應於事前親自以口頭或書面敘明請假事由及日數。但遇有疾病或緊急事故，得委託他人代辦請假手續。勞動基準法第43條前段、第12條第1項第6款，勞工請假規則第7條、第10條分別定有明文。準此，勞工於有事故，必須親自處理之正當理由時，固得請假，然法律既同時課以勞工應依法定程序辦理請假手續之義務。則勞工倘未依該程序辦理請假手續，縱有請假之正當理由，仍應認構成曠職，得由雇主依法終止雙方間之勞動契約，始能兼顧勞、資雙方之權益。」而且因為：「勞基法第12條第6款規定勞工無正當理由繼續曠工三日或一個月曠工達六日之情形，立法者於此已以具體一定日數明確地劃清其界線，並無需另行援用最後手段原則加以審查之必要。」（最高法院99台上2054號）。

只是實務操作時事業單位仍宜注意，勞工如未提出請假證明時，或應先告示其補正期間及不遵期補正之效果，較為穩妥，因為最高法院103台

上 608 號表示：「被上訴人受僱上訴人擔任駕駛，並兼任上訴人工會（下稱系爭工會）理事長，其雖於民國 101 年 6 月 1 日至 22 日未刷卡上班，惟系爭工會已為其向上訴人提出六月份會務假之申請，且該請假手續縱未檢附上訴人要求於前一月辦理會務之相關事證，亦因上訴人僅通知系爭工會補提事證，並未告知補正期限及逾期將以曠職論處，而上訴人前就被上訴人會務假之申請，復曾有溯及准假情事，被上訴人長官亦未要求其到班出勤，其乃繼續執行工會會務，自難認被上訴人係無正當理由曠工。」

　　只有在職災醫療期間時，最高法院 91 台上 2466 號表示：「勞工在勞基法第 59 條規定之醫療期間，雇主不得終止契約，同法第 13 條前段定有明文。此項規定旨在避免勞工於職業災害傷病醫療期間，生活頓失所依，係對於罹受職業災害勞工之特別保護，應屬強制規定，雇主違反上開規定，終止勞動契約者，自不生契約終止之效力。本件被上訴人罹患鉛中毒及神經病變之職業災害，乙○○至 87 年 5 月 28 日、丙○○至 82 年 4 月 19 日，均在醫療中等情，為原審合法確認之事實，則上訴人興業公司於此期間以被上訴人未依規定請假，屬曠工為由，依勞基法第 12 條第 1 項第 6 款之規定終止勞動契約，自屬違反同法第 13 條之規定，不生契約終止之效力。」亦即，此時因有勞基法 13 條規定，因此無庸依據工作規則所訂程序請假。只是勞資雙方仍宜注意「復工評估」及其法律效果，即「勞動基準法第 59 條所稱醫療期間係指『醫治』與『療養』。一般所稱『復健』係屬後續之醫治行為，但應至其工作能力恢復之期間為限。查勞工在第 50 條規定之停止工作期間或第 59 條規定之醫療期間，雇主不得終止契約，勞動基準法第 13 條定有明文，故勞工有勞動基準法第 12 條第 1 項各款所列情形者，依勞動基準法第 13 條規定，於同法第 59 條之醫療期間，雇主不得終止契約，但於醫療期間內勞工所為之惡意行為，應不在該條保護範圍之內。」（78 台勞動三字 12424 號）；「勞工職業災害醫療後，雇主對於痊癒與否如有疑義，雖不得強制要求勞工至其指定之醫療機構診

斷審定，但要求勞工自行選擇其他經中央衛生主管機關評鑑核定之醫學中心或區域醫院診斷審定，應無不可，惟勞工因前往就診所生之費用，應由雇主負擔。」（81 台勞動三字 46887 號函）；又「縱原告主張依據沈○○所提出、100 年 11 月 29 日由相同醫師所開立之『勞工保險傷病診斷書』，沈○○當時之病情或傷勢影響工作情形為：『傷口已癒合，但仍有幻肢感疼痛，除較輕工作可執行外，較粗重工作無法執行。』認為沈○○當時仍可從事較輕工作，並非完全無法工作苟係屬實，則原告既對勞工沈君之職業傷害經治療後是否痊癒，可否恢復工作或從事較輕工作乙節有疑義，依首揭勞委會 81 年函釋，原告仍得要求沈君自行選擇經評鑑核定之醫學中心或區域醫院診斷，如認勞工可從事較輕工作，即應進行協商，苟勞工拒絕協商，原告認勞工有終止契約之意思，自得依法終止契約，非可由原告捨上開協商程序不為，自行認定勞工可從事較輕工作，即片面要求沈君回來上班，是其主張亦無足採。」（臺南地院 102 簡 20 號行政訴訟判決）。

（2）下級法院之不同見解

然而，本款除了需要有繼續曠工 3 日等事實以外，依照條文規定還必須具備「無正當理由」之要件，此有最高法院 84 台上 1275 號表示：「勞工無正當理由繼續曠工三日者，雇主得不經預告終止契約，勞動基準法第 12 條第 1 項第 6 款定有明文。據此規定可知，雇主得不經預告終止契約者，必須具備：（一）勞工無正當理由曠工，（二）繼續曠工三日之法定要件，若僅符合其中之一者，尚不構成終止契約之事由。從而，勞工雖繼續曠工三日，但其曠工非屬無正當理由者，雇主即不得據以終止契約。」[142] 可資參照。

因此如勞工確有正當事由而未上班，雇主卻不予核准，或以未符工作規則請假規定，而主張依據本款為解僱時，應與本款規定有所齟齬，故對於不符勞工請假規則或公司自訂的請假程序，是否即構成曠職仍有不同見

解，如臺北地院 89 勞簡上 42 號即認為：「按工作規則違反法令之強制或禁止規定者，無效，勞動基準法第 71 條定有明文。又按勞工請假規則第 10 條規定：勞工請假時，應於事前親自以口頭或書面敘明請假理由及日數；辦理請假手續時，雇主得要求勞工提出有關證明文件。是勞工依法得請求雇主給予病假者，一旦事前對雇主表示請假之理由及日數，即行使其法定請假權利，雇主並無准駁給假之權限，亦不得以工作規則附加核准假期之條件，否則該工作規則因違反上開強制給假之規定而無效。至雇主得要求勞工提出證明文件，僅在確認勞工之請假事由是否正當，非謂勞工未提出證明文件前，雇主得拒絕給假。查上訴人抗辯：其規定員工請假三日內由組長簽准，三日以上由組長轉呈廠長核准等語，固有上開請假單備註可稽，然上訴人抗辯：該備註係表示員工請假必須經其核准始生效力云云如屬實，即係對勞工行使法定請假權利，附加須經雇主事前核准給假，勞工始得據以休假之限制條件，顯然違反強制規定，應認為無效。」[143]

2. 請假事由的實質審查權 —— 工會理事依工會法請公假

依工會法 36 條：「（I）工會之理事、監事於工作時間內有辦理會務之必要者，工會得與雇主約定，由雇主給予一定時數之公假。（II）企業工會與雇主間無前項之約定者，其理事長得以半日或全日，其他理事或監事得於每月五十小時之範圍內，請公假辦理會務。（III）企業工會理事、監事擔任全國性工會聯合組織理事長，其與雇主無第一項之約定者，得以

---

[142] 法源法律網 → 判解函釋查詢。

[143] 也有學者表示：「最重要的是這些請假事由是基於社會觀念與風俗習慣或法律規定，在立法上認為『應該給假』，也就是容許勞工暫時不履行勞務給付義務，不僅如此，雇主尚有續付工資的義務，因此只要具備這些事由，雇主續付工資的義務就已形成，而不以踐行請假手續為要件。請假手續，只是為了方便雇主事先作人力的安排，避免雇主受到損害，只是勞工履行其對雇主的『忠實義務』而已。因此本文認為，只要勞工具備有薪請假的事由，縱未踐行請假手續，其勞務給付義務依然暫時休止，而且雇主也有續付工資的義務。」林炫秋，勞工請假規則實務問題，97 年度「勞動基準法實務爭議問題」學術研討會會議資料，行政院勞工委員會（勞動部）主辦，2008 年 9 月 26 日，只是因為林教授表示，該文章尚待修改，未必是其最後見解，故本文以註解方式顯現，特此說明。

半日或全日請公假辦理會務。」規定，在沒有約定等情形時，企業工會的理事長及理、監事，或是擔任全國性工會聯合組織理事長的企業工會理、監事，仍得於法定時數範圍內請公假。

首先，所謂「辦理會務」，依工會法施行細則 32 條：「本法第 36 條所定辦理會務，其範圍如下：一、辦理該工會之事務，包括召開會議、辦理選舉或會員教育訓練活動、處理會員勞資爭議或辦理日常業務。二、從事或參與由主管機關或目的事業主管機關指定、舉辦與勞動事務或會務有關之活動或集會。三、參加所屬工會聯合組織，舉辦與勞動事務或會務有關之活動或集會。四、其他經與雇主約定事項。」認定，而應注意的是：「依據工會法第 36 條、施行細則第 32 條，企業工會之理事長因工會提出不當勞動行為裁決申請後，出席裁決委員會之調查及詢問程序，得請公假處理，整理不當勞動行為裁決所需資料文件，非辦理會務之範圍。」（勞資 1 字 1010127149 號函）。

其次，在理、監事請公假時，最高法院 90 台上 2282 號表示：「足見勞工以辦理職業工會會務為由請公假，仍須衡量其有無必要性及繁簡度，並提出相關證明文件，雇主亦有就個案事實加以認定、審酌之權。……故勞工為辦理會務依上開規定請假時，自應向雇主敘明會務之內容，並提供相關資料，俾供雇主審究是否准假，始合乎上開工會法之規定，非謂勞工一旦以辦理會務為名請假，雇主即應照准之。」認為雇主就工會理事請公假時，有實質審查權，得要求理、監事敘明會務內容並提出證明。不過不當勞動行為裁決委員會認為，原則上只要釋明而不必到證明的程度，甚至在特定情形時只要敘明事由即可，此有 103 勞裁 1 號：「是本會認為：為使雇主有及時、合理行使會務假准駁權之空間，原則上工會或工會幹部應於請求會務假時，釋明其必要性，若於請求會務假時未予釋明或顯有不足時，工會或工會幹部於接獲雇主通知後，應盡速提出釋明或補充釋明。但有下列情形之一者，不在此限：（1）有緊急或不可預測之事由時，工會

或工會幹部得於事後儘速提出釋明。但於請求會務假時，仍應敘明因緊急或不可預測事由致未能提出釋明，於此情形，雇主應暫予給假；（2）若釋明有明顯傷害工會會務自主性之虞時，工會或工會幹部應在請求會務假時敘明該等事由，以代替釋明，於此情形，雇主即應給假。」可資參考。

二、遵守除斥期間

在上述立即終止情形，因為該等終止事由大抵上可歸責於勞工，所以無需給付資遣費及預告期間。只是一旦產生立即終止事由，而雇主一直沒有行使終止勞動契約之權利，將使勞資關係處於不穩定狀態。因此 12 條 2 項明訂：「雇主依前項第一款、第二款及第四款至第六款規定終止契約者，應自知悉其情形之日起，三十日內為之。」即除了第 3 款勞工受有期徒刑之宣告確定，斯時勞工已經現實上不能提出勞務給付，所以未另外規定雇主行使解僱權之時間限制外，其餘各款依據 12 條 2 項規定，雇主皆應於知悉情形之日起 30 日內，為終止契約之意思表示，否則將因除斥期間之經過而產生失權效果。

而此所謂「雇主」知悉，「若為公司組織型態，因在公司組織架構下，權責劃分各有不同，自應以就員工之任職、解聘或獎懲等事項，具有決定權限之主管或人事單位知悉時為準……。」（高雄高分院 100 勞上易 23 號）。又雖然明確規定為知悉後 30 日，不過實務上仍產生下列問題：

（一）除斥期間之起算點

1. 連續數行為時之起算點

高雄高分院 99 勞上 5 號表示：「至上訴人主張被上訴人於 97 年 8 月間即有擅自變更客戶交易條件，此一違失行為固有可能於 97 年 9 月間為上訴人所查知。惟此一違失行為與上開於 97 年 10、11 月間始實施或上訴人於 97 年 10 月底方得知悉之違失行為，係陸續發生，其中之單一或數個已得查覺之可能違失行為，未必達於情節重大而得終止勞動契約之程度；

且於被上訴人接受稽核訪談並為答辯之前，亦難認上訴人得確知有無此等情事。故上訴人於其所查覺被上訴人可能之違失行為認其質、量累計已達情節重大之程度，並於稽核訪談調查明確後，始於 30 日內為解僱之意思表示，並無違背勞基法第 12 條第 2 項之規定。被上訴人辯稱上訴人於 97 年 9 月即知有勞基法第 12 條第 1 項第 4 款『違反勞動契約或工作規則情節重大』之解僱事由，殊無可採。」

2. 年度功過相抵時之起算點

臺高院 100 勞上更（一）字 1 號表示：「所謂違反勞動契約或工作規則之行為，依勞基法第 12 條第 1 項第 4 款規定，仍應以情節重大為要件，且被上訴人所訂之工作規則，亦僅係累計達 3 大過時始為解僱。則就保障勞工工作權之意旨而言，自可允許雇主在勞工有違規行為時，仍得期待並給予勞工自我警惕及改善之時間，而暫不為解僱，否則，若謂一經達到記 3 大過即應解僱，而無期待改善之調整機制，無異剝奪勞資雙方在維護勞資關係及勞工權益上之自主選擇權，對勞工並不較為有利，況被上訴人就上訴人之違規行為，係先選擇為懲戒記過處分，並以 365 日之期間為觀察及認定期間，再參酌之前違規行為之處分是否已無法使上訴人達到自我警惕及改善之目的後，始認上訴人之違規情節重大而為終止，就情節重大應斟酌其違規行為與解僱處分間相對應之必要性而言，仍屬相當。故上訴人稱於記滿 3 大過時即應起算行使終止權之除斥期間，而認被上訴人之終止已逾期或不符要件而不合法，即不足採。」

（二）雇主之調查時間是否併入 30 日之除斥期間

如何起算此 30 日期間，亦即此所謂知悉，是一旦知道即起算還是經過調查後客觀確定才起算。就此雖然最高法院 86 台上 2721 號認為：「勞基法第 12 條所謂應自知悉其情形之日起三十日內為之，係指僱主於知悉勞工有該條規定情形時，自知悉之日起三十日內得依法終止契約而

言。……上訴人謂所謂知悉，係指僱傭人即上訴人對被上訴人所發生事實調查明確，確認確有違規情形後，除斥期間始起算，在未形成心證之前，不得解為知悉云云，自無可採。」是以知悉時起算，而不計入調查時間。

不過臺高院 93 重勞上更（一）第 3 號則認為：「又公司法人組織龐大，如僅憑某稽查員單方指訴，不調查審酌勞工之辯解，而公司於事實真相無法清楚知悉之情形下，貿然予以解僱殊非保護勞工之道及勞資關係和諧之……。準此，勞動基準法第 12 條第 2 項所謂雇主知悉時，當指雇主確知勞工違反勞動契約及工作規則之時。」最高法院 100 台上 1393 號亦表示：「該 30 日之除斥期間，自應以調查程序完成，客觀上已確定，即雇主獲得相當之確信時，方可開始起算。」（同院 109 台上 1619 號見解略同）。

第三款　強制退休

一、法定強制退休事由

54 條 1 項規定：「勞工非有下列情形之一，雇主不得強制其退休：一、年滿六十五歲者。二、身心障礙不堪勝任工作者。」（依 107 年修法理由，此處身心障礙非僅限身心障礙者權益保障法所定領有身心障礙證明者）。又第一款之年滿 65 歲規定，如果勞工所擔任之工作具有危險性、或具堅強體力等特殊性質者，得由事業單位報請中央主管機關予以調整。但不得少於 55 歲（同條 2 項）。

本條所定歲數計算，以戶籍記載為準（施行細則 27 條），而此所謂戶籍記載依內政部 75 台內勞字第 4641587 號函：是指受僱時之戶籍記載，然而如果事業單位依據勞工自填之出生日期，已符合強制退休條件而強制勞工退休，亦無不可[144]。

---

[144] 法源法律網 → 判解函釋查詢。

　　雖然，年滿 65 歲者，雇主得強制其退休。但是如果該名勞工是依中高齡者及高齡者就業促進法 28 條規定：「65 歲以上勞工，雇主得以定期勞動契約僱用之。」者，該法施行細則 7 條 2 項則明定：「前項定期契約期間，不適用勞動基準法第五十四條第一項第一款規定。」因此雇主在此定期契約期間，不得依勞基法 54 條 1 項 1 款強制勞工屆齡退休。

　　又實務上偶有發生勞工已經符合強制退休條件時，事業單位同時又具有勞基法 11 條之資遣事由，對此 80 勞動三字第 27014 號函表示：「事業單位因業務緊縮而終止契約，對於年滿六十歲勞工，應……予強制退休，不得以資遣方式辦理……。」（編按，54 條 1 項 1 款已於 97 年 4 月 25 日，修正為年滿 65 歲），而最高法院 86 台上 1528 號也表示：「同時符合勞動基準法第 11 條雇主得預告勞工終止勞動契約及第 54 條雇主得強制勞工退休之規定者，因後一規定，對勞工較為有利，基於勞動基準法保護勞工之意旨，應認雇主僅得依後一規定，強制勞工退休，不得依前一規定，預告勞工終止勞動契約。」

二、退休金給予標準與時效等

　　依 55 條 1 項規定：「勞工退休金之給與標準如下：一、按其工作年資，每滿一年給與兩個基數。但超過十五年之工作年資，每滿一年給與一個基數，最高總數以四十五個基數為限。未滿半年者以半年計；滿半年者以一年計。二、依第五十四條第一項第二款規定，強制退休之勞工，其身心障礙係因執行職務所致者，依前款規定加給百分之二十。」

　　而「前項第一款退休金基數之標準，係指核准退休時一個月平均工資。」（55 條 2 項），此所謂一個月平均工資，行政主管機關認為勞基法 2 條 4 款所訂「平均工資：謂計算事由發生之當日前六個月內所得工資總額除以該期間之總日數所得之金額。」是對「日平均工資之計算」規定，對「月平均工資」則無明文，為求簡易、準確及合理起見，應以勞工退休前六個月之工資總額，直接除以六為其月平均工資（83 台勞動二字

第 25564 號函），司法實務也多有引用。不過，最高法院 100 台上 766 號則認為：「平均工資，謂計算事由發生之當日前六個月內所得工資總額除以該期間之『總日數』所得之金額，勞基法第 2 條第 4 款定有明文。原審以上訴人 95 年 7 月份至 12 月份所得工資總額，除以月數，計算其平均工資，進而以之計算被上訴人應給付之退休金，亦不合於該規定。」

雖然退休金、資遣費的重點在於勞工過去的服務年資，因此如採日平均工資計算時，確實會因離職前六個月之月份大小（28 至 31 天），致使在相同年資下僅差幾日退休勞工的平均工資有所不同，有失公允。只是既然最高法院有上述看法，因此如何依據上開法院判決回歸勞基法 2 條 4 款計算月平均工資，仍需探討。就此有學者提出「期間逆推法」，即配合施行細則 2 條 1 款（發生計算事由之當日及工資不算），及民法 120 條 2 項（以日、星期、月或年定期間者，其始日不算入），民法 121 條 2 項（期間不以星期、月或年之始日起算者，以最後之星期、月或年，與起算日相當日之前一日，為期間之末日。但以月或年定期間，於最後之月，無相當日者，以其月之末日，為期間之末日）等規定，可簡化為「事由當日不計，自前一日起逆推六個月前相當日之翌日，六個月前該日無相當日者以該月之末日為期間末日。」[145]

又計算此六個月期間時，施行細則 2 條規定：「依本法第二條第四款計算平均工資時，下列各款期日或期間均不計入：一、發生計算事由之當日。二、因職業災害尚在醫療中者。三、依本法第五十條第二項減半發給工資者。四、雇主因天災、事變或其他不可抗力而不能繼續其事業，致勞

---

[145] 陳金泉、李瑞敏，勞動訴訟實務精修課程－給付資遣費、退休金訴訟，9 頁，2015 年 7 月，台北律師公會主辦律師在職進修課程講義，未公開發行。只是，在計算出日平均工資後，固然有認為直接乘以 30，憑以計算月平均工資，但「勞動基準法第 2 條第 4 款規定『平均工資』，係計算事由發生之當日前六個月內所得工資總額除以該期間之總日數所得之金額，即事由發生當日不算入，自當日前一日依曆往前推六個月期間，該期間並不屬於非連續計算之情形，自應依民法第 123 條第 1 項規定依曆計算，而不宜解為算足三十日。」86 台勞動二字 052675 號函，似較符法律。

工未能工作者。五、依勞工請假規則請普通傷病假者。六、依性別工作平等法請生理假、產假、家庭照顧假或安胎休養，致減少工資者。七、留職停薪者。」之情形應排除。[146]

繼之，在確定計算平均工資之期間後，另應注意者是關於期間內所得工資總額如何認定，對此固有認為係以該段期間內「實際領得之工資總額」為准，不過 2 條 4 款既謂「前六個月內所得工資總額」，即重在服勞務期間而非給付報酬的時間，因此勞基法 2 條 4 款……，所稱工資總額係指終止勞動契約前六個月內所取得『工資請求權之工資總額』而言。」（78台勞動二字 13391 號，臺高院 100 重勞上更一字 2 號），即以「應領工資總額」為準。

又雇主依據上述規定計算出勞工應得之退休金總額後，應自勞工退休之日起 30 日內給付予勞工，如因依法提撥之退休準備金不敷支付，或事業之經營或財務確有困難，致無法一次發給時，則得報經主管機關核定後，分期給付（55 條 3 項、施行細則 29 條）。

勞工請領退休金之權利，自退休次月起，因五年間不行使而消滅。且鑒於勞退條例 29 條及勞保條例 29 條，均明定勞工新制退休金及各種勞工保險給付，均不得讓與、扣押、抵銷或供擔保，因此於 104 年 7 月增訂公布勞基法 58 條 2 至 4 項為：「（II）勞工請領退休金之權利，不得讓與、抵銷、扣押或供擔保。（III）勞工依本法規定請領勞工退休金者，得檢具

---

[146] 本條 5 至 7 款是 106 年 6 月修正增列，而在尚未修法前，桃園地院 99 勞訴 24 號即表示：「平均工資之計算，依勞動基準法第 2 條第 4 款之規定，應指事由發生前之 6 個月平均工資，惟此係指常態之工作情形而言，始符公平；否則，雇主可於給付較少薪資後再行資遣勞工，因而可獲得短付資遣費之利益，此無論勞工於遭資遣前係自行請假，或無薪假之情形，或基於勞資雙方同意且非屬常態之情形均無不同。」歸納立法目的而將之限縮於「常態之工作情形」。其後在此理論基礎下，主管機關將以往函釋：退休前六個月內勞工如有普通傷病假以及留職停薪期間（76 勞動字 2255 號函），請家庭照顧假期間（勞動條 2 字1040132503 號），請產假、流產假、生理假期間（勞動二字 0920001321 號）等，而致工資折半發給或不發給等情形，於 106 年修法時增訂為應予扣除之期間，即可理解。

證明文件，於金融機構開立專戶，專供存入勞工退休金之用。（IV）前項專戶內之存款，不得作為抵銷、扣押、供擔保或強制執行之標的。」實務操作可參照勞動部訂頒「勞基法退休金專戶開戶須知」。

第四款　雇主終止勞動契約之後契約義務

於勞動契約終止後，原則上為契約當事人之勞雇雙方的權利義務，應至此終結。不過依據 19 條：「勞動契約終止時，勞工如請求發給服務證明書，雇主或其代理人不得拒絕。」規定，雇主於契約終止後仍然負有發給服務證明書（關於服務證明書之記載事項，請參見本項第一款／第一目／六）之義務。

第三項｜勞工主動終止

第一款　預告終止

在不定期勞動契約存續中，勞工得依（適用或類推適用）民法 488 條 2 項：「僱傭未定期限，亦不能依勞務之性質或目的定其期限者，各當事人得隨時終止契約……。」規定，而隨時預告終止勞動契約，雇主不得以強暴、脅迫、拘禁或其他非法方式，強制要求勞工從事勞動（5 條）。

此種終止依 15 條 2 項：「不定期契約，勞工終止契約時，應準用第十六條第一項規定期間預告雇主。」規定，應該遵守預告期間而事先提出終止契約之意思表示，尚為明確。不過問題是：1. 勞工如不遵守法定預告期間而逕自離職時，其終止契約之效力如何？對此，臺中高分院 92 勞上 15 號表示：「上訴人再以按勞動契約中，勞工自請退休屬民法第 263 條所定契約終止權之行使，而此項終止權之行使，勞基法於第 15 條規定，準用同法第 16 條第 1 項第 3 款之規定，勞工需事先預告，本件被上訴人

在上訴人公司已繼續工作三年以上……，其自請退休依法應於三十日前預告上訴人，並於預告期滿後即 91 年 8 月 28 日始發生終止勞動契約（自請退休）之效力等語，惟查上開規定，僅係勞工單方要終止勞動契約之預告期間，目的在避免影響雇主業務之推展因而規定預告時間，並非終止勞動契約須預告期間屆滿始生效，彰彰至明。」；2. 雇主與員工約定，離職時應遵守較法定期間為長的預告期間，違反者負損害賠償責任，效果如何？對此，臺北地院 107 勞簡上 55 號表示：「雇主與勞工所訂勞動條件，不得低於本法所定之最低標準。勞動基準法第 1 條定有明文，經查，系爭聘僱合約前揭約定之期間，顯然高於勞動基準法關於預告期間之規定，已如前述，而此項約定之結果，無異將導致勞方為避免損害賠償結果之發生，因此必須增加其離職之預告期間而延滯離職及尋覓新職之計畫，如此將造成被上訴人無從依照勞動基準法之規定而離職，不當加重勞工之責任；甚至如准許資方得以損害賠償之方式為之，無異准許資方得以藉此達成為違背勞動基準法規範之結果，因而損害勞方受勞動基準法所應受保護之權益，顯非適法；是其約定自屬無效，則被上訴人提出之離職既屬合法，即無從造成上訴人之損害；因此，上訴人依據該項約定主張被上訴人未於約定之預告期間提出離職，因此請求被上訴人賠償，並非有據，應予駁回。」

第二款　立即終止

一、例示之法定事由

當雇主有：「一、訂立勞動契約時為虛偽之意思表示，使勞工誤信而受有損害之虞者。二、雇主、雇主家屬、雇主代理人對於勞工實施暴行或有重大侮辱之行為者。三、契約所訂之工作，對於勞工健康有危害之虞，經通知雇主改善而無效果者。四、雇主、雇主代理人或其他勞工患有惡性傳染病，有傳染之虞者。五、雇主不依勞動契約給付工作報酬，或對於按

件計酬之勞工不供給充分之工作者。六、雇主違反勞動契約或勞工法令，致有損害勞工權益之虞者。」等勞基法 14 條 1 項規定之情形，勞工得不經預告終止勞動契約。

固然雇主在依勞基法 11、12 條解僱勞工時，為使勞工適當地知悉其所可能面臨之法律關係的變動，基於誠信原則應有告知勞工其被解僱事由之義務，且基於保護勞工之意旨，雇主不得隨意改列其解僱事由，同理，雇主亦不得於原先列於解僱通知書上之事由，於訴訟上為變更再加以主張（最高法院 95 台上 2720 號）。不過，在勞工運用本條文終止契約時，則臺北地院 91 勞訴 153 號表示：「而我國勞動基準法第 14 條第 1 項並未規定勞工終止勞動契約時，應明確說明其終止勞動契約之法律上依據，亦未要求勞工必須說明其事實上之依據，僅需雇主具備勞動基準法第 14 條第 1 項各款事由之一，勞工即可以之為由終止勞動契約，即勞工可主張終止勞動契約之事由，並不以勞工於終止契約時所述之法律及事實理由為限，僅需在勞工終止勞動契約當時已經發生者即可。」

其次，在實體內容方面，本條所規定者大抵上是對應於 12 條雇主立即解僱情形。亦即，基於勞動契約相對人間信賴關係的著重而設有第 1 款規定，因此如有足使雙方間信賴關係破毀之虛偽表示，而使勞工有受損害之可能性時，勞工即得依據本款終止契約。

又因勞動契約為繼續性契約，且具有信賴關係的特性，而設有第 2 款。因此縱然是雇主代理人或雇主家屬所為，而非雇主親自有暴行與重大侮辱，但或者因雙方間之信賴關係已經崩壞，或者因勞工之人格已受損傷，難以期待勞工繼續順暢提供勞務，故得依據第 2 款終止契約。

至於 3、4 兩款規定則應是將勞動契約中雇主保護、照顧勞工的附隨義務加以明文規定（關於勞工安全衛生的保護，除職業安全衛生法等法令以外，民法於 88 年修正時，也增訂 483-1 條，而將雇主應保護勞工於服勞務時之生命、身體、健康加以明文化）。而關於第 4 款所謂「惡性傳染

病」之「是否有傳染之可能」則以中央醫療主管機關之認定為准，於內政部掌管勞工行政事務時期，曾認為國人常見之 B 型肝炎，於一般工作環境之接觸無傳染之危險性，並不屬本款所訂之惡性傳染病（74 台內勞字375764 號函）。

本條 5 款係雇主違反勞動契約之主要義務，而 6 款則是概括性規定，該款所謂「違反勞工法令致有損害勞工權益之虞者」之情形為何，最高法院 92 台上 1779 號除表示未依法提撥舊制退休準備金屬之外，另認為：「惟按職工福利金之提撥，旨在保障職工之福利能有固定而充足之財源，如企業組織不依法（編按，為職工福利金條例）提撥職工福利金，未將此一支出款項逐年獨自編列並預先列為固定支出項目，縱使歷來實際福利支出均達法定職工福利金之提撥標準，亦僅為恩惠性質之支出，日後支出是否猶能符合提撥標準、且無私下移作他用之情形，實屬難料，如企業有遭受拍賣財產、破產等情形時，職工福利金亦無優先受償或儘先撥足之權。故企業組織未依法提撥職工福利金，有損害勞工權益之虞，已屬無疑，……。」只是第 6 款之文義雖然只要雇主有違反勞動契約或勞工法令，致有損害勞工權益之虞時，勞工即得據之終止勞動契約，並無情節重大之限制，但有認為因為保護勞工之法令甚多，如認本款不需受「情節重大」之限制，有時反失公平。

另外，勞工依 14 條 1 項 1 款、6 款規定終止契約者，應自知悉其情形之日起，三十日內為之。但雇主有第 6 款所定情形者，勞工得於知悉損害結果之日起，三十日內為之。而有本條第 2 款或第 4 款之事由時，雇主已將該代理人間之契約終止，或患有法定傳染病者依衛生法規已接受治療時，則不安狀態已經除去，勞工即不得終止勞動契約（14 條 2、3 項）。

二、得請求資遣費

14 條 4 項：「第十七條規定於本條終止契約準用之。」此為勞工依該條 1 項終止勞動契約時請求資遣費之權利基礎。不過本項只規定準用

17 條資遣費請求，並未提及 16 條預告期間工資亦得請求，因此有認為勞工依 14 條終止契約時，不得請求預告期間工資。只是在雇主因為有 11 條所訂客觀上之經營因素而欲終止勞動契約，仍應給付預告期間工資，而本條則非但皆為不可歸責於勞工之情形，甚至多為雇主具有違反勞動契約之狀況，如在解釋上反而不需另外給付預告期間工資，則於利益衡量上恐有失公允。

又勞基法對於資遣費請求，並未如退休金請求權明定五年之消滅時效（58 條 1 項），因此是否符合民法 126 條：「利息……退職金及其他一年或不及一年之定期給付債權，其各期給付請求權，因五年間不行使而消滅。」之短期時效，或是應回歸同法 125 條 1 項本文：「請求權，因十五年間不行使而消滅。」規定，即有疑義。就此，固然法律概念上：「民法第 126 條所謂 1 年或不及 1 年之定期給付債權，係指基於一定法律關係，因每次 1 年以下期間之經過順次發生之債權而言，其清償期在 1 年以內之債權，係一時發生且因一次之給付即消滅者，不包含在內……。本件被上訴人請求上訴人給付資遣費，核屬一次給付之金錢債權，並非反覆發生之短期債權，參以上開說明，自無民法第 126 條短期消滅時效之適用，而應適用 15 年時效之規定。」（臺高院 97 勞上 20 號，經最高法院 97 台上 2015 號裁定維持而確定）。只是：「現行勞基法並未明載資遣費請求權之消滅時效，然觀諸勞工請領退休金之權利，依該法第 58 條規定，自退休之次月起，因五年間不行使而消滅。又資遣費乃係由於特定原因而由雇主或勞工終止契約支給的一切費用；至於退休金，則為勞工服務屆滿一定期間或一定年齡而給予的款項。兩者同為照顧勞工因終止契約而離職後之生活所需，皆由雇主負擔給付之義務，具強制性……，是故在性質上有其相同之處。又按民法第 126 條所稱退職金，依其文義解釋，乃退出職務之意，退休或資遣均屬之，故資遣費之請求權時效，亦應以五年間不行使而消滅。」（士林地院內湖簡易庭 93 湖勞簡 6 號）。

第三款　自請退休

一、自請退休之要件

「勞工有下列情形之一，得自請退休：一、工作十五年以上年滿五十五歲者。二、工作二十五年以上者。三、工作十年以上年滿六十歲者。」53 條定有明文。本條 1、3 款規定除滿一定年齡外，尚必需具備一定之工作年資，2 款則只需滿一定工作年資即可。

以上條款中關於年齡計算，依施行細則 27 條規定以戶籍記載為準，而內政部 75 台內勞字 4641587 號函除了進一步闡釋，此戶籍記載是指「受僱時之戶籍記載」外，也表示如事業單位依勞工自填之出生日期而認定年齡並強制勞工退休，亦無不可。

又關於工作年資計算，依 57 條規定，原則上以勞工服務同一事業單位者為限，方得併計。但是受同一雇主調動之工作年資，及依第 20 條規定即事業單位改組或轉讓時繼續留任之勞工，依法由新雇主繼續予以承認之年資，亦應予併計。

因此受人事異動而調職之勞工，因為或屬受「同一雇主調動」，或仍在同一事業單位中工作，其年資應予併計並無疑問。即使因借調而使勞工受不同公司法人指揮監督者，因為其勞動契約仍然存續於該受借調勞工與原事業單位間，所以仍屬於服務同一事業單位，而依 57 條併計年資（82 台勞動三字 41107 號函）。至於在轉僱情形，因為轉僱時法律手段上所得採行之方式，有勞工與原雇主終止勞動契約後，再由勞工與轉僱目的事業訂立另一新的勞動契約之方式，以及原勞動契約並不終止，而由轉僱目的事業承擔原雇主之法律地位（即意定契約承擔。只是因為原事業單位與轉僱目的事業兩者，通常有不同制度，因此在使用契約承擔方式時，實務上應注意同時就工作規則、福利制度等之變更為約定）等兩種方法。而在契約承擔時，轉僱目的事業既然已承擔原雇主之法律地位，則法理上其前後年資仍應併計。至於以終止契約再另立新約之方式，勞工在兩個不同法人

格的事業單位工作時，既不符 57 條本文的「服務同一事業單位」，也不符但書的「受『同一』雇主」調動，年資是否併計，難免有疑，然而轉僱是企業人事異動之一環，仍然屬於受雇主調動，而與勞工主動與原雇主終止契約，再另行尋找工作者不同，在價值判斷上，其前後工作年資應與調職、借調同，而應類推適用本條文（最高法院 100 台上 1016 號表示，如不同法人間具有「實體同一性」時，勞工之年資得類推適用 20 條而併計）予以併計。

　　又，第 10 條：「定期契約屆滿後或不定期契約因故停止履行後，未滿三個月而訂定新約或繼續履行原約時，勞工前後工作年資，應合併計算。」也有年資併計規定。而本條文義上固有多種排列可能，但較無爭議的應係定期契約屆滿後未滿三個月另訂新約，與不定期契約因故停止履行後繼續履行原約等二種情形。其次的問題在於何謂不定期契約「因故停止履行」，就此如果採取契約暫時「中止」的概念，應該只是指如育嬰留停的期間等情形，至於在不定期勞動契約終止之情形，如自請離職、資遣、退休等，是否也含括在「因故停止履行」概念內，而使前後二個契約之年資併計，仍有不同見解（因為條文文義是繼續履行原約），而最高法院 86 台上 957 號表示：「按勞基法第 10 條規定定期契約屆滿後或不定期契約因故停止履行後，未滿三個月而訂定新約或繼續履行原約時，勞工前後工作年資，應合併計算。其立法本旨在於保護勞工權益，避免雇主利用換約等方法，中斷勞工年資之權益，故對上開條文應採擴張解釋，除退休外縱因資遣或其他事由離職，於未滿三個月內復職，而訂立新約或繼續履行原約時，勞工前後工作年資均應合併計算。」則認為前後勞動契約間隔三個月內時，除前一段為退休外，其餘情形年資應予併計。

二、自請退休之行使

　　因為自請退休屬於形成權，所以勞工一旦符合退休要件而依 15 條 2 項：「不定期契約，勞工終止契約時，應準用第 16 條第 1 項規定期間，

預告雇主。」規定，訂 30 日以上之預告期間，向雇主為自請退休之意思表示即可，不需雇主同意，此有最高法院 88 台上 68 號：「自請退休，勞動基準法第 53 條固有明文，惟該條之立法精神，無非基於勞工之立場，為防止雇主不願核准已達一定年資、年齡之勞工自請退休之弊端，而賦予勞工得自請退休之權利，使符合該條規定要件之勞工於行使自請退休之權利時，即發生終止勞動契約之效力，而無須得相對人即雇主之同意。故勞工依該法自請退休時，勞雇雙方之勞動契約即可終止，勞工自請退休之權利為契約終止權之一種，而終止權又屬形成權之一種，形成權於權利人行使時，即發生形成之效力，不必得相對人之同意。」足參。

　　附帶提及，雖然勞工在符合法定退休要件時，即取得自請退休並請求給付退休金之權利，但是在勞動契約終止前，勞工請領退休金之權利尚不得行使，其自願減少請求退休金額或拋棄請求，因非對既得權利之處分，該減少或拋棄之意思表示，自屬違反勞基法 55 條 1 項勞工退休金之給與標準，及 56 條雇主應按月提撥勞工退休準備金專戶存儲，此等基於保護勞工生活養老政策所為之強制規定而無效（最高法院 106 台上 2733 號）。

三、已達自請退休要件後被解僱

　　廠場實務上偶有發生，勞工已符合 53 條所定自請退休要件而未申請退休時，卻先遭雇主懲戒解僱而終止勞動契約，此時勞工是否仍得向雇主請求退休金之爭議。蓋以，雇主認為勞動契約既然已經因為雇主先為解僱之意思表示而終止，則邏輯上勞工即無從再申請退休終止勞動契約而請求退休金。而問題點或應在於，勞工之退休金請求權是否需因勞工退休致勞動契約終止始發生，或是於法定要件充足時其權利即已發生僅待勞動契約消滅時方得行使。

　　就此臺高院 90 勞上 48 號認為，勞工遭雇主解僱終止勞動契約時，如已符合自請退休之要件者，其勞工退休金請求權不因雇主終止勞動契約

之意思表示生效在前而受影響，其理由為：「一、按勞動基準法第 18 條規定，有左列情形之一者，勞工不得向雇主請求加發『預告期間工資』及『資遣費』：（一）、依第 12 條或第 15 條規定終止勞動契約者；（二）、定期勞動契約期滿離職者。而退休金並未包括在內。足見雇主依勞動基準法第 12 條第 1 項第 4 款規定終止勞動契約時，勞工僅不得向雇主請求加發『預告期間工資』及『資遣費』，故雇主依勞動基準法第 12 條第 1 項第 4 款終止勞動契約，勞工應仍得向雇主請求給付退休金，實為正確。二、另從退休金之經濟性格觀之，工資本質上係勞工提供勞動力之價值，惟勞工所獲得之工資並未充分反映勞動力之價值，此部分未付予勞工之工資持續累積，而於勞工離職時結算並支付之。亦即退休金制度係雇主將應給付勞工之足額工資撙節一部分逐漸累積，而於勞工退休時支付。準此，退休金為『延期後付』之工資性質，為勞工當然享有之既得權利，且不因勞工事後離職而消滅。勞工離職原因雖有不同，惟離職原因終會發生，僅發生期限尚未確定而已，故退休金請求權係附有不確定期限之債權。據此，退休金本質上係以勞工全部服務期間為計算標準所發給之後付工資，則雇主以懲戒解僱為由剝奪勞工請求退休金之權利，於法尚非允當。……三、依上所述，勞工如已符合自請退休之要件，而未自請退休，如遭雇主解僱，終止勞動契約，仍應有自請退休之權利，不因雇主終止勞動契約之意思表示生效在前而受影響。換言之，勞工一旦符合法定退休要件而取得自請退休之權利，該權利即為其既得之權利，並不因雇主解僱而喪失其原已取得之權利，否則僱主藉故解僱已符合退休條件之勞工，規避給付退休金之義務，殊非勞動基準法之立法本旨……。」[147] 同院 101 勞上 83 號也

---

[147] 上述判決理由對於退休金之法律性質，應是採後付工資之看法。但是因為我國勞基法在退休金外，另有資遣費制度，而且兩者數額相差一倍。換言之，如果退休金是後付工資，那麼資遣費之法律性質似亦相同，則為何會有不同之計算。而且，如果是工資後付，又為何於勞工未達退休要件時自行離職或受懲戒解僱時，勞工不得具領？凡此皆有待研究。

表示：「而勞工退休金給付請求權在勞動契約消滅之同時或契約消滅後，即得主張之，惟若因其他原因，致使勞動契約已消滅，而不待勞工再行使退休權利其中之契約終止權時（例如雇主先行依勞基法第 11 或 12 條之事由終止契約或勞工死亡時），則其退休金給付請求權並非因而消滅，而是即得隨時行使之。蓋因自請退休及所伴隨之退休金給付請求權，既為勞工因法律規定而生之權利，於法定要件充足時其權利即已發生，在法無明文時，不應因僱主之片面行為而予剝奪。是勞工一旦符合法定退休要件，即已取得自請退休並請求給付退休金之權利，不因雇主終止勞動契約而喪失。」

第四項｜提起給付退休金與確認僱傭關係等訴訟時，司法實務相關問題與勞動事件法施行之影響

一、給付退休金訴訟之適用程序

原則上，原告提起民事訴訟時之請求金額如果超過新臺幣 50 萬元以上時，法院依據「普通程序」來審理。不過因為民事訴訟法 427 條 2 項 8 款規定：「因利息、紅利、租金、贍養費、『退職金』及其他定期給付涉訟者，『不問其標的金額一律適用簡易程序』。」因此在勞工向法院提起一次給付超過新臺幣 50 萬元的退休金訴訟時，法院究竟應適用普通程序或是簡易程序來審理，曾有不同見解。而目前是以普通程序審理，理由在於：上開條文所指之利息、紅利、租金、贍養費、退職金僅為舉例說明的例示規定，必須請求依據的性質即所謂訴訟標的之性質為「定期給付」始有該條適用（臺灣高等法院暨所屬法院 85 年法律座談會民事類提案第 37 號）。

二、提起確認僱傭關係存在訴訟有無時間限制，及其適用程序與裁判費計算

（一）提起確認僱傭關係存在訴訟，有無時間限制

當勞工主張解僱違法而提起「確認僱傭關係存在」訴訟時，雖然在法院認定雇主解僱違法而無效時，此所謂無效是指自始、當然、確定的不生效力，不必等到法院的判決才形成無效的法律效果，所以此「確認僱傭關係存在」訴訟，理論上應該沒有所謂時效或除斥期間的問題。只是在最高法院 97 台上 950 號表示：「按權利固得自由行使，義務本應隨時履行，惟權利人於相當期間內不行使其權利，並因其行為造成特殊之情況，足引起義務人之正當信任，認為權利人已不欲行使其權利，或不欲義務人履行其義務，於此情形，經盱衡該權利之性質、法律行為之種類、當事人之關係、經濟社會狀況、當時之時空背景及其他主、客觀等因素，綜合考量，依一般社會之通念，可認其權利之再為行使有違『誠信原則』者，自得因義務人就該有利於己之事實為舉證，使權利人之權利受到一定之限制而不得行使，此源於『誠信原則』，實為禁止權利濫用，以軟化權利效能而為特殊救濟形態之『權利失效原則』，究與消滅時效之規定未盡相同，審判法院當不得因已有消滅時效之規定即逕予拒斥其適用，且應依職權為必要之調查審認，始不失民法揭櫫『誠信原則』之真諦，並符合訴訟法同受有『誠信原則』規範之適用。」即權利失效原則後（同院 102 台上 1932 號、102 台上 1766 號等判決略同），提起確認僱傭關係存在之時效，恐非毫無限制。

例如新北（板橋）地院 99 勞訴 43 號即加以引用，並進一步認為：「『權利失效原則』，究與消滅時效之規定未盡相同，審判法院當不得因已有消滅時效之規定即逕予拒斥其適用……。但我國勞工法令並未就勞工於生遭解僱之勞資爭議時，應提出爭議、申訴或起訴之時限有所規定，故

衡量上述勞動契約關係保持安定性之原則，為避免勞動關係懸而未定，乃有於我國相關立法未如德國等相關外國立法例定有法定期間之前提下[148]，有審酌勞工起訴時點是否故意延宕涉及權利濫用之必要。又判斷勞工起訴請求確認僱傭關係存在有無故意延宕請求之期間而有違背誠信原則之情事，除參酌上開情事外，另參照民法第 129 條所規定者為私法上權利之請求權消滅時效之中斷事由之規定情形，及民法第 130 條規定之時效因請求而中斷者，若於請求後 6 個月內不起訴，視為不中斷之意旨，本院認為……至遲應於發生解僱之爭議事由之事實發生後，於不逾 6 個月內為爭執意思之提出，例如直接向雇主為爭執之表示，或向勞工行政機關申訴或申請勞資爭議調解、協調，方可認為勞工無故意延宕其請求之情事存在，且參照上開民法關於請求權消滅時效中斷之規定，勞工於提出爭執之意思後，亦應於向雇主提出爭執後或於勞工行政機關調解或協調不成立後之 6 個月內起訴，方可認為其無故意延宕使雙方間僱傭關係明確化之意圖，而無違反誠信原則之情形存在。」最高法院 102 台上 1766 號也表示：「參酌德國勞動契約終止保護法（Kundigungsschutzgesetz）就勞工對解僱合法性之爭訟明定有一定期間之限制，益徵勞動關係不宜久懸未定。權利失效理論又係本於誠信原則發展而來，徵之民法第 148 條增列第 2 項之修法意旨，則於勞動法律關係，自無於勞工一方行使權利時，特別排除其適用。」

（二）確認僱傭關係存在訴訟之裁判費計算演進

1. 以往司法實務計算裁判費基準

至於勞工提起「確認僱傭關係存在」訴訟時，應如何計算裁判費，首先最高法院 83 年度第 9 次民事庭會議認為此係屬財產權訴訟。至於如何

---

[148] 本判決所提之德國立法例，其詳可參閱黃程貫，權利行使期間之限制／板橋地院 99 勞訴 43 號，臺灣法學雜誌 170 期，195 頁，2011 年 2 月 15 日。

核定訴訟標的之價額，而後再依法定標準計算裁判費，則略如下述演進：

在將確認僱傭關係定性為財產權訴訟後，關於訴訟標的價額如何核定，司法院84年6月第23期司法業務研究會結論為：「應以權利存續期間之收入總數為準，期間未確定者，應推定其存續期間。推定存續期間時，原則上算至勞工滿60歲時止，如推定之存續期間逾15年，則類推適用院字第2189號解釋，以15年計算。」只是，勞基法54條1項1款勞工強制退休年齡，已於97年修正提高至65歲；又自92年9月1日起，民事訴訟法增修77-10條規定：「因定期給付……涉訟，以權利存續期間之收入總數為準……。但其期間超過十年者，以十年計算。」因此其後至後述勞動事件法施行前，是以勞工被違法解僱日起至勞動契約繼續到可強制退休年齡日止（超過十年者，以十年計），每月定期給付之薪資總額來核定確認僱傭關係之訴訟標的價額。

2. 學界質疑

只是既然認為應以每月「定期給付」之薪資總額來核定訴訟標的價額，則依民事訴訟法427條2項8款規定：「因利息、紅利、租金、贍養費、退職金及『其他定期給付』涉訟者，不問其標的金額一律適用簡易程序。」似應以簡易程序進行，但實務上卻又以普通程序進行審判，已啟人疑竇。且有指出：一者，雖然勞工年滿65歲時，雇主可強制退休，或符合一定條件，可自請退休，但是雇主或勞工何時行使皆不確定，因之以此來計算權利存續期間，都有未妥（換言之，勞工確認的是至言詞辯論終結前之僱傭關係，不是至退休前之僱傭關係）；二者，依民事訴訟法77-10條規定核定訴訟標的價額之做法，對弱勢又無財力的勞工造成極大的財務負擔，甚至因而阻卻其起訴尋求救濟的機會；三者，勞工提起確認僱傭關係存在之訴訟時，多附加自非法解僱日起至復職之日止之工資請求，部分法院要求勞工以上開推定權利存續期間之方式繳交高額裁判費，卻只判

准至言詞辯論終止日之工資，顯然不合理[149]，因此認為應依民事訴訟法
77-12 條，即訴訟標的之價額不能核定者，以該法 466 條所定不得上訴第
三審之最高利益額數加十分之一的規定，即以 165 萬為其訴訟標的價額較
妥。

3. 藉由給付工資訴訟迴避確認僱傭關係時之裁判費計算時期

以往實務操作為了迴避前述提起確認僱傭關係存在訴訟的高額裁判
費，也有僅提起給付工資訴訟以迂迴達到確認僱傭關係之目的（因為給付
工資的前提必需對僱傭關係存否為判斷），其請求給付工資之聲明則通常
為要求被告雇主應自違法解僱日起至事實審（一審或二審）言詞辯論終結
日止（或至復職日止），按月於特定期日分期給付一定數額之工資。至於
如何計算此等聲明之訴訟標的價額，當時法院大略有二種認定方式：

有認為應以各級法院辦案期限實施要點而決定者，如在請求至一審言
詞辯論終結日止之工資事件認為：「各級法院辦案期限實施要點 2 條 2 款
規定，民事通常程序第一審審判案件審理期限為自收案日起不逾 1 年 4 個
月，即應依此期間計算工資總額。」（臺北地院 98 審勞訴 107 號裁定），
在請求至復職日止工資之事件認為：「關於本件訴訟標的價額之核定，業
經本院酌原告復職日尚未確定，應推定其復職時間約為本案判決確定
時，並參酌各級法院辦案期限實施要點第 2 條第 1 款、第 7 款、第 8 款規
定，民事通常程序第一審審判案件為 1 年 4 月、第二審為 2 年、第三審為
1 年，共計 4 年 4 月。」（士林地院 96 勞訴 33 號裁定）。

有認為應依上述確認僱傭關係存在訴訟之核定方式決定者，如「原
告起訴狀之訴訟聲明第一項載明：『被告應自民國 92 年 2 月 15 日起至事
實審最後言詞辯論終結日止，按月給付原告工資新台幣參萬貳仟伍佰零捌

---

[149] 陳金泉，勞動訴訟若干爭議問題，律師在職訓練課程講議（未公開發行），2008 年 5 月
17 日，中華民國律師公會全國聯合會等主辦。

元。』，係屬因『定期給付』而涉訟，但『事實審』何時最後言詞辯論終結，尚無法確定，且本件原告究否可『定期』『按月』向被告請求給付工資，……須『先』『確認兩造僱傭關係』存在與否，其請求給付工資之存續期間自尚無法確定，且原告……距65歲強迫退休年齡，尚有十餘年，依民事訴訟法第77-10條：『因定期給付或定期收益涉訟，以權利存續期間之收入為準，期間未確定時，應推定其存續期間，但期間超過十年者，以十年計算。』之規定，自應以十年存續期間之收入核定本件訴訟標的金額。」（臺北地院92北勞訴1號裁定）[150]、「（二）本件原告於訴之聲明主張：……二、被告應自95年4月起至原告回復原職日止，每月於5日前給付原告貳萬參仟陸佰伍拾捌元等語。查原告於民國56年10月12日出生，其與被告間僱傭關係存在期間，依上開規定以10年為範圍，按每月薪資貳萬參仟陸佰伍拾捌元計算。」（臺北地院95勞訴119號裁定）。

4. 透過修法、立法及法律扶助解決高額裁判費之障礙

面對勞工提起上述類型訴訟時的高額裁判費障礙，法制上先在100年修正施行勞資爭議處理法57條為：「勞工或工會提起確認僱傭關係或給付工資之訴，暫免徵收依民事訴訟法所定裁判費之二分之一。」並在同法58條就勞工向法院聲請保全處分時規定：「除第五十條第二項所規定之情形外，勞工就工資……等給付，為保全強制執行而對雇主或雇主團體聲請假扣押或假處分者，法院依民事訴訟法所命供擔保之金額，不得高於請求標的金額或價額之十分之一。」以減輕勞工負擔。

其後在109年1月1日施行的勞動事件法中，明定程序進行中的各項費用，以減輕勞工負擔。除起訴前後的假扣押、假處分、定暫時狀態處分等保全程序於後述專項介紹外，略有：

---

[150] 法源法律網 → 裁判書查詢系統。

（1）在起訴時「因定期給付涉訟，其訴訟標的之價額，以權利存續期間之收入總數為準；期間未確定時，應推定其存續期間。但超過五年者，以五年計算。」（勞事法 11 條）；且如「因確認僱傭關係或給付工資、退休金或資遣費涉訟，勞工或工會起訴或上訴，暫免徵收裁判費三分之二。」（勞事法 12 條 1 項。本項規定雖然以 5 年計算訴訟標的價額，而使勞工負擔減輕，但是也可能使原本符合上訴三審價額的事件，變成不得上訴三審。又既然是「暫免」，則訴訟終結後即有追償問題，因此如果是和解終結，為和解條件時應特別注意約定由誰負擔）。

（2）「勞工或其遺屬因職業災害提起勞動訴訟，法院應依其聲請，以裁定准予訴訟救助。但顯無勝訴之望者，不在此限。」（勞事法 14 條 2 項）[151]。又「勞工符合社會救助法規定之低收入戶、中低收入戶，或符合特殊境遇家庭扶助條例第 4 條第 1 項之特殊境遇家庭，其聲請訴訟救助者，視為無資力支出訴訟費用。」（勞事法 14 條 1 項）。

（3）「（I）工會依民事訴訟法第四十四條之一及本法第四十二條提起之訴訟，其訴訟標的金額或價額超過新臺幣一百萬元者，超過部分暫免徵收裁判費。（II）工會依第四十條規定提起之訴訟，免徵裁判費。」（勞事法 13 條）。

（4）如勞工或工會「提起確認僱傭關係或給付工資、退休金或資遣費之訴訟」而「聲請強制執行時，其執行標的金額超過新臺幣二十萬元者，該超過部分暫免徵收執行費，由執行所得扣還之。」（勞事法 12 條 2 項）。

---

[151] 職災勞工保護法 32 條 1 項也規定有：「因職業災害所提民事訴訟，法院應依職業災害勞工聲請，以裁定准予訴訟救助。但顯無勝訴之望者，不在此限。」但法條文義僅限於「勞工聲請」，然而職災事件有時勞工已經逝世故由其遺屬起訴，因此勞動事件法 14 條 2 項明定為「勞工或其遺屬」。

　　除上述減輕勞工訴訟負擔的特別規定外，勞動部依勞資爭議處理法 6 條 5 項而訂頒有「勞資爭議法律及生活費用扶助辦法」，大略為：勞工因與雇主發生勞動基準法終止勞動契約、積欠資遣費或退休金之爭議；遭遇職業災害，雇主未給與補償或賠償；雇主未依勞工保險條例或就業保險法辦理加保或投保薪資以多報少，致勞工受有損失等情形，經主管機關調解不成立而向法院聲請勞動調解或起訴，且非屬有資力者（扶助情形詳辦法 3 至 6 條），得申請勞動事件之勞動調解程序、訴訟程序、保全程序、督促程序、強制執行程序及文件撰擬之律師代理酬金等扶助（扶助範圍詳辦法 2 條），另部分縣市的地方行政主管機關也設有勞工權益基金，補助勞工之訴訟費、律師費及生活費用。

三、提起給付工資訴訟時，雇主受領勞務遲延與勞工中間收入扣除問題

　　實務上勞工在確認僱傭關係而提起給付工資訴訟時，法律適用之爭議點在民法 487 條：「僱用人受領勞務遲延者，受僱人無補服勞務之義務，仍得請求報酬。但受僱人因不服勞務所減省之費用，或轉向他處服勞務所取得，或故意怠於取得之利益，僱用人得由報酬額內扣除之。」亦即，勞工依本文規定請求之要件須雇主有「受領勞務遲延」之狀態，而雇主則得依本條但書主張扣除所謂「中間收入」，分述如下：

（一）雇主受領勞務遲延

　　勞工依民法 487 條本文：「僱用人『受領勞務遲延』者，受僱人無補服勞務之義務，仍得請求報酬。」規定，請求雇主應自違法解僱日起至事實審言詞辯論終止日（或復職日）止，按月定期給付一定數額工資時，應先符合該條文的「受領勞務遲延」。而一般認為雇主為違法解僱行為時，應已符合民法 235 條但書所定：「但債權人（即雇主）預示拒絕受領之意思，或給付兼需債權人之行為者，債務人（即勞工）得以準備給付之事

情，通知債權人，以代提出。」此時勞工得以言詞提出，即以口頭或書面將準備給付勞務之事通知雇主，代替現實勞務提出，雇主如仍不受領方構成受領勞務遲延。在勞動法領域更有學者進一步認為，要求因被解僱而逐出企業勞工，仍厚顏地向雇主表示還願意提供勞務，純屬概念法學做法，欠缺期待可能性，故雇主自解僱日起即當然處於受領勞務遲延，勞工無需為任何之現實或言詞的勞務提出[152]。

司法實務方面，最高法院 92 台上 1979 號也同上述學界意見而表示：「原審謂被上訴人係遭上訴人非法解僱始離職。上訴人自解僱當日即要求被上訴人清理現務並辦理移交，拒絕被上訴人服勞務，可見被上訴人在上訴人違法解僱前，主觀上並無任意去職之意，客觀上亦繼續提供勞務，則於上訴人拒絕受領後，應負受領遲延之責。被上訴人無須催告上訴人受領勞務，且上訴人於受領遲延後，須再表示受領之意，或為受領給付作必要之協力，催告被上訴人給付時，其受領遲延之狀態始得認為終了。在此之前，被上訴人無須補服勞務，仍得請求報酬，並無違背法令情事。」

只是，另有最高法院 102 台上 1732 號表示：「查依民法第 487 條之規定，僱用人受領勞務遲延者，受僱人固無補勞務之義務，仍得請求報酬。惟受僱人非依債務本旨實行提出給付者，不生提出之效力。至僱用人預示拒絕受領之意思或給付兼需僱用人之行為者，受僱人須以準備給付之事情，通知僱用人以代提出；僱用人對於已提出之給付，拒絕受領或不能受領者，始自提出時起，負遲延責任，此觀同法第 235 條及第 234 條之規定自明。而受僱人以言詞向僱用人為通知，除有言詞之通知外，尚須以已有給付準備之具體事實存在為前提，若不能認為已有給付之準備，徒為通知，尚不生言詞提出之效力。查李○○於被資遣後，從未以準備給付之事

---

[152] 黃程貫，解僱無效時雇主受領遲延問題，黃程貫、劉志鵬主編，勞動法裁判選輯 27 頁下，月旦出版社，1998 年 5 月。

由通知長榮公司，乃原審所合法認定之事實。至於李○○提起本件訴訟，係請求確認僱傭關係存在並給付復職前之薪資，尚不能認為其有以給付之準備通知長○公司之具體事實存在。」因此勞工在被違法解僱後，仍應考慮將具備勞務給付能力與給付意願之情事，以存證信函或於調解申請書上加以載明並通知雇主，以降低訴訟風險。

（二）中間收入扣除

在勞工提起按月給付工資訴訟時，通常雇主會依民法 487 條但書：「但受僱人因不服勞務所減省之費用，或轉向他處服勞務所取得，或故意怠於取得之利益，僱用人得由報酬額內扣除之。」主張應扣除勞工之中間收入。就此，雖然前揭學者在論述何謂雇主受領遲延之同時指出，被違法解僱之勞工，通常只能請求固定薪資而不及於浮動薪資，因此勞工為維持生活而至他處工作之收入，如果仍應適用本條但書被扣除，則不是無法請求就是數額甚少，導致違法者不被制裁，而守法者反受制裁，徹底違背保護勞工之基本原則，因此在違法解僱之情形，實無適用本條之必要，確實擲地有聲。而且如認應予扣除，並將導致經濟狀況不好之勞工，為了生活必須另找工作而被扣除，經濟狀況較好之勞工反而沒有扣除問題之更加不公平現象。只是，實務上或許著眼於我國一般對僱傭契約與勞動契約未加區分，既然勞工仍依本條為工資請求之依據，且未能演繹出不適用本條但書之解釋方法，故仍有下列見解應加注意。

1. 不服勞務所減省之費用

所謂「因不服勞務所減省之費用」，臺北地院 105 北勞簡 51 號表示：「按受僱人因不服勞務所減省之費用，僱用人得由報酬額內扣除之，民法第 487 條但書固有明文。惟前條所稱因不服勞務所減省之費用，解釋上自應以該費用之減省與不服勞務間有因果關係為必要。」因此：「原告固自陳育有 1 子為 98 年 9 月 22 日生，堪認於原告請求給付薪資之期間內，確

有由專人撫育該名子女之需求，惟撫育幼兒之型態有多，由家中長輩或親人無償照顧者尚非鮮見，被告所指之托嬰費用並非所有育有幼兒者之必要支出，原告稱其家中有親友可以協力照顧，本無需支出托嬰費用等情，或非子虛，被告未據提出任何證明，即空言主張應扣除上開費用云云，尚非有據。」但也有表示：「是被告辯稱原告於應上班之時間在家撫育子女，依臺北縣褓母協會之托育酬勞參考表，每日以 11 小時計算，1 個月褓母費用為 1 萬 4,000 元，15 個月計為 21 萬元，應予扣除，信屬可取。原告主張其子女由其母所撫育，縱係屬實，亦不可能不需支付任何費用，是原告主張不需扣除簡省之褓母費用，即無可取。」（臺北地院 92 勞訴 104 號）。

2. 轉向他處服勞務所取得之報酬

這裡只要雇主得證明勞工於訴訟中，因向其他事業單位服勞務而取得報酬，即可扣除（最高法院 99 台上 553 號）[153]。惟事業單位宜注意，如果未在勞工請求確認僱傭關係並請求給付薪資之訴訟中即據此主張，而於勞工勝後申請強制執行中，再據此主張抵銷而提出債務人異議之訴時，因為：「此所謂『扣除』，性質上應為異議，屬請求權之減縮，僱用人對於受僱人因不服勞務所減省之費用，或轉向他處服勞務所取得，或故意怠於取得之利益，均未取得對受僱人獨立之請求權，僅有拒絕給付之權，與民法第 334 條抵銷之要件不符，自不得主張抵銷。」（臺北地院 95 訴 10183 號）。

---

[153] 此處衍生之問題為：如果勞工確有另服勞務所得，但在訴訟中虛偽陳述而否認，是否構成訴訟詐欺？就此有認為勞工在訴訟中既不負舉證責任，不能就其單純否認對自己不利事實，而遽此認定違反告知義務或有何利用他人錯誤之積極行為，而不構成訴訟詐欺（臺北地院 97 自 55 號刑事判決）；也有認為隱匿在他處任職而有所得之事實，致法院陷於錯誤之行為，構成訴訟詐欺（新北地院 102 易 1181 號刑事判決）。

另有疑問的是，勞工因解僱後依就業安全法制所領取之給付或津貼，是否得予扣除。就此新北（板橋）地院 98 勞訴 123 號固然認為：「原告於遭被告違法解僱後，曾依職訓局安排……受訓上課，並領取 2 個月之津貼計 24,210 元……，是前開 24,210 元原告願意自應於得預為請求之……工資扣除之，應屬足取。」不過，在勞工依就業保險法規定所申領之失業給付，臺高院 91 勞上易 69 號認為：「查本件兩造間之僱傭關係仍繼續存在，並未遭資遣，則被上訴人於上訴人受領勞務遲延期間內，持其發給之離職證明書，向勞工保險局申請失業給付，受領六個月失業給付 130,680 元，於法自有未合，換言之，被上訴人受領之失業給付，為非法所得，並非係因不服勞務所減省之費用，或轉向他處服勞務所取得或故意怠於取得之利益，自不得於其報酬額內扣除之。否則，如准其扣除，豈非使上訴人受有不當之利益，灼然可見，是上訴人請求扣除被上訴人已領之失業給付，並無可取。」就法律關係分析或較完整。

3. 故意怠於取得利益

就雇主主張勞工於解僱後未另謀新職，是否直接構成本條文之「故意怠於取得利益」，而得以基本工資額度（或勞保最低投保薪資數額）計算以扣除中間收入，實務固然偶有不同見解，但「受僱人有無怠於取得利益之事實並非其薪資債權發生所須具備之一般要件，而係其薪資債權障礙事由，為有利於僱用人之事實，應由僱用人負舉證責任。」（最高法院 97 台上 2544 號），故「被告雖主張原告有故意怠於取得利益之情形，故應自其得請求之薪資中，按月扣除最低基本工資 17,280 元，然並未提出任何證據證明原告有何本可獲取利益，卻故意怠於取得之情事，則其空言主張應扣除最低基本工資云云，自無從置採。」（士林地院 96 勞訴 33 號），即應由雇主舉證勞工確有故意怠於取得之事實，應較妥適。

四、勞工在「確認僱傭關係存在」訴訟勝訴後，勞保、勞退等相關問題

　　實務上雇主解僱勞工時，會同時將勞工之勞保申報退保，也不再提繳新制勞工退休金（此時勞工也不能再自願提繳），因此在勞工提起確認僱傭關係存在訴訟而勝訴確定後，也會面臨這些因勞動關係所衍生事項之處理。諸此，有精熟實務律師整理詳盡，略引如下[154]：

　　就勞保年資部分，大多認為：「查勞工保險之加、退保係採申報制度，雇主即投保單位應於其所屬勞工到職、離職之當日，列表通知被告，其保險效力之開始或停止，均自應為通知之當日起算；又雇主行使勞動契約終止權所解僱之勞工，因勞雇關係已不存在，投保單位應於勞工離職之當日辦理退保，惟嗣後如法院判決確認雙方僱傭關係存在，雇主因非法解僱勞工肇致其權益受損，勞工得依勞保條例第 72 條及民法相關規定，請求損害賠償，此揆諸首揭法條及函釋（編按，即 81 臺勞保 2 字 45118 號函）意旨自明。」即在申報生效制下，不得以追溯加保之方式回復原狀，此時勞工得依勞保條例 72 條 1 項：「投保單位違反本條例規定，未為其所屬勞工辦理投保手續者，⋯⋯。勞工因此所受之損失，並應由投保單位依本條例規定之給付標準賠償之。」等規定請求賠償。且：「假如勞工加計訴訟退保期間後已符合請領老年給付要件者，雇主即須按勞工保險條例所規定的老年給付標準，賠償損害金予勞工。此際雇主宜與勞工協商先行給付賠償金但請勞工在雇主處依勞工保險條例第 9 條之 1 規定繼續加保直至勞工得請領老年給付為止，待勞工事後請領勞保老年給付後再予扣還」。

　　在勞退金部分，分勞工退休金條例的新制與勞基法的舊制處理。新制部分，一般在提起確認僱關係訴訟時會同時請求雇主應繼續給付工資，

---

[154] 陳金泉，勞動訴訟實務，235-240 頁，2020 年 9 月，新學林出版（股）公司。

並提繳強制部分勞退金至勞工在勞保局之個人專戶，未一併請求者則得由勞工或雇主檢附法院判決確定文書至勞保局，即可補提雇主應提繳部分之新制勞退金；但勞工個人自願提繳部分，因涉及勞退條例 14 條 3 項：「……自願提繳之退休金，不計入提繳年度薪資所得課稅。」之稅賦優惠，故目前勞保局僅准許勞工自復職當年度 1 月 1 日起追溯提繳；適用舊制退休金制度之勞工部分，如在 94 年 7 月 1 日以後確認僱傭關係勝訴確定，雇主再為勞工辦理重新申報加保勞保，此時勞保局會直接認定係屬勞退條例 8 條 1 項但書「但於離職後再受僱時，應適用本條例之退休金制度。」情形，直接判定應適用勞退新制，如勞工仍願繼續適用舊制，應檢附判決書等文件向勞保局申請繼續適用舊制。

　　另，在勞工提起確認僱傭關係並同時請求給付工資及遲延利息之訴訟勝訴確定後，雇主一次性補發數年訴訟期間工資，則可依臺北高等行政法院 92 簡 375 號之見解：「故原告於受僱唐榮公司期間應領而未領特別休假等之上開 384,500 元工資，原告並無可歸責，則其於達成和解受補發該 384,500 元後，請求類推適用首揭財政部函釋，按補發任職期間分年歸入所屬年度課稅，基於公平原則，原告之主張，尚非全無理由，……。」（經最高行政法院 94 判 427 號維持原判），而按各該應取得年度分年（補）申報，以免產生所得稅率累進之不利益效果。只是在法定遲延利息部分，因國稅局認為屬「利息」的一種，並非填補現存財產減少之損害賠償性質，故仍應以實際取得日所屬年度全數併入當年度所得課稅。

五、勞動事件法施行後對勞動事件訴訟程序之影響

　　109 年 1 月 1 日施行的勞動事件法，其主要目的在迅速、妥適、專業、有效、平等處理勞動事件（勞事法第 1 條），因此除了特別規定上述裁判費、擔保金、執行費以減少勞工訴訟障礙外，該法作為民事訴訟法的特別法，對勞動訴訟事件的訴訟程序進行也有極大影響，稍事了解將有助實務操作，簡述如下：

（一）擴大勞動事件範圍並就法院管轄為特別規定

1. 擴大勞動事件範圍

依勞事法 2 條，該法所稱的勞動事件含括：

（1）基於勞動關係所生民事上權利義務之爭議：基於勞工法令[155]、團體協約、工作規則、勞資會議決議[156]、勞動契約、勞動習慣[157]及其他勞動關係所生民事上權利義務之爭議[158]。

（2）因建教合作關係所生民事上權利義務之爭議：建教生與建教合作機構基於高級中等學校建教合作實施及建教生權益保障法、建教訓練契約及其他建教合作關係所生民事上權利義務之爭議。

（3）因勞動關係所生之侵權行為爭議：因性別工作平等之違反、就業歧視、職業災害、工會活動與爭議行為、競業禁止及其他因勞動關係所生之侵權行為爭議[159]。

---

[155] 除勞基法、性工法等勞工行政主管機關主管之法令外，尚包括非勞工行政主管機關主管但有權解釋之法令，如企業併購法 16、17 條；以及其他與勞工權利義務相關者，如船員法第四章、公司法 235-1 條。

[156] 有學者表示：勞資會議決議並無類似團體協約法 19 條之規定，亦非如工作規則成為勞動契約之一部分，且勞資會議代表並非個別勞工之代理人，因此勞工代表在勞資會議中之同意或決議，並不當然成為勞動契約之內容。法理上只能將勞資會議決議涉及勞動條件之決議解為雇主之片面承諾的債務承擔，亦即雇主自願承擔，故個別勞工得請求雇主履行該債務。黃程貫，臺灣律師學院系列課程 —— 勞動事件法，講授勞動事件法（一）總則講義，未公開發行，2019 年 3 月 6 日。

[157] 依立法理由：所謂勞動習慣，指企業中基於多年慣行之事實及勞資雙方之確信所形成之習慣。具體案例有不當勞動行為裁決決定書 106 勞裁 8 號：「兩造間就勞工是否同意於國定假日出勤，已有藉由班表確認之作業慣習，如相對人排定班表使勞工於國定假日出勤，勞工未為反對之意思依班表出勤，即屬默示同意國定假日出勤。又依此等長期運作之作業慣習，如相對人排定班表後，勞工未為反對之意思表示，則相對人本得合理信賴勞工已同意依班表出勤。如勞工欲變更前開作業慣習，明示不同意於國定假日出勤，自應於該班表排定前，或於班表排定時，將其意思表示通知相對人。」

[158] 所謂「其他勞動關係所生民事上權利義務之爭議」，立法理由舉例：如依勞資爭議處理法 37 條 3 項提起之撤銷仲裁判斷之訴，或違反工會法 35 條規定對於勞工為解僱、降調、減薪或為其他不利之待遇所生之民事上權利義務爭議等。

[159] 「因勞動關係所生之侵權行為爭議」，例如：雇主基於性別、性傾向、種族、階級、語言、思想、宗教、黨派、籍貫、出生地、年齡、婚姻、容貌、五官、身心障礙或以往工會會員身分等事由，對求職者或勞工之就業等事項為差別待遇或歧視（性別工作平等法第二

（4）與前述 1 至 3 事件相牽連之民事事件 [160]，得與其合併起訴，或於其訴訟繫屬中為追加或提起反訴。[161]

2. 就法院管轄為特別規定

在劃定勞動事件範圍後，勞工欲提起訴訟時，首先面臨的是向哪個法院起訴，就此民事訴訟法 1 條 1 項前段：「訴訟，由被告住所地之法院管轄。」及 2 條 2 項：「對於私法人……之訴訟，由其主事務所或主營業所所在地之法院管轄。」採取了原告應遷就被告的「以原就被」原則；另外實務上常有雇主透過民事訴訟法 24 條 1 項：「當事人得以合意定第一審管轄法院。但以關於由一定法律關係而生之訴訟為限。」規定，而以書面約定對雇主有利的合意管轄法院。雖然面對這種合意管轄，在小額訴訟時有民事訴訟法 436-9 條：「小額事件當事人之一造為法人或商人者，於其預定用於同類契約之條款，約定債務履行地或以合意定第一審管轄法院時，不適用第 12 條或第 24 條之規定……。」在普通訴訟則有民事訴訟法 28 條 2 項：「第二十四條之合意管轄，如當事人之一造為法人或商人，依其預定用於同類契約之條款而成立，按其情形顯失公平者，他造於為本案之言詞辯論前，得聲請移送於其管轄法院。……。」可資適用，但總體而言，對勞工起訴仍時有障礙。例如桃園地院勞簡抗 1 號認為：「民事訴訟法第 28 條第 2 項之規定，該非法人或商人之他造當事人，如認合意管轄之定型化約款具有不當限制其權利，並造成重大不利益，按其情形顯失

章、就業服務法第 5 條參照）、勞工因遭遇職業災害而對第三人請求損害賠償、第三人因工會活動或爭議行為而權益受損、雇主因勞工違反競業禁止約定所生對第三人之賠償請求等。

[160] 此處所謂「相牽連」，依立法理由：「雖非屬第一項所定之民事事件，然其訴訟標的與第一項所定事件之訴訟標的或攻擊、防禦方法相牽連，而事實證據資料得互為利用者，基於訴訟經濟，得合併起訴，或於第一項所定事件訴訟繫屬中，為追加或提起反訴」。

[161] 關於本條文之立法，在行政院提送之草案時原本訂有「工會與其會員間或工會會員間，基於工會法、工會章程、工會決議及其他工會所訂規範所生民事上權利義務之爭議」，不過在正式立法時已經刪除，故不在本法適用範圍內。

公平時，該他造當事人就此一顯失公平之情形，仍應就此負釋明之責，尚難遽謂有定型化約款存在即為當然無效，而本件抗告人雖謂伊僅係一般勞工，與相對人資力相差懸殊，遠赴他地訴訟之耗費顯然有失公平云云，然本件抗告人既已委任律師為訴訟代理人代為訴訟行為，尚難據即謂上開合意管轄之約定對抗告人顯失公平。」

因此勞事法6條先規定：「（I）勞動事件以勞工為原告者，由被告住所、居所、主營業所、主事務所所在地或原告之勞務提供地法院管轄；以雇主為原告者，由被告住所、居所、現在或最後之勞務提供地法院管轄。（II）前項雇主為原告者，勞工得於為本案言詞辯論前，聲請將該訴訟事件移送於其所選定有管轄權之法院。但經勞動調解不成立而續行訴訟者，不得為之。（III）關於前項聲請之裁定，得為抗告。」將重點放在勞務提供地；其次，勞事法7條就當事人間有合意管轄時，特別規定：「（I）勞動事件之第一審管轄合意，如當事人之一造為勞工，按其情形顯失公平者，勞工得逕向其他有管轄權之法院起訴；勞工為被告者，得於本案言詞辯論前，聲請移送於其所選定有管轄權之法院，但經勞動調解不成立而續行訴訟者，不得為之。……。」以上所舉6條2、3項及7條之規定，在勞動調解程序準用之，但勞工聲請移送，應於第一次調解期日前為之（勞事法17條2項）。並且在涉外事件時也在該法5條規定國際審判管轄權為：「（I）以勞工為原告之勞動事件，勞務提供地或被告之住所、居所、事務所、營業所所在地在中華民國境內者，由中華民國法院審判管轄。（II）勞動事件之審判管轄合意，違反前項規定者，勞工得不受拘束。」

（二）調解前置；如調解不成而調解委員會依法提出適當方案時，此時
　　　當事人等應注意在法定期間內提出異議，否則視為依該方案成立
　　　調解

　　雖然現行法制中，「雇用人與受雇人間因僱傭契約發生爭執者」，依民事訴訟法 403 條 1 項 8 款規定，除具有同法 406 條 1 項各款所訂（例如，經其他法定調解機關調解未成立者）者外，於起訴前應經法院調解（即調解前置）。不過因為勞資爭議處理法就勞資雙方當事人基於法令、團體協約、勞動契約之規定所為權利義務之「權利事項」爭議（勞資爭議處理法 5 條 2 款），設有調解、仲裁或裁決程序處理（勞資爭議處理法 6 條 1 項），各地勞工行政主管機關也在勞資爭議事件時指派獨任調解人或是組成調解委員會進行爭議調解（勞資爭議處理法 11 條），亦即在實務操作上，有許多勞資爭議事件已先由主管機關進行調解不成後，才進入法院，因此以往法院即根據上開民事訴訟法的除外規定而不再進行調解。就此勞動事件法規定如下：

1. 調解前置與審後移調

　　勞動事件法仍沿習民事訴訟法的調解前置，只是略做修正而在該法 16 條規定有強制調解。亦即，勞動事件除了有民事訴訟法 406 條第 1 項第 2 款（經其他法定調解機關調解未成立者）、第 4 款（係提起反訴者）、第 5 款（送達於他造之通知書，應為公示送達或於外國為送達者）所定情形之一，及因性別工作平等法 12 條（職場性騷擾）所生爭議者外，於起訴前應經法院行勞動調解程序（勞事法 16 條 1 項）；如當事人逕向法院起訴者，視為調解之聲請（勞事法 16 條 2 項）；而且即便不合於 1 項規定之勞動事件，當事人亦得於起訴前，聲請勞動調解（勞事法 16 條 3 項），例如對已經勞工行政主管機關依勞資爭議處理法調解不成立之事件，當事人仍得依勞動事件法再聲請調解，此時「勞動法庭之法官不得

逕以……已經其他法定調解機關調解未成立為理由，裁定駁回調解之聲請。」（勞事法 22 條 2 項）。

另外，勞動事件法的調解特色者在於：由勞動法庭之法官一名及由法院斟酌調解委員之學識經驗、勞動調解委員會之妥適組成及其他情事指定之勞動調解委員二名組成勞動調解委員會行之（勞事法 21 條 1、2 項）[162]，而且在調解不成立而續行訴訟時，由參與勞動調解委員會之法官為之（勞事法 29 條 5 項）。

程序上，勞動調解委員會內之法官委員應於勞動調解聲請之日起 30 日內，指定第一次調解期日，且除有特別事由外，應在三個月內以三次期日內終結之（勞事法 23 條 2 項、24 條 1 項）。在各該期日內，除委員會認為適當時得允許就事件無妨礙之人旁聽外，否則調解程序不公開。當事人除有不可歸責於己之事由外，應於第二次期日終結前提出事實及證據。委員會則應儘速聽取當事人之陳述、整理相關之爭點與證據，適時曉諭當事人訴訟之可能結果，並得依聲請或依職權調查事實及必要之證據（勞事法 25 條、24 條）。

法院除了上開調解前置的審前調解外，另有依勞動事件審理細則 76 條：「（I）勞動事件於訴訟繫屬中，法官宜隨時依訴訟進行程度鼓勵兩造合意移付調解。（II）前項情形，得自法院聘任之勞動調解委員中，依個案需求酌選適當之人為調解委員先行調解，俟至相當程度，再報請法官共同行之。」規定的審後移調制度。另實務上偶而會有依勞事法 32 條 2

---

[162] 司法院就法院指定二名調解委員之資格、遴聘、考核、訓練、解任等事項，頒訂有「地方法院設置勞動調解委員辦法」，大略是由司法院向勞動部、經濟部、直轄市政府、縣（市）政府或其他適當之中央機關、全國性工會與工商團體徵求推薦勞動調解委員後，將受推薦人員分別為勞動組（工會及機關推薦者）及事業組（工商團體及機關推薦者），提供名冊予法院辦理勞動調解委員之遴聘。再依勞動事件審理細則 20 條規定，法官應在勞動組與事業組各指定一人為勞動調解委員，但如兩造合意選任組成勞動調解委員會之勞動調解委員者，法官得依其合意指定或更換之。而在調解委員特定後，依勞事法 20 條 4 項：「民事訴訟法有關法院職員迴避之規定，於勞動調解委員準用之。」

項 5 款：「（II）為言詞辯論期日之準備，法院應儘速釐清相關爭點，並得為下列處置：……五、聘請勞動調解委員參與諮詢。」規定，先聘委員參與諮詢，如有調解空間則隨之審後移調。

2. 調解程序終結

勞動調解因下述三種調解成立而終結：（1）勞動調解，經當事人合意，並記載於調解筆錄時即為成立，此時與確定判決有同一效力（勞事法 26 條）；（2）經兩造合意由勞動調解委員會酌定解決事件之調解條款（此時具有調解轉仲裁之性質。調解條款之酌定，除兩造另有約定外，以調解委員會過半數之意見定之；關於數額之評議，意見各不達過半數時，以次多額之意見定之）後，作成書面，記明年月日，或由書記官記明於調解程序筆錄，其經勞動調解委員會之法官簽名者，視為調解成立（勞事法 27 條）；（3）當事人不能合意成立調解，也未合意由委員會酌定調解條款，原則上調解委員會應依職權斟酌一切情形，並求兩造利益之平衡，於不違反兩造之主要意思範圍內，提出解決事件之適當方案（此方案得確認當事人間權利義務關係、命給付金錢、交付特定標的物或為其他財產上給付，或定解決個別勞動紛爭之適當事項，並應記載方案之理由要旨。調解委員會認為適當時，得於全體當事人均到場之調解期日，以言詞告知適當方案之內容及理由，並由書記官記載於調解筆錄。勞事法 28 條），而此適當方案除以告知方式者外，應送達於當事人及參加調解之利害關係人，而當事人或參加調解之利害關係人，未於送達或受告知日後 10 日之不變期間內，提出異議者，視為已依該方案成立調解（勞事法 29 條 3 項）。

勞動調解因調解不成立而終結者，法條上有：（1）勞動調解委員會參酌事件之性質，認為進行勞動調解不利於紛爭之迅速與妥適解決[163]，

---

[163] 立法理由舉例如：需調查多項證據而無法於三次期日內完成；或當事人之一方死亡而發生繼承人為何人之爭執，尚需經由另一訴訟確認；或當事人明示無調解意願，勞動調解委員會依其情況亦認因此不能以勞動調解程序妥速處理等。

或不能依職權提出適當方案者，視為調解不成立，並應告知或通知當事人（勞事法 31 條 1 項）；（2）勞動調解委員會於當事人不能合意成立調解，也未合意由委員會酌定調解條款時，依職權斟酌一切情形，並求兩造利益之平衡，於不違反兩造之主要意思範圍內，提出解決事件之適當方案後，當事人或參加調解之利害關係人，於此方案送達或受告知日後 10 日之不變期間內，提出異議，此時視為調解不成立（勞事法 29 條 3 項）。以上，除調解聲請人於受告知或通知後 10 日之不變期間內，向法院為反對續行訴訟程序之意思外，應續行訴訟程序，並視為自調解聲請時，已經起訴（勞事法 29 條 4、5 項及 31 條 2 項）。

附帶應注意的是，原則上當事人在調解中所為不利於己之陳述或讓步，於調解不成立後之本案訴訟不得採為裁判之基礎，但是如果該等陳述或讓步是就訴訟標的、事實、證據或其他得處分之事項成立書面協議者，此時除經兩造同意變更，或因不可歸責於當事人之事由，或依其他情形協議顯失公平者，則當事人應受其拘束（勞事法 30 條）。

（三）勞動事件法之訴訟程序規定

1. 由參與勞動調解之法官審理訴訟

在調解不成立而續行訴訟時，由參與勞動調解委員會之法官審理（勞事法 29 條 5 項）。至於其審理期限，除因案情繁雜或審理上之必要者外，法院應以一次期日辯論終結為原則，第一審並應於六個月內審結（勞事法 32 條 1 項）。訴訟進行中法院除命當事人就準備書狀為補充陳述、提出書證與相關物證，必要時並得諭知期限及失權效果等行為外[164]，法院

---

[164] 在當事人因重大過失，逾時始行提出攻擊或防禦方法，而有礙訴訟終結者，是否會產生不得提出之失權效果，在一般訴訟程序時，最高法院 102 年度台上字第 1245 號表示：「且當事人於第二審程序中，除有民事訴訟法第 447 條但書所列情形外，原則上不得提出新攻擊防禦方法，否則，第二審法院得駁回之，民事訴訟法第 196 條第 2 項、第 447 條固規定甚明。然審判所追求者，為公平正義之實現，如依個案具體情事，不准許當事人提出新攻擊或防禦方法，顯失公平者，應例外准許當事人提出之，以兼顧訴訟當事人之權益，

審理勞動事件時，在使當事人有辯論之機會下，得審酌就處理同一事件而由主管機關指派調解人、組成委員會（如性工法 5 條之性別工作平等會；就服法 6 條 4 項、同法施行細則 2 條之就業歧視評議委員會；勞資爭議處理法 11 條之調解人及勞資爭議調解委員會；勞資爭議處理法 43 條之不當勞動行為裁決委員會等）或法院勞動調解委員會所調查之事實、證據資料、處分或解決事件之適當方案。

2. 調整證據法則並強化判決保護勞工之實益

　　勞動事件法在訴訟程序中，以下述方式調整證據法則：（1）在證據取得方面，明定雇主提出文書義務與法律效果為：勞工請求之事件，雇主就其依法令應備置之文書（如勞基法 23 條之工資清冊、30 條 5 項之出勤紀錄等），有提出之義務。文書、勘驗物或鑑定所需資料之持有人，無正當理由不從法院之命提出者，法院得以裁定處新臺幣 3 萬元以下罰鍰；於必要時並得以裁定命為強制處分；當事人無正當理由不從法院之命者，法院得認依該證物應證之事實為真實（勞事法 36 條）；（2）在舉證責任方面，運用推定事實而使雇主負反證責任：如勞工與雇主間關於工資之爭執，勞工證明係本於勞動關係自雇主所受領之給付，即推定為勞工因工作而獲得之報酬（勞事法 37 條）；出勤紀錄內記載之勞工出勤時間，推定勞工於該時間內經雇主同意而執行職務（勞事法 38 條）。以上，依民事訴訟法 281 條：「法律上推定之事實無反證者，無庸舉證。」亦即，如果

並維持實質之公平。是當事人逾時提出之新攻擊防禦方法，是否可發生不得提出之失權效果，仍應由法院依具體個案情形妥適裁量之。」但是，勞動事件法以迅速審理為立法目的之一，因此除了在 8 條 2 項規定有「當事人應以誠信方式協力於前項程序之進行，並適時提出事實及證據。」的原則性規定外，在 32 條規定以一次辯論期日終結為原則，且法院於期日前之準備時並得諭知提出證據期限及失權效果。在勞動事件法尚未施行前，已有判決表示：「另本件為勞工案件，衡酌勞工是經濟和訴訟上之弱勢，勞資爭議應迅速解決，以維護勞工訴訟上權益及生存權益，勞動事件法草案亦規定勞動訴訟以一次辯論終結為原則，是本件有必要給予失權制裁，被告尚未提出之抗辯已無須再加審酌，附此敘明。」（士林地院 107 勞訴 37 號），因此實務上宜注意，免生失權效果。

雇主認為出勤紀錄之時間並非工作時間，或是勞工本於勞動關係自雇主所受領之給付並非工資時，由雇主負證明責任。（3）避免濫訂證據契約並強化法院闡明義務：要求法院審理勞動事件，為維護當事人間實質公平，應闡明當事人提出必要之事實，並得依職權調查必要之證據。且就勞工與雇主間以定型化契約訂立「證據契約」[165]，依其情形顯失公平者，也明定勞工不受拘束（勞事法 33 條）。

　　實務操作勞動事件尤其是上述調整證據法則的規定時，應注意做為程序法的勞事法 3 條規定：「（I）本法所稱勞工，係指下列之人：一、受僱人及其他基於從屬關係提供其勞動力而獲致報酬之人。二、技術生、養成工、見習生、建教生、學徒及其他與技術生性質相類之人。三、求職者。（II）本法所稱雇主，係指下列之人：一、僱用人、代表雇主行使管理權之人，或依據要派契約，實際指揮監督管理派遣勞工從事工作之人。二、招收技術生、養成工、見習生、建教生、學徒及其他與技術生性質相類之人者或建教合作機構。三、招募求職者之人。」在勞動事件的程序上擴大了勞工與雇主的定義。

---

[165] 所謂「證據契約」採較廣義者認為係指：當事人就裁判所需之重要事實或證據，就證明程序上有關之事項為一定之約定。包括事實推定契約（例如：於租賃契約中當事人約定「如證明於終止期限屆至 3 日前寄發終止信函時，推定終止之意思表示於期限內適時到達」）、自認（不爭執）契約、仲裁鑑定契約、舉證責任分配契約、證據方法契約、自由證明契約（例如：當事人約定以無影像之普通電話訊問證人）、證明度降低協議等，而存在有多種樣態。沈冠伶，舉證責任與證據契約之基本問題－以作業系統裝置契約之給付不完全為例，臺灣法學雜誌，36 期，189 頁以下，2002 年 7 月。實務上，最高法院 102 台上 1039 號就關於「舉證責任分配」的證據契約表示：「按關於舉證責任之分配原則，依民事訴訟法第 277 條之規定，固應由當事人就其主張有利於己之事實，負舉證責任。惟當事人雙方若基於合意，在其所訂立之契約中附加約定，將因不完全給付或物之瑕疵所生之損害賠償責任之舉證責任分配原則變更或調整者，此種附加之舉證責任分配契約，性質上為證據契約之一種，兼有程序法與實體法之雙重效力，具紛爭自主解決之特性及簡化紛爭處理程序之功能。倘其內容無礙於公益，且非屬法院依職權應調查之事項，及不侵害法官對證據評價之自由心證下，並在當事人原有自由處分之權限內，基於私法上契約自由及訴訟法上辯論主義與處分權主義之原則，應承認其效力。」

最後，勞事法為強化判決保護勞工之實益，在 39 條規定法院在判決時，就勞工請求之勞動事件，判命雇主為一定行為或不行為者（如命雇主回復勞工原職務或更正原服務證明書之記載），得「依勞工之請求」，「同時命雇主如在判決確定後一定期限內未履行時，給付法院所酌定之補償金」（此時準用民事訴訟法 222 條 2 項規定：當事人已證明受有損害而不能證明其數額或證明顯有重大困難者，法院應審酌一切情況，依所得心證定其數額）。在勞工取得此種勝訴判決確定後，如果雇主沒有在判決所定的一定期限內履行該一定行為或不行為，而勞工也沒有在判決所定的一定期限內，聲請強制執行，則僅得就補償金為執行。

（四） 勞動事件法的團體訴訟 [166]

為強化紛爭統一解決功能，勞事法除了擴大勞動事件範圍外，也定有多項工會進行團體訴訟規範。例如，在多數勞工同時遭受職災或請求加班費等涉及多數當事人的勞動事件中，除得利用民事訴訟法 44-1 條 1 項：「多數有共同利益之人為同一公益社團法人之社員者，於章程所定目的範圍內，得選定該法人為選定人起訴。」的選定當事人制度，以工會為被選定人外，考量我國工會組織率低或勞工已離職而喪失工會會員身分等情形，因此勞事法 45 條 3、4 項分別明定：「多數有共同利益之勞工，於在職期間依工會法無得加入之工會者，得選定同一工會聯合組織為選定人起訴。但所選定之工會聯合組織，以於其章程所定目的範圍內，且勞務提供地、雇主之住所、居所、主營業所或主事務所所在地在其組織區域內者為限。」「多數有共同利益之勞工，於離職或退休時為同一工會之會員者，於章程所定目的範圍內，得選定該工會為選定人起訴。」

---

[166] 關於勞動事件法中團體訴訟的詳細規定與運用，可參考邱羽凡，勞動事件法之訴訟程序規範簡析，勞動事件法解析，47 頁下，台灣勞動法學會主編，2020 年 2 月，元照出版公司。

　　且被選定人「工會依民事訴訟法第四十四條之一第一項為選定之會員起訴，被選定人得於第一審言詞辯論終結前為訴之追加，並求對於被告確定選定人與被告間關於請求或法律關係之共通基礎前提要件是否存在之判決。」（勞事法41條1項），而追加「共通基礎中間確認之訴」（例如以虧損為由的大量解僱事件，此時選定人各勞工之共通爭點為是否符合勞基法11條2款事由），而不另徵裁判費（勞事法41條3項），只是「被選定人於同一事件提起第一項追加之訴，以一次為限」（勞事法41條4項），至於其他訴之追加，仍應依民事訴訟法255條等規定。

　　另，在雇主侵害多數勞工利益之行為時，勞事法40條也允許所屬工會以自己名義對雇主提起不作為訴訟而規定：「（I）工會於章程所定目的範圍內，得對侵害其多數會員利益之雇主，提起不作為之訴。」此時無需依民事訴訟法44-3條規定之「經目的事業主管機關許可」，只是此訴訟是對他人間法律關係而為訴訟，宜由具法律專業知識之人進行，以期與雇主在程序上實質對等，因此「（II）……應委任律師代理訴訟。」（司法院訂頒有「勞動事件法第40條第2項委任律師酬金支給標準」）。既然本條重在維護勞工利益，因此「（II）……工會違反會員之利益而起訴者，法院應以裁定駁回其訴。」又為保護勞工權益，故「（III）第一項訴訟之撤回、捨棄或和解，應經法院之許可。」

（五）勞動事件法之保全程序

　　民事訴訟之保全程序略指：以保全強制執行之實現，兼及避免權利被侵害或防止急迫危險行為，暫時維持法律關係現狀為目的之法律程序。就此民事訴訟法上訂有：債權人就金錢請求或得易為金錢請求之請求，欲保全強制執行者，得聲請「假扣押」（民訴522條）；債權人就金錢請求以外之請求，欲保全強制執行者，得聲請「假處分」（民訴532條）；於爭執之法律關係，為防止發生重大之損害或避免急迫之危險或有其他相類之

情形而有必要時，得聲請為「定暫時狀態之處分」（民訴 538 條）等三種類型。

而勞動事件法就保全程序，除明定法官闡明義務並減免勞工之擔保金外，另依據勞工不同訴求類型也訂有特別規定，簡介如下 [167]：

1. 明定法官之闡明義務

依勞事法 48 條：「勞工所提『請求給付工資』、『職業災害補償或賠償』、『退休金』或『資遣費』事件，法院發現進行訴訟造成其生計上之重大困難者，應闡明其得聲請『命先為一定給付』之定暫時狀態處分。」[168] 本條僅係規範法院闡明義務，勞工聲請定暫時狀態處分時，仍應適用勞事法及民事訴訟法之相關規定。

2. 減免勞工之擔保金

依勞事法 47 條 1、2 規定：「（I）勞工就請求給付工資、職業災害補償或賠償、退休金或資遣費、勞工保險條例第七十二條第一項及第三項之賠償與確認僱傭關係存在事件，聲請假扣押、假處分或定暫時狀態之處分者，法院依民事訴訟法第五百二十六條第二項、第三項所命供擔保之金

---

[167] 本小節所引之學者意見暨保全處分之裁定主文類型，如未特別註明者，皆出自陳金泉，臺灣律師學院系列課程 —— 勞動事件法，勞動事件法（二）保全程序講義，未公開發行，108 年 3 月 13 日。勞動事件法保全規定評析，勞動事件法解析，71 頁下，台灣勞動法學會主編，2020 年 2 月，元照出版公司。而保全處分之裁定主文字用語，在勞動事件法施行前後，略有不同，較詳細的整理，可參見陳金泉，勞動訴訟實務，72 頁以下，2020 年 9 月，新學林出版（股）公司。

[168] 高等法院 106 勞抗 35 號裁定，就勞工請求職災補償之部分原領工資為定暫時狀態處分表示：查本件相對人係依勞基法第 59 條第 2 款規定請求就工資補償部分定暫時狀態之處分，而觀諸勞基法第 59 條第 2 款規定，雇主工資補償之範圍應為「二年內有醫療中不能工作之情形，按『原領工資』數額予以補償」、「醫療滿二年未能痊癒，經審定為喪失工作能力但不合殘廢給付之標準者，雇主得一次給付四十個月的『平均工資』後免除工資補償責任」；則相對人任職抗告人期間，每月原領工資為 4 萬 2,000 元，準此，相對人於原法院僅主張自 106 年 11 月 1 日起，至回復僱傭關係之日止，按月於每月 1 日先為給付部分之工資 2 萬元，尚屬允當，自無不許之理。四、綜上所述，原裁定准許相對人聲請本件定暫時狀態之處分，命抗告人自 106 年 11 月 1 日起，至回復僱傭關係之日止，按月於每月 1 日給付相對人 2 萬元，核無不合……。

額，不得高於請求標的金額或價額之十分之一。（Ⅱ）前項情形，勞工釋明提供擔保於其生計有重大影響者，法院不得命提供擔保。」[169] 本條文為勞資爭議處理法58條：「……勞工就工資、職業災害補償或賠償、退休金或資遣費等給付，為保全強制執行而對雇主或雇主團體聲請假扣押或假處分者，法院依民事訴訟法所命供擔保之金額，不得高於請求標的金額或價額之十分之一。」之特別規定。又本條文僅係限定擔保金額度，並未免除勞工釋明責任，故勞動事件審理細則79條規定：「勞工為本法第四十七條第一項之聲請，就請求或爭執法律關係及保全之原因未為釋明者，雖經釋明提供擔保於其生計有重大困難，法院仍應裁定駁回之。」

3. 繼續僱用及給付工資的定暫時狀態處分

依勞事法49條當：「（Ⅰ）勞工提起『確認僱傭關係存在』之訴，法院認勞工有勝訴之望，且雇主繼續僱用非顯有重大困難者，得依勞工之聲請，為『繼續僱用及給付工資』之定暫時狀態處分。（Ⅱ）第一審法院就前項訴訟判決僱傭關係存在者，第二審法院應依勞工之聲請為前項之處分。（Ⅲ）前二項聲請，法院得為免供擔保之處分。（Ⅳ）法院因勞工受本案敗訴判決確定而撤銷第一項、第二項處分之裁定時，得依雇主之聲請，在撤銷範圍內，同時命勞工返還其所受領之工資，並依聲請附加自受領時起之利息。但勞工已依第一項、第二項處分提供勞務者，不在此限。（Ⅴ）前項命返還工資之裁定，得抗告，抗告中應停止執行。」

1項既然明文：「勞工提起確認僱傭關係存在之訴，法院認……。」則本條限於勞工起訴後（起訴前聲請者，仍回歸民事訴訟法538條以下規定），而且限定是請求「確認僱傭關係存在」才有適用，又「勞工為本法第四十九條之聲請，就其本案訴訟有勝訴之望，且雇主繼續僱用非顯有重

---

[169] 民事訴訟法526條：「（Ⅰ）請求及假扣押之原因，應釋明之。（Ⅱ）前項釋明如有不足，而債權人陳明願供擔保或法院認為適當者，法院得定相當之擔保，命供擔保後為假扣押。（Ⅲ）請求及假扣押之原因雖經釋明，法院亦得命債權人供擔保後為假扣押。……」

大困難，應釋明之。」（勞動事件審理細則 80 條 2 項）。有學者提出此制度缺點在於：如果雇主在勞工起訴前先提起「確認僱傭關係不存在」訴訟，則勞工縱想再提「確認僱傭關係存在」訴訟，則因為兩者屬同一事件，而不能合法提起。而為杜絕此種不合理情形，勞動事件審理細則 80 條 1 項規定有：「本法第四十九條規定，於雇主提起確認僱傭關係不存在之訴者，亦有適用。」

　　又，1 項「繼續僱用及給付工資」的定暫時狀態處分，就其中的「繼續僱用」[170]，有學者指出：「我國司法實務通說認為勞工原則上並無『就勞請求權』，故所謂的『繼續僱用』不宜解釋為即是強制雇主有受領勞務義務，有容許勞工進入職場服勞務之義務，而應僅是『暫定勞雇關係存在』的另一用語而已。……此類裁定一經送達法律關係即告形成，無庸執行亦無法執行，此際應無部分論者所主張『勞工得依強制執行法 140 條準用 128 條 1 項[171]，如雇主仍拒絕受領勞務，執行法院得連續裁處怠金或管收雇主。』之餘地。當然……果裁定主文已明揭雇主應容許勞工進入職場工作，勞工當然得聲請執行……。」就勞事法定位為屬於程序法的民事訴訟法之特別法，並無更改實體法上權利義務之性質，應有所據。不過臺高院 110 勞抗 24 號認為：「惟查，執行法院應為如何之執行，應依系爭執

---

[170] 在勞動事件法施行後，或許是 49 條文字為「繼續僱用」，因此高等法院 109 勞聲 12 號裁定主文為：「相對人於兩造間本院 108 年度重勞上字第 58 號（臺灣臺北地方法院 107 年度重勞訴字第 17 號）確認僱傭關係存在等事件終結確定前，『應繼續僱用聲請人』，並按月給付聲請人新臺幣陸萬伍仟肆佰玖拾伍元。聲請訴訟費用由相對人負擔。」然而臺中高分院 109 聲 35 號仍然使用：「相對人於兩造間關於臺灣臺中地方法院 107 年度勞訴字第 144 號、本院 108 年度勞上字第 27 號恢復原職及更正考核等事件之判決確定前，應『暫時回復其與聲請人間之僱傭關係』，並按月給付聲請人新臺幣 41,233 元。聲請程序費用由相對人負擔。」用語，以上見司法院裁判書查詢系統。

[171] 強制執行法 140 條：「假處分之執行，除前三條規定外，準用關於假扣押、金錢請求權及行為、不行為請求權執行之規定。」128 條 1 項：「依執行名義，債務人應為一定之行為，而其行為非他人所能代履行者，債務人不為履行時，執行法院得定債務人履行之期間。債務人不履行時，得處新臺幣三萬元以上三十萬元以下之怠金。其續經定期履行而仍不履行者，得再處怠金或管收之。」

行名義之內容定之，不得就系爭執行名義另行判斷相對人之請求權當否，而系爭執行名義既記載『應繼續僱用相對人』，非僅暫定『兩造僱傭關係存在』，屬給付性質之執行名義，已如前述，亦即按強制執行法第 140 條準用第 128 條第 1 項規定，依系爭執行名義，抗告人應為一定之行為即繼續僱傭相對人含受領相對人所提供勞務之行為，且該行為非他人所能代履行之不可代替行為義務之強制執行，因此，抗告人不履行『繼續僱用』，執行法院依該條規定得處抗告人怠金，原處分捨此不為，卻逕行駁回相對人之強制執行聲請，與法不合，……。」

　　承上，如果認為 1 項的「繼續僱用」原則上僅是「暫定勞雇關係存在」之定暫時狀態處分，雇主並沒有受領勞務或容許勞工進入職場服勞務之義務，則雇主因為「給付工資」的定暫時狀態處分繼續給付工資，但卻未必使勞工進入職場工作，或者不採此見解但勞工也因其他因素而未進入職場工作。因此 4 項規定其後如果法院因勞工受本案敗訴判決確定而「撤銷給付工資的定暫時狀態處分裁定」時，即得依雇主之聲請，在撤銷範圍內，同時命勞工返還其所受領之工資，並依聲請附加自受領時起之利息（除非勞工已經依定暫時狀態處分提供勞務）。但是，對這種按月給付工資定暫時狀態處分，嗣因勞工未服勞務而其後受雇主請求返還工資的事件，在勞動事件法未施行前，臺高院 107 勞上 120 號表示：「嗣系爭處分於 102 年 6 月間送達兩造後，被上訴人再於 102 年 9 月 17 日寄發存證信函及於 102 年 10 月 15 日寄發律師函予上訴人，表示願意繼續為上訴人提供勞務……，然上訴人均未就此回應，由此益證上訴人確實自 101 年 12 月 19 日以後始終拒絕被上訴人提供勞務，則被上訴人已將準備給付之事情通知上訴人，但上訴人自 101 年 12 月 19 日起即始終拒絕受領被上訴人提供勞務，未曾向被上訴人表示願意受領其勞務給付之意思，因此，上訴人自 101 年 12 月 19 日起拒絕受領後，於系爭訴訟確定前，此拒絕受領之狀態繼續存在，即應負受領遲延之責，被上訴人無補服勞務之義務，於系

爭訴訟確定前仍得請求薪資等。」而判雇主敗訴。因此有學者表示：「現行法規範下，雇主於本案訴訟確定後，假處分裁定撤銷後要求勞工返還工資者，非經訴訟程序由法院判決不可，勞工於訴訟程序中有充分的機會對於有無服勞務，如無服勞務，其原因應歸責於何一當事人之事實，可作充分之攻防。乃新法卻大開方便之門，讓雇主只要透過……裁定程序即可要求勞工返還工資，實為極度不妥。」其補救之道應在於：「第 4 項但書規定『但勞工已依第一項、第二項處分提供勞務者，不在此限。』因勞工有無服勞務之事實，非經調查無法證實，法院……允宜通知勞工陳述意見。假如雙方……雖對『未服勞務之事實』不爭執，但爭執其原因事實者（例如勞工主張是雇主拒絕受領，雇主則主張是勞工拒服勞務），則此時因已涉及實體爭執，此時法院應駁回有關雇主『返還工資』部分之聲請。」嗣後勞動事件審理細則 80 條 3 項已規定：「法院為本法第四十九條第四項之裁定前，應使當事人有陳述意見之機會。」

又本條 2 項明文：「第一審法院就前項訴訟判決僱傭關係存在者，第二審法院應依勞工之聲請為前項之處分。」最高法院 110 台抗 673 號就此表示：「依勞動事件審理細則第 80 條第 2 項規定，勞工為本條聲請時，就其本案訴訟有勝訴之望，且雇主繼續僱用非顯有重大困難，惟勞動事件法第 49 條第 2 項規定：第一審法院就前項訴訟判決僱傭關係存在者，第二審法院應依勞工之聲請為前項之處分。蓋第一審判決既已確認僱傭關係存在，雖尚未確定，基於利益衡量，僅以第一審判決勞工勝訴即可認其有勝訴之望已具備優越蓋然性，足認其有受權利暫時保護之必要性，雇主應無明顯之僱用障礙或將生何等重大損害之危險，不必再審查其他要件。又依民事訴訟法第 538 條之 4 準用第 536 條第 1 項規定，定暫時狀態處分所保全之請求，得以金錢之給付達其目的，法院始得於裁定內記載債務人供所定金額之擔保後免為或撤銷定暫時狀態處分。勞動事件法第 49 條之規範目的，非僅暫時性滿足勞工生活上之急迫需求，尚寓有使勞工繼續工作

以維持其職業上技能及競爭力，涉及其工作權、人格權之保護，非單純為金錢給付即滿足勞工之本案請求，是法院依上開規定所為之處分，尚無許雇主提供反擔保後免為或撤銷該處分之餘地。」

4. 依「原工作」或「兩造所同意工作內容」繼續僱用之定暫時狀態處分

當「勞工提起『確認調動無效』或『回復原職之訴』，法院認雇主調動勞工之工作，有違反勞工法令、團體協約、工作規則、勞資會議決議、勞動契約或勞動習慣之虞，且雇主依調動前原工作繼續僱用非顯有重大困難者，得經勞工之聲請，為依『原工作』或『兩造所同意工作內容』繼續僱用之定暫時狀態處分。」（勞事法 50 條）。

本條文字明定：「勞工『提起』確認調動無效或回復原職之訴，法院認……。」則與前述「繼續僱用及給付工資」同，限於勞工起訴後由受理本案訴訟的法院裁定，至於起訴前則仍回歸民事訴訟法保全程序編的規定處理。只是雖然雇主也可以提「確認調動有效之訴」，以同一事件來干擾勞工提「確認調動無效之訴」而運用本條聲請定暫時狀態處分，但勞工可以改提給付之訴即「回復原職之訴」來避開干擾，此時：「勞工為本法第五十條之聲請者，就雇主調動勞工之工作，有違反勞工法令、團體協約、工作規則、勞資會議決議、勞動契約或勞動習慣之虞，且雇主依調動前原工作繼續僱用非顯有重大困難，應釋明之。」（勞動事件審理細則 81 條 1 項）。至於法院如認勞工聲請有理由時，依勞動事件審理細則 81 條 2 項：「法院依本法第五十條規定所為之定暫時狀態處分，以依原工作或兩造所同意（之新）工作內容繼續僱用為限。」

5. 不當勞動行為裁決決定與保全程序

勞事法 46 條：「（I）勞工依勞資爭議處理法就民事爭議事件申請裁決者，於裁決決定前，得向法院聲請假扣押、假處分或定暫時狀態處分。（II）勞工於裁決決定書送達後，就裁決決定之請求，欲保全強制執行或

避免損害之擴大，向法院聲請假扣押、假處分或定暫時狀態處分時，有下列情形之一者，得以裁決決定代替請求及假扣押、假處分或定暫時狀態處分原因之釋明，法院不得再命勞工供擔保後始為保全處分：一、裁決決定經法院核定前。二、雇主就裁決決定之同一事件向法院提起民事訴訟。（III）前二項情形，於裁決事件終結前，不適用民事訴訟法第五百二十九條第一項之規定。裁決決定未經法院核定，如勞工於受通知後三十日內就裁決決定之請求起訴者，不適用勞資爭議處理法第五十條第四項之規定。」

　　本條 1 項所訂「勞工依勞資爭議處理法就民事爭議事件申請裁決者」，係指勞工依勞資爭議處理法 39 條 1 項：「勞工因工會法第三十五條第二項（編按，即雇主或代表雇主行使管理權之人，為前項規定所為之解僱、降調或減薪者，無效）規定所生爭議，得向中央主管機關申請裁決。」規定，而提起涉及民事爭議的不當勞動行為裁決後，依本條規定聲請保全處分。

　　關於 2 項規定，首先此所謂代替釋明之裁決係指：「本法第四十六條第二項所定代替釋明之裁決，以聲請保全之請求經裁決決定之部分為限。」（勞動事件審理細則 77 條 2 項）；其次，本項運用情形係指當勞工收受有利於己的裁決決定書時，雖然裁決會可依法將裁決決定送請法院核定，而使該經核定的裁決決定與確定判決有同一效力（勞資爭議處理法 49 條）。但是因為依勞資爭議處理法 48 條規定：「（ I ）對工會法第 35 條第 2 項規定所生民事爭議事件所為之裁決決定，當事人於裁決決定書正本送達三十日內，未就作為裁決決定之同一事件，以他方當事人為被告，向法院提起民事訴訟者，或經撤回其訴者，視為雙方當事人依裁決決定書達成合意。（ II ）裁決經依前項規定視為當事人達成合意者，裁決委員會應於前項期間屆滿後七日內，將裁決決定書送請裁決委員會所在地之法院審核。……。」雇主得於 30 日內就與裁決決定之同一事件向民事法院起

訴。亦即：（1）因為雇主起訴而不能送核定者；（2）當裁決會待 30 日過後雇主未起訴或起訴後撤回，視為雙方當事人依裁決決定書達成合意，才送法院核定而一直到法院核定的過程中；（3）或是雖然已經送核定，但是法院依勞資爭議處理法 48 條 4 項「因裁決程序或內容與法令牴觸，未予核定之事件……。」規定，不予核定。以上勞工皆有聲請保全處分必要，此時勞工得以裁決決定代替請求及假扣押、假處分或定暫時狀態處分原因之釋明，法院不得再命勞工供擔保後始為保全處分。而此第 2 項規定在勞工依第 1 項之聲請，於法院作成裁定前，提出裁決決定書者，或提起抗告後始提出者，也適用（勞動事件審理細則 77 條 3 項）。

　　第 3 項前段：「前二項情形，於裁決事件終結前，不適用民事訴訟法第五百二十九條第一項之規定。」規範的是勞工聲請保全處分後，聲請裁決但未向民事法院起訴的情形。此種規定的理由在於：因為從勞資爭議處理法 42 條 1 項：「當事人就工會法第三十五條第二項所生民事爭議事件申請裁決，於裁決程序終結前，法院應依職權停止民事訴訟程序。」規定來看，裁決與民事訴訟可以併行，只是裁決優先職務管轄，而使民事訴訟停止進行而已。因此，在勞工聲請保全處分後僅提起裁決而沒有提出民事訴訟時，雇主本來可以依民事訴訟法 529 條 1 項：「本案尚未繫屬者，命假扣押之法院應依債務人聲請，命債權人於一定期間內起訴。」規定，聲請法院命勞工限期提起民事訴訟，而為了免除勞工一方面進行裁決程序，一方面需分心在期限內提起民事訴訟等，因此排除民事訴訟法 529 條命限期起訴適用。至於第 3 項後段「裁決決定未經法院核定，如勞工於受通知後三十日內就裁決決定之請求起訴者，不適用勞資爭議處理法第五十條第四項之規定。」其中所指「裁決決定未經法院核定」，學者認為指的是法院依勞資爭議處理法 48 條 4 項「因裁決程序或內容與法令牴觸，未予核定之事件……。」不予核定者，不包括因當事人遵期起訴，而不送法院核定情形。亦即，此時裁決決定有利於勞工，雖然法院不予核定，但是勞

工已經起訴積極尋求救濟，所以不適用勞資爭議處理法 50 條 4 項：「裁決決定書未經法院核定者，當事人得聲請法院撤銷假扣押或假處分之裁定。」規定，而使雇主不得聲請撤銷保全處分。

第二章

工時保護法令

　　以國家力量介入勞資雙方間之勞動契約，而對與勞工的勞務給付量有相當關聯之工作時間加以強制規定，歷史因素在於勞動醫學考量。亦即為避免工業革命後，資方為充分運用其龐大機械投資，提高資本效用，要求勞工尤其是童工、女工隨機械運轉而長時間工作，致對其身體健康產生弊害。不過近代法對於工作時間的立法原理，除了此等歷史因素外，尚有人性尊嚴及經濟學之考量。因為，縮短工作時間不但可以提高勞動生產力，而且也有減緩失業及增加消費促進經濟發展之作用，再者藉由縮短工作時間及提高延長工時之工資，而壓抑雇主加班請求等強制規定，也可使勞工得享有正常的家庭、社會及文化生活，所以立法縮短工作時間幾已成為現代國家共識。

　　基此，勞基法第四章就工作時間及休息、休假訂有強制規範，雖然近年來多有增修，不過大致上仍然維持原則與例外之方式。亦即先對工常工時、休息與休假做原則性規定為：勞工每日法定正常工作時間之上限為 8 小時，一週 40 小時（30 條 1 項）。繼續工作 4 小時至少應有 30 分鐘之休息（35 條）；採輪班制更換班次時，至少應有連續 11 小時之休息時間。但因工作特性或特殊原因，經中央目的事業主管機關商請中央主管機關公告者，得變更休息時間不少於連續 8 小時（34 條 2 項）。假日部分則分為：勞工每 7 日中應有 2 日之休息，其中 1 日為例假，1 日為休息日（36

條／105 年 12 月 23 日修正施行）；內政部所定應放假之紀念日、節日、勞動節及其他中央主管機關指定應放假之日，均應休假（37 條／ 106 年 1 月 1 日修正施行）；以及根據勞工在同一雇主或事業單位，繼續工作一定期間之長短，而分別給予之特別休假（38 條）。最後再視產業特性與工作者之工作特性，而分別訂立彈性工時及責任制等例外規定，以符合不同產業或特殊工作者之運作。然而不論是原則或例外，為方便查證勞工實際工作時數與證據保存，30 條 5、6 項規定雇主應置備勞工出勤紀錄，逐日記載勞工出勤情形至分鐘止，勞工向雇主申請其出勤紀錄副本或影本時，雇主不得拒絕，且此項簿卡應保存五年。

第一節　法定正常工作時間與休息、假日、請假

第一項│法定正常工作時間

30 條 1 項雖然規定：「勞工正常工作時間，每日不得超過八小時，每週不得超過四十小時。」而宣示原則上每日法定正常工時為 8 小時，超過則可能產生延長工時計算加班費之問題。不過除了採彈性工時制度等外，事業單位也應注意如職安法 19 條 1 項：「在高溫場所工作之勞工，雇主不得使其每日工作時間超過六小時；異常氣壓作業、高架作業、精密作業、重體力勞動或其他對於勞工具有特殊危害之作業，亦應規定減少勞工工作時間，並在工作時間中予以適當之休息。」等特別規定。

所謂正常工作時間，並非以日曆天計算，如跨越二曆日者，其工作時數，應合併計算（施行細則 17 條），另外雇主得視勞工照顧家庭成員需要，允許勞工於不變更每日正常工作時數下，在 1 小時範圍內，彈性調整工作開始及終止之時間，且此種彈性調整上、下班時間點之規定，同時適用於後述彈性工時制度（30 條 8 項）。

　　關於上述法定正常工時的演進，30 條 1 項先於 89 年 6 月將「每週工作總時數不得超過四十八小時」，修正為「每二週工作總時數不得超過八十四小時」，並自 90 年 1 月 1 日起施行，期望先以原則上隔週休二日之溫和方式，漸次縮減工時。嗣再於 104 年 5 月 15 日修正為「每週不得超過四十小時」，而自 105 年 1 月 1 日開始施行（86 條），以漸進至週休二日（只是當時 36 條仍維持每 7 天有 1 日例假即可，所以仍有部分企業將每週 40 小時，平均分配於 1 週 6 日內，也因此衍生後述一例一休與二例之 36 條修法爭論）。又為避免雇主以工時縮減為由減薪，修法時同時於 30 條 7 項規定：「雇主不得以第一項正常工作時間之修正，作為減少勞工工資之事由。」

第一款　工作時間之認定標準與勤前準備時間、待命時間

一、工作時間之認定標準

（一）勞基法未就工作時間加以定義，但規定雇主應置備出勤紀錄

　　繼了解法定正常工作時間的數額後，應進一步探討何謂「工作時間」。就此勞基法並未定義，只在 30 條 5、6 項規定雇主應置備勞工出勤紀錄（包括以簽到簿、出勤卡、刷卡機、門禁卡、生物特徵辨識系統、電腦出勤紀錄系統或其他可資覈實記載出勤時間工具所為之紀錄，只是雇主於接受勞動檢查或勞工向其申請時，應以書面方式提出／施行細則 21 條），逐日記載勞工出勤情形至分鐘止，勞工向雇主申請其出勤紀錄副本或影本時，雇主不得拒絕，且此項簿卡應保存五年（105 年 1 月 1 日修正施行，修正前為保存一年。另應注意勞保條例 10 條 4 項，要求投保單位應自被保險人離職之日起五年內，保存其出勤工作紀錄）。又為因應使用現代科技與業務員等在事業場所外工作之特殊型態，勞動部在 104 年 5 月 6 日制頒「勞工在事業場所外工作時間指導原則」，其中表示：在外工作

勞工之工作時間紀錄方式，非僅以事業單位之簽到簿或出勤卡為限，可輔以電腦資訊或電子通信設備協助記載，例如：行車紀錄器、GPS紀錄器、電話、手機打卡、網路回報、客戶簽單、通訊軟體或其他可供稽核出勤紀錄之工具。

（二）有法院認為出勤紀錄並非認定工作時間之唯一標準，仍得以反證推翻

只是，固然勞動檢查機構常憑上開出勤紀錄做為認定事業單位是否遵守工時規定（尤其是下班時間），行政機關並據此認定雇主是否給足加班費。但司法實務卻漸有不同見解，如臺北高等行政法院104簡上5號即表示：「勞工出勤紀錄乃被上訴人之內部管理資料，係紀錄員工到、離公司之時間，通常情形固為正常工作時間前、後之時點。惟出勤紀錄尚非不可得以反證推翻之，倘出勤紀錄所載非勞工實際之工作時間，則勞工在出勤紀錄所顯示之工作時間，是否確實執行工作，或確實有加班之事實，本尚待勞雇雙方依實際情況，就勞工是否在雇主之指揮監督下？有無指派任務？等具體情況判斷。」

（三）出勤紀錄既得以反證推翻，則如何認定工作時間，仍有爭議

申言之，既然勞基法並未定義工作時間，且出勤紀錄僅屬於證明工作時間的佐證而非唯一標準，仍得以反證推翻，則何謂工作時間仍有研究必要。就此學者或由勞工受指揮監督之從屬性特徵而認為：「只要勞工依約提出其勞動力，而處於雇主得支配之狀態下即屬工作時間，至於雇主是否實際使用支配勞工之勞動力則非所問」[172]，或從契約義務觀點而認為：「視該時間是否屬於勞工依債務本旨應提供之清償範圍，或屬於雇主受領

---

[172] 黃程貫，勞動法（修訂再版），412頁，2001年6月，國立空中大學。

勞務應該協助之範圍而定。」[173] 而兩此說之主要不同點或應在於工作時間外持續留在職場之時間是否為工作時間。

（四）判決從契約觀點認定工作時間下，承認加班申請制之合法性

而以往實務雖多認為只要勞工處於雇主得支配之狀態下，即屬工作時間，如內政部 74 台內勞字 310835 號函：「職業汽車駕駛人工作時間，係以到達工作現場報到時間為開始……。」然近年則漸有著重契約義務觀點而表示：「苟雇主並無延長勞工工作時間之行為，雖勞工有依己意而延長工作時間之結果，雇主應無依前開規定給付延長工作時間工資之義務，亦不生僅得延長勞工工作時間於一定時數範圍內之可言。蓋以雇主與勞工分別為勞動契約之一方，雇主尚無於契約約定外受領勞工所提出延長工作時間之勞動之義務，亦無於勞工為前開勞動給付後負給付延長工作時間工資之義務。」（台中高等行政法院 103 簡上 5 號、台北高等行政法院 104 簡上 5 號）。

亦即法院在從契約觀點來認定工作時間下，承認加班申請制的合法性，並認為在事業單位採「加班申請制」時，如勞工未依規定申請加班，或與雇主無契約上之合意，則縱使勞工出勤紀錄上記載之時間多於正常工時，然此不過是職場時間多於法定正常工時，仍然未可全數直接認定為工作時間，而產生加班費。只是所謂加班合意，依最高行政法院 107 判 83 號：「勞工在正常工作時間外，『延長工作時間，無論係基於雇主明示或可得推知之意思而為雇主提供勞務，或雇主明知或可得而知勞工在其指揮監督下之工作場所延長工作時間提供勞務，卻未制止或為反對之意思而予

---

[173] 焦興鎧等人合著，勞動基準法釋義——施行二十週年之回顧與展望，第四章工作時間（本部分由邱駿彥執筆），298 頁，2013 年 3 月，新學林出版（股）公司。此定義雖然未說明思考依據，惟如應及勞動契約屬於債權契約，而民法 235 條既然規定：「債務人非依債務本旨實行提出給付者，不生提出之效力。但債權人預示拒絕受領之意思，或給付兼需債權人之行為者，債務人得以準備給付之事情通知債權人以代提出。」則應有所據。

以受領」，均應認勞動契約之雙方當事人就延長工時達成合致之意思表示，該等提供勞務時間即屬延長工作時間……。」並不限於明示合意。當然，在採加班申請制下：「雇主不得以行正常工時之名卻指派超量業務限期完成，再設下由勞方自行申請加班之規避方式，達到雇主實質延長勞工工作時間，惟形式上卻不受勞基法管制之目的。」（高雄高等行政法院105 簡上 23 號）。

　　雖然工作時間可以為理論探討與實務觀察如上，只是在一些臨界案件，仍有模糊處，以下略述勤前準備與待命時間之認定。

二、勤前準備時間

　　就此一般認為，如果工作前之準備係正式工作所必需，如著手檢查、整理機械設備，或換穿規定之工作服，則應視為是工作時間。甚至事業單位開早會，如要求勞工參加，此項時間亦應列入工作時間計算（76 台勞動 5658 號函）。因此勞基法第 31 條所規定在坑道或隧道內工作之勞工自入坑口時起至出坑口時止皆為工作時間，雖然看似已經規定自入坑口時起算工作時間。不過該條文主要目的在於保護坑道或隧道中工作之耗費體力與具高度危險性之勞工，而將其在坑內之休息時間一併視為工作時間，自不宜根據此規定，而將入坑前之準備時間排除在工作時間外。

三、待命時間

（一）判決與函令

　　由內政部 74 台內勞 310835 號函釋：「職業汽車駕駛人工作時間，係以到達工作現場報到時間為開始，且其工作時間應包含待命時間。」及最高法院 86 台上 2436 號表示：「乙○○等人之工作係巡視、檢查、監視、紀錄電壓、電路、電量，必需隨時在變電所內，雖被上訴人對值班時間內之工作屬監視性、斷續性一節，並不爭執，惟值班時間內隨時處於上訴人指揮監督下，是每日值班時間十二小時均屬工作時間。」之見解，應可推

知是以處於雇主得支配狀態之理由，認定是否為待命時間，並同時認為是工作時間。然而，若詳細觀察，即便是同樣處於「雇主得支配之狀態」，實務上也未必相同處理。例如：

在勞工處於雇主得支配狀態的值日、夜情形，先於內政部主管勞工行政時期以 74 台內勞字第 357972 號函頒「事業單位實施勞工值日（夜）應行注意事項」表示：在工作時間以外，從事非勞動契約約定之工作，如收轉急要文件、接聽電話、巡察事業場所及緊急事故之通知、聯繫或處理等工作之值日、夜時，此種值日、夜並非工作時間之延伸（按即不屬於加班），勞工並無擔任值日、夜之義務，事業單位須徵得勞工同意（這裡的勞工同意，除個別勞工同意外，也允許透過集體同意的方式來取代，即經由團體協約、或勞資會議決定或規定於工作規則。規定於工作規則者，應檢附該事業單位工會或勞工半數以上之同意書），才可要求勞工值日、夜（童工不適用／女工不得值夜），而對於實際值日、夜之勞工，事業單位僅須發給勞工經雙方議定之值日、夜津貼，且此一津貼非屬勞基法第 2 條第 3 款所稱之工資，得不併入平均工資及勞工退休金條例每月提繳工資計算（勞動 4 字 0970005636 號函）。其後勞動部於 108 年 3 月 11 日以勞動條 3 字 1080130222 號函 [174] 修正上開注意事項，重點略為：增訂值日（夜）津貼建議數額，宜不低於每月基本工資除以 240 再乘以值日（夜）時數之金額，並應遵守同工同酬之原則。另為促進職場上性別平權，並兼顧女性值夜之健康與安全，修正為女性勞工得值夜，但增訂雇主應提供必要之安全衛生設施或措施，至於妊娠或哺乳期間者，仍禁止從事值夜。並且同時預告於 111 年 1 月 1 日停止適用本值日（夜）注意事項（理由為：勞工縱於值日、夜時段，仍難脫免雇主之指揮監督，將逐步回歸勞基法對

---

[174] 引自勞動部網站 → 新聞公告 → 新聞稿，查詢日：2019 年 3 月 13 日。

於「工作時間」之意涵）[175]。

　　而司法實務對於在同一公司的警衛人員待命時間案例中，也顯現不同見解，即最高法院 86 台上 1330 號認為：「依兩造簽訂之『聘僱合約』與被上訴人受上訴人僱用時立具之『切結書』，以及上訴人所訂之警防工作手冊之備勤規則，警衛人員四四制值勤要點之規定，被上訴人無論於勤務時間，或於待命備勤時間，均屬其警衛勤務之工作時間，而非休息時間……，而待命時間不到，上訴人均以違反出勤規定予以懲處……，是待命備勤時間應屬工作時間。」但同院 86 台上 1101 號卻認為此種情形並非工作時間，而表示：「依被上訴人公司警衛人員四四制值勤要點第六點規定：『待命人員應在哨音或電鈴聲可及範圍內待命休閒，不得遠離隊部』，第七點規定：『待命人員由待命小隊長統一掌握，遇有勤務時，由待命小隊長帶班值勤』。足見待命備勤時為休息之狀態，僅遇有勤務時，由待命小隊長帶班值勤，則除該值勤時間外，其餘時間自難認屬工作時間。」

---

[175] 雖然從值日（夜）應行注意事項之內容與頒布年代來揣測，主管機關應是考量當時勞工薪資尚低與保全業未專業化，而開放勞工於例休假日與平日守夜中，從事巡視廠房與緊急聯絡等接近監視性保全工作不列入工作時間，期以增加勞工收入。但隨著勞權意識提升，對值日（夜）是否為工作時間的訴訟日多。就此，行政法院之見解整理，有李柏毅，值日（夜）是不是加班？晚近行政訴訟的觀察（電力工會通訊，436 期）；沈以軒，假「值日夜」之名，行「加班」之實──以近期行政訴訟判決觀察為中心（臉書／宇桓週報 107 年 3 月 29 日發文）。沈律師文整理行政訴訟判決（臺中地院 103 簡 119 號、臺南地院 103 簡 75 號、桃園地院 105 簡 44 號、雲林地院 106 簡 24 號）認為：相較於主管機關著重以「工作內容」是否與原勞動契約約定之工作相同，據以判斷勞工值日（夜）時間是否為工作時間之延長；近期行政法院判決則傾向於強調值日（夜）工作須「勞務密集程度」較低，或須屬於「非必要持續密提出勞務」、「待命戒備留意」等性質之工作始屬之。
然而，除了上述的觀察外，在民事法院方面最高法院 106 台上 2533 號表示：「又勞基法於第 30 條第 1 項規定勞工正常工作之最高時間，於第 32 條規定延長工作時間之事由、時數及程序，旨在限制雇主任意延長勞工之工作時間，以貫徹保護勞工之政策，非謂勞工於正常工作時間以外為雇主從事與正常工作時間內之工作性質不同之工作，即非加班。」似乎婉轉表示不應適用值日（夜）注意事項。

（二）學說

對此有學者提出「以實際提供勞務的原則／不提供勞務的例外」[176]，作為不同類型待命時間的判斷標準，並據此就加班費計算為不同處理。

亦即如果合理地預期在該段時間內，有相當高的機率必須實際提供勞務，如客服人員等候客人者，此一類型待命時間為工作時間，其工資部分應依 24、39 條計算加成工資。

另者雖然對勞工活動範圍有所限制，但可合理地預期該段時間內，常態上無須提供勞務，如值日、夜等，此一類型待命時間雖然立法政策上無必然視為正常工作時間之理，惟參酌 84-1 條 1 項 2 款對於勞力密度較低的監視性、間歇性工作，尚須經中央主管機關核定，並經勞雇雙方書面約定，方得就勞基法 30 條等規定事項，為不同約定，亦即從法規出發點來看，此一類型之待命時間固然仍應計入工作時間。但是從平均正義（對價／契約）的觀點，和勞基法 21 條所呈現的契約自由原則下，除了勞工於此一類型待命時間內提供相當於正常工時內之勞務，或待命時間與正常工時相比，不僅其工作內容、身心健康上的要求與耗損大致相同，而且勞工又另外犧牲其休閒時間，而應勞基法 24 條、39 條計算外，容許當事人在不違背 21 條所定基本工資的前提下，得自由約定此類型待命時間的工資，似乎是妥當的（方法論上是對勞基法 24 條、39 條採取目的性限縮）。

至於勞工僅須提供連絡方式候傳，但有極高機率無須提供勞務，應非工作時間，因此除了勞工於此時間內實際提供相當於正常工時內的勞務者，應依據勞基法 24 條、39 條計算加成工資外，該段時間內之工資得由當事人自由約定。

---

[176] 林更盛，「待命時間」爭議問題探討，全國律師雜誌 4 月號，23 頁下，中華民國律師公會全國聯合會發行，2010 年 4 月 15 日。

四、實務問題與勞動事件法施行後之影響

109 年 1 月 1 日施行的勞事法 38 條規定：「出勤紀錄內記載之勞工出勤時間，推定勞工於該時間內經雇主同意而執行職務。」而其立法理由表示：「雇主本於其管理勞工出勤之權利及所負出勤紀錄之備置義務，對於勞工之工作時間具有較強之證明能力。……雇主如主張該時間內有休息時間或勞工係未經雇主同意而自行於該期間內執行職務等情形，不應列入工作時間計算者，亦得提出勞動契約、工作規則或其他管理資料作為反對之證據，而推翻上述推定，以合理調整勞工所負舉證責任，謀求勞工與雇主間訴訟上之實質平等。」

申言之，立法理由中固然表示「休息時間」及「未經雇主同意而自行於該期間內執行職務」等情形不列入執行職務時間（即從契約觀點下認定工作時間，故職場時間未必等同於工作時間），但是條文既然規定出勤紀錄記載之出勤時間「推定」為經雇主同意而執行職務，而依民事訴訟法 281 條：「法律上推定之事實無反證者，無庸舉證。」則在訴訟時應由事業單位提出反證，以證明出勤紀錄所載職場時間並非完全等同於工作時間。因此事業單位宜藉由書面勞動契約、工作規則等明定勞工可以脫離雇主指揮監督之休息時間，並建立加班聲請制度，至於未經加班合意者，應即紀錄正常出、退勤時間，只是實務上仍有如下問題：

（一）就與實際工作有差異之出勤紀錄，是否應加修正

最高行政法院 107 判 211 號：「勞工上、下班之刷卡紀錄，如有與其實際出勤情形不符之處，雇主事後亦負有『於核發當月（次）工資前會同勞工予以及時修正之義務』，始符合前揭勞動基準法第 30 條第 5 項（編按，行為時法）之規範意旨。」闡釋了修正義務與修正期限。

但實務上如何「會同勞工修正出勤紀錄」有實際困難，蓋以眾多中小企業因主管統一刷卡容易衍生爭議，故面臨員工自行刷卡紀錄之卡片或

門禁卡等電磁紀錄，需由人資或會計逐月以書面或電子郵件記載應修正日期，得勞工確認後方得修正，以免產生變造質疑，而類此書面與電磁紀錄修正皆需專人逐月處理與保存，時生困擾，且電磁紀錄修正後反而覆蓋原始資料，也未必佳。因此，上開最高行政法院 107 判 211 號之原審判決，即臺北高等行政法院 105 訴 1244 號表示：「因此，無論刷卡異常為以上何種情形，原告之員工均可從院內網頁查詢自己每日上下班刷卡資料，記載至分鐘截止，該資料亦會持續保留。再者，原告每月定期製表供所僱員工確認其出勤時間，並經員工確認後簽名，如有異常或錯誤可予調整更正，原告並未變更原告員工之實際刷卡時間，且隨時得調出以供查驗，此有原告人事卷宗、刷卡查詢作業、員工刷卡資料查詢結果、部門刷卡料異常螢幕等電腦網頁附卷可憑。從而，原告所僱員工之出勤情形資料並無任何漏載、誤植及紀錄不實之處，實已依法覈實逐日記載。」亦即事業單位如設有出勤管理系統，得供查驗實際出勤情形與出勤紀錄之差異，即屬覈實逐日記載而不需修正，或有可採處。

　　另實務上除了會有漏刷卡情形外，刷卡時間與表定時間有若干差距情形，亦屬常見。此點固然臺北高等行政法院 108 訴更二字 85 號判決表示：「雇主若對於勞工加班採取不鼓勵的立場甚或反對勞工加班，亦得事先或隨時採取必要之防止措施（例如下班時間屆至，立即關燈、斷電、強制關閉電腦或令其立即離去工作場所等），以避免勞工加班，而非消極容任勞工滯留工作場所提供勞務，卻又拒絕給付加班費，而平白受領勞工提供勞務之利益⋯⋯。」但關燈斷電等似乎超出常情。而臺南地院 103 簡 59 號行政訴訟判決表示：「至於被告以李〇〇每天有超時數分鐘或數十分鐘，累計五天即可達一小時，原告未計算超時工資，仍屬違法云云，按勞工每天不可能均整點上下班，即每天八點整及五點半整點刷卡，被告此舉顯對法規之極度擴張，否則機關、行號規定所有員工不得提早刷卡，所有員工必然為了遵守雇主規定，在整點刷卡，如此，第一位整點刷卡，最

後一位必然因為等候機器感應時間的關係反而遲到，員工為了避免無由的遲到，將導致爭先恐後，被告嚴守整點計算，工計於幾分，已昧於常情與經驗法則，實落入苛政、與民脫節、亦有違立法本意……。」（高雄高等行政法院 104 簡上 14 號裁定維持原判決），亦即出勤紀錄與實際工作時間有常理上差異是所必然，如不問差異情形，皆要求需修正或加註，或違常情。

（二）出勤紀錄未加修正與加班費計算

固然應逐日記載勞工出勤情形至分鐘（勞基法 30 條 6 項），而上述最高行政法院又有需修正出勤紀錄之見解，且 109 年以後出勤紀錄內記載之勞工出勤時間，推定勞工於該時間內經雇主同意而執行職務（勞動事件法 38 條），但在實施加班申請制之公司，加班申請制（即未經公司同意加班）是否得作為推翻出勤紀錄之依據，則有不同見解：

高雄高分院 108 勞上易 38 號：「（五）……本件被上訴人既已有工作規則規定申請加班之一定程序，而上訴人係未依被上訴人工作規則所規定申請加班之程序申請加班，業經本院認定如前，因此，上訴人縱有加班亦未經被上訴人同意，自不得列入工作時間計算……（七）上訴人雖又主張：依最近實務見解及勞動法學者見解，均認為雇主如認為出勤紀錄記載不實，應有與勞工確認後修正，雇主不得僅以其採取加班申請制，勞工如未申請加班，即不問該勞工是否確有延長工時的事實，而解免其依法給付延長工時工資的義務。且雇主明知或可得而知勞工在其指揮監督下的工作場所延長工作時間提供勞務，卻未制止或為反對的意思而予以受領，應認被上訴人有默示同意上訴人加班，亦即兩造間有達成延長工時意思表示之合致云云。然查，被上訴人並未爭執上訴人提出之出勤紀錄表之真正，而上訴人之出勤紀錄表僅能證明其停留於工作場所超過正常工時 8 小時之時數，然尚難逕採為上訴人有加班之事實，而被上訴人就上訴人延長下班時

間於工作場所停留，係為提供勞務一節既有爭執，上訴人亦未能舉證以實其說，尚難認兩造間有達成合意達成延長工時意思表示合致，上訴人此部分主張自無可採。」即加班申請制得做為勞動事件法 38 條推定之反證，出勤紀錄未修正並不直接計入加班費計算。只是，縱然未經申請加班，但「在原告等會計人員實際上並無可正常申請、執行之加班制度前提下，自不能徒以原告未依循工作規則申請加班，論斷原告並無加班之事實及必要，及其加班未獲被告同意。」（高雄地院 108 雄勞簡 34 號）。

臺南高分院 108 勞上 13 號：「然勞工在正常工作時間外延長工作時間，無論係基於雇主明示或可得推知之意思而為雇主提供勞務，或雇主明知或可得而知勞工在其指揮監督下之工作場所延長工作時間提供勞務，卻未制止或為反對之意思而予以受領，均應認勞動契約之雙方當事人就延長工時達成合致之意思表示，該等提供勞務時間即屬延長工作時間，雇主負有依勞動契約及勞基法規定給付延長工時工資之義務，此不因雇主採取加班申請制而有所不同，蓋此加班申請制度僅為確認勞工是否有延長工時方法之一，至於勞工是否有延長工時之事實，仍應以出勤紀錄為主要依據，加班申請紀錄則為輔助工具，雇主尚不得以勞工未申請加班而否認其延長工時之事實。」

（三）訴訟時不提出出勤紀錄或逾保存期限之法律效果如何

再者，於與出勤紀錄相關的實際訴訟，如勞工請求加班費時應證明有加班事實，但雇主是否有義務提出應依勞基法 30 條置備的出勤紀錄，如不提出時法律效果為何，在勞事法施行後有下列法條可資適用。首先，民事訴訟法 344 條 1 項規定有：「下列各款文書，當事人有提出之義務：一、該當事人於訴訟程序中曾經引用者。二、他造依法律規定，得請求交付或閱覽者。三、為他造之利益而作者。四、商業帳簿。五、就與本件訴訟有關之事項所作者。」而其特別法即勞動事件法 35 條也規定：「勞工

請求之事件，雇主就其依法令應備置之文書，有提出之義務。」其次，民事訴訟法 345 條 1 項固然規定：「當事人無正當理由不從提出文書之命者，法院得審酌情形認他造關於『該文書之主張』或『依該文書應證之事實』為真實。」授權法院可以斟酌是認定勞工關於「該文書之主張即文書之性質、內容與文書成立之主張」，或是認定勞工就「依該文書應證之事實」為真實。但勞事法 36 條則規定：「（I）文書、勘驗物或鑑定所需資料之持有人，無正當理由不從法院之命提出者，法院得以裁定處新臺幣三萬元以下罰鍰；於必要時並得以裁定命為強制處分。……（IV）法院為判斷第一項文書、勘驗物或鑑定所需資料之持有人有無不提出之正當理由，於必要時仍得命其提出，並以不公開方式行之。（V）當事人無正當理由不從第一項之命者，法院得認依該證物應證之事實為真實。」亦即，雇主有提出出勤紀錄之義務，如果沒有正當理由不從法院之命提出者，則限制法院之自由心證而僅能認定應證之事實是否為真實，是與民事訴訟法有所不同（但立法理由也表示，此時法院依民事訴訟法 345 條 2 項，於裁判前應令當事人有辯論之機會）。

　　有疑問者是出勤紀錄逾保存期限時，是否屬於雇主有「正當理由」而可不提出，對此有學者認為：「此時不乏有判決認為雇主因出勤紀錄之保存期限已屆滿，若未留存而無法提出時，非屬民訴法第 345 條第 1 項『無正當理由而不從提出之命者』之情形，然勞基法上出勤紀錄備置義務之規範乃是雇主免於受主管機關處罰之責任條款，非逕可認定雇主對於超過一年之期間，即無民訴法上舉證責任分配原則之適用。」[177]

---

[177] 邱羽凡，勞工出勤紀錄與加班認定之爭議，新北市勞動教育學院，107 勞動議題學術研討會會議資料，133 頁以下，2018 年 12 月 3 日，未公開發行。

第二款 多數工作場所及出差時之工作時間認定

至於勞工出差或有多數工作場所時，如何認定計算工作時間，則施行細則 18、19 條分別規定有：「勞工因出差或其他原因於事業場所外從事工作致不易計算工作時間者，以平時之工作時間為其工作時間。但其實際工作時間經證明者，不在此限。」「勞工於同一事業單位或同一雇主所屬不同事業場所工作時，應將在各該場所之工作時間合併計算，並加計往來於事業場所間所必要之交通時間。」

雖然針對出差之工作時間認定有上述規定，不過仍需注意前述勞動部制頒的「勞工在事業場所外工作時間指導原則」，即在事業場所外從事工作之勞工，應於約定正常工作時間內履行勞務，雇主應逐日記載勞工之正常工作時間。但發生需使勞工延長工作時間之情形者，雇主應記載交付工作之起始時間。勞工執行交付工作於正常工作時間將結束時，如認為應繼續工作始能完成者，經雇主使勞工延長工作時間，勞工於完成工作後，以勞資雙方約定之方式回報雇主，並留存紀錄，雇主應記載勞工回報延長工作時間之終止時間。

又在上述指導原則中，為提供事業單位就新聞媒體工作者、電傳勞動工作者（指勞工於雇主指揮監督下，於事業場所外，藉由電腦資訊科技或電子通信設備履行勞動契約之型態）、外勤業務員及汽車駕駛在事業場所外工作者之工作時間認定，也分別就此四類工作者之工作時間及延長工時認定制定注意事項，其中更要求雇主與媒體工作者、外勤業務員應就有關一日正常工作時間之起迄、延長工作時間（加班）之處理及認定方式，以書面勞動契約約定，並訂入工作規則。

第三款 認定工作時間之實益

除了後述的彈性工時等特別規定外，法定正常工作時間是屬於最低勞動條件標準的強制規定，如果雇主與勞工約定的每日或每週之正常工作時

間，超出法定正常工時，則超出部分除依法以加班規定處理外，否則該約定無效，勞工並無於該時段內提供勞務之義務。

又約定工時少於法定正常工作時間（例如，約定為每日 7 小時，每週 35 小時），而於法定正常工作時間範圍內延長工時之情形，應如何計算加班費？學者認為：24 條「雇主延長工作時間者」，其文義上並未使用「雇主延長正常工作時間」，應是本條之適用並不包含雇主延長約定工時情形，所以在超出約定工時但仍在法定正常工作時間內之加班，並不需要依 24 條計算加班費，亦即法定正常工作時間內之加班，其加班費給付義務乃至額度，原則上由勞資雙方自行議定，是屬於法不介入之空間 [178]。

第二項｜休息、假日與請假 ── 兼述減班休息（無薪假）、颱風「假」

第一款　休息

一、繼續工作中間之休息

35 條規定：「勞工繼續工作 4 小時至少應有 30 分鐘之休息。但實行輪班制或其工作有連續性或緊急性者，雇主得在工作時間內，另行調配其休息時間。」因此，除了應注意本條但書情形外，休息時間既然應安排在「繼續工作」滿 4 小時，則不可置於工作開始前，且此一條文對於午後繼續工作滿 4 小時，而有延長工時之必要時，亦有適用。

所謂休息是指中斷工作之一段時間，既然是休息，則在該時間裏勞工不須提供勞務，也不須為給付勞務之準備，亦即脫離雇主之指揮監督，其目的應在於使勞工舒解工作壓力與疲勞。因此除了如 31 條：「在坑道或

---

[178] 焦興鎧等人合著，勞動基準法釋義 ── 施行二十週年之回顧與展望，299、304 頁（本部分由邱駿彥執筆），2013 年 3 月，新學林出版（股）公司。

隧道內工作之勞工，以入坑口時起至出坑口時止為工作時間。」等特別規定外，工作 8 小時的計算並不包括此一休息時間。

二、輪班制更換班次間之休息

勞基法除了就繼續工作中間，要求必須給予勞工一定的休息時間外，就採行輪班制者，於更換班次時，也規定必須給予勞工休息時間。而此所謂「輪班制」，是指事業單位之工作型態定有數個班別，由勞工分組輪替完成各班別之工作。勞工各組之工作地點相同、工作內容相同，只有工作時段不同，且具有更換工作班次之情形。

就此，107 年 3 月 1 日施行修訂 34 條為：「（I）勞工工作採輪班制者，其工作班次，每週更換一次。但經勞工同意者不在此限。（II）依前項更換班次時，至少應有連續十一小時之休息時間。但因工作特性或特殊原因，經中央目的事業主管機關商請中央主管機關公告者，得變更休息時間不少於連續八小時。（III）雇主依前項但書規定變更休息時間者，應經工會同意，如事業單位無工會者，經勞資會議同意後，始得為之。雇主僱用勞工人數在三十人以上者，應報當地主管機關備查。」[179]

亦即，更換班次間的休息時間，原則應為連續 11 小時（係指自勞工實際下班時間起算至下個班次出勤前，至少應有連續 11 個小時之休息），但外部經中央主管機關依 2 項但書公告，內部經工會同意，無工會者經勞資會議同意後，得減為連續 8 小時即可（依施行細則 20 條 3 款規定雇主應公告周知）。而這裡所謂工會、勞資會議同意，最高行政法

---

[179] 34 條輪班制更換班次間的「休息時間」之修法歷程大略是原始規定：「（I）勞工工作採『晝夜』輪班制者，其工作班次，每週更換一次。但經勞工同意者不在此限。（II）依前項更換班次時，應給予『適當之休息時間』。」嗣於 105 年 12 月修正為：「（I）勞工工作採輪班制者，其工作班次，每週更換一次。但經勞工同意者不在此限。（II）依前項更換班次時，至少應有連續 11 小時之休息時間。（III）中華民國 105 年 12 月 6 日修正之前項規定，其施行日期由行政院定之。」即刪除「晝夜」二字，而使所有輪班制（不再限於晝夜輪班制）的更換班次間皆適用；且於 2 項明定「至少應有連續 11 小時之休息時間」，只是雖然 2 項規定修正條文的施行日期由行政院定之，但是在行政院未定施行日期前，旋即又於 107 年 3 月 1 日施行再修訂之現行法 34 條。

院 108 判 472 號合議庭為了採取與該院 105 判 165 號不同見解，而依行政法院組織法 15 條之 2 第 2 項規定，提具徵詢書徵詢其他各庭而無任一受徵詢庭主張維持先前裁判之法律見解後，表示：「事業單位既有成立企業工會，各分支機構關於勞動基準法第 30 條第 2 項、第 30 條之 1 第 1 項、第 32 條第 1 項、第 49 條第 1 項所示勞動條件之變更，當然須經企業工會之同意，要無以各分支機構未成立廠場工會為由，而謂分支機構就該等勞動條件之變更，只需經由各分支機構之勞資會議同意即可，藉以規避工會監督。」而勞動條 3 字 1070130884 號函則就其順序表示：「……（一）事業單位有廠場工會者，其於該廠場擬實施前開事項，應經廠場工會之同意；如各該廠場無工會，惟事業單位有工會者，應經事業單位工會之同意。（二）事業單位無工會者，擬實施前開事項應經勞資會議同意；各事業場所分別舉辦勞資會議者，事業場所勞資會議之決議優先於事業單位勞資會議之決議。另，雇主於徵詢勞資會議同意時，勞資會議就其同意權得併附期限，倘勞資會議同意雇主前開事項附有期限者，嗣於原同意期限屆期前，事業單位勞工組織工會，其原同意期限屆期後，雇主欲續予辦理前開事項，應徵得工會同意；若勞資會議同意雇主前開事項未併附期限者，允認完備前開法定程序。（三）事業單位依規定徵得工會或勞資會議之同意後，工會或勞資會議代表如希就原同意事項再行討論，仍可隨時提出再與雇主進行協商……。」

除了經勞動部指定，再經工會或勞資會議同意外，對內應公告周知（施行細則 20 條 3 款），如雇主「僱用勞工人數在三十人以上者」，對外依 3 項後段規定另應報「當地主管機關」「備查」。首先，本項雇主僱用勞工人數之計算，以同一雇主僱用適用勞基法之勞工人數計算，包括分支機構及附屬單位之僱用人數；其次，本項所定當地主管機關，為雇主之主事務所、主營業所或公務所所在地之直轄市政府或縣（市）政府；末者，本項所定備查之時點，指雇主至遲應於開始實施變更休息時間之前一

日為之。但因天災、事變或突發事件不及報備查者，應於原因消滅後 24 小時內敘明理由為之（施行細則 22-1 條 1 至 3 項）。

主管機關據本條文所為公告，除先以勞動條 3 字 1070130305 號公告適用範圍後，嗣經多次修正，截至 110 年 11 月 2 日以勞動條 3 字 1100131411 號公告修正適用範圍。實務操作可上網至：「勞動法令查詢 → 解釋令函公告」鍵入函號；或「勞動部首頁 → 業務專區 → 勞動條件、就業平等 → 工時（休息、休假、請假）→ 勞動基準法第 34 條及第 36 條例外情形」查閱公告範圍。

第二款　假日

勞動契約是雙務契約，原則上勞工必須提供勞務，雇主才有給付勞務對價工資的義務。因此所謂假日之法律意義大致可以理解為：法律特別規定使具有雙務契約性質之勞動契約一方當事人勞工不須提供勞務，但是他方雇主仍應給付勞務對價工資之有薪假。而勞基法規定之假日計有 36 條例假日、休息日與 37 條休假日以及 38 條特別休假，分別說明如下：

一、每 7 天應有 1 天例假日與 1 天休息日

關於下述每 7 天應有 1 天例假日與 1 天休息日，首先應了解的是，39 條：「第三十六條所定之例假、休息日、第三十七條所定之休假及第三十八條所定之特別休假，工資應由雇主照給。雇主經徵得勞工同意於『休假日』工作者，工資應加倍發給。因季節性關係有趕工必要，經勞工或工會同意照常工作者，亦同。」條文中段所訂可以經勞工同意而加班之休假日係指 37 條休假日及 38 條特別休假。而 36 條之例假日則依 40 條 1 項本文：「因天災、事變或突發事件，雇主認有繼續工作之必要時，得停止第三十六條至第三十八條所定勞工之假期。」規定，僅在天災、事變或突發事件（87 勞動二字 013133 號函：事變，係泛指因人為外力「非天變

地異之自然界變動」造成社會或經濟運作動盪之一切重大事件，如戰爭、內亂、暴亂、金融風暴及重大傳染病即是；所稱突發事件，應視事件發生當時狀況判斷是否為事前無法預知、非屬循環性，及該事件是否需緊急處理而定。）等情形方得加班，否則即使勞工同意加班亦屬違法。至於休息日則經工會（無工會經勞資會議）同意後，可以徵得勞工同意而加班，兩者有所不同。

其次例假日、休息日的詳細研究，因為涉及立法演進與函釋變更而有些複雜，故先簡述便於理解。亦即在立法方面勞基法 73 年施行後 36 條僅規定：「勞工每七日中至少應有一日之休息，作為例假。」嗣於 105 年12 月 23 日修正後 36 條 1 項才增加一日休息日，而成為：「勞工每七日中應有二日之休息，其中一日為例假，一日為休息日。」而函釋方面主要集中在「『每七日』中……一日為例假」中的每 7 日，應該如何解讀，就此主管機關在不同時期皆認為：原則是連續工作 6 天即應放 1 天例假日的「連續制」，例外是以 7 天為一個週期，而在週期內安排一個例假的「週期制」（即可在第一週的 7 天週期內安排於星期一，第二週的 7 天週期內安排於星期日，則二個例假日間最高可間隔 12 天），只是例外的範圍有所差別。嗣後才於 107 年 3 月 1 日起增訂施行 36 條 4、5 項，立法明文規定原則連續制，經中央主管機關指定後得例外採週期制。詳述如下：

（一）例假日

雖有研究表示：每週例假制源於基督教以星期日為安息日而休息之傳統，所以一般基督教國家星期假日都禁止工作，實帶有宗教背景之色彩。有些國家為符合憲法賦予人民宗教自由之權利，甚至以法律規定星期日及國定假日禁止工作[180]。不過，因為我國信仰多元，又為因應現實需要，勞基法 73 年施行後 36 條僅規定：「勞工每七日中至少應有一日之休息，

---

[180] 魏俊明，臺灣與德國工作時間制度之比較，中原大學財經法律系碩士論文，45 頁，2003年 6 月。

作為例假。」105 年 12 月 23 日修正後之 36 條 1 至 3 項固然為：「（I）勞工每七日中應有二日之休息，其中一日為例假，一日為休息日。（II）雇主有下列情形之一，不受前項規定之限制：一、依第三十條第二項規定變更正常工作時間者，勞工每七日中至少應有一日之例假，每二週內之例假及休息日至少應有四日。二、依第三十條第三項規定變更正常工作時間者，勞工每七日中至少應有一日之例假，每八週內之例假及休息日至少應有十六日。三、依第三十條之一規定變更正常工作時間者，勞工每二週內至少應有二日之例假，每四週內之例假及休息日至少應有八日。（III）雇主使勞工於休息日工作之時間，計入第三十二條第二項所定延長工作時間總數。但因天災、事變或突發事件，雇主使勞工於休息日工作之必要者，其工作時數不受第三十二條第二項規定之限制。」但新增第 2 項是配合該次修法增訂休息日後，對採用彈性工時制度的例假日與休息日之日數與排定之規制，第 3 項則是休息日加班是否計入每月加班總時數之規制，而關於在正常工時制度下之例假日排定方式，即第 1 項規定則僅增加 1 日之休息日，其餘文義並無更動。

　　而因為 36 條 1 項新舊條文並未特定例假日之日期，因此例假日不限定必須在星期日等特定日。只是新舊條文皆是使用「每七日中⋯⋯一日為例假」，而非「繼續工作六日應有一日例假」，因此除法律另有規定外，安排例假日究竟是應以 7 天為一個週期，而在週期內安排 1 個例假的「週期制」，或是應以連續工作 6 天即應放 1 個例假日的「連續制」，文義上可有不同解讀，其後方在 107 年 3 月 1 日施行增訂 36 條 4、5 項以定紛止爭，有些紊亂，整理如次：

1. 勞基法施行後至 105 年 9 月 30 日止，主管機關認為原則上為連續工作 6 天即應休 1 天例假的連續制，但經工會或勞工同意則例外得採週期制

　　因為 36 條 1 項僅規定勞工「每七日」中至少應有「一日例假」，並未特定「每七日」之算法，所以 75 台內勞 398001 號函，除了闡釋所謂

「一日」係指連續 24 小時外，進一步表示；安排例假日以每 7 日為一週期，每一週期內應有 1 日例假，原則上前後兩個例假日應間隔 6 個工作日（即原則連續制），如遇有必要，經「徵得工會或勞工同意後」，於各該週期內酌情更動（編按，應係經同意後可採週期制），例假日經更動後，如連續工作逾 7 日以上時，對於從事具有危險性工作之勞工，雇主須考慮其體能之適應及安全。

2. **自 105 年 10 月 1 日起，至 107 年 2 月 28 日止，主管機關改持：原則上連續工作 6 天即應休 1 天例假的連續制，僅開放三個可以採用週期制的例外，其後在 105 年 12 月立法增訂休息日後又表示，只要兩個例假日中間隔以 1 個不加班之休息日，使未連續工作 7 天，也可採取週期制**

　　嗣於 105 年間因為輿論對於上開函釋有所質疑，勞動部乃於 105 年以勞動條 3 字 1050131443 號令廢止上開內政部函釋，並另以勞動條 3 字 1050132134 號令示：自 105 年 10 月 1 日起，除了事前得勞工同意的三種情形，即年節、紀念日、勞動節日及其他由中央主管機關規定應放假之日，屠宰業或承載旅客之運輸業，為因應公眾之生活便利，致有使勞工連續工作逾六日之必要；因勞工從事工作之地點具特殊性（如海上、高山或偏遠地區等），其交通相當耗時，致有連續工作逾 6 日之必要；因勞工於國外、船艦、航空器、鬮場或電廠歲修執行職務，致有連續工作逾六日之必要以外，原則上不得連續工作逾 6 日。

　　其後，勞動部又在後述 105 年 12 月勞基法 36 條增訂「休息日」時，再表示：「同法第 36 條所定例假，其意旨在於合理中斷勞工之連續勞動，例假之安排，以『每七日為一週期，每一週期內應有一日例假，勞工不得連續工作逾六日』為原則，所稱『勞工不得連續工作逾六日』，係指勞工之約定工作日不得連續逾六日，事業單位於各週期內安排休息日且確未使勞工出勤，因而未使勞工連續工作逾六日，尚屬可行。」（勞動條 2

字 1050095121 號函）[181]，亦即只要於兩個例假日間，隔以一個不加班的休息日，使勞工不連續工作逾 6 日，則兩個例假日間也可相隔 12 日。

　　雖然在這段時期對於勞基法 36 條的解讀，勞動部認為原則上為連續制，只有在其釋示的 4 個例外情形可採週期制（在此見解下為因應產業界需求，此一時期指定了多個得適用 4 週彈性工時的行業，而使其有連續工作 24 天之可能）。但有認為：勞基法 36 條或者允許勞工連續工作 12 天再連放 2 天例假，或者必需每工作 6 天即放 1 天例假，解釋上只有一種，絕非函釋認為原則上每工作 6 天要放 1 天例假，卻又同時沒有依據的開放三種例外，逕自將勞工分成二類，影響到法律適用的公平性，而表示法官依法獨立審判，得拒絕適用[182]。而本文則認為原則上為週期制，例外為連續制（別因為自我限縮 36 條，卻又同時擴大 4 週彈性工時或責任制的適用行業），理由是如果衡量勞基法 36 條 1 項之文義係使用「勞工每七日中應有二日之休息，其中一日為例假，一日為休息日」，而非繼續工作 6 天後應有 1 天例假，與同法 35 條「勞工繼續工作四小時，至少應有三十分鐘之休息」規定比較，兩者在立法用語上確有區別[183]。準此，文義上即有空間得解釋為：原則上各事業單位得依其需求，而自行在每 7 天 1 個例假日的「7 天週期內」調配其例假。亦即，在兩個例假日間，從間隔 6 天到間隔 12 天都屬合法，而由勞資間以契約自由形成並實施。但是，主管機關可參酌勞動法體系上立法者對於工作時間特別加以限制者，例如職安法 19 條（高溫、高熱、異常氣壓、重體力勞動等），及職安法 29 至 31 條之未滿 18 歲的工作者保護、妊娠及產後未滿一年的母性保護等條文，而對前述「勞資間原本得依勞基法第 36 條規定允許兩個例假日間，可在

---

[181] 本號函釋為勞動部函覆高雄市政府勞工局，轉引自邱駿彥教授臉書，2017 年 1 月 13 日貼文。

[182] 孫健智，違法違憲的七休一挪移函釋，蘋果日報，2016 年 9 月 15 日。

[183] 郭豫珍，鬆綁工時看國際怎麼做，蘋果日報，2017 年 3 月 27 日。

間隔 6 天到間隔 12 天為自由約定」的原則，加以限縮，而僅允許「每連續工作 6 天即應休 1 天例假」。至於其他無法透過法律體系上得到限縮依據，然而涉及公眾安全者（如承載旅客之運輸業），也應以公共利益考量而對其契約自由加以限縮。

3. 自 107 年 3 月 1 日起增訂施行 36 條 4、5 項，明文規定原則連續制，經中央主管機關指定後得例外採週期制

　　雖然在上述時期，主管機關的立場都是採原則連續制，例外週期制（只是例外的範圍有所差別），但都是透過法律解釋，只是如上所述，解釋是否允當不免爭論。因此為消除疑義，自 107 年 3 月 1 日施行增訂 36 條 4、5 項為：「（IV）經中央目的事業主管機關同意，且經中央主管機關指定之行業，雇主得將第一項、第二項第一款及第二款所定之例假，於每七日之週期內調整之。（V）前項所定例假之調整，應經工會同意，如事業單位無工會者，經勞資會議同意後，始得為之。雇主僱用勞工人數在三十人以上者，應報當地主管機關備查。」（此次修法後，另行以勞動條 3 字 1070130326 號令，自 107 年 3 月 1 日起廢止前開勞動條 3 字 1050132134 號令）。

　　詳言之，本次增訂既然在 4 項明文表示，經中央目的事業主管機關同意，再經勞動部指定後，該行業內之「雇主得將第一項（即每 7 日 1 日例假）、第二項第一款（2 週彈性工時制的每 7 日 1 日例假），及第二款（8 週彈性工時制的每 7 日 1 日例假）所定之例假，於每七日（依曆計算／施行細則 22-3 條）之『週期內』調整之」，則立法上應是有意表示原則上為每連續工作 6 日即應放 1 日例假的「連續制」，例外為 36 條 2 項 3 款的 4 週彈性工時（關於 4 週彈性工時中所謂的「每 2 週」有 2 例假 2 休息日，究竟如何解釋，目前實務操作是「週期制」。亦即可以在第一個 2 週的週期內，將 2 日例假放在頭 2 天，而第 2 個 2 週的週期內之 2 個例假，放在最後 2 天，即可連續工作 24 天，再連放 4 個例假），及依第 4 項規

定可至多工作 12 日再連放 2 日例假的「週期制」（施行細則 22-3 條後段也明文：雇主除依勞基法 36 條第 4 項及第 5 項規定調整者外，不得使勞工連續工作逾 6 日）。亦即，除了實施 4 週彈性工時等例外者外，欲實施例假排定週期制者，應符合：

（1）經勞動部指定之行業方得實施「週期制」，但應注意依勞動部指定
　　　方式，未必是該行業之所有從業人員、全年度皆可適用週期制

　　　只有經勞動部指定適用之行業（指定前由目的事業主管機關同意），方得實施週期制。勞動部在此規定下考量部分行業基於「時間特殊」、「地點特殊」、「性質特殊」及「狀況特殊」等原因而指定（亦即被指定之行業未必是全行業從業人員、全年度皆可適用週期制），指定過程略為：

　　　勞動條 3 字 1070130320 號公告指定以下行業，並自 107 年 3 月 1 日生效，在「時間特殊」情形：如為配合年節、紀念日、勞動節日及其他由中央主管機關規定應放假之日，為因應公眾之生活便利所需，有食品及飲料製造業、燃料批發業及其他燃料零售業，石油煉製業；在「地點特殊」情形，因為工作之地點具特殊性（如海上、高山、隧道或偏遠地區等），其交通相當耗時，有水電燃氣業、石油煉製業；在「性質特殊」情形下分三項：即 ① 勞工於國外、船艦、航空器、闈場或歲修執行職務時，有製造業、水電燃氣業、藥類、化粧品零售業、旅行業；② 為因應天候、施工工序或作業期程，有石油煉製業、預拌混凝土製造業、鋼鐵基本工業；③ 為因應天候、海象或船舶貨運作業等原因，有水電燃氣業、石油煉製業、冷凍食品製造業、製冰業；在「狀況特殊」情形，為辦理非經常性之活動或會議原因，有製造業、設計業（只是既然是狀況特殊，為何只有部分行業可以有特殊狀況，難免有疑，或許可考量以全行業適用，再輔以年度次數限制之方式。）

　　　嗣後，又有多次修正公告而增加適用行業，本文定稿前有勞動條 3 字 1070131130 號公告（自 107 年 8 月 6 日生效）；勞動條 3 字 1080130098

號公告（自 108 年 1 月 23 日生效）；勞動條 3 字 1080131299 號公告（自 108 年 12 月 2 日生效）；勞動條 3 字 1090130149 號（自 109 年 3 月 6 日生效 / 本號公告可以注意的是，在狀況特殊項中增加者多行業，併用年度次數限制之方法）；勞動條 3 字 1100130339 號公告（自 110 年 5 月 20 日生效）

> 以上，因屢有修正變動，實務操作可上網查詢：「勞動法令查詢 → 解釋令函公告」中鍵入函號；或「勞動部首頁 → 業務專區 → 勞動條件、就業平等 → 工時（休息、休假、請假）→ 勞動基準法第 34 條及第 36 條例外情形」。

（2）事業單位於實施前應經工會（無工會者經勞資會議）同意

　　經指定行業中之事業單位在實施週期制例假前，內部程序上應經工會同意，無工會者依勞資會議同意後，始得為之（依施行細則 20 條 1 項 4 款規定，雇主依勞基法 36 條 2 項或 4 項規定調整勞工例假時，應公告周知）。而這裡所謂工會、勞資會議同意，最高行政法院 108 判 472 號合議庭為了採取與該院 105 判 165 號不同見解，依行政法院組織法 15 條之 2 第 2 項規定，提具徵詢書徵詢其他各庭而無任一受徵詢庭主張維持先前裁判之法律見解後，表示：「事業單位既有成立企業工會，各分支機構關於勞動基準法第 30 條第 2 項、第 30 條之 1 第 1 項、第 32 條第 1 項、第 49 條第 1 項所示勞動條件之變更，當然須經企業工會之同意，要無以各分支機構未成立廠場工會為由，而謂分支機構就該等勞動條件之變更，只需經由各分支機構之勞資會議同意即可，藉以規避工會監督。」另勞動條 3 字 1070130884 號函則就其順序表示：「……（一）事業單位有廠場工會者，其於該廠場擬實施前開事項，應經廠場工會之同意；如各該廠場無工會，惟事業單位有工會者，應經事業單位工會之同意。（二）事業單位無工會者，擬實施前開事項應經勞資會議同意；各事業場所分別舉辦

勞資會議者，事業場所勞資會議之決議優先於事業單位勞資會議之決議。另，雇主於徵詢勞資會議同意時，勞資會議就其同意權得併附期限，倘勞資會議同意雇主前開事項附有期限者，嗣於原同意期限屆期前，事業單位勞工組織工會，其原同意期限屆期後，雇主欲續予辦理前開事項，應徵得工會同意；若勞資會議同意雇主前開事項未併附期限者，允認完備前開法定程序。（三）事業單位依規定徵得工會或勞資會議之同意後，工會或勞資會議代表如希就原同意事項再行討論，仍可隨時提出再與雇主進行協商……。」

（3）僱用勞工人數在三十人以上者，應報當地主管機關備查

　　經指定之行業除了對內履踐上述程序外，依 5 項後段規定，如雇主「僱用勞工人數在三十人以上者」，於實施週期制前，對外應報「當地主管機關」「備查」。首先本項雇主僱用勞工人數之計算，以同一雇主僱用適用本法之勞工人數計算，包括分支機構之僱用人數；其次，本項所定當地主管機關，為雇主之主事務所、主營業所或公務所所在地之直轄市政府或縣（市）政府；末者，本項所定送請備查之時點，指雇主至遲應於開始實施調整例假之前一日為之。但因天災、事變或突發事件不及報備查者，應於原因消滅後二十四小時內敘明理由為之（施行細則 22-1 條 1 至 3 項）。

（二）休息日

1. 在 105 年修法增訂休息日之緣由

　　勞基法係自 105 年 12 月 23 日修正 36 條 1 項後，才有休息日之規定。修正緣由是因為勞基法自 105 年 1 月 1 日起，由每日正常工作時間不得超過 8 小時，每 2 週工作總時數不得超過 84 小時，修改為每日不超過 8 小時、每週不超過 40 小時（30 條 1 項），希望達成週休二日之目標。但因為當時 36 條仍維持：「勞工每七日中至少應有七日之休息，作為例

假。」所以也有少數事業單位以每日工作 6 小時 40 分鐘，每週工作 6 天後再放 1 日例假等方式安排，衡諸當時法律，其仍在每週 40 小時之範圍，且每週仍有一例假，尚難指為違法。因此即著手修正 36 條，欲將每週 40 小時正常工時，限定在週間五日內，然而究竟是訂為每 7 日有 2 日例假（除符合 40 條規定外，不得加班），或者是維持 1 天例假、另增加 1 天休息日（仍得加班，加班費另外規定，即所謂一例一休），有所爭論。

2. 105 年 12 月 23 日於 36 條增訂休息日，同時提高休息日加班費費率並以 4 小時為 1 單位計算加班費；惟再於 107 年 3 月 1 日施行新法，維持休息日加班費費率但取消以 4 小時為 1 單位，而改採核實計算

（1）105 年 12 月 23 日於 36 條增訂休息日，同時提高休息日加班費費率並以 4 小時為 1 單位計算加班費

　　嗣後於 105 年 12 月 23 日施行修正 36 條 1 項，即原則上「勞工每七日中應有二日之休息，其中一日為例假，一日為休息日。」至於例外情形則規定於同條 2 項為：若雇主依 30 條 2 項規定實施 2 週彈性工時者，則勞工每 7 日中至少應有 1 日之例假，每 2 週內之例假及休息日至少應有 4 日；若雇主依 30 條 3 項實施 8 週彈性工時者，則每 7 日中至少應有 1 日之例假，每 8 週內之例假及休息日至少應有 16 日；若雇主依 30-1 條規定實施 4 週彈性工時者，則勞工「每 2 週內」至少應有 2 日之例假，每 4 週內之例假及休息日至少應有 8 日。

　　另為壓抑雇主在休息日的加班請求，以逐步落實週休二日，105 年 12 月 23 日之修法採取增加休息日的加班費費率並且以 4 小時為 1 單位（即加班未滿 4 小時仍以 4 小時計）來計算加班費的方式，而同時增訂 24 條 2、3 項為：「（II）雇主使勞工於三十六條所定休息日工作，工作時間在二小時以內者，其工資按平日每小時工資額另再加給一又三分之一以上；工作二小時後再繼續工作者，按平日每小時工資額另再加給一又三分之二以上。（III）休息日之工作時間及工資之計算，四小時以內者，以四小時

計；逾四小時至八小時以內者，以八小時計；逾八小時至十二小時以內者，以十二小時計。」

（2）再於 107 年 3 月 1 日施行新法，維持休息日加班費費率但取消以 4 小時為 1 單位，而改採核實計算

惟，立法院嗣後又於 107 年 1 月三讀通過刪除上開 24 條 3 項：「休息日之工作時間及工資之計算，四小時以內者，以四小時計；逾四小時至八小時以內者，以八小時計；逾八小時至十二小時以內者，以十二小時計。」規定，並自同年 3 月 1 日起施行（86 條 2 項）。亦即，雖然維持 24 條 2 項休息日的加班費費率不變，但自即日起計算單位不再以 4 小時為 1 單位，而回復原則以實際加班時數計算的核實計算方式。

只是，既然主管機關認為假日加班無論是否滿 8 小時，都已破壞假日的完整性，因此休假日加班是以 8 小時為 1 單位（87 台勞動二字 039675 函），來計算加班費；例假日加班也是以 8 小時為 1 單位（83 勞動一字 102498 號函）；特休假日加班除事業單位另訂得以半日請假時以 4 小時為 1 單位外，原則上也以 8 小時為 1 單位（勞動條 2 字 1050130162 號函），因此休息日加班由 4 小時為 1 單位計算加班費改為核實計算，在價值判斷上或有失衡。而且雖然休息日之加班費率仍比平日加班高，但是如再加上 32-1 條明定得經勞資雙方協商以工作時數計算補休時數，則對提昇勞工收入，亦無助益。

另在實務操作上，107 年 3 月 1 日起刪除上開 24 條 3 項後，衍生的問題是如果事業單位將刪除前的規定訂定在工作規則中，則在該項規定刪除後如欲更改工作規則（即休息日加班不再做 1 給 4，而是核實計算），是否需與工會協商或得到勞工同意。就此，勞動部勞動條 1 字 1070130489 號函表示：「……次查勞動基準法施行細則第 37 條第 3 項規定，工作規則應依據法令、勞資協議或管理制度變更情形適時修正，修正後並依第 1 項程序報請核備。……爰事業單位原工作規則內容，如係依據

勞動基準法規定之標準訂定，未有優於是時勞動基準法規定之情事者，雇主嗣依 2018 年 3 月 1 日施行之勞動基準法第 24 條規定，刪除原工作規則有關『休息日出勤之工作時間及工資計算，4 小時以內者，以 4 小時計；逾 4 小時至 8 小時以內者，以 8 小時計……』之規定，係同法施行細則第 37 條第 3 項所定『依據法令』之適時修正，非屬『雇主單方面變更個別勞工之勞動條件』之情形，得免經與工會或勞工協商同意。」[184]

3. 對於休息日加班時數，如何計入每月加班總時數之法定範圍，勞動部於 107 年 3 月 1 日前後，有不同函釋應予注意

　　勞基法為總量管制勞工的工作總時數，針對加班的工作時數部分在 32 條 2 項明定：「……延長之工作時間，一個月不得超過四十六小時。」而 105 年 12 月修法增訂休息日時，同時增訂 36 條 3 項規定為：「雇主使勞工於休息日工作之時間，計入第三十二條第二項所定延長工作時間總數。但因天災、事變或突發事件，雇主使勞工於休息日工作之必要者，其工作時數不受第三十二條第二項規定之限制。」不過，實際操作 36 條 3 項本文時應注意如下時點：

（1）因為 105 年 12 月 23 日修法施行到 107 年 3 月 1 日施行再度修法前，休息日加班是以 4 小時為 1 單位來計算加班費，而產生「計算工資時數」與「實際工作時數」未必等同的情形，因此究竟應以實際工作時數或是計算工資時數計入總量管制的時數內，就有一些疑問。就此，雖然在同一法條中如無特殊理由，應採同一標準，而總量管制勞工的工作時數，是為防止勞工因為實際工作而產生的過勞情形，因此似宜以「實際工作時數」計入，不過勞動條 3 字 1060130987 號函釋是做如下區分：

---

[184] 引自臺北市法規查詢系統 → 解釋令函。對此函釋有認為，此種修正涉及工作規則不利益變更，而縱使 107 年 3 月 1 日修正施行之勞動基準法，已刪除休息日出勤工資做少算多之規定，但此勞基法之修正不必然成為雇主單方面變更工作規則必要性之理由，更遑論合理性了。邱駿彥，工作規則是否必須隨著新修正法修正？2018 年 4 月 2 日臉書貼文。

①「雇主使勞工於休息日工作之時間，除天災、事變或突發事件外，應依本法第 24 條第 3 項及第 36 條第 3 項規定，計入本法第 32 條第 2 項所定延長工作時間總數（例如：勞工原僅同意於休息日出勤工作 2 小時，且實際工作 2 小時，依本法第 24 條第 3 項規定，應列計延長工作時數為 4 小時，並計入 1 個月延長工作時間 46 小時之上限）」，即原則上以計算工資時間計入。

②「至於勞工已與雇主約定於休息日出勤工作，因個人因素自始未到工或到工後未能依約定時數提供勞務，於核計本法第 32 條第 2 項所定延長工作時間總數時，得以勞工『實際工作時間』計入（例如：勞工同意於休息日出勤 8 小時，嗣因事、病等原因，僅實際工作 5 小時，得以 5 小時計入延長工作時間總數）」，即此時以實際工作時數計入。

（2）至於 107 年 3 月 1 日施行新法後，因為已刪除 24 條 3 項：「休息日之工作時間及工資之計算，四小時以內者，以四小時計；逾四小時至八小時以內者，以八小時計；逾八小時至十二小時以內者，以十二小時計」之規定。因此，勞動部另以勞動條 2 字 1070130381 號函廢止上開函釋，並表示：「至雇主經徵得勞工同意於休息日工作，因個人因素自始未到工或到工後未能依約定時數提供勞務者，除天災、事變或突發事件外，依本法第 36 條第 3 項計入第 32 條第 2 項所定延長工作時間總數，以勞工實際工作時數計入。」

（三）一例一休之小結

自 106 年實施每 7 日有 1 日例假及 1 日休息日後，常見批評聲音。然而在每日 8 小時，每週 40 小時的法定正常工時制度下，欲將週間 40 小時工時，限制在 5 日內，在排列組合上，不過是每週二個除天災等不得加班

的例假日、或二個可以加班的休息日，抑或是一例一休等三種，其中選擇應奠基於勞工健康並衡量勞工薪資與物價等，尚非一成不變。

而本文認為，基於勞工健康及在經濟情形沒有重大變更情形下，實施每七日一個例假日一個休息日，在當時尚屬妥適，對業界而言，問題只是例假日應如何安排而已。申言之，依勞動部「106 年 5 月勞動基準法週休二日修法意見調查」顯示[185]，週休二日新制（即 106 年開始的每 7 日中有 1 日例假日及 1 日休息日）實施前有 69.9% 受僱勞工其工作為週休二日，施行後上升至 84.6%。則大部分的勞工都已週休二日，僅少數事業單位因為實施四週彈性工時，或因實際需要而常時採用週期制例假（即連續工作 12 日再連休 2 日例假）。亦即在已實施周休二日或至少周休一日的事業單位，大多僅因臨時運作需求偶而調整為週期制例假。然而，為呼應網路聲量，因此先由勞動部頒布新函釋以嚴格限制得實施週期制例假之例外（但同時將部分行業指定適用 4 週彈性工時），再於 107 年 3 月 1 日施行修正 36 條為需經勞動部指定後方得適用週期制。只是勞動部在指定時無論是基於「時間特殊」、「地點特殊」、「性質特殊」或「狀況特殊」，無非是在特殊情形下，才允許實施週期制，但既然是特殊情形，例如為辦理非經常性之活動或會議的狀況特殊原因，則為何僅限少數行業得適用，即難理解，也致業界難以面對臨時需求。也就是問題或不在 7 日內應有一例一休，而是在於例假日排定的連續制或週期制。

二、紀念日等休假日

37 條休假日之原始規定為：「紀念日、勞動節日及其他由中央主管機關規定應放假之日，均應休假。」而自 106 年 1 月 1 日起施行修正之 37 條 1 項規定為：「內政部所定應放假之紀念日、節日、勞動節及其他

---

[185] 勞動部，勞動基準法週休二日新制施行及部分條文修正草案之影響評估，引自 https://drive.google.com/file/d/1QEbQvy5MkCDlM9UmGBeChvp6XHUyA6N4/view，查詢日：2019 年 1 月 11 日。

中央主管機關指定應放假之日，均應休假。」至其修法緣由，列於附錄二以供參考，以下僅略述現行規定。

（一）各該休假日之依據

修正後 37 條 1 項之「內政部所定應放假之紀念日、節日、勞動節」，在「紀念日及節日實施條例」尚未立法通過前，是指內政部頒布的「紀念日及節日實施辦法」，即各該紀念日、節日是否放假及放假日數依該辦法 3 至 5 條，勞動節依該辦法 5 條 2 項 2 款勞工放假，如同時為原住民族則依同辦法 4 條，於原民會公告的各原住民族歲時祭儀也放假一日。

至於同項所定「中央主管機關指定應放假之日」，則有勞動部以勞動條 3 字 1070131460 號函據之指定：「總統副總統選舉罷免投票日、公職人員選舉罷免投票日及公民投票日為勞動基準法第 37 條第 1 項所定應放假日。」其中所謂「總統副總統選舉罷免投票日」依據在總統副總統選舉罷免法，較無疑義；「公職人員選舉罷免投票日」，則指依公職人員選舉罷免法 2 條臚列之公職人員，有中央公職人員即立法院立法委員，以及地方公職人員，即直轄市議會議員、縣（市）議會議員、鄉（鎮、市）民代表會代表、直轄市山地原住民區（下稱原住民區）民代表會代表、直轄市長、縣（市）長、鄉（鎮、市）長、原住民區長、村（里）長。以上凡中華民國國民，年滿 20 歲，除受監護宣告尚未撤銷者外，有選舉權（公職人員選罷法 14 條）；而「公民投票日」其依據為公民投票法，需注意者為依該法 7 條規定：「中華民國國民，除憲法另有規定外，年滿 18 歲，未受監護宣告者，有公民投票權。」亦即縱使勞工未滿 20 歲，但倘年滿 18 歲且未受監護宣告者，如公投日適逢工作日，亦應放假一日。

（二）休假日的補假問題

綜上，釐清各該休假日放假依據後，依施行細則 23-1 條規定：「勞基法第三十七條所定休假日，如遇第三十六條所定例假及休息日者，應予

補假。但不包括第三十七條指定應放假之日。補假日期應由勞雇雙方協商排定。」亦即勞動部「指定」之「選舉罷免日、公投日」等是針對「有投票權」且「當日為工作日」之勞工始應放假，倘當日是該勞工之「休息日」或「例假日」，則無礙其選舉罷免權等之行使，自無放假一日之必要，自無需補假。而雇主徵得勞工同意於休息日出勤者，應依勞動基準法24條2項規定計給工資，且應不妨礙其投票（勞動條2字1070131393號）。

（三）休假日的調移

末者，在實務操作上勞動2字1030051386號表示：「勞動基準法第37條暨同法施行細則第23條所定之應放假之日（即通稱之國定假日），均應休假，惟各該『國定假日』得經勞雇雙方協商同意與其他工作日對調。調移後之原『國定假日』當日已成為工作日，勞工於該日出勤工作，不生加倍發給工資問題。上開所稱勞雇雙方，係指雇主與個別勞工而言。……。」而且臺北高等行政法院105簡上200號認為此時的勞資協商同意僅限於勞工「明示同意」，其理由為：「國定假日之調移涉及個別勞工國定假日休假之權利，以及雇主使其國定假日出勤應加倍給工資之責任，其影響勞工權益重大，亦即經排定於國定假日工作者與排定於非國定假日工作者，對勞工而言，並非等價，經排定於國定假日工作者，無法同一般人於該日從事節慶民俗活動，自應得其明確同意。」

至於勞資合意調移的日期是否必須特定，固然行政機關表示：「至於勞資雙方雖得協商約定將國定假日調移至其他『工作日』實施，仍應『確明』前開所調移國定假日之休假日期，即國定假日與工作日對調後，因調移後之國定假日當日，成為正常工作日，該等被調移實施休假之原工作日即應使勞工得以休假。」（勞動條1字1040130697號），即應予「確明」而有特定之意。但司法實務見解分歧，例如臺北高等行政法院107簡230號認為：「（五）又勞動部104年4月23日函釋，業已敘明就員工法定

應放假日固非不得與工作日調移或對調，惟仍應徵得勞工『個人』之同意，且應『確明』所調移應放假日之休假日期，此『確明』，乃寓意在令員工協商知悉其確有因調移原休假日至他工作日為休假日，並俾使日後得予審查之作用……。」不過高雄高等行政法院 107 簡上 34 號表示：「核其函釋『確明』所調移休假日期之目的，係因法定放假日雖經勞工同意調移，但仍不得影響勞工依法應享有之休假利益，亦即所需『確明』者是確有另一讓勞工放假之日存在。故不以確明與法定放假日調移之休假日是在何日為必要，若有其他方式得以證明確有與法定放假日調移之另一放假日存在，即符合函釋所稱『確明前開所調移國定假日之休假日期』。原判決業已敘明：勞工陳○○於 103 年度之工時，每月之『休假』6 天或 7 天，採變形工時之早班、全班之天數及全年工時為『2025』（小時），當年度休假日共 74 日，超過 103 年度勞基法所規定之勞工整年例假日及國定假日 71 日，不損及陳○○依行為時勞基法應享有之休息與放假權益等情，足認勞工陳○○每月 6 天或 7 天休假之排班，業已考量其例假日、法定放假日移調至其他工作日之情形，其年度應有之國定休假日數並未減少，並且優於勞基法規定之工時，該當上開函釋所稱『確明前開所調移國定假日之休假日期』之情形。」有大水庫理論的意味。

三、在同一雇主下繼續工作滿一定期間，享有特別休假

（一）特別休假之要件

特別休假依 106 年 1 月 1 日修正施行之 38 條 1 項規定為：「勞工在同一雇主或事業單位，繼續工作滿一定期間者，應依下列規定給予特別休假：一、六個月以上一年未滿者，三日。二、一年以上二年未滿者，七日。三、二年以上三年未滿者，十日。四、三年以上五年未滿者，每年十四日。五、五年以上十年未滿者，每年十五日。六、十年以上者，每一年加給一日，加至三十日為止。」而以往認為勞工享有特別休假之前提

為：必須具備「在同一雇主或事業單位」、「繼續工作滿一定期間」以及「雙方勞動契約關係延續至次一年度」之要件[186]。

1. 在同一雇主或事業單位

關於在同一雇主或事業單位之要件，係指勞動契約繼續存在於同一雇主或事業單位之狀態，因此勞工受調職、借調者，因為勞動契約仍繼續存在於同一雇主，依 57 條：「勞工工作年資以服務同一事業者為限。但受同一雇主調動之工作年資……應予併計。」固無疑問。惟如勞工受轉僱於關係企業集團之不同公司法人，形式上其勞動契約相對人之雇主已有不同，此時勞工得否對轉僱後之雇主主張併計年資計算特別休假，即有疑義。

對此，在轉僱時法律手段上所得採行之方式，有勞工與原雇主終止勞動契約後，再由勞工與轉僱目的事業訂立另一新的勞動契約之方式，以及原勞動契約並不終止，而由轉僱目的事業承擔原雇主之法律地位（即契約承擔）等兩種方法。在三方當事人以契約承擔之方式為轉僱時，新雇主因已承擔舊雇主之法律地位，即已承擔勞工與舊雇主間勞動契約上之權利義務，因此年資併計較無疑義。至於採行第一種方式即終止與原雇主間之勞動契約，而另與轉僱目的事業另訂新約之情形，雖然已非同一雇主，但是轉僱畢竟與勞工另外尋找工作有所不同，且在利益衡量上與第二種法律手段不應有所區別，雖然不在 57 條文義所及範圍內，或許應認為法律漏洞，而藉由司法判決補充肯認。

2. 繼續工作滿一定期間

首先，本要件的問題點在於「一定期間」年資之起算點，就此 84-2 條規定：「勞工工作年資自受僱之日起算……。」續於施行細則 24-1 條

---

[186] 2017 年新法後，勞動契約關係延續至次一年度之要件，是否仍然維持，仍待觀察。另，學說上也有認為應該再增加「出勤日數達一定比例」的要件，呂榮海，勞動基準法實用 1，236 頁，1993 年 9 月，蔚理出版社。

項規定：「勞工於符合本法第三十八條第一項所定之特別休假條件時，取得特別休假之權利；其計算特別休假之工作年資，應依第五條之規定。」即：「勞工工作年資以服務同一事業單位為限，並自受僱當日起算。適用本法前已在同一事業單位之工作年資合併計算。」

　　其次，在如何計算「一定期間」方面，雖然上開施行細則用語為「以服務同一事業單位為限」，不過勞基法38條既然規定為「同一雇主或事業單位」，自應以法律為準，而不限於「同一事業單位」，應包括「同一雇主之不同事業單位」。又勞工於受僱後，因事業單位改組、轉讓時，接受新雇主之留用，其工作年資新雇主應併予承認，則為20條所明定，具體案件運作時亦應注意。

　　至於定期契約工是否有特別休假，有兩方面值得注意，一者在於特定性工作的定期契約工，在超過1年之後，高雄高分院99勞上易16號表示：「因有繼續工作滿1年以上之情形，則屬事實，就此受僱之狀態，並參酌勞基法關於特別休假為強制保護勞工權益規定之意旨，本院認仍應有上開規定之適用。」；其次，定期契約於期限屆滿繼續工作，而雇主不即表示反對之意思，或於期限屆滿後另訂新約，然其前後勞動契約之工作期間超過90日，前後契約間斷期間不超過30日者，依據第9條2項，視為不定期契約，則此時年資應併予計算，應有特別休假。不過，如依勞工請假規則5條留職停薪，或是服兵役時（兵役法44條），則該等期間並不併計（但依75台內勞字第408297號函，事業單位於該函釋發布前或經指定適用勞基法前，其僱用之勞工已在役或已役畢者在營服役期間仍視為原機構服務年資，併入工作年資計算）。

3. 雙方勞動契約延續至次一年度

　　目前一般較少言及本要件，不過依修正前38條文義：「勞工在同一雇主……，繼續工作滿一定期間者，『每年』應依左列規定給予特別休假：……。」既然是繼續工作滿一定期間，方始於「次一年度」給予特別

休假，則此時雙方間勞動契約仍應延續，有認為此種解釋也較符合特別休假制度是為「勞動力維持培養」之目的而設立[187]。雖然106年施行之修正條文，文義上改為：「勞工在同一雇主或事業單位，繼續工作滿一定期間者，應依下列規定給予特別休假：⋯⋯。」已將「每年」二字刪除，然而此一文義改變，推測上係因應本條新增繼續工作「半年」後即有特休假，所為之刪除，至於是否有意更改下列見解，仍待觀察。

　　詳言之，在新法施行前，行政主管機關76台勞動字0812函表示：「⋯⋯勞工於服務滿一定期間之日即因退休而終止勞動契約，因毋須出勤自無特別休假工資。」[188]亦即主管機關認為須勞動契約繼續延續至次一年度，方有特休。只是，如果認為需具備勞動契約延續至下一年度之要件時，則另外產生之問題在於如果在次一年度中途離職時，又應如何計算特別休假之日數？對此，固然一般認為新一年度開始後，自然全數取得，但司法院第14期業務研究會，就設例之「勞工於新年度首月屆齡退休，並享有特別休假日30日，當月扣除例假、國定假日及週六半天，並於出勤日全部安排休假，尚剩餘10日應否改發不休假工資」時，表示：「題示勞工於新年度應出勤日數僅20日，縱於所有應出勤日數，均安排休假，亦僅能安排20日，其餘10日因雙方勞動契約關係已因勞工退休而不存在，已無從安排，即不發生應休假而出勤之情形，自不得就所餘10日請求改發不休假出勤工資。」

　　另最高法院86台上2836號則表示：「按勞工在同一雇主繼續工作1年以上3年未滿者，每年應給予7日之特別休假，勞基法第38條第1款定有明文。查上訴人係自80年7月2日受僱於被上訴人，至81年7月1日始滿1年，而上開特別休假規定係以每年度為單位，故上訴人應自82

---

[187] 徐益乾，特別休假制度之理論與實務，90年度勞工特別休假制度學術研討會會議資料（未公開發行），23頁下，行政院勞工委員會（勞動部）主辦。
[188] 勞資關係法令彙編，74頁，新北市政府勞工局編，2013年12月。

年度起始有特別休假 7 日，上訴人既於 82 年 7 月即遭解雇，該年度僅工作半年，自僅有特別休假 3.5 日，……。」認為應以次一年度勞動契約存續期間比例計算之。

（二）特別休假之行使與應休而未休時之處理

雖然在特別休假的要件上，有諸多值得討論之處，不過實務上對特別休假問題，大多在於特別休假的排定，及因年度終結或勞動契約終止等原因而未休完時，應如何處理等。就此，雖然在 106 年 1 月 1 日施行修正勞基法 38 條前，舊施行細則 24 條 2、3 款（已自 106 年 1 月 1 日廢止）訂有：「2、特別休假日期應由勞雇雙方協商排定之；3、特別休假因年度終結或終止契約而未休者，其應休未休之日數，雇主應發給工資。」規定，而實務上也據此論述，然修正後已有大幅翻轉，略述如下：

1. 特別休假的行使

（1）105 年 12 月 31 日以前，排定特別休假是否需勞資雙方協商，尚有
　　　爭議

因為勞基法 38 條於 106 年施行修正前固然僅規定：「勞工在同一雇主或事業單位，繼續工作滿一定期間者，每年應依左列規定給予特別休假……。」但卻同時在舊施行細則 24 條 2 款訂有：「特別休假日期應由勞雇雙方協商排定之。」亦即母法僅簡單規定權利構成要件，而子法則有協商字語，因此對於勞工究竟僅有請求協商排定特休假權利，或是具形成效果的排定權即有爭議。

如最高法院 96 台上 187 號表示：「按勞工在同一雇主或事業單位，繼續工作滿一定期間者，每年應依勞基法第 38 條規定給予特別休假。而勞基法第 38 條之特別休假之日期，應由勞雇雙方協商排定之，勞基法施行細則第 24 條第 2 款定有明文。準此，勞工繼續工作滿一定期間，取得向雇主請求特別休假之權利，不得逕行指定休假日期，仍須與雇主協商排

定休假日期,以免影響雇主正常營運,有礙產業之發展。勞雇雙方如無法協商時,雖法無明定處理方式,惟屬於僱傭契約內容一部之工作規則、人事管理規則施行細則既有規定,勞雇雙方均應受其拘束。」但臺高院98勞上易140號則表示:「觀諸我國勞基法第38條規定,勞工在同一雇主或事業單位繼續工作滿一定期間者,應享有一定日數之特別休假,亦即雇主必須每年依規定給與勞工特別休假,此乃勞工當然的權利,因此雇主經徵得勞工同意於特別休假工作者,應加倍發給工資(勞基法第39條參照)。可見我國勞基法前開各規定均在強調特別休假是屬勞工當然之權利,無須雇主允諾,應係採形成權說。惟我國勞基法亦承認若勞工請求特別休假,如有妨礙事業正常營運時,雇主得行使『季節變更權』以阻止形成之效果,此觀勞基法施行細則第24條第2款規定:『特別休假應由勞雇雙方協商排定之』即明。」

(2)自106年1月1日起,修法明定特別休假由勞工排定

就上述爭議,106年1月1日施行之新修正勞基法38條2、3項已經明文:「(II)特別休假期日,由勞工排定之。但雇主基於企業經營上之急迫需求或勞工因個人因素,得與他方協商調整;(III)雇主應於勞工符合第一項所定之特別休假條件時,告知勞工依前二項規定排定特別休假。」並於同日廢止上開舊施行細則23條2款規定,再於106年6月修正施行細則24條為:「(II)依本法第三十八條第一項規定給予之特別休假日數,勞工得於勞雇雙方協商之下列期間內,行使特別休假權利:一、以勞工受僱當日起算,每一週年之期間。但其工作六個月以上一年未滿者,為取得特別休假權利後六個月之期間;二、每年一月一日至十二月三十一日之期間;三、教育單位之學年度、事業單位之會計年度或勞雇雙方約定年度之期間。(III)雇主依本法第三十八條第三項規定告知勞工排定特別休假,應於勞工符合特別休假條件之日起三十日內為之。」

　　從此次明定特別休假排定權在勞工的修法脈絡而觀，似乎有意定位為形成權[189]。另為因應實務需要，施行細則 24 條就如何計算特別休假的取得與特別休假的給假，分別規範。申言之，在特別休假的取得方面，依該條 1 項規定：「勞工於符合本法第三十八條第一項所定之特別休假條件時，取得特別休假之權利；其計算特別休假之工作年資，應依第五條之規定。」即「勞工工作年資以服務同一事業單位為限，並自受僱當日起算。適用本法前已在同一事業單位之工作年資合併計算。」是採用自受僱日起，滿一定期間即應給假的「週年制」；但在特別休假的給假方面，依該條 2 項 2、3 款則可採取每年 1 月 1 日至 12 月 31 日之「曆年制」、教育單位之「學年度」、事業單位之「會計年度」或勞雇雙方「約定年度」等方式，並於立法理由舉例：「（週年制）勞工於 106 年 7 月 1 日到職，107 年 1 月 1 日仍在職，得於 107 年 1 月 1 日至 107 年 6 月 30 日間請休特別休假 3 日。嗣於 107 年 7 月 1 日仍在職者，得於 107 年 7 月 1 日至 108 年 6 月 30 日間請休特別休假 7 日。……（曆年制）勞雇雙方如協商以 1 月 1 日至 12 月 31 日之期間給假，除原自 107 年 1 月 1 日起至同年 6 月 30 日止因工作年資滿六個月應給予之 3 日特別休假外，得約定自 107 年 7 月 1 日至 108 年 6 月 30 日止之 7 日特別休假，其部分日數（按比例約為 3.5 日），併前開 3 日特別休假，合計為 6.5 日於 107 間給假；餘 3.5 日，於 108 年間併原應自 108 年 7 月 1 日起之 10 日特別休假之一部（按比例為 5 日），合計為 8.5 日，於 108 年間給假；並依此類推。」

　　而一旦勞工排定後，雙方間之權利義務因而變更（當日勞工免除給付勞務義務，但雇主仍應給付薪資），雇主如有經營上急迫需求，或勞工因個人原因而有調整需要時，仍應與他方協商調整。只是因為但書使用

---

[189] 不過，也有認為排定特別休假，只是免除勞工的勞務給付義務而已，尚不至使勞資雙方間的「法律關係」發生、變更或消滅，因此特別休假排定權之性質，仍為請求權而非形成權。

「協商」調整，因此若未能達成調整合意，則應如何，即有疑義。在修法前介紹形成權說之學者表示：「雇主如有正當理由足證勞工特別休假會妨礙企業正常營運時……，則基於民法第 148 條第 1 項：『權利行使不得以損害他人為主要目的』之法理，勞工逕行休假之行為，不該當特別休假權利之行使，逕行休假即變成曠職，雇主得予以必要之懲戒處分」[190]；也有認為此時雇主可以運用 40 條：「因天災、事變或突發事件，雇主認有繼續工作之必要時，得停止……第三十八條所定勞工之假期。但停止假期之工資，應加倍發給，並應於事後補假休息。前項停止勞工假期，應於事後二十四小時內，詳述理由，報請當地主管機關核備。」規定，停止假期。而司法實務最高行政法院 109 上字 111 號表示：「從而，資方遇有勞方行使特別休假排定權，而勞方終局未能於原已排定之期日特別休假時，資方唯有『具備企業經營上之急迫需求』、『已與勞工協商調整』、『勞工如於所排定之特別休假日期休假，將同時嚴重影響資方之營業自由，致生資方或第三方之重大損害而顯然失衡』時，始不生違章責任（編按，即 79 條 1 項 1 款及 80-1 條 1 項規定）。至於勞工特別休假排定權之利益，與資方或第三方之利益間，如何衡量，則應斟酌勞工個人身心狀況、特別休假日期之可替代性、休假與否所生損益等，及資方於特別休假缺少該等人力對其營運將生何等損害、是否重大、損害會否溢向第三人或其他如環境等等，視個案情形，審時度勢，盱衡判斷之。」

（3）有地方行政主管機關認為勞工雖有特別休假排定權，但仍須依公司請假程序排定特別休假。但有判決表示，即便勞工未依約定於一定期限前排定，惟雇主除有勞基法 38 條 2 項但書所定事項而得與勞工協商調整外，仍應給予勞工特別休假

---

[190] 邱駿彥，特別休假之權利行使，勞動法精選判決評釋，101 頁以下，2013 年 9 月，元照出版公司。

　　也因為上開條文明定特別休假的排定權在勞工，雇主只能請求協商調整，因此如勞工提出後立即或隔日休假，對中小企業運作時生困擾，實務上即有事業單位透過請假程序規定要求勞工排定特別休假應於一定期間前提出，以免臨時無法調度人力。就此有整理其向地方主管機關詢問之結果，如新北市政府勞工局 107 年 5 月 28 日新北勞檢字 1073566450 號函表示：「雇主若基於人力調度安排，在勞工仍得選擇特別休假行使期日的前提下，於工作規則規範勞工須於事前提出申請排定特別休假，於法並無不可。」另臺北市政府單一陳情系統 107 年 6 月 27 日回復：「二、另依現行特別休假是由勞工『排定』為原則，勞工事先排定之特別休假期日，或排定後依本法第 38 條第 2 項但書規定協商調整之特別休假期日，惟仍應依據公司請假規定提出特別休假申請；易言之，勞工雖有特別休假之排定權，仍須依據公司請假程序提出特別休假之申請，兩者並不衝突。」[191]

　　固然雇主得以制訂特休排定程序，但如果勞工未遵守該程序時其法律效果如何，則臺北高等行政法院 108 訴 172 號表示：「本院乃列舉與本件訴訟爭議相關問題函詢中央主管機關，經勞動部以……勞動條 3 字第 1080130943 號函覆略以：……有關雇主得否以工作規則、勞動契約等方式，要求勞工應於事先（排定特別休假前一定日數）提出申請等情，說明如下：A、有關工作開始及終止之時間、休息時間、休假等事項，應於勞動契約中約定，勞動基準法施行細則第 7 條定有明文。勞資雙方如協商約定於一定合理範圍期限前，排定特別休假期日，雖無不可，惟勞工如未依約於一定期限前排定特別休假，雇主亦僅限於有勞基法第 38 條第 2 項但書所定事項得與勞工協商調整外，餘仍應依法給予勞工特別休假。……而上開中央主管機關勞動部 108 年 9 月 3 日……函有關勞動基準法第 38 條第 2 條本文及但書規定所見解，詳實反應修法動機、立法委員代表民意立

---

[191] 本段新北市政府勞工局函暨臺北市陳情系統回復，引自沈以軒，請假權利與請假手續之區辨，中華人事主管協會臉書，2018 年 8 月 3 日發文。

法之一致性，核與法律規定明文相符，本院自予尊重。」只是既然認為可以約定需於合理期限前提出排休，又同時認為勞工可不遵守期限，則承認約定以免人力調度不及之目的似難達成。

2. 特別休假應休未休之處理

（1）105 年 12 月 31 日以前，是否需可歸責於雇主致使勞工特別休假應休未休時，始應發給代償金，有不同見解

　　至於 106 年施行新修正勞基法 38 條前，舊施行細則 24 條 3 款訂有：「特別休假因年度終結或終止契約而未休者，其應休未休之日數，雇主應發給工資。」之規定，其中所謂「應休未休之日數」，82 台勞動二字第 44064 號函表示：「查『勞工之特別休假應在勞動契約有效期間為之，惟勞動契約之終止，如係可歸責於雇主之原因時，雇主應發給未休完特別休假日數之工資』……。故當勞動契約終止時，勞工尚未休完之特別休假如係勞工應休能休而不休者，則非屬可歸責於雇主之原因，雇主可不發給未休完特別休假日數之工資。」（編按，本號函釋已經勞動條 3 字1060130075 號令廢止適用），係以「是否可歸責於雇主」來決定應否需以工資取代，而如何認定可歸責於雇主，最高法院 96 台上 2331 號表示：「應依個案認定之，如年度開始雇主即強制勞工退休……。查上訴人……突然通知被上訴人應自動離職，嗣雖經兩造折衝，終以資遣方式和解，然兩造間勞動契約之終止，確屬突然，且時間急促，被上訴人未能及時安排休假，應認係可歸責於上訴人。」

　　但是士林地院 90 勞訴 1 號則認為：「為落實休假制度並提高受僱人休假之意願，僱用人提供之特別休假自應給付工資，以免對休假員工形成變相減薪之懲罰，而使休假制度成為具文。故特休假具有慰勞假性質，也是勞工應有之權益，依勞基法施行細則第 24 條第 3 款規定，特別休假因年度終結或終止契約而未休者，其應休未休之日數，雇主即『應』發給工資，並未附加任何條件，行政院行政主管機關 79 年 9 月 15 日（79）台勞

動二字第 21827 號函，附加勞工須證明因可歸責於雇主之事由而未休之要件，即無足取。」

（2）自 106 年 1 月 1 日起，勞工特別休假應休未休時，雇主即應發給代償金，應是有意取消可歸責於雇主之要件

上開分歧，依 106 年 1 月 1 日修正施行之勞基法 38 條：「（IV）勞工之特別休假，因年度終結或契約終止而未休之日數，雇主應發給工資。」且「（V）雇主應將勞工每年特別休假之期日及未休之日數所發給之工資數額，記載於第二十三條所定之勞工工資清冊，並每年定期將其內容以書面通知勞工。」此所謂每年定期發給之書面通知，依施行細則 24-2 條規定為：① 雇主應於 37 條第 2 項第 2 款所定發給工資之期限前發給；② 書面通知，得以紙本、電子資料傳輸方式或其他勞工可隨時取得及得列印之資料為之。而「（VI）勞工依本條主張權利時，雇主如認為其權利不存在，應負舉證責任。」據以上文義，只要應休未休時，雇主即應發給工資，應是有意取消可歸責於雇主之要件（但是否可遞延，則涉及 107 年之修法如下述）。

（3）應休未休特別休假之代償金是否屬於工資

又關於特休應休未休所發給之「代償金」，是否屬於工資，而應依勞基法 2 條 4 款規定：「平均工資：謂計算事由發生之當日前六個月內所得工資總額除以該期間之總日數所得之金額。」計入平均工資計算，如應計入則如何計入之問題。雖然最高法院 103 台上 1659 號對於代償金之性質表示：「勞基法施行細則第 24 條第 3 款……不休假加班費乃雇主因年度終結勞工未休畢特別休假，所給與補償之代償金，並非勞工於年度內繼續工作之對價，且每年年度終結時未休畢之特別休假亦非固定，勞工所得受領之代償金，即非經常性，自難認為勞基法第 2 條第 3 款所稱其他任何名義之經常性給與。」（同院 104 台上 2364 號見解略同），認為代償金性質上並非工資，因此無庸計入平均工資計算。

　　但是勞動部勞動條 2 字 1060131476 號函表示：「三、『週休二日』相關規定修正後，特別休假期日，由勞工自行排定。勞工事先排定之特別休假期日，或排定後依本法第 38 條第 2 項但書規定協商調整之特別休假期日，倘經雇主依本法第 39 條規定徵得勞工同意出勤並發給加倍工資，該等期日適於平均工資計算期間者，其加給之工資，當予列計。四、勞工並未排定之特別休假日數，其於『年度終結』雇主發給之未休日數工資，因係屬勞工全年度未休假而工作之報酬，於計算平均工資時，上開工資究有多少屬於平均工資之計算期間內，法無明定，由勞雇雙方議定之。另，勞工於『契約終止』時仍未休完特別休假，雇主所發給之特別休假未休日數之工資，因屬終止契約後之所得，得不併入平均工資計算。」亦即行政機關認為因年度終結而未休特別休假所發之「代償金」，需列入平均工資以計算資遣費或退休金，或據之比例提撥勞工退休金，只是在多少範圍內應計入則交由勞雇協商。

　　對於前述司法與行政的不同見解，固然司法機關不受行政機關上開函釋及舊施行細則 24 條 3 款規定：「特別休假因年度終結或終止契約而未休者，其應休未休之日數，雇主應發給『工資』。」將代償金定性為工資所拘束。但在 106 年施行之修正勞基法 38 條 4 項也參考舊施行細則 24 條 3 款而規定：「勞工之特別休假，因年度終結或契約終止而未休之日數，雇主應發給『工資』。」已在法律位階上將代償金定性為工資，雖然此種定性在廠場實務操作上時生困擾（如屆退人員將因之不休特休；勞保級距可能因之變動；代償金究竟有多少屬於平均工資之計算期間內，涉及雙方權益，應甚難協商），但司法實務是否隨修法而改變見解，或者仍持代償金不具對價性與經常性而將之排除於工資之列，則需觀察。

　　另特別休假應休未休應發給工資，除了上開修法外，在 41 條規定之情形，即：「公用事業之勞工，當地主管機關認有必要時，得停止第三十八條所定之特別休假。假期內之工資應由雇主加倍發給。」

（三）特別休假可否遞延至其他年度

關於特別休假未於年度休完時可否經勞資協商遞延，可分為三個時期觀察。首先是 73 年勞基法施行時，38 條僅簡單規定：「勞工在同一雇主或事業單位，繼續工作滿一定期間者，每年應依左列規定給予特別休假：……。」對於是否可以協商遞延並無明文，而以主管機關函釋為操作準則的第一個時期。其次，是 106 年 1 月 1 日施行的修正條文，在 38 條增訂第 4 項：「勞工之特別休假，因年度終結或契約終止而未休之日數，雇主應發給工資。」明文規定應休未休即應發給代償金的第二時期。再者是 107 年 3 月 1 日施行的再度修正 38 條 4 項，即增訂但書：「但年度終結未休之日數，經勞雇雙方協商遞延至次一年度實施者，於次一年度終結或契約終止仍未休之日數，雇主應發給工資。」的第三時期。詳細說明如下：

1. 勞基法施行後至 105 年 12 月 31 日止，函釋承認特別休假得經勞資協商遞延

關於特別休假未於年度休完時可否經勞資協商遞延，因為 73 年勞基法施行後之 38 條僅簡單規定：「勞工在同一雇主或事業單位，繼續工作滿一定期間者，每年應依左列規定給予特別休假……。」對於是否可經勞資協商而遞延，並無明文。而在此一時期主管機關 79 勞動二字 07900 號函認為如經「勞資雙方協商同意其應休未休之日數不發給工資，而保留至下一年度或其他年度使用，為法所不禁，自屬可行。」

2. 惟自 106 年 1 月 1 日施行修正 38 條增訂第 4 項時起，主管機關廢止得遞延之函釋，並另訂施行細則，應是有意表示不得遞延

嗣後在 106 年 1 月 1 日施行修正 38 條增訂第 4 項：「勞工之特別休假，因年度終結或契約終止而未休之日數，雇主應發給工資。」後，除上開函釋已另經勞動條 3 字 1060130075 號函廢止適用外，另又增訂施行細

則 24-1 條，其中明定發給應休未休特休假之代償金期限為：（1）年度終結：於契約約定之工資給付日發給或於年度終結後 30 日內發給；（2）契約終止：雇主應即結清工資給付勞工。至於發給工資之基準則為：按勞工未休畢之特別休假日數，乘以其一日工資（為勞工之特別休假於年度終結或契約終止前一日之正常工作時間所得之工資。其為計月者，為年度終結或契約終止前最近一個月正常工作時間所得之工資除以三十所得之金額）計發。亦即，既然廢止可協商遞延之函釋，並要求年度終結後，即應於特定期限內給付應休未休代償金，則主管機關應是有意表示此一時期不得遞延。

　　只是，此一時期有認為當勞工因年度終結而依 38 條 4 項取得金錢錢債權後，以類似「加班換補休」之概念，當然可以在取得結清的金錢債權後與雇主合意為給付之變更，即以他種給付（補休）代替原定給付（金錢債權），而此時之法律性質為民法 320 條：「因清償債務而對於債權人負擔新債務者，除當事人另有意思表示外，若新債務不履行時，其舊債務仍不消滅。」即在勞工尚未能實際換休前，原來請求加班費之金錢債權仍在，較不影響勞工權益 [192]。

3. 自 107 年 3 月 1 日起施行之再修正 38 條 4 項增訂但書，明文規定得以勞資協商遞延一年

　　其後在 107 年 3 月 1 日所施行的再修正 38 條 4 項增訂但書為：「勞工之特別休假，因年度終結或契約終止而未休之日數，雇主應發給工資。『但年度終結未休之日數，經勞雇雙方協商遞延至次一年度實施者，於次一年度終結或契約終止仍未休之日數，雇主應發給工資』。」即以法律明定於年度終結後，得以勞雇協商方式將年度未休特別休假遞延一年實施。關於本條文之運用，配合施行細則應可如下觀察：

---

[192] 陳金泉，「工作與休息制度變革：一例一休與特別休假」研討會會議手冊，208 頁（陳律師擔任評論人之書面評論），台灣勞動法學會、台灣法學雜誌主辦，2017 年 4 月 7 日。

　　首先在於勞雇雙方如欲遞延，應於何時協商完成？就此，依施行細則24-1條2項2款1目規定，雇主至遲應於契約約定之工資給付日發給，或於年度終結後30日內發給應休未休之特別休假工資，故從勞動檢查的角度而言，勞雇雙方至遲似應於此二期限中之最後期限日前達成遞延特別休假之合意。又主管機關認為個案遞延與否，固然應由個別勞工與雇主雙方協商同意後，始得為之，但雇主得透過工會或勞資會議之機制，先就遞延期限或如何遞延等進行討論，亦可協商一致性原則，且特別休假經勞雇雙方協商遞延期間未及一年者（如三個月），尚無不可，其於屆期後經再次協商遞延（如遞延三個月屆期後再協商遞延三個月），亦屬可行，惟其實施期限仍不得逾次一年度之末日。又遞延之特別休假，於次一年度終結之末日仍未休之日數，雇主應發給工資，不得再行遞延（勞動條2字1070130382號函）。

　　其次，關於遞延後特別休假與新年度特別休假之行使順序，依施行細則24-1條3項：「勞雇雙方依本法第三十八條第四項但書規定協商遞延至次一年度實施者，其遞延之日數，於次一年度請休特別休假時，優先扣除。」是採用應先休遞延後特別休假的先進先出原則，而且有考察38條4項但書規定立法理由為：「至於遞延至次一年度實施之特別休假，其休假日期依第二項規定辦理，原則由勞工排定。」[193] 則期日指定權仍屬勞工。只是，在實務操作上，既然勞工對於遞延後之特別休假仍有期日指定權，而未必排休，再加上勞動條2字1070130350號函表示：「遞延之特別休假未休日數工資，性質係屬勞工前一年度未休假而工作報酬，應否計入平均工資計算，應先視『原特別休假年度終結』時點是否在平均工資計算事由發生之當日前6個月之內而定，倘於期間內，其究有多少未休日數工資應列入計算，法無明文，可由勞雇雙方議定之。」亦即主管機關認為

---

[193] 陳金泉、葛百鈴，2018年1月10日勞基法修訂適用疑義（二），引自明理法律事務所網站／2018年1月10日勞基法修訂適用疑義（二）pdf，查詢日，2018年4月16日。

因年度終結而未休特別休假所發之「代償金」，如果該遞延特休的原年度終結時點，是落在計算平均工資的月份（即事由發生前六個月）內，即需列入平均工資以計算資遣費或退休金，只是因為特休是全年度的特休，並不是事由發生前六個月的特休，因此有多少特休天數的代償金應該計入平均工資則由勞資協商。這種做法，除在實務上甚難達成協商外，且應會造成雇主遲疑是否同意遞延。

末者，若遞延期間仍未休完特休假，依施行細則24-1條2項1款規定，按「原特別休假年度終結時」應發給工資之基準計發工資，即按勞工未休畢之特別休假日數，乘以其一日工資（為勞工遞延之特別休假於前年度終結前一日之正常工作時間所得之工資。其為計月者，為前年度終結前最近一個月正常工作時間所得之工資除以30所得之金額）計發。

附帶提及，本次修法後固然仍有認為經遞延後特別休假若未能休完時，可以如前述使用類似「加班換補休」的概念，在取得結清的金錢債權後與雇主合意變更給付，即以他種給付（補休）代替原定給付（金錢債權），而此時之法律性質為民法320條。只是，當立法者已經明文決定未休特別休假僅得經勞資雙方合意遞延一年為限，否則即應發給代償金時，似已有意調整民法規定，則在權力分立下，司法解釋或應受有限制。[194]

第三款　請假

勞動契約為繼續性契約，勞工須逐日依約提供勞動力，只是凡人難免有疾病傷痛，而且也有家庭、社會生活之需要，此時勞工是否得停止提供勞務，而雇主是否得減免給付薪資，仍應有法律規範，因此43條規定：「勞工因婚、喪、疾病或其他正當事由得請假，請假應給之假期及事假

---

[194] 行筆至此有感，勞基法既在設定最低勞動基準，則應易知易行，方能使勞資易於知法守法。而從一例一休、加班換補休、特休遞延，到本文後述之加班費計算等，這些年來不斷翻修勞基法，複雜無比，再加以行政機關與司法實務屢有不同見解，行政法院與民事法院看法亦不盡相同，致使守法成為難事。

以外期間內工資給付之最低標準，由中央主管機關定之。」而內政部主管時期也根據此一法律授權，於 74 年頒布具有法規命令性質之「勞工請假規則」，也因為該規則是依 43 條授權而制訂，因此其強制適用對象應僅限於適用勞基法行業中的勞工。不過，性工法的適用範圍也含括適用勞基法的行業，因此性工法所規定之產假、產檢假、陪產假、陪產檢假、生理假、及因該法 12 條致生訴訟而到庭期間之公假等，也可一併觀察。

一、假別與日數

勞工請假規則就勞工請假之類別略有：不得扣發全勤獎金之婚假、喪假、公傷病假、公假（請假規則 9 條），以及事假與普通傷病假等，規則中也分別規定婚、喪假、事假及普通傷病假之日數。

請假規則 4 條之普通傷病假：未住院者一年內不得超過 30 日；住院者（罹患癌症含原位癌而採門診治療，或懷孕期間而需安胎休養者，其治療或休養期間，併入住院傷病假計算），二年內合計不得超過一年；前二者二年內合計不得超過一年（依性工法 14 條：「女性受僱者因生理日致工作有困難者，每月得請生理假一日，全年請假日數未逾三日，不併入病假計算，其餘日數併入病假計算。前項併入及不併入病假之生理假薪資，薪資減半發給。」）

接續上開規定於一定期限內「不得」請超過一定日數的傷病假規定，請假規則 5 條訂有：「勞工普通傷病假超過前條第一項規定之期限，經以事假或特別休假抵充後仍未痊癒者，得予留職停薪。但留職停薪期間以一年為限。」文義上似乎是此時勞工只能再接續請事假或特別休假以療養，不得再請病假。又因為其後段文字使用「得」予留職停薪，因此主管機關認為：「……勞工依勞工請假規則第 5 條規定申請留職停薪，雇主得否拒絕，可由事業單位於工作規則訂定，或由勞資雙方於勞動契約、團體協約中預先訂定；若對該項未明文規定者，則於勞工提出申請時，由勞資雙方協商。」（76 台勞動字第 9409 號函），亦即雇主不一定需同意留職停

薪。至於「……經留職停薪屆滿一年，仍未痊癒者，雇主可終止其勞動契約……，如雇主未主動予以終止勞動契約，而勞工確因體能關係請求資遣費離職時，雇主宜本善意對待勞工之原則予以同意，並發給資遣費」（76台勞動字第 2762 號函），似表示此時雇主取得終止契約之權利。

另事假除日數外，重點在適法性判斷，最高法院 86 台上 2119 號表示：「普通事假既非法律所規定之例假或休假，亦非社會觀念或風俗習慣上所認為應給與之假期，因而判斷勞工請普通事假是否合法時，除應考慮勞工是否確實有應親自處理之事故外，並應斟酌勞工業務之種類、事務之繁重與否、有無適當人選代理及是否影響雇主一般性工作之運作等情為綜合之考量。……上訴人係預購機票而要求被上訴人給與事假，但上訴人原係擔任警衛工作，被上訴人之工廠不能一時無警衛，其護送老師返鄉，七天已足，被上訴人因無適當人員代上訴人值班，衡情准予七天假期，難謂不當，詎上訴人不接受七天假期，又未完成請假手續即繼續三天以上未到廠上班，被上訴人以其無正當理由繼續曠工三日為由，未經預告終止契約，於法尚無不合。」

而公傷病假與公假部分：公傷病假視個案實際而定。公假部分，其日數依法令依據而有不同，就此略有：兵役法施行法 43 條（受教育召集、勤務召集、點閱召集之學生及職工）；工會法 36 條與同法施行細則 32 條（工會理、監事的會務假）；傳染病防治法 38 條 2 項（因防疫工作受通知且親自到場之人員）；消防法 29 條（義消訓練、演習、服勤期間）；性工法 27 條 4 項（該法之性騷擾被害人因訴訟出庭）；74 台內勞字 311984 號函（員工參加與其職務有直接關係之檢定考試職類）；77 台勞動二字 02276 號函（勞工因事業單位違反勞基法或勞安法「編按，目前已改為職安法」等法令，經司法機關傳喚出庭作證者）；另將於 2023 年施行的國民法官法 39 條（國民法官、備位國民法官於執行職務期間，或候選國民法官受通知到庭期間）。

除請假規則所訂假別外，111 年 1 月 18 日施行修正之性工法 15 條規定有產假、產檢假、流產假，及陪產檢假與陪產假為：「（I）雇主於女性受僱者分娩前後，應使其停止工作，給予產假八星期；妊娠三個月以上流產者，應使其停止工作，給予產假四星期；妊娠二個月以上未滿三個月流產者，應使其停止工作，給予產假一星期；妊娠未滿二個月流產者，應使其停止工作，給予產假五日。（II）產假期間薪資之計算，依相關法令之規定。（編按，主要者為勞基法 50 條 2 項：「前項女工受僱工作在六個月以上者，停止工作期間工資照給；未滿六個月者減半發給。」）。（III）受僱者經醫師診斷需安胎休養者，其治療、照護或休養期間之請假及薪資計算，依相關法令之規定。（IV）受僱者妊娠期間，雇主應給予產檢假七日。（V）受僱者陪伴其配偶妊娠產檢或其配偶分娩時，雇主應給予陪產檢及陪產假七日。（VI）產檢假、陪產檢及陪產假期間，薪資照給。（VII）雇主依前項規定給付產檢假、陪產檢及陪產假薪資後，就其中各逾五日之部分得向中央主管機關申請補助。但依其他法令規定，應給予產檢假、陪產檢及陪產假各逾五日且薪資照給者，不適用之。（VIII）前項補助業務，由中央主管機關委任勞動部勞工保險局辦理之。」主管機關也據本條 8 項將自 110 年 7 月 1 日起施行之「產檢假薪資補助要點」修正為「產檢假與陪產檢及陪產假薪資補助要點修正規定」，其中第 4、5 點規定：「四、雇主依本法第十五條第六項及第七項規定，給付受僱者產檢假、陪產檢及陪產假薪資後，就其中第六日、第七日之薪資，得申請本補助。前項規定，雇主依其他法令規定，應給予產檢假、陪產檢及陪產假各逾五日且薪資照給者，不適用之。五、本補助按雇主實際給付受僱者第六日、第七日之產檢假、陪產檢及陪產假薪資總額，核實發給。」。

（二）請假事由發生於到職日前是否應給假

實務處理上述假別與日數時，偶有疑義者在於請假事由發生時間點如在到職日前，雇主是否仍應給假。就此有整理函釋與其自行詢問主管機關

後所得回復略為：1. 在婚、喪假部分，除勞雇雙方另有較優約定外，「勞工於到職前結婚或親屬喪亡，法令未課雇主應給予婚假或喪假之義務」（勞動條 3 字 1070018000 號）；2. 在產假、陪產假部分，「勞工於到職前生產，但仍在勞動基準法第 50 條所定之給假期限內到職者，應依該條所定之假期扣除自分娩事實發生之日起至到職前之日數，給予剩餘日數之假期」（勞動二字 0940056125 號）、「依性別工作平等法第 15 條第 5 項及該法施行細則第 7 條規定，受僱者於其配偶分娩時，應於配偶分娩之當日及其前後合計 15 日期間內，擇其中之 5 日請陪產假。又陪產假並無任職期間限制，受僱者之配偶有分娩事實，於上開規定之請假期間內，即得依法向雇主申請陪產假，雇主不得拒絕。」（勞動部 107 年 7 月 13 日電子回文／收文文號：1070130952）[195]。只是關於陪產假日數，已於 111 年 1 月 18 日月修改性工法 15 條 5 項為（陪產假＋陪產檢假）共 7 日。

（三）司法院釋字 748 號解釋施行法中所規定之準用

另我國在 108 年 5 月 24 日施行「司法院釋字第 748 號解釋施行法」，依該法 2、3、4 條：18 歲以上（未成年需法定代理人同意）相同性別之二人，得為經營共同生活之目的，成立具有親密性及排他性之永久結合關係，此關係應以書面，經二人以上證人之簽名，並由雙方當事人，依司法院釋字第 748 號解釋之意旨及該法，向戶政機關辦理結婚登記。在此關係下依該法 24 條：「（I）民法總則編及債編關於夫妻、配偶、結婚或婚姻之規定，於第二條關係準用之。（II）民法以外之其他法規關於夫妻、配偶、結婚或婚姻之規定，及配偶或夫妻關係所生之規定，於第二條關係準用之。但本法或其他法規另有規定者，不在此限。」亦即，關於婚假、配

---

[195] 本小段函釋與主管機關收文號引自：沈以軒，請假事由發生在到職前，雇主一定要給假嗎？臉書／一例一休勞資雙贏大平台，2018 年 8 月 20 日臉書發文。

偶或配偶父母等喪亡時，依本條 2 項準用民法以外之勞工請假規則 2、3 條；關於陪產假部分則準用上述性工法。

二、請假日數計算與工資給付

　　關於假別與日數大略如上，至於如何計算，首先就其起算點即何時應給假，以及是否可分次請休問題整理。產假部分：「勞動基準法第 50 條規定，勞工分娩前後，應停止工作，給予產假八星期，女工如於產前四週請產假亦屬適當，如勞資雙方協商決定，妊娠期間女性員工得於產前分次請產假，亦無不可。」（88 台勞動三字 000246 號），惟最遲自生產之日起算（89 台勞動三字 0046941 號）；婚假部分：勞動條 3 字 1040130270 號先廢止婚假應一次請足之舊函釋 [196]，並表示：婚假應自結婚之日前 10 日起三個月內請畢。但經雇主同意者，得於一年內請畢（編按，勞基法僅是最低標準，因此經雇主同意者，似無理由限制在一年內請畢）；喪假部分：起算應無疑義，另勞工如因禮俗原因，得申請分次給假（74 台內勞字 321282 號函）。

　　其次，請假期間如遇例休假日是否併入計算，則勞動 2 字 0990131309 號函表示：「二、查內政部……（74）台內勞字第 315045 號函：『一、勞工事假、婚假、喪假期間，如遇例假、紀念日、勞動節日及其他由中央主管機關規定應放假之日，應不計入請假期內。二、勞工事假、普通傷病假、婚假、喪假期間，除延長假期在一個月以上者，如遇例假、紀念日、勞動節日及他由中央主管機關規定應放假之日，應不計入請假期內』。次查該部……（74）台內勞字第 361967 號函『本部……（74）台內勞字第 315405 號函所稱（延長假期在一個月以上者），係指勞工依

---

[196] 即勞動二字 0940056125 號函「婚假至遲應於事實發生之日請起，且應一次連續請足」部分，已經勞動條 3 字 1040130270 號表示自 2015 年 10 月 7 日停止適用，本書初版引用此號函釋，但就此部分文字有誤，特此勘誤。

勞工請假規則第四條規定請普通傷病假超過『三十日』以上之期間。如該期間遇例假日、紀念日、勞動節日等均可併計於請假期內』。故該函所稱『三十日』係以工作天計算。三、復查本會……台81勞動2字第37882號函略以：『內政部……台內勞字第361967號函稱：（……勞工依勞工請假規則第4條規定請普通傷病假超過三十日以上之期間。如該期間遇例假日、紀念日、勞動節日等均可併計於請假期內。）係指勞工請普通傷病假須一次連續超過三十日以上，方有該函之適用。」

　　以上所舉，婚假、喪假、公假，工資照給。產假工資如該勞工受僱期間已達六個月則全額照給，如未滿六個月則減半發給（50條2項）。另依勞動條2字1030131931號令：自103年10月7日起，產假「停止工作期間工資照給」，指該女工分娩前一工作日正常工作時間所得之工資；其為計月者，以分娩前已領或已屆期可領之最近一個月工資除以30所得之金額，作為計算產假停止工作期間之工資，但該金額低於平均工資者，以平均工資為準）；普通傷病假全年未超過30日部分，折半發給；事假不須給付工資。雇主不得因勞工請婚假、喪假、公傷病假及公假，而扣發全勤獎金。

第四款　減班休息（無薪假）、颱風「假」

第一目　減班休息（無薪假）

　　自96年美國次級房屋信貸危機爆發，接著美國雷曼兄弟公司在97年申請破產，繼之美林證券公司也宣布被美國銀行收購後，全球股市在97年9月起崩盤，金融市場秩序失控，臺灣自97年第四季起也受到這股金融風暴的影響，企業在訂單驟然大幅減少情形下，採取了許多僱用調整手段，其中尤以無薪休假（減班休息）最引起社會注目，而勞工行政主管機關也就此數度表示其立場，茲簡介如下：

一、減班休息（無薪假）之定義 [197]

為因應景氣劇烈變遷而實施之無薪假（主管機關在 109 年時表示應改以減班休息稱之，較符實際），字面上是指：「勞工免除提供勞務義務之原工作日，雇主亦無支付工資義務。」[198] 只是在勞動契約存續中，勞資雙方各免除其工資給付與勞務提供的契約主要義務，除了此種因為景氣因素而實施的減班休息外，另有勞工合法請事假、勞工普通傷病假一年內超過 30 日之部分，甚至是企業實務上的留職停薪等情形。

因此，據勞工行政主管機關勞動二字 1000133284 號函頒「因應景氣影響勞雇雙方協商減少工時應行注意事項」，而同時頒布的「勞雇雙方協商減少工時協議書（範例）」前言中所謂 [199]：「因受景氣因素影響致停工或減產……暫時性減少工作時間及工資之勞資雙方協議。」或可作為此種「減班休息」之定義。

二、勞工行政主管機關之立場

因為行政主管機關的基本立場認為：此種減班休息是因為「景氣因素」而在「勞動契約存續中」，「暫時減少」勞工之工時與雇主工資給付之「勞資協議」，而且通常此種減班休息涉及人數眾多，影響較大，因此依上開應行注意事項，事業單位欲採行此種減班休息時，需遵守下列事項：

---

[197] 本款相關函釋，轉引自許俊明，無薪休假之研究 —— 以勞動條件之變更為中心，臺北大學法律系碩士論文，2010 年 7 月。

[198] 周兆昱，無薪休假相關問題之探討，勞委會（勞動部）98 年度勞動基準法實務爭議學術研討會論文集，129 頁，2009 年 9 月 25 日。

[199] 引自勞動部網站：首頁 → 業務專區 → 工資、工時 → 勞雇協商減少工時專區。查詢日：2020 年 3 月 23 日。

（一）在實體上應得個別勞工同意並簽署書面協議

1. 優先考量減少高階人員之分紅等，有必要減班休息時並應得個別勞工同意

依上開「應行注意事項」第 4 點：「事業單位如確因受景氣因素影響致停工或減產，應優先考量採取減少公司負責人、董事、監察人、總經理及高階經理人之福利、分紅等措施。如仍有與勞工協商減少工時及工資之必要時，該事業單位有工會組織者，宜先與該工會協商，並經與個別勞工協商合意。」[200]

2. 簽署行政主管機關頒布的書面同意書範例

事業單位於實施此種減班休息時，需依上開「勞雇雙方協商減少工時同意書（範例）」，與勞工簽署範例的書面同意書。

而既然行政主管機關就此種減班休息之定義是：「因景氣因素」，而「暫時減少工時與工資之協議」，因此可以直接推論者是：1. 減班休息應有實施期間而非無限期（應行注意事項第 8 點，以不超過 3 個月為原則）；2. 且在景氣（如公司產能或營業額）回復，或實施期間後未得雙方再協議時，即應回復原勞動條件；3. 又減班休息既然是工資與工時的暫時性減少，然勞動契約繼續存續，而與留職停薪等不同，則依勞基法第 1 條做為最低勞動條件的「原約定按月計酬之全時勞工，每月給付之工資仍不得低於基本工資」（勞動二字 0970130987 號）；4. 且產假期間，雇主本應停止勞工工作，該期間自無得實施所謂無薪休假（勞動 3 字 0980130196 號）。

---

[200] 應行注意事項要求有工會者「宜」先與工會協商，至於無工會者是否需經勞資會議，則 98 勞動二字 0980070071 號函表示：「為求勞資關係和諧，勞雇雙方可透過勞資會議，就應否採行所謂『無薪休假』進行討論，惟……仍應徵得勞工個人之同意」，似乎也是「可」而已尚非強制，並認為勞資會議決議之法律性質並無法拘束力。惟關於勞資會議決議之法律性質，在學說上大抵有法拘束力說、無法拘束力說、立法限定說等，詳許俊明，無薪休假之研究－以勞動條件之變更為中心，臺北大學法律系碩士論文，79 頁以下，2000 年 7 月。

　　至於在範例協議書中，比較難以直接從定義中推論出的條文有：
（1）「乙方於實施期間，在不影響原有勞動契約及在職教育訓練執行之
前提下，可另行兼職，不受原契約禁止兼職之限制，但仍應保守企業之機
密。」之解除禁止兼職約定，這是因為禁止兼職並非勞動契約的主義務，
因此並不能直接從工資與工時的減少推論出來必須解除禁止兼職；（2）
雖然勞工退休金條例 14 條規定，新制提撥的退休金不得低於「每月薪資」
加百分之六，然而或許是為保護勞工，所以範例訂有：「甲方應按乙方
『原領薪資』為乙方提繳勞工退休金。」（至於勞保則可維持原投保薪資
或覈實申報調整，只是如果按減薪後之級距投保，則會影響職災時之給付
等）；（3）範例訂有「實施期間甲方承諾不終止與乙方之勞動契約。但
有勞動基準法第十二條或第十三條但書或第五十四條規定情形時，不在此
限。」以約定方式禁止雇主以勞基法 11 條事由資遣勞工。但是「實施期
間乙方得隨時終止勞動契約，此時，甲方仍應比照勞動基準法、勞工退休
金條例規定給付資遣費，但符合退休資格者，應給付退休金。」則勞工可
以隨時終止契約請求資遣，只是既然已經協商同意暫時性減班休息，期間
內卻又同時使勞工可以不必符合勞基法 14 條而請求資遣，實務上偶而造
成事業單位困擾，或許至少應加上預告期間較妥。

（二）在程序上需通報地方主管機關

　　依上開「應行注意事項」第 10 點，事業單位與勞工協商減少工時及
工資者，應依「地方勞工行政主管機關因應事業單位實施勞雇雙方協商減
少工時通報及處理注意事項」，確實通報事業單位所在地（依勞動條 3 字
1040081907 號函為勞工之勞務提供地[201]）勞工行政主管機關。只是，未

---

[201] 引自 1090305 臺北市政府勞動局 —— 因應景氣影響勞雇雙方協商減少工時說明會簡報
檔。路徑：臺北市政府勞動局首頁 → 業務服務 → 勞動服務 → 就業安全 → 實施勞雇雙方
協商減少工時（無薪假通報）。查詢日 2020 年 3 月 23 日。

通報並無罰則，理論上也不影響協議效力，而實務操作上縱使雇主沒有通報，勞工也可以直接向地方勞工行政主管機關反映，不影響勞工適用政府的一些補助措施之權益。

3. 協議書範例的效力

上開協議書範例並無法律明文規定與授權，其性質應屬於行政機關本於行政指導所發布的定型化契約範本，而其效力則依行政程序法 165 條：「本法所稱行政指導，謂行政機關在其職權所掌事務範圍內，為實現一定之行政目的，以輔導、協助、勸告、建議或其他不具法律上強制力之方法，促請特定人為一定作為或不作為之行為。」

第二目　颱風「假」

雖然在各地方政府因颱風而宣布公務機構等停班時，一般皆以颱風假稱之，不過勞基法除上述 36 條例假、37 條休假以及 38 條特別休假外，對此並無明文。因此公務機關宣布停班時，勞工停班的依據為何。其次，固然勞方得免除給付勞務之義務，但資方是否仍應給付工資，而使颱風「假」與例、休假等相同成為有薪假，難免疑義。

申言之，不但勞工因宣布停止上班而未出勤時，雇主是否仍應給付工資，有所疑義。而且雖然 40 條 1 項訂有：「因天災、事變或突發事件，雇主認有繼續工作之必要時，得停止第三十六條至第三十八條所定勞工之假期，但停止假期之工資，應加倍發給，並應於事後補假休息。」但勞工在工作日因颱風等天然災害出勤工作，也因為該工作日並非勞基法 36 至 38 條之假期，因此無 40 條之適用，不能據該條請求加倍工資。

以目前現況言，在颱風、地震等天然災害發生時，就公務機關及學校部分有行政院頒「天然災害停止辦公及上課作業辦法」為依據，至於勞工是否應上班及如何處理勞方之勞務提供與資方之工資給付義務，則依行政主管機關 98 年 6 月 19 日修正公布「天然災害發生事業單位勞工出勤管理

及工資給付要點」處理。依該要點：勞工之「工作所在地」、「居住地」，或「正常上、下班必經地區」，經轄區首長依「天然災害停止辦公及上課作業辦法」通報停止辦公，或因天然災害交通阻塞，致勞工遲到或不能出勤時，雇主不得視為曠工、扣發全勤獎金或為其他不利處分，勞工無法出勤工作時，雇主「宜」不扣發工資。但應雇主之要求（應由勞雇雙方於事前約定，有工會者應經工會同意，無工會者應經勞資會議同意）而出勤，除當日工資照給外，「宜」加給勞工工資，並提供交通工具、交通津貼或其他必要之協助。此種規定之思考基礎應係回歸民法 266 條：「因不可歸責於雙方當事人之事由，致一方之給付全部不能者，他方免為對待給付之義務。」規定，使勞工與雇主皆免給付義務，且即便勞工出勤，亦未強制加倍工資。

不過，勞動法上之工資風險承擔是否須與民法同，應有討論空間。而臺高院 100 勞上 19 號據民法 225 條 1 項：「因不可歸責於債務人之事由，致給付不能者，債務人免給付義務。」規定，而於勞工出勤情形表示：「因政府關於天然災害停止上班之措施，無非在於保護人民之生命財產安全，且勞工於天然災害期間上班，衡諸現今臺灣社會現況，多係出於雇主之要求，鮮有勞工出於自願者，是雇主於天然災害期間要求勞工上班，雖與勞基法第 40 條規定之情形不符，然參酌該條之立法精神及民法第 225 條第 1 項規定，應認該期間之工資，雇主『應』加倍發給，始為適當。」

第二節　延長工時制度

勞基法所稱雇主延長勞工工作時間，依施行細則 20-1 條係指：「一、每日工作時間超過八小時或每週工作總時數超過四十小時之部分。但依本法第三十條第二項、第三項或第三十條之一第一項第一款變更工作時間者，為超過變更後工作時間之部分。二、勞工於本法第三十六條所定休息

日工作之時間。」又在一般情形下，原則上「雇主延長勞工之工作時間連同正常工作時間，一日不得超過十二小時。延長之工作時間，一個月不得超過四十六小時。」（32 條 2 項本文），例外為「雇主經工會同意，如事業單位無工會者，經勞資會議同意後，延長之工作時間，一個月不得超過五十四小時，每三個月不得超過一百三十八小時。」（32 條 2 項但書，107 年 3 月 1 日起施行），即引進工時帳戶制（詳下述）。

　　既然基於勞動醫學與社會文化等之考量，縮短工作時間幾已成為現代國家之共識，因此即便為因應事業單位現實需求，不得不於法定正常工時外承認延長工時制度，然而對勞工在法定正常工時外之加班，勞基法訂有加成工資規定，並管制加班時數。一者給勞工以犧牲健康或其私人生活補償，一者抑制雇主加班請求外，也加入集體勞工力量即雇主應「經工會同意，如事業單位無工會者，經勞資會議同意」（32 條 1 項）以制衡雇主。茲分述延長工時之程序與限制如下：

第一項│一般原因延長工時

一、平日

　　程序上依 32 條 1 項：「雇主有使勞工在正常工作時間以外工作之必要者，雇主經工會同意，如事業單位無工會者，經勞資會議同意後，得將工作時間延長之。」且一般認為此經工會或勞資會議同意，僅是雇主未依法定正常工時使勞工勞動之免責效力而已，並不因此當然取得命令勞工加班之私法上依據，仍須取得特定勞工本人同意，個別勞工始負加班義務[202]。只是從體系上來看，既然 42 條規定有：「勞工因健康或其他正當理由，不能接受正常工作時間以外之工作者，雇主不得強制其工作。」則立法原意是否有以 32 條之工會集體同意代替個別勞工同意的傾向，或可研究。

---

[202] 焦興鎧等人合著，勞動基準法釋義 —— 施行二十年之回顧與展望，311 頁（本部分由邱駿彥執筆），2005 年 5 月，新學林出版（股）公司。

　　又此種原因之延長工時有時數與範圍之限制，亦即在時數方面，依32條2項本文每日不得超過4小時，如連同正常工時8小時，則1日不得超過12小時，且原則上1個月的總延長工時不得超過46小時。至於其例外則依同項但書為：1個月不得超過54小時，每3個月不得超過138小時（即每個月46小時，則每3個月會有138小時，在此三個月週期內總時數不變情形下，允許勻支每個月的46小時之可延長工作時數到其他月份。有稱此為工時帳戶制）。有疑問者在於本項但書所謂之「『每三個月』不得超過138小時」，究竟是任何連續3個月加班時數總計不得超過138小時的「連續制」，或是以3個月為一週期，而在週期內不超過138小時即可的「週期制」。就此依施行細則22條1項規定：「以每連續三個月為『一週期』，依曆計算，以勞雇雙方約定之起迄日期認定之。」主管機關是採「週期制」。舉例而言：雇主經徵得工會同意每3個月彈性調整延長工作時間，約定自107年4月1日起，依曆連續計數至同年6月30日止為一週期，下一週期自為7月1日至9月30日止。在此情形下，4到6月為一週期，因此5、6月各可加班到54小時，又7至9月為一週期，因此7、8月也各可加班至54小時，亦即如將二個週期合併觀察，會有連續4個月各加班到54小時，仍屬合法（如果採連續制的話，則因為5至8月的4個月中，既然各加班54小時，則有連續3個月加班54小時，其加總已經超過138小時，違法）。

　　勞動部就32條2項但書所稱的「每3個月」除了採「週期制」的見解外，另以勞動條3字1070050715號函表示：「係以每連續3個月為1週期，依曆計算。至非持續實施『總量管控者』仍應依約定之週期，按每3個月連續計數。」[203] 亦即，所謂每3個月，是循環不間斷，即使要跳著使用，也必須間隔3個月的倍數（申言之，僅部分月份實施而區間不連續

---

[203] 引自曹新南，1例1休有問必答，2018年4月3日臉書貼文。

者者，也必須間隔 3 個月的倍數，如 2 ～ 4 月及 8 ～ 10 月因為中間隔了 5 ～ 7 月計 3 個月，因此允許。但 2 ～ 4 月實施，則不得再於 10 ～ 12 月實施）。

另外，欲適用工時帳戶制在程序上應經工會同意，無工會者，經勞資會議同意後，方可實施。而這裡所謂工會、勞資會議同意，最高行政法院 108 判 472 號合議庭為了採取與該院 105 判 165 號不同見解，依行政法院組織法 15-2 條 2 項規定，提具徵詢書徵詢其他各庭而無任一受徵詢庭主張維持先前裁判之法律見解後，表示：「事業單位既有成立企業工會，各分支機構關於勞動基準法第 30 條第 2 項、第 30 條之 1 第 1 項、第 32 條第 1 項、第 49 條第 1 項所示勞動條件之變更，當然須經企業工會之同意，要無以各分支機構未成立廠場工會為由，而謂分支機構就該等勞動條件之變更，只需經由各分支機構之勞資會議同意即可，藉以規避工會監督。」另勞動條 3 字 1070130884 號函則就其順序表示：「……（一）事業單位有廠場工會者，其於該廠場擬實施前開事項，應經廠場工會之同意；如各該廠場無工會，惟事業單位有工會者，應經事業單位工會之同意。（二）事業單位無工會者，擬實施前開事項應經勞資會議同意；各事業場所分別舉辦勞資會議者，事業場所勞資會議之決議優先於事業單位勞資會議之決議。另，雇主於徵詢勞資會議同意時，勞資會議就其同意權得併附期限，倘勞資會議同意雇主前開事項附有期限者，嗣於原同意期限屆期前，事業單位勞工組織工會，其原同意期限屆期後，雇主欲續予辦理前開事項，應徵得工會同意；若勞資會議同意雇主前開事項未併附期限者，允認完備前開法定程序。（三）事業單位依規定徵得工會或勞資會議之同意後，工會或勞資會議代表如希就原同意事項再行討論，仍可隨時提出再與雇主進行協商……。」

踐行上述工會或勞資會議同意程序後，依施行細則 20 條 2 款規定雇主對內應公告周知，如果「僱用勞工人數在三十人以上」，則對外應報

「當地主管機關」「備查」（36 條 3 項）。首先，本項雇主僱用勞工人數之計算，以同一雇主僱用適用勞基法之勞工人數計算，包括分支機構及附屬單位之僱用人數；其次，本項所定當地主管機關，為雇主之主事務所、主營業所或公務所所在地之直轄市政府或縣（市）政府；末者，本項所定送請主管機關備查的時限，指雇主至遲應於開始實施工時帳戶制之前一日為之。但因天災、事變或突發事件不及報備查者，應於原因消滅後 24 小時內敘明理由為之（施行細則 22-1 條 1 至 3 項）。

至於範圍方面，在坑內工作之勞工，除因天災、事變或突發事件，而有延長工時之必要，或者其工作內容係以從事排水機、壓風機、冷卻設備、安全警報裝置之監視工作、從事生產、營建施工之紀錄及監視工作為主外，其工作時間不得延長（32 條 5 項、施行細則 22 條 2 項）。

二、休息日

程序上勞動部表示：休息日出勤之時數性質上屬延長工時，既為延長工時，則雇主仍應遵守 32 條 1 項所定程序（經工會同意，如事業單位無工會者，經勞資會議同意），至於雇主希望個別勞工於休息日出勤，當然也要徵得該名勞工之同意[204]。

限制與解除為 36 條 3 項：「雇主使勞工於休息日工作之時間，計入第三十二條第二項所定延長工作時間總數。但因天災、事變或突發事件，雇主使勞工於休息日工作之必要者，其工作時數不受第三十二條第二項規定之限制。」實際操作 36 條 3 項本文時應注意，因為 105 年 12 月 23 日修法後到 107 年 3 月 1 日施行再度修法（依加班時數核實計算加班費）前，休息日加班是以 4 小時為 1 單位來計算加班費，而產生「計算工資時數」與「實際工作時數」未必等同的情形，因此在該段期間內究竟應以實

---

[204] 引自勞動部網站，網址 http://www.mol.gov.tw/service/19851/19852/19861/30631/，查詢日：2017 年 1 月 3 日。

際工作時數或是計算工資時數計入加班時數總量管制的範圍內，就有一些疑問。就此，雖然在同一法條中如無特殊理由，應採同一標準，而總量管制勞工的工作時數，是為防止勞工因為實際工作而產生的過勞情形，因此似宜以「實際工作時數」計入，不過勞動條 3 字 1060130987 號函釋是做如下區分：

（一）「雇主使勞工於休息日工作之時間，除天災、事變或突發事件外，應依本法第 24 條第 3 項及第 36 條第 3 項規定，計入本法第 32 條第 2 項所定延長工作時間總數（例如：勞工原僅同意於休息日出勤工作 2 小時，且實際工作 2 小時，依本法第 24 條第 3 項規定，應列計延長工作時數為 4 小時，並計入 1 個月延長工作時間 46 小時之上限）」，即原則上以計算工資時間計入。

（二）「至於勞工已與雇主約定於休息日出勤工作，因個人因素自始未到工或到工後未能依約定時數提供勞務，於核計本法第 32 條第 2 項所定延長工作時間總數時，得以勞工『實際工作時間』計入（例如：勞工同意於休息日出勤 8 小時，嗣因事、病等原因，僅實際工作 5 小時，得以 5 小時計入延長工作時間總數）」，即此時以實際工作時數計入。

至於 107 年 3 月 1 日施行新法後，因為已刪除 24 條 3 項，即休息日之工作時間及工資之計算，4 小時以內者，以 4 小時計；逾 4 小時至 8 小時以內者，以 8 小時計；逾 8 小時至 12 小時以內者，以 12 小時計。因此，勞動部另以勞動條 2 字 1070130381 號函廢止上開函釋，並表示：「至雇主經徵得勞工同意於休息日工作，因個人因素自始未到工或到工後未能依約定時數提供勞務者，除天災、事變或突發事件外，依本法第 36 條第 3 項計入第 32 條第 2 項所定延長工作時間總數，以勞工實際工作時數計入。」

三、休假日、特別休假日

　　程序依 39 條中段與後段：「雇主經徵得勞工同意於休假日（編按，依施行細則 24 條之 3 規定，勞基法 39 條所稱休假日，指 37 條之休假及 38 條之特別休假，不含 36 條之例假日）工作者，工資應加倍發給。因季節性關係有趕工必要，經勞工或工會同意照常工作者，亦同。」又在特別休假部分，41 條另外定有：「公用事業之勞工，當地主管機關認有必要時，得停止第三十八條所定之特別休假。假期內之工資應由雇主加倍發給。」

第二項｜天災、事變等特殊原因之延長工時

　　承上，39 條中、後段所指之休假日既然不包含例假日，則例假日（及不符合前述規定之休假日、特別休假日）之延長工時，只有在 40 條即天災、事變（係泛指因人為外力戰爭、內亂、暴亂、金融風暴及重大傳染病等／勞動條 3 字 1090050303 號）或突發事件發生時方屬合法，此時固無庸勞工同意，但應加倍發給工資，並於事後補假（勞動部前述函文表示：此事後補假，係指依各該停止之假期分別補假休息，其補假日數與停止假期之日數相同，且各該補假至遲於各該日工作結束後 7 日內為之），再詳述理由，報請當地主管機關核備。如果事業單位非因 40 條所列天災、事變或突發事件等法定原因，而使勞工於各該假日工作，除依 79 條 1 項處罰鍰外，在例假日部分，勞動二字 0910010425 號令表示：因勞工已有於例假日出勤之事實，其工作時間未超過 8 小時之部分，不計入 32 條 1 項、2 項所定之每月延長工時總時數內；如超過 8 小時之部分，則應計入。

　　另外，在平日或休息日時，「因天災、事變或突發事件，雇主有使勞工在正常工作時間以外工作之必要者，得將工作時間延長之。但應於延

長開始後二十四小時內通知工會；無工會組織者，應報當地主管機關備查。延長之工作時間，雇主應於事後補給勞工以適當之休息。」（32 條 4 項）。即此種特殊原因之延長工時，或為不可抗力之天災、事變，或為不可預料之突發事件，因此在程序上並無事先取得工會同意之可能及必要，雇主只需在延長工時開始後 24 小時內通知工會，無工會組織者，則報由當地勞工行政主管機關備查即可。又此種特殊原因之延時工作，並無時數與範圍之限制，也與前述一般原因延時工作有所不同。又本項後段所訂延長工時後應補給勞工「適當之休息」，依 74 台內勞字 285665 號函：係指該等勞工其自工作終止後至再工作前至少應有 12 小時之休息時間而言。

　　勞基法除了就延長工時明定上述二個類型外，33 條另定有：「第三條所列事業，除製造業及礦業外，因公眾之生活便利或其他特殊原因，有調整第三十條、第三十二條所定之正常工作時間及延長工作時間之必要者，得由當地主管機關會商目的事業主管機關及工會，就必要之限度內以命令調整之。」可為第三種延長工時類型[205]。但：「勞工因健康或其他正當理由，不能接受正常工作時間以外之工作，雇主不得強制其工作。」（42 條）

---

[205] 本條文在實務運用之例甚少，最高法院 97 台上 2591 號曾有提及：「按交通部依民用航空法第 41 條之 1 授權訂頒之飛航管理規則，其第 34 條就飛航組員之執勤時間限度規定，標準飛航組員國內航線一次可連續執勤 12 小時，國際航線一次可連續執勤 14 小時，加強飛航組員一次可連續執勤 18 小時，雙飛航組員一次可連續執勤 24 小時，乃原審確定之事實。上開執勤時間之規定自屬主管機關交通部調整航空業工作之執勤時間準據。被上訴人受僱於上訴人從事機師工作，上開行政法令自亦係兩造間工作規範準則，依同法第 33 條規定，自難謂非主管機關於必要程度以命令所得調整之工作時間。若此，倘兩造未有特別約定，而上訴人以符合飛航管理規則規定之執勤時間派遣被上訴人工作，即令與勞基法第 31 條、第 32 條規定之正常工作時間、延長工作時間不合，或未依同法第 24 條規定加給延長工作時間之工資時，可否僅以其超過勞基法規定之正常工作時間、延長工作時間為由，認上訴人係違反同法第 31 條第 1 項、第 32 條第 2 項保護勞工權益之規定，被上訴人得不經預告終止勞動契約？亦待澄清。」

第三節　法定正常工作時間之例外

自從 85 年 12 月修訂勞基法第 3 條，而規定至遲於 87 年底以前，原則上所有勞雇關係皆全面適用勞基法後，因為納入適用之行業及其類別增多，所以同年也新增 30-1 條的 4 週彈性工時，以及 84-1 條的排除適用規定，作為新適用勞基法之行業，面對勞基法工時規定時之配套措施。

不過，30-1 條雖然使雇主可以在 4 週之時間內，彈性變更其每日及每週之工作時數，但是只適用在經中央主管機關指定之行業，再加上可以適用 84-1 條規定，而將工時規定排除之工作者，也有一定之限制，因此產業界仍頻有工時彈性化之要求。於是行政主管機關為落實 90 年 8 月所召開之經濟發展諮詢會議中，所達成「放寬工時彈性，使人力資源有效運用，及促進婦女就業」之共識，隨即草擬勞基法修正案，嗣經立法院通過修訂 30 條、30-1 條、32 條、49 條、77 條、79 條以及 86 條後，於 91 年 12 月 25 日公布 [206]。因此可將目前勞基法上關於法定正常工時規定之例外整理如下。

第一項 | 彈性工時

在上述放寬工時規定之立法體系中，第 30 條與 30-1 條，皆是在某一特定期間內，於總工時不變之情形下，排除法定的工時原則規定，而允許事業單位於特定範圍內將法定工時加以重新調配之工時彈性化制度（有稱之為變形工時）。

首應統一說明者是，彈性工時在程序上應先經工會或勞資會議同意，而此所指之工會，依勞動 2 字 1010020751 號函：勞動基準法第 30、

---

[206] 本項立法過程之詳細資料，詳魏俊明，臺灣與德國工作時間制度之比較，中原大學財經法律學系碩士論文，56 頁下，2003 年 6 月。

30-1、32、49 條等規定所稱「工會」，係指依工會法規定結合同一事業單位勞工所組織之企業工會。依金融控股公司法所定金融控股公司與子公司之勞工所組織之企業工會，及依公司法所定具有控制與從屬關係之企業之勞工所組織之企業工會，均非屬上開勞動基準法規定所稱之工會。如事業單位無工會時，則應經勞資會議同意。

其次，現行 30-1 條的 4 週彈性工時中之「經工會同意，如事業單位無工會者，經勞資會議同意」，是 91 年 12 月 25 日修正公布後之條文，原始條文為「經工會或半數勞工以上同意」。而就新舊條文間如何適用，彰化地院（行政訴訟）104 簡字 26 號表示：勞動部 103 年 8 月 26 日勞動條 3 字第 1030131398 號函 [207] 略以：「說明：二、查勞動基準法第 30 條之 1 規定於 91 年 12 月 25 日修正公布後……，業由『經工會或半數勞工以上同意』修正為『經工會同意，如事業單位無工會者，經勞資會議同意』。三、無工會組織之事業單位於上開修正條文公布施行前一日，未經受僱勞工半數以上同意者，倘欲採行 4 週彈性工時制度，應依修正後之規定，徵得勞資會議同意。四、事業單位於上開條文公布施行前一日，業已徵得當時受僱勞工半數以上同意者雖屬適法；惟事業單位如因勞工到、離職或事業單位擴充而變動致同意人數未足半數以上，應自未取得勞工半數以上同意之日起，依修正後之規定，徵得工會或勞資會議同意後，始得實施 4 週彈性工時制度。五、至於上開條文修正後所設立勞工人數 30 人以上之分支機構，如欲實施 4 週彈性工時制度者，縱事業單位已於條文公布施行前一日徵得當時受僱勞工半數以上同意，新成立之分支機構仍應完備修正後之法定程序始得實施。」上開函釋乃改制前勞工委員會、勞動部基於主管權責，就法令執行層面所為之解釋，核與法令之本旨並無違背，並

---

[207] 本函釋字號係引自勞動部「2016 工時制度及工作彈性化措施手冊」，彰化地院本號判決中並未顯示函釋字號，併予敘明。

未逾越母法授權，亦未違反法律保留原則，本院自得予以援用（編按，30條 2 項的 2 週彈性工時，於 89 年 6 月 28 日修正，也是相同情形）。

另勞動部於 107 年 6 月 21 日以勞動條 3 字 1070130884 號函表示自即日起廢止勞動條 3 字 1040131200 號與勞動 2 字 1010088029 號等二號函釋之適用，同時釋示：

「一、查勞動基準法（以下簡稱本法）第 30 條、第 30 條之 1、第 32 條、第 34 條、第 36 條及第 49 條規定，雇主擬實施『彈性工時』、『延長工作時間』、『輪班換班間距』、『例假七休一調整規定』或『女性夜間工作』（編按，49 條 1 項已經釋字 807 號解釋認違反憲法 7 條保障性別平等意旨，應自該解釋公布之 110 年 8 月 20 日起失效）等事項，應徵得工會同意，如事業單位無工會者，始允由勞資會議行使同意權，其處理方式如下：

（一）事業單位有廠場工會者，其於該廠場擬實施前開事項，應經廠場工會之同意；如各該廠場無工會，惟事業單位有工會者，應經事業單位工會之同意。

（二）事業單位無工會者，擬實施前開事項應經勞資會議同意；各事業場所分別舉辦勞資會議者，事業場所勞資會議之決議優先於事業單位勞資會議之決議。另，雇主於徵詢勞資會議同意時，勞資會議就其同意權得併附期限，倘勞資會議同意雇主前開事項附有期限者，嗣於原同意期限屆期前，事業單位勞工組織工會，其原同意期限屆期後，雇主欲續予辦理前開事項，應徵得工會同意；若勞資會議同意雇主前開事項未併附期限者，允認完備前開法定程序。

（三）事業單位依規定徵得工會或勞資會議之同意後，工會或勞資會議代表如希就原同意事項再行討論，仍可隨時提出再與雇主進行協商。

二、復查本法 91 年 12 月 25 日修正條文公布施行前，無工會組織之事業單位欲依本法第 30 條之 1 規定辦理者，應徵得全體事業單位受僱勞

工半數以上同意；無工會組織之事業單位分支機構欲分別實施者，應徵得該分支機構之受僱勞工半數以上同意。本法 91 年 12 月 25 日修正條文公布施行後，事業單位原已依上開修正前規定辦理者，仍屬適法。惟事業單位嗣後如因勞工到、離職或事業單位擴充而變動，致原同意人數未足半數以上，應自未有勞工半數以上同意之日起，依上開條文修正後之規定，重行徵得工會或勞資會議同意。又事業單位於上開條文修正前，是否確已徵得受僱勞工半數以上同意，仍應就個案事實認定。至事業單位或其分支機構如稱曾依修正前規定辦理，當由事業單位就相關資料負舉證責任（本部改制前行政院勞工委員會 92 年 7 月 16 日台 92 勞動 2 字 0920040600 號令及本部 103 年 8 月 26 日勞動條 3 字 1030131398 號函意旨參照）。另，有鑒於事業單位原依 91 年 12 月 25 日修正條文公布施行前之規定完備程序者，或因勞工陸續到職、離職等因素漸有原同意人數未足半數以上之情事，爰仍請輔導轄內該等事業單位，速依修正後之規定辦理，以杜違法之虞。」

而自 91 年 12 月 25 日起，勞基法中彈性工時共有如下三種類型：

第一款　2 週 2 日彈性工時

所謂 2 週 2 日彈性工時，係指雇主得在 2 週之特定期間內，將 2 週內之法定正常工作時數即 80 小時，於勞工每 7 日中至少應有 1 日之例假，每 2 週內之例假及休息日至少應有 4 日之原則下，將 2 週內 2 日即 16 小時之正常工作時數，於每日不得超過 10 小時，一週不得超過 48 小時之限制內，分配至其他工作日之彈性工時制度。雇主欲實行此種彈性工時，除了程序應經工會或勞資會議同意外，並注意以下幾點：

在適用範圍上，有行業以及人員之限制，亦即在適用行業上只有經中央主管機關指定之行業，方得適用（30 條 4 項）。只是因為此種彈性工時制度之期間短，影響勞工之權益甚微，因此行政主管機關以 92 年勞

動二字 0920018071 號令，指定凡適用勞基法之行業皆得適用 2 週 2 日彈性工時制度。而在適用人員之限制方面，既然勞基法 47 條係為保護十五歲以上未滿十六歲之童工，而禁止其每日工作時間超過 8 小時，以及在例假日工作，因此解釋上童工並不適用此種彈性工時制度；在相類似之理由下，32 條坑內工作之勞工，除其工作性質係以監視為主外，既然不得延長其工作時間，則該等勞工亦應無本項彈性工時之適用；亦有研究指出，基於母性保護，對於懷孕或哺乳期間之女性勞工，亦應參酌德國母性保護法之規定，不宜超過 8 小時[208]。至於部分工時勞工是否得適用此種彈性工時，103 年勞動條 3 字 1030028069 號函固曾表示：「相較於全時工作勞工已有相當程度縮減，依勞動基準法第 30 條第 1 項規定，已足使雇主彈性安排勞工之出勤模式，爰部分工時勞工無得適用彈性工時規定。」但此函釋於 108 年 9 月 27 日經勞動條 3 字 1080130988 號函停止適用，並另表示：「三、……事業單位依勞動基準法彈性工時規定調整工作日與休息日，以『比照政府行政機關辦公日曆表出勤』者，其部分時間工作勞工亦得比照適用之，至非屬前開調整態樣，部分時間工作勞工仍無得適用同法彈性工時規定。」

第二款　4 週彈性工時

所謂 4 週彈性工時，係指雇主得在 4 週之特定期間內，將 4 週內之正常工作時數即 160 小時，於每 2 週內至少應有 2 日之例假，每 4 週內之例假及休息日至少應有 8 日之原則下，在每日正常工時不得超過 10 小時之限制內（當日正常工作時間達 10 小時者，其延長之工作時間不得超過 2 小時），重新調配每日及每週工作時數之彈性工時制度。此種彈性工時制度在 1 日之正常工時不得超過 10 小時部分，與 2 週 2 日彈性工時相同。

---

[208] 魏俊明，臺灣與德國工作時間制度之比較，中原大學財經法律學系碩士論文，68 頁，2003 年 6 月。

然而關於不需依據 36 條規定，在勞工每工作 7 日時給予 1 日之例假，以及 1 週工作總時數可以超過 48 小時之部分（30-1 條），又與 2 週 2 日彈性工時，有所不同。事業單位欲實施此種彈性工時制度，除了程序上應經工會或勞資會議同意外，並應注意以下幾點：

在適用範圍上，有行業以及人員之限制。亦即在適用範圍上只有經中央主管機關指定之行業方得適用此種制度，而因為 4 週彈形工時係勞基法於 85 年 12 月修正第 3 條，使所有勞雇關係全面適用時，為免新納入適用勞基法之服務業等於適用工時規定有所扞格，而訂之配套措施。因此，在 85 年 12 月 27 日修法前即已經適用勞基法之行業，只有農、林、漁、牧業得以實施此種制度外，法條明文以嗣後納入適用且經行政主管機關指定之行業，方得實施此種彈形工時（30-1 條 2 項）。在人員適用範圍之限制方面：4 週彈性工時影響作息較前述 2 週彈性工時更大，因此理論上童工、坑內工作勞工，懷孕或哺乳期間之女性勞工，應不得適用。至於部分工時勞工是否得適用此種彈性工時，103 年勞動條 3 字 1030028069 號函固曾表示：「相較於全時工作勞工已有相當程度縮減，依勞動基準法第 30 條第 1 項規定，已足使雇主彈性安排勞工之出勤模式，爰部分工時勞工無得適用彈性工時規定。」但此函釋於 108 年 9 月 27 日經勞動條 3 字 1080130988 號函停止適用，並另表示：「三、……事業單位依勞動基準法彈性工時規定調整工作日與休息日，以『比照政府行政機關辦公日曆表出勤』者，其部分時間工作勞工亦得比照適用之，至非屬前開調整態樣，部分時間工作勞工仍無得適用同法彈性工時規定。」

第三款　8 週彈性工時

所謂 8 週彈性工時，是指雇主在 8 週的特定期間內，得將 8 週內之總工作時數即 320 小時，於每 7 日中至少應有 1 日之例假，每 8 週內之例假及休息日至少應有 16 日之原則下，在每日不超過 8 小時，每週工作總時

數不超過 48 小時之限制內，彈性調配工作時數之彈性工時制度（30 條 3 項）。事業單位欲實施此種彈性工時制度，除了程序上應經工會或勞資會議同意外，並應注意以下幾點：

在適用範圍上，只有經中央主管機關指定之行業，方得適用（30 條 3 項），而各該指定中影響層面較大者有勞動條 3 字 1050130120 號公告：「公告指定依政府行政機關辦公日曆表出勤行業，為勞動基準法第 30 條第 3 項規定之行業，並自即日生效。旨揭所稱依政府行政機關辦公日曆表出勤之行業，指尚未指定適用勞動基準法第 30 條第 3 項規定，且除五月一日勞動節外，事業單位依照政府行政機關辦公日曆表出勤，於需調整工作日與休息日以形成連假之行業。」在人員適用範圍之限制方面：雖然理論上應同上開 2 週彈性工時之敘述，童工、坑內工作勞工，懷孕或哺乳期間之女性勞工，應不得適用，但是如果 8 週彈性工時是運用於上開配合行政機關辦公日曆表出勤，以形成連假而不是增加原則性的每日正常工時者，或可放寬。至於部分工時勞工是否得適用此種彈性工時，103 年勞動條 3 字 1030028069 號函固曾表示：「相較於全時工作勞工已有相當程度縮減，依勞動基準法第 30 條第 1 項規定，已足使雇主彈性安排勞工之出勤模式，爰部分工時勞工無得適用彈性工時規定。」但此函釋於 108 年 9 月 27 日經勞動條 3 字 1080130988 號函停止適用，並另表示：「三、……事業單位依勞動基準法彈性工時規定調整工作日與休息日，以『比照政府行政機關辦公日曆表出勤』者，其部分時間工作勞工亦得比照適用之，至非屬前開調整態樣，部分時間工作勞工仍無得適用同法彈性工時規定。」

以上，關於 2 週、4 週、8 週彈性工時的指定行業，實務操作可上網：勞動部首頁 → 業務專區 → 勞動條件、就業平等 → 工時（休息、休假、請假）→ 工時制度及工作彈性化措施介紹 → 指定適用勞動基準法彈性工時之行業。

第二項 | 特殊工作者之排除適用

自從 85 年 12 月修訂勞基法第 3 條，而規定至遲於 87 年底以前，除有窒礙難行者，原則上所有勞雇關係皆全面適用勞基法後，因為納入適用之行業及其類別增多，所以同年除新增上述第 30-1 條的 4 週彈性工時，另考慮行業之特殊性或體力付出較少等因素，如國際航線之空服人員，其一趟次之飛行時間動輒超過 12 小時，或是研發工程師等專業人員、從事監視性工作之警衛等人員的工作特性，因此也增訂 84-1 條 1 項：「經中央主管機關核定公告之下列工作者，得由勞雇雙方另行約定，工作時間、例假、女性夜間工作，並報請當地主管機關核備，不受第三十條、第三十二條、第三十六條、第三十七條、第四十九條規定之限制。一、監督、管理人員或責任制專業人員。二、監視性或間歇性之工作。三、其他性質特殊之工作。前項約定應以書面為之，並應參考本法所定之基準，且不得損及勞工之健康及福址。」之規定，進一步調整法定工時制度，作為當時新適用勞基法之行業在面對勞基法工時規定時之配套措施，茲析述其要件如下：

一、限於經主管機關核定公告之性質特殊工作者

探討 84-1 條所訂特殊工作者，得排除勞基法 30 條等規定之工時制度時，應同時參考施行細則 50-1 條規定。亦即本條之適用，是由中央主管機關審酌各該工作者是否符合 84-1 條，以及施行細則 50-1 條之各款規定，而逐一以函令公告後，方得有本條工時制度之適用，茲分析如次：

關於勞動部歷次指定適用 84-1 條工作者之詳細，可上網查詢：勞動部首頁 → 業務專區 → 勞動條件、就業平等 → 工時（休息、休假、請假）→ 勞動基準法第 84 條之 1 工作者。

（一）監督、管理人員

依施行細則 50-1 條 1 款：「一、監督、管理人員：係指受雇主僱用，負責事業之經營及管理工作，並對一般勞工之受僱、解僱或勞動條件具有決定權力之主管級人員。」申言之，必須符合「『受僱用』之主管級人員」、「有決定其他勞工受僱、解僱權限者」，方屬 84-1 條的監督、管理人員。只是一般企業實務上，具有決定其他勞工之受僱、解僱權限者，通常為委任經理級以上之人員，因此對施行細則此一規定，仍有質疑。

另勞動部以勞動條 3 字 1080130514 號核定公告：「核定事業單位僱用每月工資達新臺幣 15 萬元以上之監督管理人員符合勞動基準法施行細則第 50 條之 1 第 1 款規定者為勞動基準法第 84 條之 1 之工作者。」自 108 年 5 月 23 日生效。只是本公告固然是主管機關為呼應企業希望將月薪 15 萬元以上之受僱者直接納入可調整法定工時制度者，而核定公告，但本來只要符合本款「受僱用之主管級人員」及「有決定其他勞工受僱、解僱權限或勞動條件者」之要件者即可，而不論其月薪多少，然而公告卻表示除需符合本款要件外，另加每月工資達 15 萬元以上才可，技巧性地背馳業界期待。

（二）責任制專業人員

依施行細則 50-1 條 2 款：「二、責任制專業人員：係指以專門知識或技術完成一定任務並負責其成敗之工作者。」亦即，此類工作者必須「具有專門知識或技術」、「運用該專門知識或技術完成一定任務」、「對其一定任務之完成與否負責」之要件。此類人員因有專業背景，如資訊服業僱用之系統研發工程師與維護工程師等，於勞動條件之談判上，未必居於弱勢，又過於僵化之工時制度，對其在發揮其專業技能之過程中，往往反而有所箝制，因此設有本款規定。

（三）監視性工作

依施行細則 50-1 條 3 款：「三、監視性工作：係指於一定場所以監視為主之工作。」其活動範圍既有「一定場所」之限制，而且所從事者又是「以監視為主」之工作，則其勞力密度低，對於勞工身心之負荷較小。而衡諸業界長期以來與此類勞工約定之工時，亦較一般勞工為長，且其工時時間常於夜間為之，勞基法上所訂之固定工時規定，並不適合此類工作者，因此設有本款規定。

（四）間歇性工作

依施行細則 50-1 條 4 款：「四、間歇性工作：係指工作本身以間歇性之方式進行者。」亦即，必須從其「工作性質觀察」、「工作給付具有間歇性」之要件，而與工作者本身是否具有高深專門技術無關。例如事業單位之首長、主管以及或有配車人員之駕駛，各縣市抽水站操作人員等，此類工作本身即常處於待命或備勤之狀態，並非時時為勞務之給付，因此勞力密度較低，而勞工身心負荷小，因此設有本款規定而排除勞基法所訂之工時規定。

（五）其他性質特殊之工作

84-1 條 1 項 3 款：「三、其他性質特殊之工作。」為概括條款，施行細則就此並無任何規定。不過既然本條規定在於排除勞基法所訂保護勞工之工時規定，解釋上仍應符合由上述各款演譯所得之法理。即欲納入本款規定者，或者須工作性質具有勞力密度低、而使勞工身心負荷較小者，或者勞工本身對其工作時間具有較高自主性，且與雇主談判勞動條件不致處於過度劣勢者。

二、僅得於 84-1 條所明定之範圍內，在不損及勞工健康及福祉之情形下，由勞雇雙方另為約定

符合上開規定之工作者，而經中央勞工行政主管機關指定公告後，勞雇方可於不損及勞工健康及福址之情形下，就 84-1 條所明定之範圍內，亦即排除 30 條工作時間、32 條延長工時、36 條例假與休息日、37 條休假、49 條女性夜間工作之強制規定，而約定較為彈性之工時。

申言之，此時勞雇雙方可以另行約定每日超出 8 小時、每週超過 40 小時之工作時間，而不必於每日超出 8 小時，即計算加班費[209]，也不限定於每 7 日即應有 1 日之例假與休息日，對於內政部所定應放假之紀念日、節日、勞動節及其他中央主管機關指定應放假之日，也不一定均應休假，女性勞工也可於夜間工作而不須履踐 49 條所訂之工會同意程序，或提供必要安全衛生設施、交通工具等（只是 84-1 條雖然規定可以排除 49 條，但是該條 5 項關於禁止妊娠或哺乳期間女工夜間工作之規定，係基於母性保護所為之立法，因此行政主管機關曾以 88 台勞動三字 0032612 號函表示：為保護該等勞工之健康，勞雇雙方仍不得有使妊娠或哺乳期間女性勞工於午後十時至翌日六時工作之約定[210]）。

又本條所謂「勞雇雙方另行約定」，是否僅限雇主與「個別勞工」約定，雖然最高行政法院 100 判字 226 號表示：「復參以勞基法第 2 條就『勞工』定義為：謂受雇主僱用從事工作獲致工資者，是勞基法所謂之勞工乃指個人，至為明確；且勞基法第 84 條之 1 明文規定係由『勞雇雙方另行約定』，並未如勞基法第 30 條第 2 項及第 32 條第 1 項『……雇主經

---

[209] 雖然 84-1 條，並無排除 24 條加班費之明文，因此如果超出約定時間，文義上雇主仍有給付法定加班費之義務，而不得另行約定比法定加班費更低之條款。不過有學者認為：「…勞基法第 84 條之 1 乃允許勞僱雙方另行約定工作時間，而既允許勞僱雙方另行約定延長工時，則對因之所生延長工時工資發給標準，宜排除勞動基準法第 24 條之適用，而由勞僱雙方另行約定。」劉志鵬、論工作時間等規制之除外適用，氏著勞動理論與判決研究，221 頁下，2000 年 5 月，元照出版公司。

[210] 勞動基準法規解釋令彙編，334-3 頁。

工會同意，如事業單位無工會者，經勞資會議同意後，得……』之相同立法，雖該條於 85 年 12 月 27 日修正時，係以『雇主與勞工或工會簽訂合約或協議後，可針對特殊工作調整工作時間』為其立法理由，惟立法理由僅係修正之動機，修正公布之 84 條之 1 法文，其立法例既與同法前揭第 30 條第 2 項及第 32 條第 1 項不同，足見二者立法上確屬有別，自不得就勞基法第 84 條之 1 任意擴張解釋，而以法條未規定之『工會』取代勞工與雇主另為約定。……另按簽訂何種內容的工作條件對於勞工之權益較為有利或較有保障，具有主觀差異性，本應尊重個別勞工之意願，尤其是依據勞基法第 84 條之 1，簽訂不受同法第 30 條、第 32……等最低標準限制之書面約定，具有職業特殊性，更不宜由他人代為簽訂。」

　　不過在民事法院方面繼臺高院 100 重勞上 8 號表示：「又適用勞基法第 84 條之 1 規定，僅須……（二）應由勞雇雙方約定……。而勞雇雙方約定固得以勞雇雙方勞動契約訂定，或另行約定，僅須以書面為之而已，是書面之形式為何，自無定式（最高法院 100 年度台上字第 2246 號判決意旨參照）。並參酌勞基法第 84 條之 1 立法理由為『雇主與勞工或工會簽定合約或協議後，可針對特殊工作調整工作時間』，顯見勞基法第 84 條之 1 第 2 項規定之書面不以雇主與勞工個別簽訂為限」後，同院 101 勞上易 54 號也認為：「……依團體協約法第 17 條第 1 項第 2 款規定（即團體協約所約定勞動條件，當然為該團體協約所屬雇主及勞工間勞動契約之內容），上訴人係屬團體協約之關係人，自應遵守團體協約所定之勞動條件即系爭約定書所約定之內容……。」

三、須訂立書面並報經當地主管機關核備

　　依 84-1 條規定，勞資雙方就上開事項為工時之約定時，應以書面為之，只是有法院認為工作規則亦該當此時之書面，並不限於經雙方明示合意而特別製作者，如臺高院 100 重勞上 36 號表示：「劉○○……分別在工作規則同意書上簽名，有其等不爭執真正之簽名同意書為證……，且其

對於本身之工作項目、工作權責或工作性質，當知之甚明，堪認上訴人工作規則第 33 條亦屬兩造關於工作時間、工作項目、工作性質、權責、例假、休假、補休及值班費等事項之約定，自可認係屬勞基法第 84 條之 1 規定之書面。」

又上開約定之書面應報經當地行政主管機關核備，只是本條文也如 70 條使用「核備」乙語，因此產生如未經核備時，此一排除法定工時之約定是否有效之問題。就此最高法院在針對雇主未依 70 條規定，將工作規則送經主管機關核備時，表示該工作規則於未違反法律強制或禁止規定之部分，仍有效力，且同院 101 台上 258 號對本條文所訂之核備也表示：「……勞雇雙方既得自行約定該勞動條件，並非須經主管機關許可始生效力，故即令勞雇雙方於約定後未依上開規定報請當地主管機關核備，亦僅屬行政管理上之問題，究不得指該約定為無效。」（同院 102 台上 1866 號亦同）。

不過，除學者認為自勞基法第 84-1 條整體立法技術以觀，顯係採取嚴格之態度規範除外規定，故應將當地主管機關之核備解釋為生效要件外 [211]。另最高行政院法院 100 判 226 號亦表示：「經勞委會核定公告之工作者，依勞基法第 84 條之 1 規定，勞雇雙方得就工作時間、例假、休假、女性夜間工作等事項另行約定，不受同法第 30 條、第 32 條、第 36 條、第 37 條、第 49 條關於上開工作條件所定最低標準之限制，足見勞雇雙方依勞基法第 84 條之 1 所為約定對勞工個別權益影響至巨，使其工作條件甚至低於同法第 30 條、第 32 條及第 49 條所定『雇主經工會同意，如事業單位無工會者，經勞資會議同意』後可以放寬的標準，除抽象規定『不得損及勞工之健康及福祉』外，幾乎沒有限制。因此法律明定須在『勞雇雙方

---

[211] 劉志鵬，論工作時間等規制之除外適用，氏著勞動法理論與判決研究，221 頁下，2000 年 5 月，元照出版公司。

另行約定』並『報請當地主管機關核備』2項要件具備下，始不受同法第30條等規定之限制。」[212]

就以上行政法院與民事法院確定判決之不同見解，釋字726號統一解釋表示：「勞動基準法第八十四條之一有關勞雇雙方對於工作時間、例假、休假、女性夜間工作有另行約定時，應報請當地主管機關核備之規定，係強制規定，如未經當地主管機關核備，該約定尚不得排除同法第三十條、第三十二條、第三十六條、第三十七條及第四十九條規定之限制，除可發生公法上不利於雇主之效果外，如發生民事爭議，法院自應於具體個案，就工作時間等事項另行約定而未經核備者，本於落實保護勞工權益之立法目的，依上開第三十條等規定予以調整，並依同法第二十四條、第三十九條規定計付工資。」

雖然，釋字726號已明確表示84-1條的「核備」係強制規定，但因為同時又表示在民事爭議時，法院應就未經核備之約定依相關法條規定為調整，因此未經核備之約定是否因違反強制規定而無效仍有不同解讀。如臺高院104勞上易115號認為：「中央主管機關之公告與地方主管機關之核備等要件，係為落實勞工權益之保障，……前揭規定要求就勞雇雙方之另行約定報請核備，其管制既係直接規制勞動關係內涵，且其管制之內容又非僅單純要求提供勞雇雙方約定之內容備查，自應認其規定有直接干預

---

[212] 民事法院方面，亦未全盤接受最高法院之見解，如臺中高分院102年勞上易24號表示：「又據勞基法第84條之1規定，須符合下列三要件：……3.報請當地主管機關核備。……條文既曰『核備』，自非單純之『備查』，當應指『審核查備』而言。蓋勞雇雙方若依勞基法第84條之1規定……，於勞工權益每生重大影響，自當由當地主管機關負實質之審核權責，方能准許，非謂勞雇雙方即得自行決定，此由司法院大法官會議釋字第494號解釋理由書載明：『……就是否屬於監視性、間歇性或其他性質特殊之工作者，依85年12月27日增訂之第84條之1規定，應經中央主管機關核定公告；雇主依同條規定與勞工所訂立之勞動條件書面約定，關於工作時間等事項，亦應報請當地主管機關核備，並非雇主單方或勞雇雙方所得以決定……』，益徵明確。……上訴人雖引最高法院101年台上字第258號判決，謂：縱未經當地主管機關核備，僅屬行政管理上之問題，不得指勞雇間之約定為無效云云，核與前述司法院大法官會議解釋理由書揭櫫之意旨不合，自無足取。」

勞動關係之民事效力。否則，如認為其核備僅發生公法上不利於雇主之效果，前揭規定之目的將無法落實；且將與民法第 71 條平衡國家管制與私法自治之原則不符。故前揭規定中『並報請當地主管機關核備』之要件，應為民法第 71 條所稱之強制規定。」而同院 104 勞上 49 號則認為：「兩造不爭執就此之約定並未報請當地主管機關核備，固已違反勞基法第 84 條之 1 之強制規定，惟參諸上開解釋理由，系爭規定中『並報請當地主管機關核備』之要件，雖為民法第 71 條所稱之強制規定，而由於勞雇雙方有關工作時間等事項之另行約定可能甚為複雜，並兼含有利及不利於勞方之內涵，依民法第 71 條及勞基法第 1 條規定之整體意旨，實無從僅以勞雇雙方之另行約定未經核備為由，逕認該另行約定為無效。」

　　另有疑問者是：經核備後，其效力何時起算？就此，有認為勞工已開始履行其勞務之給付，其約定工作時間事項書面未經核備之法律事實成立，違反 84-1 條強行法規之法律關係已告確定，現行法既無溯及生效規定，雇主即不得以事後核備而免除應負之公法及私法上給付加班費責任；有認為行政機關之核備，類似於未成年之法定代理人對未成年人所訂契約的事後承認（民法 79 條：限制行為能力人未得法定代理人之允許，所訂立之契約，須經法定代理人之承認，始生效力），因之核備後得溯及既往生效；也有表示為達到本號解釋所舉「平衡國家管制與私法自治之原則」，原則上核備為停止條件，即核備獲准後條件始為成就，工作時間約定向後發生效力，但得允許勞資雙方在約定書中「明示」經主管機關核備後效力溯及契約成立時，惟契約成立後必須於合理時間內申請核備，否則不生溯及效力，勞動檢查時仍得處罰[213]。

---

[213] 劉士豪，未依勞基法第 84 條之 1 經主管機關核備勞動契約的法律效果 —— 以大法官釋字第 726 號為開展，勞動基準法第 84 條之 1 實務爭議研討會會議資料，勞動部主辦，7 頁以下，2015 年 6 月 6 日。

第三章

工資保護法令

　　工資是維持勞工及其家屬生存的重要依據，尤其在以貸款等信用擴張手段而維持日常生活的社會中，對勞工來說，工資除了直接影響一家生活溫飽外，對其社會信用也有極大關聯。但是另一方面工資對雇主來說則是經營成本，雇主付出工資的高低除了直接影響其利潤外，也同時涉及到企業競爭力，所以勞資雙方對於工資額度的衝突，顯而易見。

　　而為了調和保障經濟上弱勢之勞工以及促進社會經濟發展，勞基法在工資相關規定的設計上，除了先「定義工資」外，大致又可以分為兩類，一類是直接以「工資本身」為保護對象的規定，例如工資給付方式的限制（22、23 條）、工資債權的保障（26、27 條）等；另一種則是以「工資為計算基礎」的保護規定，例如請假工資保障（16 條 2 項、39 條等）、延長工時的工資加成規定（24、39 條等），分段敘述如下：

第一節　工資之定義

　　在探討勞動契約定義時，不論採取何種方式來為勞動契約下定義，對於工資應為勞務給付之對價，並無不同見解，而且除了婚喪喜慶等社交往來之給與外，雇主所給付予勞工者，不論是工資或獎金等何種名義，大多是因勞工為其工作而給與者，既然如此則只要是勞工因為工作而領得的對

價就是工資，並無需多加定義。

不過如果認知勞基法對工資保護，除了對「工資本身」加以保護外，另外涉及以「工資為計算基礎」的保護規定，應可推知立法上對於工資之相關規定，是希望在保護勞工與維持企業競爭力中，取得平衡點（勞基法1條）。因為如果勞工於工作中取得自雇主給與之金錢或實物者，都認定是工資而憑之計算退休金、資遣費等，以工資為計算基礎之保護規定，則恐怕雇主難以負荷，而且也將因此使得雇主不願多為給付，反而失去勞基法保護勞工之目的。又如果放任企業自行認定在勞工所具領之薪資中，何者為工資何者不是，然後加以計算資遣費、退休金等，則對於勞工保護又嫌不足。因此勞基法首先對工資作立法上統一定義，然後希望藉由此一定義，作為計算資遣費、退休金等基礎，以保護勞工並兼顧社會經濟發展。

一、法令規定

關於工資之定義，目前法令依據為：

（一）2條3款：「工資：指勞工因工作而獲得之報酬；包括工資、薪金及按計時、計日、計月、計件以現金或實物等方式給付之獎金、津貼及其他任何名義之經常性給與均屬之。」

（二）施行細則10條：「本法第二條第三款所稱之其他任何名義之經常性給與係指左列各款以外之給與。一、紅利。二、獎金：指年終獎金、競賽獎金、研究發明獎金、特殊功績獎金、久任獎金、節約燃料物料獎金及其他非經常性獎金。三、春節、端午節、中秋節給與之節金。四、醫療補助費、勞工及其子女教育補助費。五、勞工直接受自顧客之服務費。六、婚喪喜慶由雇主致送之賀禮、慰問金或奠儀等。七、職業災害補償費。八、勞工保險及雇主以勞工為被保險人加入商業保險支付之保險費。九、差旅費、差旅津貼及交際費。十、工作服、作業用品及其代金。

十一、其他經中央主管機關會同中央目的事業主管機關指定者。」[214]

二、學說與實務見解

由以上兩種規定配合起來，立法當時勞工行政主管機關似乎有意指出，只要不屬於施行細則所列舉的項目，就應該列入工資定義內。此種立法邏輯，理論上應該能清楚地在勞工所支領的薪資總額中，區分出工資與非工資部分，然後再根據此種區分，計算資遣費、退休金等。

但是問題在於：一者，「薪資名目」本身並非重點，亦即在計算資遣費、退休金時，仍然必須審視雇主給付的性質而分別認定，不受雇主所定薪資名目是否符合勞基法施行細則 10 條之拘束；二者，廠場實務經常參考各種稅法規定，而對每月薪資為項目切割，如部分事業單位依據「營利事業所得稅查核準則」88 條 2 項 1 款：「一般營利事業列支標準：職工每人每月伙食費，包括加班誤餐費，自中華民國一百零四年一月一日起最高以新臺幣二千四百元為限。」免視為員工之薪資所得規定，而於每月薪資中另立伙食津貼或誤餐費項目，以使不列入稅法上薪資所得，惟並不表示此津貼不屬勞務對價。而且上開施行細則所訂之勞工直接受自顧客之服務費，或婚喪喜慶由雇主致送之賀禮、慰問金或奠儀等項目，或者不是雇主所給付，或者不是勞工工作之對價，實際上並非工資其實無庸規定，於是在探討勞基法上之工資定義時，還是必須回溯到 2 條 3 款規定。

然而，因為 2 條 3 款：「工資：指勞工因工作而獲得之報酬；包括工資、薪金及按計時、計日、計月、計件以現金或實物等方式給付之獎金、津貼及其他任何名義之經常性給與均屬之。」規定中，對於工資定義，除

---

[214] 本條文於 2005 年 6 月 15 日修正時，將第 9 款之「夜點費」及「誤餐費」刪除，刪除理由略為：事業單位發給之夜點費，如係雇主為體恤夜間輪班工作之勞工，給與購買點心之費用，誤餐費如係因耽誤勞工用餐所提供之餐費，則非屬該法所稱之工資。鑑於事業單位迭有將「輪班津貼」或「夜勤津貼」等具有工資性質之給付，以「夜點費」或「誤餐費」名義發放，以減輕雇主日後平均工資之給付責任，實有欠妥，爰修正刪除，嗣後有關夜點費及誤餐費是否為工資，應依該法第 2 條第 3 款及上開原則，個案認定。

了「勞工因工作而獲得之報酬」（即勞務給付對價）外，另有「包括工資、……及其他任何名義之『經常性給付』」等文字，致使判斷某一給付是否屬於工資的要件即有爭議。亦即，認定某一給付是否屬於工資時，除應具備「勞務給付對價」之要件外，是否應再加上「經常性給付」之要件，有如下爭議：

（一）原則上只要是「勞務給付對價」即為勞基法所定工資之見解

此說認為：「由勞動契約之法理言之，只要是勞工因提供勞務而由雇主所獲得之對價，本即均應認定為工資，此觀之勞動基準法第 2 條第 1 款『從事工作獲致工資』，以及民法第 482 條關於僱傭契約之定義規定提及『一方……為他方服勞務，他方給付報酬』之條文文義可知，此係給付與對待給付之當然結論。」[215] 又根據 2 條 3 款之立法過程觀察，當時雖然有認為工資包含所有雇主之給付，應將經常性給付加以刪除之意見，但是「持保留意見者認為，內政部於當時已以『經常性給付』擴張原先狹義工資的概念，又若擴張工資應包含所有雇主之給付，則恐雇主反不願為某些給付，反而不利勞工，故將僅具有臨時性、鼓勵性者，排除於工資概念之外……，依一讀通過前最後發言贊成的……立委之發言，則除年終獎金、不休假獎金外，雇主之給與皆為工資，惟具體內容則委由行政機關於施行細則中詳加規定，……由……立法過程……可認為：不論贊成或反對在勞基法第 2 條第 3 款中加入『經常性給與』的意見，皆以保護勞工、擴張原先狹義工資的範圍為其出發點……因此顯然立法機關並不是要藉『經常性給與』之規定，將一些向來被認為……與勞工提供勞務構成對價的給付，僅以其欠缺『經常性』而排除於工資的範圍之外。」[216]

---

[215] 黃程貫，勞動法（修訂再版），401 頁，2001 年 6 月，國立空中大學。

[216] 林更盛，勞基法對工資之定義，氏著勞動法案例研究（一），33 頁下，2002 年 5 月，著者發行。

以上見解在法律解釋方面具說服力，而且就文義言，2 條 3 款立法上首先以「工資：謂勞工因工作而獲得之報酬」，肯定只要勞務給付之對價即為工資，至其後「包括工資、薪金……及其他任何名義之經常性給付」，則是以包括 A 以及 B 的方式為之，因此作為勞務給付對價之薪金、津貼等 A 部分固屬工資，即非屬 A 部分之任何名義經常性給付（B 部分）亦含括於工資之上位概念中[217]。

在此見解中，「經常性給與」規定之作用，應該只在於該特定給與，和勞務提供是否具有對價性不明確時，作為判斷之基準。亦即：「因為雇主對於勞工所提供之勞務為財務給付，有些是基於企業經營管理目的或觀點而決定給付內容……因而不具有對價性，但其中有些給付屬於經常性之給與，因而在一段時間內觀察，常伴隨工資之發給……，勞工已將之視為工作所得報酬，為保障勞工權益……立法上乃將之規定為工資之一部分……乃擬制工資。」[218]

實務採此見解者，有 85 台勞動二字 103252 號函：「……基此，工資定義之重點應在於該款前段所敘『勞工因工作而獲得之報酬』，至於該款後段『包括』以下文字係列舉屬於工資之各項給與，規定包括『工資、薪金』、『按計時……獎金、津貼』或『其他任何名義之經常性給與』均屬之，但非謂『工資、薪金』、『按計時……獎金、津貼』必須符合『經常性給與』要件始屬工資……又該款末句『其他任何名義之經常性給與』

---

[217] 至於立法當時對於經常性給與之內容如何，據林更盛教授研究，當時內政部勞工司湯司長於立法院之詢答紀錄表示：「工資中究竟哪些是經常性的給與，內政部曾解釋凡屬經常性給予的各種給與都算在內，如本俸、主管加給、資位加給、技術津貼、交通津貼、房屋津貼、伙食津貼（如不固定臨時加菜金不在內）、夜點津貼、實物代金、有眷津貼、加班費、全勤獎金、考績獎金、效率獎金、生產獎金、工作補助費等。至於年節獎金、年終獎金、不特別休假獎金、則不算是經常性性給與，因為我們所謂平均工資是以六個月有的，如超過六個月的即不算。」

[218] 蘇達志，勞動基準法上關於工作時間與工資之研究，司法研究年報，第十三輯下冊，311頁下。轉引自林更盛，勞基法對工資之定義，氏著勞動法案例研究（一），33頁下，2002 年 5 月，著者發行。

一詞，法令雖無明文解釋，但應指非臨時起意且非與工作無關之給與而言……。」及臺高院 90 勞上 57 號：「……按所謂工資，乃指勞工因工作而獲得之報酬，勞動基準法第 2 條第 3 款定有明文，工資應為勞工之勞力所得，為其勞動之對價，倘雇主之給付僅具有勉勵、恩惠性質之給與，非勞工工作給付之對價時，即不得列入工資之範圍內。準此，判斷是否屬於工資，應以該給付是否構成勞務之對價決定，亦即勞工之勞務給付，與雇主之薪資給予是否處於同時履行關係而定，如對價性質不明時，則再以給付是否具有經常性判斷。」

　　雖然「勞務給付對價」是判斷某一給付是否屬於工資的要件，但面對廠場實務上多樣的給付型態，並不好說明與認定。而在文義上所謂「勞務給付對價」，其核心概念應係與勞工提供勞務之質與量具有交換關係或處於同時履行關係者。最高行政法院 108 判 305 號認為，在物理體能勞動以外，也包括在提供勞務中所可能面對之危險所發給的危險津貼。至於如果該筆給付的來源是從自盈餘或獲利提撥，勞工是否能領取該筆給付，還須視有無盈餘獲利而定，並非其個人單純提供勞務即可必然獲取，則該筆給付即不具勞務給付對價性。（最高行政法院 107 判 657 號、同院 108 判 306 號略同）

（二）需具備「勞務給付對價」及「經常性給與」等兩項要件，方屬勞基法上工資之看法

　　持此見解者認為：如將我國勞基法 2 條 3 款，與日本勞基法 11 條規定：「本法所稱工資，不論其為工資、薪金、津貼、獎金及其他任何名稱之給與均屬之。」相對照，可以發現兩者定義不同。亦即從比較法解釋之觀點，在我國工資定義中，除了「勞務給付之對價」外，應該再加上「經常性給付」之要件，方屬勞基法上之工資。不過持此見解者，對於所謂「經常性給付」，係指「時間上經常」或「制度上經常」，甚或是二者結合，則有如下不同見解。

有認為：「所謂『經常性給與』，意義非常籠統。當然經常與時間有關係，要判斷一種給付是否屬於經常的，須以單位時間作為標準……理論上『在一相當時間內，於一般情況，所可得到之給與』，即所謂經常性給與……。」[219] 司法實務有高雄地院 82 勞簡上 4 號：「而工資係謂勞工因工作而獲得之報酬，包括工資、薪金……及其他任何名義經常性給與均屬之。勞動基準法第 2 條第 3、4 款分別規定明確。是以勞動基準法所指之工資，應具備勞工因工作而獲得之報酬，且為經常性給與之要件……。」最高法院 78 台上 682 號：「所謂工資，乃指勞工因工作而獲得之報酬。勞動基準法第 2 條第 3 款前段定有明文。是工資係勞工之勞力所得，為其勞動之對償，且工資須為經常性給與，始足當之。」等判決採取。

另最高法院 97 台上 2178 號則認為，應係指制度上經常性而表示：「按工資需具備『勞務對價性』及『給與經常性』二項要件。所謂經常性之給與，祇要在一般情形下經常可以領得之給付即屬之，此之『經常性』未必與時間上之經常性有關，而是指制度上之經常性而言，即勞工每次滿足該制度所設定之要件時，雇主即有支付該制度所訂給與之義務。」

也有認為：「判斷給與是否具有經常性時，宜從『制度上』（例如勞動契約、工作規則、企業內勞動習慣、團體協約）是否已規定雇主有給與勞工之義務？再加上給與之『時間上』、『次數上』是否經常性而為綜合判斷；而有鑑於勞基法所訂計算平均工資之方法，係以計算事由發生之當日前『六個月內』所得工資總額除以該期間之總日數所得之金額……，故若每次給與之時間有六個月以上之間隔者，似可解釋成因欠缺『時間上』之經常性，而不予認定係經常性給與。據此，每年（十二個月）給付一次

---

[219] 此為劉志鵬律師上揭文章，引用吳啟賓法官之見解（民事法律專題研究六，43 頁），並認為吳氏之見解對於經常性之判斷是以單位時間之長短為標準，而與其提出「制度上經常」與「時間上經常」綜合判斷者，有所不同。不過觀察吳氏見解結論所稱：「理論上在一相當時間內，於一般情況……。」等用語，則似乎除強調「時間上經常」以外，其所稱「於一般情況」，也有「制度上經常」之意涵。

之年終獎金即可認定係『非經常性』；而加班則係勞工非固定為之，所領加班費不具『發生上』的經常性……。」與此見解相近的有最高法院 102 台上 1481 號：「判斷某項給付是否具『勞務對價性』及『給與經常性』，應依一般社會之通常觀念為之，其給付名稱為何？尚非所問。是以雇主對勞工提供之勞務反覆應為之給與，無論其名義為何？如在制度上通常屬勞工提供勞務，並在時間上可經常性取得之對價（報酬），即具工資之性質。」

（三）勞動事件法施行後，可能帶來之影響

1. 新近立法者對工資之定義似乎有意採用二要件說

　　雖然前述的單要件說，參考 73 年勞基法立法當時的立法者原意，再配合 2 條 3 款之文義，甚具說服力，而且行政機關也多有引用。但是 109 年 1 月 1 日施行的勞動事件法 37 條：「勞工與雇主間關於工資之爭執，經證明勞工本於勞動關係自雇主所受領之給付，推定為勞工因工作而獲得之報酬。」規定之立法理由表示：「勞動基準法第 2 條第 3 款所指工資，係指勞工因工作而獲得之報酬，需符合『勞務對價性』及『經常性之給與』之要件，且其判斷應以社會通常觀念為據，與其給付時所用名稱無關。……如勞工已證明係本於勞動關係自雇主受領給付之關連性事實時，即推定該給付為勞工因工作而獲得之報酬，依民事訴訟法第 281 條無庸再舉證；雇主如否認，可本於較強之舉證能力提出反對之證據，證明該項給付非勞務之對價（例如：恩給性質之給付）或非經常性之給與而不屬於工資，以合理調整勞工所負舉證責任，謀求勞工與雇主間訴訟上之實質平等。」亦即，新近立法者似有意對工資之定義採用二要件說，只是對於「經常性給與」之要件內涵，並未清楚描述是指涉時間上經常或制度上經常，抑或二者綜合。

2. 在採二要件說之前提下，使用舉證責任倒置方式，減輕勞工負擔

　　在採用二要件說之前提下，考量到勞工提起給付資遣費或退休金等訴訟時，如雙方就某一項目之給付是否為工資而應列入平均工資計算有爭議時，本來依據民事訴訟法 277 條 1 項本文「當事人主張有利於己之事實者，就其事實有舉證之責任。」原則上需由原告勞工負責證明該給付項目符合二要件，對勞工恐有困難。且依勞基法 23 條，雇主應置備勞工工資清冊，將發放工資、工資各項目計算方式明細、工資總額等事項記入並保存一定期限，足見雇主對於因勞動關係所為給付，於實質上是否符合「勞務對價性」及「經常性之給與」而屬勞工因工作所獲得之報酬，具有較強且完整之舉證能力。因此勞動事件法 37 條特別規定：「勞工與雇主間關於工資之爭執，經勞工證明本於勞動關係自雇主所受領之給付，『推定』為其因工作而獲得之報酬工資。」此時依民事訴訟法 281 條：「法律上推定之事實無反證者，無庸舉證。」由雇主證明該項目之給付，不具有「勞務對價性」或非「經常性之給與」，而不屬工資。

3. 呼應司法實務常有使用之「恩惠性給與」，做為排除工資之概念

　　另外，司法實務上多有使用所謂「恩惠性給與」之概念，做為排除工資的認定，如最高法院 88 台上 1638 號：「是工資實係勞工之勞力所得，為其勞動對價而給付之經常性給與。倘雇主為改善勞工生活而給付非經常性給與；或其單方之目的，給付具勉勵、恩惠性質之給與，即非為勞工之工作給與之對價，與勞動契約上之經常性給與有別，應不得列入工資範圍。」雖然對此有學者認為[220]：「（一）在文義上模糊不清確、容易淪為掩飾法院恣意判斷之工具。（二）並且出於對勞動契約性質之誤認，而又蘊含濃厚的封建色彩，因此創造／援用此一概念並無必要。（三）最高法

---

[220] 林更盛，工資的迷思：「恩惠性給與」—— 評最高法院 88 年台上字第 1638 號判決，勞動法案例研究（一），53 頁以下，著者發行，2002 年 5 月。

院認為某給付之恩惠性的認定是不可變更的，不僅與學說見解相違背[221]，亦與勞基法第 2 條第 3 款的基本設計不符。」但是既然在勞動事件法 37 條的立法理由中，已明確提出此一「恩惠性給與」之概念做為排除工資認定，則在上開舉證責任倒置的設計下，事業單位在制訂工資制度時應加注意，或許會成為往後訴訟中常出現之概念。

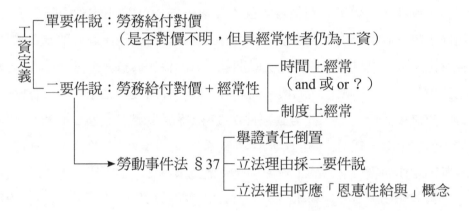

第二節　以「工資本身」為保護對象的規定

第一項｜工資數額之議定與基本工資之保護

第一款　工資數額之議定

關於工資之數額如何決定，依 21 條 1 項：「（I）工資由勞雇雙方議定之。但不得低於基本工資。」以及 25 條：「雇主對勞工不得因性別而有差別之待遇。工作相同、效率相同者，給付同等之工資。」規定，可知為了貫徹憲法上平等原則，以及考慮在勞動力無法儲存惜售等因素下，勞工於談判薪資之數額時，通常較為弱勢，因此對於契約內容議定之自由特

---

[221] 例如，林更盛教授於上揭文中引用王惠玲著，工資義涵之探討乙文：「是否屬於恩惠性任意給付，並不以雇主主觀意思為準，而應基於客觀之判斷，如於勞動契約或團體協約明定給付條件，則成為契約上義務，而喪失其恩給性質。」

別加以限制，而強制規定勞資雙方合意約定之工資除不得低於基本工資外，也要遵守同值同酬原則，不得因性別而有區別，亦即對於工資之數額並不全然採取民法得由勞雇雙方自由約定之「契約自由原則」。

第二款　基本工資之保護
第一目　基本工資之決定

　　至於基本工資數額應如何決定，目前是依 21 條：「（II）前項基本工資，由中央主管機關設基本工資審議委員會擬訂後，報請行政院核定之。（III）前項基本工資審議委員會之組織及其審議程序等事項，由中央主管機關另以辦法定之。」在勞動部設有基本工資審議委員會，並訂有「基本工資審議辦法」，再依據該辦法蒐集並研究國家經濟發展狀況、躉售物價指數、國民所得與平均每人所得、各業勞動生產力及就業狀況、各業勞工工資、家庭收支調查統計等資料，而原則上於每年第三季開會審訂後，送行政院核訂後公告實施。

　　承上，依前述審議辦法自 86 年 10 月 16 日所公布實施之基本工資為每月新臺幣 15,840 元（不過基本工資數額之實際給付標的依後述勞基法 22 條規定，未必全部需以法定通用貨幣給付）、每日 528 元、每小時 66 元。嗣在 96 年 7 月 1 日後陸續調整，中間行政院在 101 年時決定，自 102 年 1 月 1 日起時薪為 109 元，但月薪則須連續兩季 GDP（即國內生產總值）超過 3%，或連續兩月失業率低於 4%，才會調整，其後宣布自 102 年 4 月 1 日起月薪調整到 19,047 元；再自 103 年 1 月 1 日起時薪調整至 115 元，自 103 年 7 月 1 日起月薪調整至 19,273 元，並決定「自 103 年 1 月 1 日起，年度消費者物價指數年增率累計達（含）3% 以上時，再行召開下一次基本工資審議委員會」[222]。惟於 103 年 8 月 29 日又以 1 至

---

[222] 引自勞動部網站，http://www.mol.gov.tw/cht/index.php?code=list&flag=detail&ids=24&article_id=6240，查詢日：2014 年 8 月 21 日。

7 月食物類物價指數漲幅達 4.27% 之理由，召開審議委員會並決定自 104 年 7 月 1 日起月薪調為 20,008 元，時薪為 120 元。又於 105 年 9 月 19 日公布（本次審議委員會召集，似未見提及物價指數之理由）：時薪自 105 年 10 月 1 日起修正為 126 元，自 106 年 1 月 1 日起修正為 133 元，月薪自 106 年 1 月 1 日起修正為新臺幣 21,009 元。自 107 年 1 月 1 日起，月薪調整至 22,000 元，時薪調升至 140 元（勞動條 2 字 1060131805 號）。自 108 年 1 月 1 日起，時薪 150 元，月薪 23,100 元（勞動條 2 字 1070131233 號）。自 109 年 1 月 1 日起，時薪 158 元、月薪 23,800 元（勞動條 2 字 1080130910 號）。自 110 年 1 月 1 日起，時薪 160 元、月薪 24,000 元（勞動條 2 字 1090077231 號）。自 111 年 1 月 1 日起，時薪 168 元，月薪 25,250 元（勞動條 2 字 1100131349 號）。自 112 年 1 月 1 日起，時薪 176 元，月薪 26,400 元（勞動 2 字 1110077619 號）。

> 因為近年基本工資屢有調整，因此實務操作時宜注意最新公告，而如有查詢歷次調整必要，可至：勞動部首頁 → 業務專區 → 勞動條件、就業平等 → 工資 → 歷年基本工資調整

附帶提及，據學者表示[223]：「我國亦於民國 19 年 2 月 20 日批准 ILO『創設釐定最低工資機構條約』，並於 25 年 2 月 23 日公布『最低工資法』，可是並未實施，而且現在已廢止……實際上擬定本法草案之初不採用『最低工資』，而用『基本工資』的原因，是因為二者的標準不同。依『最低工資法的工資是以撫養三口（本人及親屬二人）的必要生活為準，但在 43 年提議基本工資當時，我國經濟發展尚在起步階段，三口的標準似嫌過高，不易獲得資方接受，因此經過慎重研議後，創了『基本工資』（以維持本人及配偶，即一點八口的生活為準）的名稱，以有別於最低工資。」即基本工資與最低工資，並不相同。

---

[223] 林振賢，新版勞動基準法釋論，140-145 頁，1994 年 6 月，著者發行。

　　雖然有上述基本工資與最低工資是不同概念的研究，但是在基本工資審議辦法施行數十年後，勞動部於 107 年 11 月 30 日公布最低工資法草案，即將之提昇到法律位階而與基本工資審議辦法屬於命令的層次不同，但是並沒有特別標明最低工資是以撫養幾口的必要生活為準，與基本工資差異何在。而最低工資法草案大略內容為：由勞動部組成「最低工資審議會」，以勞動部長擔任召集人，另置勞、資、政、學代表等委員 21 人，而定期於每年第三季召開審議會；審議會「應」參採消費者物價指數年增率，「得」參採勞動生產力指數年增率、勞工平均薪資年增率、國家經濟發展狀況、國民所得及平均每人所得、國內生產毛額及成本構成之分配比率、薑售物價及民生物價變動狀況、各業產業發展情形及就業狀況、各業勞工工資、家庭收支狀況、最低生活費等指標；審議會以共識決為原則，如確實無法達成共識，再以經出席委員 1/2 以上同意之多數決運作；至於最低工資之核定程序則為，審議會審議通過後 10 日內，由勞動部報請行政院核定，行政院應於 20 日內決定是否核定，審議結果若經行政院退回或逾期未核定時，勞動部應於接到不予核定或核定期限屆滿之日起 30 日內，再召開審議會進行審議，審議結果再報請核定時，行政院即應予核定，不得退回；又為避免產生法律適用之空窗期，明定最低工資首次公告實施前，仍然繼續適用原核定的基本工資金額。[224]

---

[224] 學者對訂定基本工資之建議：「國外的最低工資，台灣稱基本工資（類似觀念），既稱基本，就應有基本功夫。暫不談基本工資之訂定，是否扭曲均衡價格，以政府力量，所定 Minimum Wage 是否調升，不必有成見，練完基本功夫，就容易看清問題。所謂基本功夫，我在不同場合曾經提過，包括：1. 領取基本工資本勞的確實人數（如此方知本國勞工究有多少 受惠以及企業所受衝擊，而且在此 big data 時代，不宜再用 1.2% 的取樣推估或以明知低報的投保薪資充數）；2. 基本工資與所得中位數（或平均所得）之跨國比較，以及台灣 Kaitz index 公式的合理化（分子不含變動給付、分母包括變動給付等）；3. 基本工資提升後的追蹤研究；4. 確實了解全國薪資結構，以分析調升後的連漪效應（ripple effect），進一步研究有無就行業、地區、年齡訂定不同標準的必要；5. 其他有關基本工資制度的持續研究（不必再說 GDP 將成長 3%，就一半 1.5% 算員工的）。基本功夫未精熟前，意圖擬定固定的調整公式，有如在未打樁固基的樓宇上雕樑畫柱一樣，不會長久。」【陳冲專欄】討論基本工資前要做足基本功課，經濟日報，2019 年 8 月 5 日。

第二目　基本工資之計算

至於「基本工資」如何計算認定，勞基法則是以先劃定其計算範圍，再規定其計算方式為之。

亦即依據施行細則 11 條規定：「本法第 21 條所稱基本工資，指勞工在正常工作時間內所得之報酬。不包括延長工作時間之工資與休息日、休假日及例假工作加給之工資。」先說明計算基本工資之範圍，應該只在正常工作時間內之工資所得。

再於施行細則 12 條：「採計件工資之勞工所得基本工資，以每日工作八小時之生產額或工作量換算之。」13 條：「勞工工作時間每日少於八小時者，除工作規則、勞動契約另有約定或另有法令規定者外，其基本工資得按工作時間比例計算之。」分別針對採計件、計時制之工資制度者，規定其基本工資計算方式。其中，實務操作上或有疑義者，在於計件論酬如何認定是否符合基本工資，就此勞動條 2 字 1050130240 號表示：「二、爰勞雇雙方原所約定之給薪方式如為按件計酬但『按月結算者』，其於每月正常工作時間工作所給付之工資當不得低於每月基本工資；如係按件計酬但『按日結算者』，其日薪於法定正常工作時間內，不得低於每小時基本工資之數額乘以工作時數之金額。」（本號函釋同時處理計件論酬者之加班費為：「四、……惟因計件勞工之工資並非固定，其核計延時工資之『平日每小時工資額』及假日出勤之一日工資額之計算標準，可依上一個月正常工作時間內工資之平均額推計之。至於按件計酬勞工正常工作時間及延長工作時間之作業量及報酬如無法明確區辨者，平日每小時工資額可依其正常工作時間之比例推計之。」）

附帶提及，既然這裡所謂基本工資是法定正常工時之基本工資，則如雇主與適用勞基法 84-1 條的工作者，約定並經核備之約定正常工時超出法定正常工時，則該工作者之基本工資即應按時數比例增計。以 111 年 1 月 1 日起基本工資月薪 25,250 元，每週法定正常工時 40 小時為基礎下，

勞雇雙方如約定「按月計酬」且經核備之每月正常工作時數為 240 小時者，則計算其基本工資時，首先換算出法定正常工時的時薪應為 105.2083 元「25,250 元 /（30 日 × 8 小時）= 105.2083 元）」；其次，計算出法定月正常工時應為 174 小時「（40 小時 × 52 週 + 8 小時）÷ 12 月 = 174 小時」，可得出約定工時已逾法定正常工時 66 小時（240 − 174 = 66 小時）；最後再以法定正常工時之基本工資，加上此 66 小時乘以時薪之數額，即可得出最低基本月薪應為 32,194 元「25,250 元 +（105.2083 元 × 66 小時）= 32,194 元」。另外，如又約定延長工作時間 48 小時，且均在當日前 2 小時者，則加班費應不得低於 6,734 元（25,250 ÷ 240 × 4/3 × 48 = 6,734），而當月薪資合計不得低於 38,928 元。

　　另外，實務上偶有疑義者在於如果勞工當月有遲到、早退情形而被減發全額全勤獎金，是否合法。就此，因為主管機關認為「全勤獎金若係以勞工出勤狀況而發給，具有因工作而獲得之報酬之性質，則屬工資範疇。」（87 台勞動二 040204 號）、「勞工工資如係依工作時間之長短計給者，則雇主對於勞工上班之遲到時間，一個月內累計逾卅分鐘之部分，因未提供勞務，故不發給工資，而依其實際工作時間發給工資，尚不違反勞動基準法。」（82 台勞動二字 34335 號）、「二、……勞工上班遲到之時間，因未提供勞務，雇主得就遲到時間比例扣發當日工資……。」（勞動條 3 字 1040132417 號）。循此脈絡即有認為事業單位雖得減發全勤獎金，但僅能依遲到時間之比例減發，不得將屬於工資之全勤獎金全數減發。只是在企業管理上，高於基本工資而另外計給符合社會常情的全勤獎金實具有勉勵效果，也藉之維持單位秩序，如果不區分是否高於基本工資之全勤獎金而一律僅能依遲到、早退時間比例減發，常生管理困擾。

第二項 | 工資給付之保護規定與年終獎金

第一款　工資之給付原則

一、給付標的

　　關於工資給付標的，依22條1項：「工資之給付，應以法定通用貨幣為之。但基於習慣或業務性質，得於勞動契約內訂明一部以實物給付之。工資之一部以實物給付時，其實物之作價應公平合理，並適合勞工及其家屬之需要。」規定，原則上應以法定通用貨幣作為工資，以方便勞工購買生活所需，並免匯兌損失。

　　但工資以法定通用貨幣給付僅是原則，因此雇主提供勞工之膳宿、水電費用等，均得約定作為工資之一部分，亦即只要該部分經作價後，連同法定通用貨幣給付之部分，相加不低於基本工資，應屬合法（87台勞動二字014421號函）。所以目前事業單位提供外籍勞工之膳宿費用，得由勞雇雙方基於公平合理之作價，而自行於勞動契約中約定納入工資給付之項目中（89台勞動二字0031354號函）。

二、受領權人與抵銷

（一）原則上以勞工為受領權人

　　依22條2項：「工資應全額直接給付勞工。但法令另有規定或勞雇雙方另有約定者，不在此限。」規定，除非法令另有規定或勞雇雙方另有約定者（所謂法令另有規定者，如勞、健保保費、職工福利金、所得稅預扣及法院之強制執行；所謂另有約定，如勞工同意由雇主代扣工會會費或宿舍費）外，應該全額直接給付給勞工，則工資受領權人為勞工，以防止中間剝削或侵吞情形。

（二）雇主對勞工於給付勞務過程中發生損害賠償情形，得否主張與工資為抵銷

只是本條所謂全額給付，是否在雇主有法律依據等正當理由時，也不可以依民法 334 條 1 項：「二人互負債務，而其給付種類相同，並均屆清償期者，各得以其債務，與他方之債務，互為抵銷。但依債之性質不能抵銷或依當事人之特約不得抵銷者，不在此限。」行使抵銷權，我國法上並無明文，故稍有疑問 [225]。至於 26 條雖然規定：「雇主不得預扣勞工工資作為違約金或賠償費用。」然而本條只是禁止雇主於勞工未發生違約或應負責賠償責任情形時，禁止預先扣留勞工工資作為抵銷準備之明文。所以 89 台勞動二字 0031343 號函表示：「……同法第 26 條……所稱『預扣』勞工工資，係指在違約、賠償等事由未發生或其事實已發生，但責任歸屬、範圍大小、金額多寡等未確定前，雇主『預先扣發』勞工工資作為違約金或賠償費用。」臺北地院 93 勞訴 80 號也表示：「惟雇主於應按期給付勞工工資時，對勞工已有損害賠償債權者，係屬同種類債權，並屆清償期，得行使其債權，請求勞工為給付，本非勞動基準法所禁止，其依抵銷之方式，就應給付勞工工資之債務為抵銷，亦非勞動基準法第 26 條規範禁止之列。」

惟目前地方行政機關處理此問題，經常引用內政部（75）台內勞字 432567 號函：「勞工於工作中故意或過失損壞產品或其他物品……關於民事賠償部分……如未能達成協議，其賠償非雇主單方面所能認定者，應循司法途徑解決，不得逕自扣發工資。」而認為一旦勞工發生損害賠償事由，於未達成協議前雇主仍應先給付全額工資給勞工，再向法院起訴請求損害賠償，嗣由司法機關判決認定後，再由勞方給付賠償。

---

[225] 依黃越欽教授研究，外國立法例有限制抵銷之規定。例如瑞士債務法，即有雇主得以其請求權對勞工之工資請求權主張抵銷，但以得扣押者為限，其因為勞工故意損害所生之賠償請求權不在此限。氏著勞動法新論，320 頁，2004 年 9 月，翰蘆圖書出版有限公司。

　　據上，討論是否允許雇主對工資為抵銷時，引用 26 條預扣工資禁止規定，似非正解，宜就 22 條所訂「全額直接給付勞工」之意涵為何來探討。而在現行法律制度上，因為當勞工發生損害賠償事由時，雇主通常依民法 184 條侵權行為、227 條不完全給付之規定，或者工作規則中所訂的賠償條款（應注意北高行 103 訴 1454 號表示：「且工資扣減之特約，係對工資保護原則之排除與限制，事涉勞工生存基礎，關係甚大，應屬契約保留事項，不得以工作規則規定。」）來請求損害賠償，而這些請求權並非訴訟上形成權，不必等到法院判決確定，才使勞資雙方間之權利義務產生變化（尤其在勞工侵占公款時，要求雇主仍應先全額給付工資，否則罰鍰，也不符情理），因此如認不許抵銷，仍以法律明定為宜。

（三）雇主行使抵銷權，或第三人強制執行勞工之工資債權時的相關法令

　　承上，如認雇主可以主張抵銷，則此時除了應受民法 338 條：「禁止扣押之債，其債務人（於此指雇主）不得主張抵銷。」規定限制外，最高行政法院 98 判 1495 號也表示：「雇主於給付勞工工資時，對勞工已有損害賠償債權者，係屬同種類債權，並屆清償期，得行使其債權，請求勞工為給付，本非勞動基準法所禁止，其依抵銷之方式，就應給付勞工工資之債務為抵銷者，亦非勞動基準法第 26 條規範禁止之列；惟雖如此，抵銷並非毫無限制，勞工工資為勞工及其家屬賴以維生之部分，本不得為查封標的而強制執行（強制執行法第 52 條第 1 項、第 122 條參照），自不得主張抵銷（民法第 338 條參照）。」其中所指強制執行法 122 條，在 107 年 6 月 15 日修正施行條文為：「（II）債務人（編按，於此指勞工）依法領取之社會保險給付或其對於第三人之債權，係維持債務人及其共同生活之親屬生活所必需者，不得為強制執行。（III）債務人生活所必需，以最近一年衛生福利部或直轄市政府所公告當地區每人每月最低生活費一點二倍計算其數額，並應斟酌債務人之其他財產。（IV）債務人共同生活親

屬生活所必需，準用前項計算基準，並按債務人依法應負擔扶養義務之比例定其數額。（Ⅴ）執行法院斟酌債務人與債權人生活狀況及其他情事，認有失公平者，不受前三項規定之限制。但應酌留債務人及其扶養之共同生活親屬生活費用。」而此一條文規定在第三人申請強制執行勞工對雇主之工資債權時，應亦適用。

三、給付時間

在確定工資數額後，接續由 23 條規定：「（Ⅰ）工資之給付，除當事人有特別約定或按月預付者外，每月至少定期發給二次，並應提供工資各項目計算方式明細；按件計酬者亦同。（Ⅱ）雇主應置備勞工工資清冊，將發放工資、工資各項目計算方式明細、工資總額等事項記入。工資清冊應保存五年。」處理何時給付（不過，本條文所訂的 5 年，文義上似指發放日後的 5 年，然而勞保條例 10 條 4 項，則規定投保單位應自被保險人離職之日起五年內，保存其薪資帳冊五年）。又本條所定之「工資各項目計算方式明細」，依施行細則 14-1 條應包括下列事項：「（Ⅰ）一、勞雇雙方議定之工資總額；二、工資各項目之給付金額；三、依法令規定或勞雇雙方約定，得扣除項目之金額；四、實際發給之金額。（Ⅱ）雇主提供之前項明細，得以紙本、電子資料傳輸方式或其他勞工可隨時取得及得列印之資料為之。」

四、勞工行政主管機關之介入保護

為貫徹上述工資全額直接給付及給付時間等條文，27 條規定：「雇主不按期給付工資者，主管機關得限期令其給付。」如有違反主管機關所定之期限者，依 79 條 2 款處罰鍰。

第二款　年終獎金

關於年終獎金規定在 29 條：「事業單位於營業年度終了結算，如有盈餘，除繳納稅捐、彌補虧損及提列股息、公積金外，對於全年工作並無

過失之勞工，應給與獎金或分配紅利。」

　　一般認為，年終獎金係雇主單方所為任意性、恩給性之給付，除非個案中存在有年終獎金請求依據的具體事實，否則勞工不得直接依 29 條請求年終獎金。例如臺北地院 92 勞簡上 16 號表示：「兩造聘用書約定薪資每年以十四個月計，有聘用書影本在卷可稽……兩造聘用書並未約定該二個月薪資之金額雇主可任意決定是否給付，是該兩個月薪資為上訴人依約固定必須給付之金額，為勞動條件之一部分，核與一般情形下，年終獎金為雇主為單方之目的所為任意性、恩給性之給付，尚屬有間。」

　　而上開所謂「得作為請求依據的具體事實」，除了勞資雙方直接約定14 個月的年薪外，學者也整理司法實務見解表示：「在爭議處理往來的資方存證信函中提及確有核發年終獎金，且已同意支付系爭勞工（臺高院93 年勞上易 28 號）、雇主在訴訟答辯過程中自承確實發放年終獎金（士林地院 93 勞簡上 4 號）、或企業內存在發放年終獎金的客觀制度，則基於平等待遇原則，所有勞工應該適用同一給付要件、基準……，勞工遭遇雇主差別待遇或無正當理由拒發年終獎金者，其所得請求之金額計算，一般係視個案狀況，按公司在同年度內發給年終獎金或已公告之給付標準（臺高院 91 勞上 47 號）；參照其他同仁之年終獎金領取狀況（士林地院92 勞簡上 14 號、同院 93 勞簡上 4 號）；或是參考公司歷年或近年來的年終獎金發放實情，來斟酌處理。」[226]

　　另外，對廠場實務上常見年終獎金之給與，以發放日期在職為必要之規定，桃園地院 90 壢小 220 號認為：「按依勞動基準法第 29 條之規定：……亦即事業單位依本條規定，如勞工於事業單位營業年度終了結算時在職，且當年度工作並無過失，即具領取年終獎金之要件，對符合上述

---

[226] 陳建文，勞基法第 29 條的適用爭議與規範功能 —— 基隆地院基隆簡易庭 98 基勞簡 19，臺灣法學雜誌，146 期，2010 年 2 月 15 日。

條件之勞工，事業單位即不可藉詞不予發給年終獎金。查本件原告二人均任職至 89 年營業年度終了之時，且當年度工作亦無過失，揆諸上開函文意旨，即具領取年終獎金之要件。被告雖以原告二人分別係在 90 年 1 月 9 日、10 日因資遣而離職，而年終獎金係於 90 年 1 月 20 日發放，依其公司工作規則第 2 條規定，即不得領取云云為抗辯，然此非但與年終獎金之性質、發放之目的有所不符，更與勞動基準法第 29 條規定之立法意旨相違背，自難認為可採。」（臺高院 99 勞上易 33 號、最高法院 103 台上 588 號略同）。

　　又司法實務除了上述有認為對年終獎金發放，不得以發放日期在職為條件的見解外，就公司法 235-1 條：「（I）公司應於章程訂明以當年度獲利狀況之定額或比率，分派員工酬勞。但公司尚有累積虧損時，應予彌補。（II）公營事業除經該公營事業之主管機關專案核定於章程訂明分派員工酬勞之定額或比率外，不適用前項之規定。（III）前二項員工酬勞以股票或現金為之，應由董事會以董事三分之二以上之出席及出席董事過半數同意之決議行之，並報告股東會。……。」規定，也有判決認為法條文字雖係「酬勞」但仍屬「員工分紅」性質，即：「104 年 5 月 20 日修正後公司法第 235 條之 1 第 1 項、第 3 項分別規定：『公司應於章程訂明以當年度獲利狀況之定額或比率，分派員工酬勞。但公司尚有累積虧損時，應予彌補』、『前二項員工酬勞以股票或現金為之，應由董事會以董事三分之二以上之出席及出席董事過半數同意之決議行之，並報告股東會』，考其增訂之立法理由為：『為降低公司無法採行員工分紅方式獎勵員工之衝擊，公司應於章程訂明以當年度獲利狀況之定額或比率，即參考第 157 條體例之定額或定率方式，合理分配公司利益，以激勵員工士氣，惟獲利狀況係指稅前利益扣除分配員工酬勞前之利益，是以一次分配方式，爰為第 1 項規定，並增列但書規定……』、『權衡人才與資金對企業經營的重要性及必要性，員工酬勞以現金發放或股票須經董事會特別決議通過，嗣

後並報告股東會並兼顧股東權益，爰於第 3 項明定」。足見員工酬勞分派係因公司經營獲利，基於獎勵該年度員工對公司貢獻，而將獲利分由員工共享之制度，仍屬於公司獲利後盈餘分派或員工分紅之性質。」嗣再比附勞基法 29 條而認為：「考之勞基法第 29 條之立法意旨，及前開說明，勞工於分派當年度在職，且全年並無過失，僱主自有依法給付之義務，故公司有關員工酬勞之分配不得違反公司法第 235 條第 1、2 項規定，另加該法條所無之限制。原證 5 之通知書，及被證 3 之承諾書，以原告需任職至一定時間之方式，並限制其分次領取，增加原告本無須負擔之義務，自與該法條規定之目的有違。又權利人於法律限制內，雖得自由行使其權利，但不得違反法令及公共利益，此乃權利社會化之基本內涵。故民法第 148 條就誠實信用原則加以規範，以確保在具體的權利義務關係間，依公平正義之方法實現權利之內容，避免當事人之一方犧牲他方之利益。原證 5 之通知書及被證 3 之承諾書，旨在『獎金取得之限制』及『員工離職權益之限制』，並附加原告不得於相當期限內離職之條件，增加原告於法律所未規定之負擔，且違反公司法上開規定之目的，自非合法。況以原告於簽署被證 3 承諾書時，為僱主與受僱人間不對等之地位等情，被證 3 承諾書所附之條件，顯係被告利用僱主優勢之地位所訂，違反契約正義，不合理剝奪法律所賦與受僱人之權利，應認所附之條件無效。」（新北地院 107 勞訴 175 號），對於事業單位以附加分派時仍在職為條件，欲藉此留才，也有不小影響，應注意後續發展。

第三項｜工資債權之保護規定

第一款　以法律明定未滿六個月部分之優先清償順位

依 104 年修正前之 28 條 1 項：「雇主因歇業、清算或宣告破產，本於勞動契約所積欠之工資未滿六個月部分，有最優先受清償之權。」可知為保障勞工之生存權，積欠工資未滿六個月部分，勞工得主張優先權，至

於超過六個月部分，則與一般債權相同而參加分配，此所以一方面符合勞基法「最低基準」之目的，一方面兼顧其他債權人之利益。不過積欠工資情形不一而足，而本條則只限於雇主「歇業、清算或宣告破產」方有適用，至於其他原因積欠工資，則可透過上述 27 條，或是運用 14 條 5 款，不經預告終止勞動契約，同時請求積欠工資以及資遣費。

　　只是本條雖然規定「最優先受清償之權」，而使勞工之部分工資債權優先於一般債權人，但因為並沒有像海商法 24 條 2 項，就船長、海員及其他在船上服務之人員，本於僱傭契約所生之債權等海事優先權，明文訂有「前項海事優先權之位次，在船舶抵押權之前。」因此得否優先於抵押權而先受清償，則有爭議。惟依學者研究[227]：本條文之內政部草案原文為「雇主因歇業……未滿六個月部分，有優先於抵押權受償之權」，然而引起工商界之反彈，從而在有礙企業融資及保障勞工生存間，兩派見解爭論不下，而於立法時將「優先於抵押權受償」改為「有最優先受償之權」，且內政部 74 年台內勞字 294903 號函亦表示：「……其優先順位除法律另有規定外，僅次於抵押權，優先於其他一切債權受償。」認為本條所謂之最優先受償權仍然次於抵押權。

　　上開規定及見解經關廠工人連線等勞工運動數年努力，促成 104 年 2 月 4 日修正公布 28 條 1 項（本項規定自公布後八個月施行）為：「雇主有歇業、清算或宣告破產之情事時，勞工之下列債權受償順序與第一順位抵押權、質權或留置權所擔保之債權相同，按其債權比例受清償；未獲清償部分，有最優先受清償之權：一、本於勞動契約所積欠之工資未滿六個月部分。二、雇主未依本法給付之退休金。三、雇主未依本法或勞工退休金條例給付之資遣費。」（同條 2 項 2 款：「前項第二款與第三款積欠之退休金及資遣費，其合計數額以六個月平均工資為限。」）亦即於本條文生效後上開三款勞工債權將與第一順位抵押權等物權比例受清償，而未能

[227] 林振賢，新版勞動基準法釋論，157 頁下，1994 年 6 月，著者發行。

完全受清償部分，則有最優先受清償權（應是優先於其他債權）。

只是 28 條固然明文：本於勞動契約所積欠之工資未滿六個月部分。但施行細則 15 條卻規定：「本法第二十八條第一項第一款所定積欠之工資，以雇主於歇業、清算或宣告破產前六個月內所積欠者為限。」即以宣告破產等時間回推六個月，則不但使歇業之時間點認定相對重要，似亦與母法有所牴觸。

第二款　設立積欠工資墊償基金

因為雇主一旦有歇業、清算或宣告破產等情形，大多已經負債累累，因此勞工縱算有前述之最優先受償權，實際上也難以得到清償。因此在 28 條 2 項等條文，另外設有積欠工資墊償基金之規定，大略如下：

一、雇主應按其當月僱用勞工投保薪資總額及規定之費率（由中央主管機關於萬分之十五範圍內擬訂，報請行政院核定之），繳納一定數額之積欠工資墊償基金，作為墊償積欠工資之用。積欠工資墊償基金，累積至規定金額後，應降低費率或暫停收繳。

二、已提繳本基金之雇主，於其所積欠勞工：（一）本於勞動契約所積欠之工資未滿六個月部分；（二）未依勞基法給付之退休金、未依勞基法或勞工退休金條例給付之資遣費（本部分合計數額以六個月平均工資為限／28 條 2 項 2 款），經勞工請求未獲清償者，由積欠工資墊償基金墊償之。不過雇主應於規定期限內，將墊款償還積欠工資墊償基金（關於以上墊償基金之金額、墊償程序、收繳與管理，目前訂有「積欠工資墊償基金提撥及墊償管理辦法」）。

三、積欠工資墊償基金，於勞委會時期設有積欠工資墊償基金管理委員會負責管理。惟改制勞動部後自 103 年 2 月 17 日起，積欠工資墊償基金收繳、墊償業務，改由「勞動部勞工保險局」管轄；積欠工資墊償基金投資及運用業務，則改由「勞動部勞動基金運用局」管轄。

　　因為在勞工請領積欠工資墊償基金時，需附雇主積欠工資證明（由雇主發給或向法院聲請支付命令），然而在雇主已經歇業之情形下，通常已行蹤不明，勞工甚難取得此種證明，此時由當地主管機關依「地方主管機關辦理核發事業單位歇業事實之證明文件應行注意事項」為事實上歇業認定，於必要時可交由該管社政機關會同建設機關實地查證，再由該機關開具證明文件（內政部 75 台內勞字 430091 號），亦可由勞工提起司法訴訟取得雇主積欠工資之確定判決，充為證明文件申請墊償。

　　至於勞工無法取得雇主積欠工資之金額證明，查證單位亦無法取得有關資料以供查證積欠工資之始期、期間及金額時，主管機關認為此時可不予墊償（76 台內勞字 458365 號）。

第三節　以「工資為計算基礎」的保護規定

第一項｜超時工作之工資計算

　　為避免歷史上因工時過長所產生的種種負面影響，勞基法除了首先設定最高時數的法定正常工時外，另外也藉由工會或勞資會議協商程序規定，冀望以集體勞工力量，參與延長工時工作的決定而制衡雇主（32條），並輔以雇主應給付延長工時工作的加成工資設計，做為對勞工的勞累，以及因延長工時工作而犧牲家庭與社會生活之補償，同時也以此種增加成本之方式，抑制雇主對延長工時的運用。

　　關於延長工時工作的加成工資計算（即加班費）規定，主要者為 24條的平日和休息日加班費，39 條的休假日加班費和 40 條天災、事變的加班規定。只是立法者固然明確訂立各種型態加班之加班費，但廠場實務上除有一般性作法外，另有每月固定時數加班費或以補休取代加班費之型態，茲簡述相關問題如下。

第一款　平日與休息日延長工時之工資計算

平日和休息日加班費計算規定依 24 條：「（I）雇主延長勞工工作時間者，其延長工作時間之工資，依下列標準加給：一、延長工作時間在二小時以內者，按平日每小時工資額加給三分之一以上。二、再延長工作時間在二小時以內者，按平日每小時工資額加給三分之二以上。三、依第三十二條第四項規定，延長工作時間者，按平日每小時工資額加倍發給。（II）雇主使勞工於第三十六條所定休息日工作，工作時間在二小時以內者，其工資按平日每小時工資額另再加給一又三分之一以上；工作二小時後再繼續工作者，按平日每小時工資額另再加給一又三分之二以上。」規定，條文所謂「平日每小時工資」是指：延長工作當日正常工作時間內所得的工資，除以當日正常工作之時間。在月薪制者，如果沒有特別約定，則於確定月薪資總額後，除以 30 再除 8 即得時薪（亦即在每月 30 天的每日正常工時 8 小時，都有基礎時薪，而其餘時間內沒有）。

而在工資的內涵範圍上，則仍應回歸前述工資之定義加以認定。只是在企業實務上，對於工資內涵範圍雖然有純粹採取每月固定工資數額者，但也常有在固定工資外再加上論件酬金、計件累積獎金等浮動工資者，而此類浮動工資也可能在延時工作時發生，且不易與正常工時內產生者加以區別（例如，客運司機延時工作時之載客獎金，實務上如何將乘客上車所給付之現金車資，區分為正常工時或延時工時所發生者，有事實上認定困難），又此所謂「平日每小時工資」之「平日」，實務上又認為是「延時工作之當日」，因此如果雇主長期未依法給付，則勞工於實際計算平日每小時工資之單價時，常生困擾。

於算出時薪後，雖然依 24 條 1 項：「雇主延長勞工工作時間者，其延長工作時間之工資，依下列標準加給：一、延長工作時間在二小時以內者，按平日每小時工資額加給三分之一以上……。」文義，加班費計算似應為「時薪＋時薪的三分之一等倍數」，而與該加班時段內是否已經有基

礎時薪無關。不過，勞動部認為：

在沒有基礎時薪時數內（例如平日第9小時起算加班），是以「時薪＋時薪三分之一倍」等數額計算，如以月薪36,000元為例，其時薪為150元（36,000÷30÷8），則平日第9小時起算加班之前兩小時每小時加班費為200元（150＋50），第11小時後每小時之加班費是以「時薪＋時薪三分之二倍」，即為250元（150＋100）。而在有基礎時薪的時數內加班費，則僅為「時薪×1/3等倍數」。例如，在未制訂休息日加班費明文時，雖然仍適用24條1項1、2款平日加班算法，但是前2小時的加班之每小時加班費為50元（150×1/3），第3小時以後之加班費，則每小時為100元（150×2/3）。

因此才於106年施行增訂24條2、3項之休息日加班費新法為：「（II）雇主使勞工於第三十六條所定休息日工作，工作時間在二小時以內者，其工資按平日每小時工資額『另再加給』一又三分之一以上；工作二小時後再繼續工作者，按平日每小時工資額另再加給一又三分之二以上。（III）前項休息日之工作時間及工資之計算，四小時以內者，以四小時計；逾四小時至八小時以內者，以八小時計；逾八小時至十二小時以內者，以十二小時計。」規定，並加說明：「（1）休息日工作1小時，以半日4小時計，應另再加給900元（計算方式：150×1又1/3×2＋150×1又2/3×2＝900），當月工資合計36,900元。（2）休息日工作6小時，以8小時計，應另再加給1,900元（計算方式：150x1又1/3×2＋150×1又2/3×6＝1,900）當月工資合計37,900元。（3）休息日工作10小時，以12小時計，應另再加給3,500元（計算方式：150×1又1/3×2＋150×1又2/3×6＋150×2又2/3×4＝3,500）當月工資合計39,500元。」[228]

---

[228] 引自勞動部網站，http://www.mol.gov.tw/service/19851/19852/19861/30631/，查詢日：2017年2月10日。

　　其次，在 107 年 3 月 1 日施行再修正 24 條前，休息日加班固然依 24 條 3 項是以每 4 小時為 1 單位（未做滿 4 小時，仍以 4 小時計），但此時產生如果勞資雙方約定休息日加班時數後，勞工在未做滿約定時數前依法請假，是否仍應以 4 小時為單位計算加班費問題。就此，勞動條 2 字 1050133150 號函表示：「勞工同意於休息日出勤工作，而因故未能依約定時數履行勞務時段，除依勞動基準法第 39 條工資照給外，可按其原因事實依相關法令規定請假，當日出勤已到工時段之工資應先按同法第 24 條規定計算，請假時段再按休息日加成後工資之標準，依勞工請假規則等各該法令辦理。」其後自 107 年 3 月 1 日以後，因為 24 條 3 項已經刪除，故勞動部另以勞動條 2 字 1070130381 號函廢止上開函釋，不過新函釋重點只在強調，休息日加班係核實計算加班時數，不再有以 4 小時為 1 單位而已，至於勞工自始未到工或到工後未能依約定時數工作之時段，除經勞雇雙方協商解除休息日之出勤義務者外，仍同前述，即勞工可按其原因事實依勞工請假規則等各該法令規定請假，舉例而言：月薪新臺幣 36,000 元之勞工，其平日工資額為 1,200 元、平日每小時工資額為 150 元，雇主經徵得該名勞工同意於休息日出勤工作，並已約定該日出勤工作 8 小時，惟勞工於工作 5 小時後，因身體不適請病假 3 小時，除當日工資（1,200 元）照給外，該日出勤之延長工作時間及工資計算如下：因勞工僅實際工作 5 小時，得以 5 小時計入延長工作時間總數；至工資計算如下：（150 × 1 又 1/3 × 2 + 150 × 1 又 2/3 × 3）+（150 × 1 又 2/3 × 3）× 1/2（因病假半薪）= 1,150 + 375 = 1,525 元。

　　除卻前述條文解讀疑義外，雖然休息日及其加班費計算是因為縮減週總工時為 40 小時後，才修法產生，不過在適用範圍上勞動部表示：「1. 凡適用勞動基準法之事業單位，其僱用之勞工（包括工讀生、部分時間工作者等）均受該法保障。部分工時勞工如於法定休息日出勤工作，即使當週正常工作時間未達 40 小時，仍應依休息日出勤工資加給標準計給

工資。2. 舉例而言：早餐店打工族，時薪 150 元，每週固定出勤 6 天，每天工作 3 小時，雖然一週只出勤 18 小時，未達法定正常工作時數 40 小時的上限，但依法令規定，第 6 天出來工作，當日仍必須依照休息日之加班費標準計給當日工資。3. 計算方式：休息日工作 3 小時，以 4 小時計，當日應給付之工資為 900 元（計算方式：150×1 又 $1/3 \times 2 + 150 \times 1$ 又 $2/3 \times 2 = 900$）。」

雖然，上述勞基法之延時工資計算為強制規定，適用勞基法行業皆應遵行，但是新北（板橋）地院 98 勞訴 152 號，基於法律經濟分析之立場表示：「3. 苟採取延長工時工資必須按時間比例計算，否則，即應視為正常工作時間工資之見解，則司機於可以儘早抵達目的地之情況下，因延長工時之工資較正常工時工資為高，將會誘使司機放慢駕駛速度以獲取較高之工資，徒然使可以較早抵達目的地之乘客浪費不必要之時間於乘車上，且業者亦無法獲取司機較早抵達目的地而支付較少延長工時工資之利益，可謂係三輸之局面。此即為客運業者何以不會因司機超時工作之時間較短即減少其延長工時工資之主要原因，蓋司機無論花多少時間完成一趟路線之駕駛，原則上對於客運業者之經濟效用均屬相同，而無論司機超時工作之時間為若干均給予相同之工資，卻可誘使司機儘早抵達目的地，並使乘客獲得更大程度之滿足，可謂係三贏之局面。再者，路況瞬息差異甚大，雖客運業者指派予司機駕駛之路線原則上預計需超過正常工作時間始能完成，但偶而仍可於正常工作之時間內完成，如本件原告於正常工作時間內完成之例即達 4.25%，惟比例甚低，又屬例外之情形，自不能因此比例甚低且又屬例外之情形，即否認被告給付予原告之延長工時給付非屬勞動基準法第 24 條所規定之延長工時工資。否則，僅因有上開比例甚低且又屬例外之情形存在，即採取否認被告延長工時給付係屬勞動基準法第 24 條所定之延長工時工資之見解，無異強迫客運業者命令早於預計時間抵達之司機，再於車站待命至超過正常工作時間為止。類此不符生活經

驗之形式邏輯推論見解，將使原本可正常運作之企業合理經營措施陷入崩解之窘境，並產生令人錯愕之結果，實為法律對於企業合理經營措施之無理介入，斷無採信之理。4. 再者，勞動基準法第39、36條所規定例休假日之工資，於勞工在例休假日工時之時數在8小時以內者，均係加發1日之工資，而非按工作時數之比例加發工資……，蓋無論勞工於例休假日工作之時數為若干，均已失例休假日可得休息之意義，因此，不能以例休假日工資未按工作時數比例計算即認定其係屬平日工資。就客運業者而言，於司機超時工作之場合，只要司機駕駛之路線相同，即會給予相同且固定之加班費，而未再就超時工作之時間評價，蓋無論司機超時之工作時間為若干，對於客運業者而言，原則上不具有經濟上之重要意義，只要客運業者給予之延長工時工資優於勞動基準之規定，即應容許對此種不按超時工作時間長短均一律給予相同延長工時工資之設計。否則，如認未按超時工作時間長短計算加班費即非延長工時工資，豈非謂未按例休假日工作時數計算加班費，亦可認雇主未給予例休假日工資，其理乖謬至極，顯不足採。」即認為加班費不按延時之工作時間長短，一律給付相同之延長工時工資做法，應無牴觸勞基法。

第二款　假日延長工時之工資計算

關於假日加班費計算規定有39條：「第三十六條所定之例假、休息日、第三十七條所定之休假及第三十八條所定之特別休假，工資應由雇主照給。雇主經徵得勞工同意於休假日工作者，工資應加倍發給。因季節性關係有趕工必要，經勞工或工會同意照常工作者，亦同。」及40條：「（I）因天災、事變或突發事件，雇主認有繼續工作之必要時，得停止第三十六條至第三十八條所定勞工之假期。但停止假期之工資，應加倍發給，並應於事後補假休息。（II）前項停止勞工假期，應於事後二十四小時內，詳述理由，報請當地主管機關核備。」等規定。首先除應注意，此

兩條文所稱加倍發給，係指除依同條規定當日工資照給外，再加發該實際從事工作之休假日內應得工資而言（73 台內勞字 256453 號函），且主管機關對於假日加班未滿 8 小時者應如何給付加班費，以及當日第 9 小時以後之加班，又有不同函釋，稍顯複雜，略述如下：

一、天災、事變等停止假期工作

因天災、事變或突發事件，雇主認有繼續工作之必要，而依 40 條 1 項規定停止 36 條（例假日）、37 條（休假日）、38 條（特休假日）條所定勞工之假期時，應依同條但書加倍發給工資，並於事後補假休息。就此台 83 勞動一字 102498 號函表示：「勞動基準法第三十九條及第四十條規定，勞工於假日工作時，工資應加倍發給。所稱『加倍發給』，係指當日工資照給外，再加發一日工資。此乃因勞工於假日工作，即使未滿八小時，亦已無法充分運用假日之故，與同法第三十二條延長每日工資應依第二十四條按平日每小時工資額加或加倍發給工資之規定不同。」又「因天災、事變或突發事件，雇主依勞動基準法第四十條規定停止勞工例假、休假及特別休假時，停止假期之工作時間，包括延時工作工資皆應加倍發給，並於事後補假休息。」（75 台內勞字 434652 號函）。亦即未滿 8 小時仍以 8 小時計，超過 8 小時後，則以時薪加倍計算。

二、一般情形之休假日工作

一般情形之休假日工作，實務操作大致同上，即未滿 8 小時以 8 小時計算而加倍發給 1 日工資，只是在第 8 小時之後的加班，則依 24 條 1 項計算，而與上開計算有所不同。此係 87 台勞動二字 039675 號函表示：「勞動基準法第三十九條規定……。所稱『加倍發給』，係指假日當日工資照給外，再加發一日工資，此乃因勞工於假日工作，即使未滿八小時，亦已無法充分運用假日之故，……。至於勞工應否延長工時或於休假日工作及該假日須工作多久，均由雇主決定，應屬於事業單位內部管理事宜，

尚難謂有不合理之處。故勞工假日出勤工作於八小時內，應依前開規定辦理；超過八小時部分，應依同法第二十四條規定辦理。」

三、一般情形之特別休假日工作

以上關於天災、事變的停止假期加班及一般情形休假日加班，均為未滿 8 小時以 8 小時計算，但在一般情形之特別休假日加班時，主管機關在前述函釋後又區分情形處理而表示：「勞動基準法第 38 條規定之特別休假，事業單位得否以半日為給假單位，得由勞資雙方協商，若合意以半日實施，縱經勞工同意於該半日出勤，不論其出勤時數，雇主均應依同法第 39 條規定，加倍發給半日之工資。」（勞動條 2 字 1050130162 號），亦即事業單位之特別休假如係以「半日」實施者，則加班「未滿半日」時，加倍發給半日之工資而非一日，至於超過 8 小時部分，仍依 24 條 1 項計算。

四、小結

綜上整理可見，實務操作略顯混亂，即對於天災、事變的停止假期加班及一般情形休假日加班，均為未滿 8 小時以 8 小時計算，但在一般情形的特別休假日加班，則區分事業單位是否以半日為單位而有不同。且在當日加班 8 小時後再延長工作，只有依 40 條加班之情形是加倍計算，至於其他則仍回歸 24 條 1 項計算。

另外，在一般情形加班，雖然在正常工時 8 小時後不得再超過 4 小時，但如違法超時工作，加班費的倍數為何？就此，實務上皆以繼續加班第 4 小時的方式，即時薪的 2/3 倍計算。但是 24 條 1 項 2 款僅規定：「再延長工作時間在二小時『以內』者，按平日每小時工資額加給三分之二以上。」對於再延長 2 小時之外其實並無規定，如基於延長工時應加成計算工資，以壓抑雇主加班請求，其立法目的在於保護勞工健康，及使其有適當家庭、社會生活，故立法上有 1/3、2/3、2 倍之逐步加給，並以 2 倍加成工資為最高限制原則，則平日加班之違法超時部分，似應以法無明文而

類推適用假日加班即 39 條規定，以時薪加倍計算較為合理，而不應僅以 2/3 倍計算。

第三款　以補休代替加班費之合法性

一、勞基法施行後至 107 年 2 月 28 日前主管機關與法院見解

　　雖然勞工在延長工時後依上述法條取得延長工時工資（即加班費）請求權，但部分企業為減少現金支出等因素，而以事後補休代替上述加班費。對此，當時勞基法並無明文，而主管機關先分別以 79 台勞動二字 22155 號：「雇主依勞動基準法第 32 條第 1 項規定延長勞工工作時間，應發給延時工資……；至於勞工於延長工作時間後，如同意選擇補休而放棄領取延長工資，固為法所不禁，惟有關補休標準等事宜亦當由勞雇雙方自行協商決定。」及 87 台勞動二字 037426 號函：「查勞動基準法第 39 條規定勞工於休假日工作，工資應加倍發給……。勞工於休假工作後，勞雇雙方如協商同意擇日補休，為法所不禁。但補休時數如何換算，仍應由勞雇雙方協商決定。」認為得以補休取代平日與休假日加班費，且加班時數換算補休標準由勞資自行協商。嗣於見部分企業和勞工以事先一次性的加班換補休約定，來取代每次協商時，再以 98 勞動 2 字 0980011211 號表示：「勞雇雙方不得約定於延長工時事實發生前一次向後拋棄其延長時工資請求權；至勞工延長工作時間後，勞工可個別同意選擇補休而放棄領取延長工時工資，且勞雇雙方如就延時工資請求權是否經勞工拋棄有所爭議，應由雇主舉證。」之立場；又於 106 年勞基法 36 條增訂休息日後，以勞動條 2 字 1060130937 號針對休息日加班之加班費是否可以補休替代表示：「二、至勞工於休息日出勤工作『後』，如欲選擇補休，尚為法所不禁，惟勞雇雙方應在不損及勞工權益及不影響雇主人力因應之前提下，就補休標準、補休期限及屆期未休完之時數如何處置等事項，妥為約定。」

　　簡單說，此一時期主管機關的立場為：在每次平日、休假日、休息日之「加班事實發生後」，雇主得由勞工選擇領取加班費或是補休，再與選擇補休之個別勞工協商補休時數、補休期限及屆期未休完時數如何處理（主管機關並未限制不得約定，未在期限補休完得消滅）之方式，而取代法定加班費，且似認其法律性質為勞工拋棄加班費請求權。

　　只是，加班換補休其重點在於交換，因此法律性質上是否為勞工拋棄加班費請求權，或有疑義。有認為，此時應係勞工於取得金錢債權後與雇主合意為給付之變更，即以他種給付（補休）代替原定給付（金錢債權），而此時之法律性質為民法 320 條：「因清償債務而對於債權人負擔新債務者，除當事人另有意思表示外，若新債務不履行時，其舊債務仍不消滅。」即在勞工尚未能實際換休 前，原金錢債權仍在，較不影響勞工權益[229]。

二、107 年 3 月 1 日以後施行增訂 32-1 條使補休明文化

　　針對加班費請求權換補休的操作疑義，繼上開函釋後，於 107 年 3 月 1 日施行增訂 32-1 條為：「（I）雇主依第三十二條第一項及第二項規定使勞工延長工作時間，或使勞工於第三十六條所定休息日工作後，依勞工意願選擇補休並經雇主同意者，應依勞工工作之時數計算補休時數。（II）前項之補休，其補休期限由勞雇雙方協商；補休期限屆期或契約終止未補休之時數，應依延長工作時間或休息日工作當日之工資計算標準發給工資；未發給工資者，依違反第二十四條規定論處。」勞動部並以勞動條 2 字 1070130229 號函釋示，自 107 年 3 月 1 日起廢止前開勞動條 2 字 1060130937 號、98 勞動 2 字 0980011211 號等函，而使往後皆依新法為衡。而論理上加班換補休，或許首先要處理的是可以換休的範圍，其次才

---

[229] 陳金泉，「工作與休息制度變革：一例一休與特別休假」研討會會議手冊，208 頁（陳律師擔任評論人之書面評論），台灣勞動法學會、台灣法學雜誌主辦，2017 年 4 月 7 日。

是何時協商，及協商時有無最低標準、補休如何行使與補休期限等事項，略析如下：

（一）　得協商以加班費請求權換補休之範圍

因為工時規定相當複雜（正常工時、彈性工時，工時帳戶制等）且加班的型態多樣（平日加班及一般原因與特殊原因的例休假、休息日之加班等），而從 32-1 條 1 項之文字來看，本文認為是否每種加班後都可換補休仍有疑義，但主管機關見解似乎甚為廣泛，分述如下：

1. 主管機關見解似乎每一型態之加班皆可換補休

勞動部 107 年 9 月 26 日勞動條 2 字 1070131255 號函：「

主旨：所詢雇主經徵得勞工同意於勞動基準法（以下簡稱本法）第 39 條所定休假日出勤工作後，或因天災、事變或突發事件，雇主依本法第 32 條第 4 項及第 40 條規定，使勞工出勤工作後，勞工得否選擇補休等相關規定疑義，復請查照。

說明：……二、查雇主依本法第 32 條第 1 項及第 2 項規定使勞工延長工作時間，或使勞工於第 36 條所定休息日工作後，依勞工意願選擇補休並經雇主同意者，始依本法第 32 條之 1 規定辦理。三、至所詢雇主經徵得勞工同意於本法第 39 條所定休假日出勤工作後，或因天災、事變或突發事件，雇主依本法第 32 條第 4 項及第 40 條規定，有使勞工出勤工作後，勞工如欲將出勤之工資選擇為補休，尚為法所不禁，惟勞雇雙方應在不損及勞工權益及不影響雇主人力因應之前提下，就補休標準、補休期限及屆期未休完之時數如何處置等事項，妥為約定。四、勞工於出勤工作後，如未有選擇補休之意思表示，雇主仍應依法給付出勤工資。凡雇主片面規定勞工於出勤後僅能選擇補休，即不符本法規定。至勞雇雙方如就出勤工資之請求權有所爭議，應由雇主負舉證責任。五、另本部改制前行政院勞工委員會 87 年 8 月 31 日台勞動 2 字第 037426 號函，並未停止適

用，併予澄明。」[230]

2. 由 32-1 條文義來看，加班換補休之範圍應有限制

（1）32 條 1、2 項 —— 合法延長工作時數範內，可以補休取代加班費請
求權

可以加班換補休者，規定於 32-1 條 1 項：「雇主依第三十二條第一
項及第二項規定使勞工延長工作時間，或使勞工於第三十六條所定休息日
工作後，依勞工意願選擇補休並經雇主同意者，應依勞工工作之時數計算
補休時數。」除休息日工作下段另述外，其中 32 條 1、2 項之規定為：
「（I）雇主有使勞工在正常工作時間以外工作之必要者，雇主經工會同
意，如事業單位無工會者，經勞資會議同意後，得將工作時間延長之。
（II）前項雇主延長勞工之工作時間連同正常工作時間，一日不得超過
十二小時；延長之工作時間，一個月不得超過四十六小時，但雇主經工會
同意，如事業單位無工會者，經勞資會議同意後，延長之工作時間，一個
月不得超過五十四小時，每三個月不得超過一百三十八小時。」簡要說，
32 條 1 項是延長工時的程序上合法規定，而 2 項是在設定每日、每月的
合法延長工作時數的上限。

亦即，既然條文已明定必須具備 32 條 1、2 項才得加班換補休，則
反面解釋，若未經 32 條 1 項的程序而加班，似應不得加班換補休（只是
此種解釋影響層面甚廣，因為大部分的小型、微型企業並沒有遵守 32 條
1 項的勞資會議同意等程序規定）。至於 32 條 2 項是合法延長工時的上
限規定，因此解釋上應該是在合法範圍內的延長工時方適用本條加班換

---

[230] 本號函釋係勞動部回復臺北市政府勞動局之函文，未公開發布，經筆者與主管機關確認有
此函號。只是本號函釋所引台勞動 2 字 037426 號函之內容為：「查勞動基準法第三十九
條規定勞工於休假日工作，工資應加倍發給，至於勞工應否於休假日工作及該假日須工作
多久，均由雇主決定，應屬於事業單位內部管理事宜。勞工於休假工作後，勞雇雙方如協
商同意擇日補休，為法所不禁。但補休時數如何換算，仍應由勞雇雙方協商決定。」然而
所謂休假日勞工應否工作，均由雇主決定，以及所謂補休時數如何換算，仍應由勞雇雙方
協商決定，從現行法看來似乎有些疑問。

補休，超出合法範圍之加班則不得換補休。而問題在於什麼是延長工時？又如何型態的延長工時應將其時數計入 32 條 2 項的每日每月加班總時數內。就此：

所謂「延長工時」，依施行細則 20-1 條是指：未實施彈性工時者，每日工作時間超過 8 小時或每週工作總時數超過 40 小時之部分；依勞基法 30 條 2、3 項或 30-1 條 1 項 1 款實施彈性工時者，則指超過變更後工作時間之部分；以及勞工於休息日工作之時間。

至於如何型態的延長工時應計入每日每月加班總時數內，除平日正常工時後之加班應加入外，如整理主管機關 89 台勞動二字 0041535 及 0910010425 號函，其見解應為：1. 不計入第 32 條第 2 項所定每日、每月加班總時數範圍內者有：（1）因天災、事變或突發事件，依第 40 條規定停止勞工假期而延長工作（不論是否每日正常工時 8 小時內）；（2）依第 39 條經徵得勞工同意於休假日（含第 37 條休假及第 38 條特別休假）之正常工作時間工作；（3）非因第 40 條原因停止勞工第 36 條所定例假而於正常工時工作之部分；2. 需計入第 32 條第 2 項所定每日及每月加班總時數範圍內者有：（1）依第 39 條，經徵得勞工同意於休假日工作而超過當日正常工時者；（2）非因第 40 條原因停止勞工第 36 條所定例假工作而超過 8 小時之部分。

綜上，既然 32 條 2 項是指每日、每月合法的延長工時之時數範圍，又應計入法定範圍延長工時之時數如上述，因此可以換補休者應該是指 ① 未實施彈性工時亦未實施工時帳戶制時：平日、休假日、特別休假日的正常工時後 4 個小時內之加班（即連同正常工時 1 日不超 12 小時），且每月不超過 46 小時部分；非因 40 條原因停止勞工 36 條所定假期而工作之時數部分；休假日、特別休假日於正常工時外的 4 小時範圍內延長工時部分。② 未實施彈性工時但實施工時帳戶制時：平日、休假日、特別休假日的正常工時後 4 小時內之延長工時，且每月不超過 54 小時，每三

個月不超出 138 小時之部分;非因第 40 條原因停止勞工第 36 條所定例、休假而工作之部分;休假日、特別休假日於正常工時外的延長工時部分。③ 實施彈性工時但未實施工時帳戶制者:超過變更後工作時間之部分(如 2 週彈性工時超過每日正常工時 10 小時後),且 1 日不超過 12 小時,每月不過 46 小時部分;非因第 40 條原因停止勞工第 36 條所定例、休假而工作之部分;休假日、特別休假日於正常工時外的延長工時部分。④ 實施彈性工時且實施工時帳戶制者:超過變更後工作時間之部分(如 2 週彈性工時超過每日正常工時 10 小時後),且 1 日不超過 12 小時,每月不超過 54 小時,每三個月不超過 138 小時部分;非因第 40 條原因停止勞工第 36 條所定例、休假而工作之部分;休假日、特別休假日於正常工時外的延長工時部分。

(2)36 條休息日之加班,可以補休取代加班費請求權

雖然 32-1 條 1 項將休息日工作列入可以加班換補休者,但是因為 36 條 3 項已經明定,除天災、事變等外,雇主使勞工於休息日工作之時間,計入 32 條 2 項所定延長工作時間總數(施行細則 20-1 條 2 款也明定,勞工於本法第 36 條所定休息日工作之時間,係屬延長工時)。所以,依據上述只要是在合法加班時數範圍內的休息日加班應該已同受規範,可以加班取代補休,而 32-1 條 1 項再將之明文,其含義如何,仍待思量。

(3)不適用 32-1 條加班費請求權換補休規範者

除了上述外,既然 32-1 條 1 項是規定每日、每月的合法延長工作時數的範圍得加班換補休,則反面推論應為,如超出每日、每月法定總加班時數限制的不合法延長工時,即不能加班換補休。例如,1 日內加班連正常工時超過 12 小時部分,未實施工時帳戶制而一個月內加班超過 46 小時部分,實施工時帳戶而一個月內加班超過 54 小時、每三個月超過 138 小時部分,即不得以加班換補休。

　　且本文認為，加班換補休固然給予勞資彈性，但主要者大多在於資方的現金考量。因此合法依據 40 條停止例假者，應加倍計算工資並補假休息，且不得加班換補休。則如無 40 條所訂事由而於例假日違法加班，固然應計入法定加班時數範圍內，但解釋上應該類推 40 條加倍計算工資並補假休息，且不在本條得換休範圍內。

　　另本次修法後或有認為，既無任何法律明文禁止勞雇雙方援用民法第 319 條代物清償（債權人受領他種給付以代原定之給付者，其債之關係消滅）之規定，合意約定以補休代替加班費金錢債權，因此不條文範圍內的例、休假部分，勞資雙方間仍有本於民法第 319 條代物清償之規定，由勞雇雙方於延長工時事實發生後合意約定換補休之可能。不過司法解釋是在尋求立法者之意思，或是在尋求一個符合社會運作意思，固然各有支持者。但是對於新近的立法，如無堅強理由，或應尊重立法原意。申言之，107 年之修法既然已明文規定得以補休取代加班費之範圍，則除非在立法理由中也提及例、休假日之加班也得換補休，僅因立法文字疏漏而未明文，方得再將之納入得換休範圍，否則或應認為依明示其一排除其他之解釋，不得再執民法規定認為不在法條範圍內之休假日、例假日等加班皆得以補休取代加班費。

（二）加班換補休之程序

　　即然 32-1 條 1 項文義為：「雇主依……使勞工工作『後』，『依勞工意願選擇補休』並經雇主同意者……。」則解釋上應仍係雇主得於勞工每次加班後，由勞工選擇是領取加班費或是補休，不得為一次性之事先約定。其次，也因為條文明定「勞工工作後」、「依勞工意願選擇」，因此司法實務上曾出現承認得以考勤辦法等工作規則做為加班只能補休依據之見解（如臺高院 95 勞上易 82 號），於本次修法後似不應再予參酌。

（三）加班費請求權換補休之最低換算標準

32-1 條 1 項文義為「依工作時數計算補休時數」，對此主管機關表示：「……如果勞工有意願選擇補休，並經過雇主同意後，可以將加班的工作時數換成補休的時數。」[231] 是用 1 比 1 來換算。但有認為勞基法中有關工時等勞動條件，是國家課予雇主之強行規定，自不得以勞雇雙方合意來免除雇主之公法上義務，且本條立法說明中並未提及加班換補休是 1 比 1，而且 32-1 條 1 項文義並非「以勞工之工作時數計算補休時數」，而是「依」勞工之工作時數「計算」補休時數，則應解釋為加班後應依工作時數而據 24 條 1、2 項計算法定加班費加成額度，再憑之計算成補休時數[232]。

（四）補休行使與期限

依施行細則 22-2 條 1 項：「本法第三十二條之一所定補休，應依勞工延長工作時間或休息日工作事實發生時間先後順序補休。補休之期限逾依第二十四條第二項所約定年度之末日者，以該日為期限之末日。」

亦即，關於多次加班後補休時數的行使，是採應先補休較先的加班時數之先進先出方式；另外，關於補休並無如同 38 條 2 項特別休假排定權在於勞工之規定，因此補休日期仍須協商決定；至於補休期限依 32-1 條 2 項規定由勞雇雙方協商（勞動部認為：得一次性為原則上約定，無須逐次協商），但最後期限不得超過施行細則 24 條 2 項，勞雇雙方就特別休假所約定的週年制、曆年制、會計年度、學年度或勞雇雙方約定年度的期限內（即加班換補休期限不得超過特休的年度期限）。例如，勞工於 3 月 9 日加班，勞雇雙方約定六個月內補休完，則應該在 9 月 9 日前休完。但若勞工於 8 月 9 日加班，公司就特休採曆年制，雖雙方約定加班換補休應於

---

[231] 勞動部首頁 → 業務專區 → 勞動基準法修法專區 → 疑義說明 → 勞動基準法修法常見問答集，查詢日：2020 年 3 月 23 日。

[232] 邱駿彥，加班費換補休，真的可以約定成 1 比 1 計算嗎？，2018 年 2 月 4 日臉書發文。

半年內休完,而可到次年 2 月 9 日休完,但依上開施行細則規定,雇主必須讓勞工在 12 月 31 日前休完,否則要發給加班費。

(五) 補休期限屆期仍未休畢時,應發給加班費

至於補休期限屆期或勞動契約終止仍未休畢時,應依據何種標準及在何時發給工資之問題。標準部分:依 32-1 條 2 項中段「補休期限屆期或契約終止未補休之時數,應依『延長工作時間或休息日工作當日之工資』計算標準發給工資」規定,是以加班當日之法定倍數計算發給。而何時應發給,則依施行細則 22-2 條:「(II)前項補休期限屆期或契約終止時,發給工資之期限如下:一、補休期限屆期:於契約約定之工資給付日發給或於補休期限屆期後三十日內發給。二、契約終止:依第 9 條規定發給。」又勞工依勞基法 32-1 條主張權利時,雇主如認為其權利不存在,應負舉證責任(施行細則 22-2 條 3 項)。

第四款　加班最小單位與每月固定時數加班費之合法性

廠場實務上,除了依上開條文於勞工實際加班後,給付加班費或使勞工補休外,也有事業單位規定加班以半小時為單位計算,未滿半小時者不計;或是與勞工約定每月固定時數加班而給付固定額度加班費(這中間有固定加班時數需求者,也有並無固定加班需求,但將每月薪資切割一部分為固定加班費,做為實際加班時不用再給付加班費等情形)。

對於每月給付固定加班時數加班費,以往實務固然多認為合法,但臺北高等行政法院 107 訴 1478 號有不同見解。亦即本件受裁罰的原告事業單位雖引用最高法院 100 台上 1256 號:「……公車業者僱用之駕駛員,其薪資結構除底薪為固定數額外,另有里程津貼、載客津貼等變動金額項目,該變動金額項目,常因各種狀況不同而變動……。因此,為免計算假日工作及平日延長工作時間加班費之煩雜,並顧及上揭公車業司機所憑以

計算加班費之『平日工資』，難以計算其確定數額，倘公車業者與其所屬駕駛員另行議定假日工作及平日延長工作時間工資加給之計算方式而未低於基本工資者，似與勞基法第 21 條第 1 項規定工資由勞雇雙方議定之立法意旨無違。」（同院 102 台上 1660 號見解略同），以及臺灣高等法院暨所屬法院 99 年法律座談會民事類提案第 15 號研討結果：「如勞工自始對於勞動條件表示同意而受僱，勞雇雙方於勞動契約成立時即約定例假、國定假日及延長工時之工資給付方式，且所約定工資又未低於基本工資加計假日、延長工時工資之總額時，即不應認為違反勞動基準法之規定。」而主張已與勞工約定延長工時工資的標準，且給付每月固定責任加班費之條件優於勞動基準法 24 條規定，故對其裁罰未另給付加班費等處分違法。但本件法院認為：「顯見無論原告的勞工每月有無延長工作時間，原告均固定給付所謂的『責任加班費』，則該『責任加班費』已非勞工因延長工作時間所獲得之報酬，難認可作為勞動基準法第 24 條第 1 項所定延長工作時間之工資的替代。原告雖稱：為鼓勵員工準時下班，故對於沒有加班的員工仍給與責任加班費，以資獎勵等等。然此種不論員工有無加班事實及加班時數長短，均按月定額給付的款項，已與正常工作時間的工資無異。……原告所引上開見解，並無類似本件不問勞工實際加班與否，均一律按月支給定額『責任加班費』的情形，未能逕予援用。」而最高法院 110 台上 53 號則較折衷地表示：「又雇主……，就應給付勞工含加班費在內之工資，雖非不得採取一定額度給付，但仍須可明確區分何者為平日工資，何者為加班費，以判斷延長工時工資之給與，是否合於法律規定……。」

　　至於「公司規定加班未超過半小時不計，半小時以上一小時未滿，以半小時計，即加班以半小時為單位計算加班費」之適法性，基隆地院 103 勞簡上 4 號表示：「『雇主延長勞工工作時間者，其延長工作時間之工資依左列標準加給之：一、延長工作時間在二小時以內者，按平日每小時工

資額加給三分之一以上。……」勞動基準法第 24 條定有明文。可見依該條規定，雇主延長勞工工作時間者係按平日『每小時』工資加給加班費，而兩造約定之工作規則貳、二（1）B 則規定加班計算單位以半小時計，是如勞工加班未滿 1 小時部分可以換算為 0.5 小時計算加班費，衡較上開勞動基準法規定有利於勞工，且通常一般員工於下班前，因即將離開工作場所，多會整理私人物品，多少會有延誤數分鐘打卡時間，本院認被告已顧及勞工權益採較有利於勞工之方式計算加班費，其數分鐘之差距於勞工權益影響亦有限，被上訴人執意計算加班費至數分鐘，即無可採，故上訴人主張加班費計算應以半小時計，非以分為單位累計，應屬有據。」但是勞動部勞動法訴字 1070009290 號訴願決定書則認為：「是林君及游君於訴願人所稱 17 時 45 分以後之休息時間仍有於工作場所內實際提供勞務之情形，致超過正常工時 8 小時之部分，確屬延長工作時間，即屬訴願人得指揮監督之範圍內，訴願人受領其勞務，縱勞工未申請加班，即應計算其延長工時，並覈實計給延長工時工資。是訴願人所稱林君及游君延長工時皆未達 30 分鐘之加班起算基準、且未提出加班申請等語，顯不可採。」

第二項 | 資遣費及退休金之計算

在以工資為計算基礎的保護規定中，金額較大而受勞工重視者為資遣費與退休金。就此大略言之：依勞基法規定，在雇主預告終止或勞工立即終止等情形雇主應給勞工資遣費；又勞工於符合一定條件而退休時即得具領退休金，並設有事業單位應提撥退休準備金之制度，以保障勞工可以確實領到退休金。

但是，在退休方面勞基法所謂一定條件，原則上是以勞工在同一事業單位之工作年資為主，且依 53 條最低為 15 年（嗣在 98 年時增列第 3 款之 10 年規定），然而在現實狀況下，我國一般中小企業的平均存活期間，卻不超過 13 年；且退休準備金之提撥比率也偏低，因此實際操作時

仍然有近四成之勞工未能受到勞基法退休金制度的保障[233]。又因為勞基法所訂之退休金與資遣費在總額上有相當大的差距，所以實務上也會發生勞工屆臨退休前，遭雇主資遣之事例而生困擾。面對以上立法當時所未預見的發展，自94年7月1日正式施行「勞工退休金條例」以為改進。亦即在勞退條例施行以後，關於勞工退休金與資遣費，應優先適用勞退條例規定，該條例未規定者，方適用其他法律之規定（勞退條例第1條）。因此，目前退休金與資遣費之制度大略如下：

第一款　勞基法之退休金計算與退休準備金制度
第一目　退休金計算

依55條1項規定：「勞工退休金之給與標準如下：一、按其工作年資，每滿一年給與兩個基數。但超過十五年之工作年資，每滿一年給與一個基數，最高總數以四十五個基數為限。未滿半年者以半年計；滿半年者以一年計。」因此於計算退休金時，即應注意「基數」之內涵與數額。

一、基數內涵 —— 月平均工資的計算

關於基數內涵，依55條2項：「前項第一款退休金基數之標準，係指核准退休時一個月平均工資。」而「平均工資」如何計算則規定在2條4款：「平均工資：指計算事由發生之當日前六個月內所得工資總額除以該期間之總日數所得之金額。工作未滿六個月者，指工作期間所得工資總額除以工作期間之總日數所得之金額。工資按工作日數、時數或論件計算者，其依上述方式計算之平均工資，如少於該期內工資總額除以實際工作日數所得金額百分之六十者，以百分之六十計。」亦即勞基法計算平均工

---

[233] 依行政主管機關編印「勞工統計月報」（1999年3月）84頁，至1998年12月時，已提撥退休準備金之企業，占全國十九萬餘家企業之百分之十八點九，而其受益勞工數則占全體勞工總數的百分之六十一點八。轉引自邱駿彥，退休金等法制之檢討 —— 以日本制度為例，退休金法制之研究，臺灣勞動法學會，2002年6月。

資，區分為按月計酬工，以及論日、論時、論件計酬工等二種方式而有不同。

（一）按月計酬者之平均工資

在按月計酬工部分，雖然上開 2 條 4 款前段：「平均工資：指計算事由發生之當日前六個月內所得工資總額除以該期間之總日數所得之金額。」係平均工資之計算規定。只是行政主管機關認為，該規定是對「日平均工資之計算」，對「月平均工資」則無明文。為求簡易、準確及合理起見，應以勞工退休前六個月之工資總額，直接除以六為其月平均工資（83 台勞動二字 25564 號函），司法實務也多有引用。不過最高法院 100 台上 766 號則認為：「平均工資，謂計算事由發生之當日前六個月內所得工資總額除以該期間之『總日數』所得之金額，勞基法第 2 條第 4 款定有明文。原審以上訴人 95 年 7 月份至 12 月份所得工資總額，除以月數，計算其平均工資，進而以之計算被上訴人應給付之退休金，亦不合於該規定。」

而如何依據上開法院判決回歸勞基法 2 條 4 款計算月平均工資，有學者提出「期間逆推法」，即配合施行細則 2 條 1 款（發生計算事由之當日及工資不算），及民法 120 條 2 項（以日、星期、月或年定期間者，其始日不算入），民法 121 條 2 項（期間不以星期、月或年之始日起算者，以最後之星期、月或年，與起算日相當日之前一日，為期間之末日。但以月或年定期間，於最後之月，無相當日者，以其月之末日，為期間之末日）等規定，可簡化為「事由當日不計，自前一日起逆推六個月前相當日之翌日，六個月前該日無相當日者以該月之末日為期間末日。」[234]

---

[234] 陳金泉、李瑞敏，勞動訴訟實務精修課程 —— 給付資遣費、退休金訴訟，9 頁，2015 年 7 月，台北律師公會主辦律師在職進修課程講義，未公開發行。

只是計算此六個月期間，應注意施行細則 2 條（106 年 6 月修正增列 5 至 7 款）：「依本法第二條第四款計算平均工資時，下列各款期日或期間均不計入：一、發生計算事由之當日。二、因職業災害尚在醫療中者。三、依本法第五十條第二項減半發給工資者。四、雇主因天災、事變或其他不可抗力而不能繼續其事業，致勞工未能工作者。五、依勞工請假規則請普通傷病假者。六、依性別工作平等法請生理假、產假、家庭照顧假或安胎休養，致減少工資者。七、留職停薪者。」之規定。[235]

繼之，在確定計算平均工資之期間後，另應注意者是關於期間內所得工資總額如何認定，對此固有認為係以該段期間內「實領工資總額」為準，不過 2 條 4 款既謂「前六個月內所得工資總額」，即重在服勞務期間而非給付報酬的時間，因此「勞基法 2 條 4 款……，所稱「工資總額」係指終止勞動契約前六個月內所取得『工資請求權之工資總額』而言」（78 台勞動二字 13391 號，臺高院 100 重勞上更一字 2 號），以「應領工資總額」為准。

（二）按日、時或論件計酬者之平均工資

至於工資是按工作日數、時數或論件計算者，因為影響勞工工資的工作量完全由雇主提供決定，為保護勞工權益，其平均工資則用比較方式而擇優決定。

---

[235] 本條未修法前，桃園地院 99 勞訴 24 號即表示：「平均工資之計算，依勞動基準法第 2 條第 4 款之規定，應指事由發生前之 6 個月平均工資，惟此係指常態之工作情形而言，始符公平；否則，雇主可於給付較少薪資後再行資遣勞工，因而可獲得短付資遣費之利益，此無論勞工於遭資遣前係自行請假，或無薪假之情形，或基於勞資雙方同意且非屬常態之情形均無不同。」即歸納立法目的而將之限縮於「常態之工作情形」。在此理論基礎下，主管機關將以往函釋：退休前六個月內勞工如有普通傷病假以及留職停薪期間（76 勞動字 2255 號函），請家庭照顧假期間（勞動條 2 字 1040132503 號），請產假、流產假、生理假期間（勞動二字 0920001321 號）等，而致工資折半發給或不發給時，於 106 年修法時增訂為應予扣除之期間，即可理解。

　　亦即依 2 條 4 款後段規定，應先依據日平均工資之方式計算，如果前段計算方式所得結果，少於該期間內工資總額除以實際工作日數所得金額的百分之六十者，則以百分之六十計算。而在細部計算時，後段規定的「實際工作日數」，是否應包含「無故不到職日數」，臺高院 99 勞上易 125 號認為：關於按月計酬工，本款前段係將六個月內所得工資總額，直接除以「六個月期間之總日數」（即不論例假日、休假、無故不到職上班日均一律列入計算），而後段則是「除以實際工作日數」，自係指勞工確有實際工作之日數，應扣除例假、休假、無故未到職之日數。

二、基數數額 —— 工作年資

　　另外，基數之數額即勞基法施行後的工作年資部分，依 57 條規定，原則上以勞工服務同一事業單位者為限，方得併計。但是受同一雇主調動之工作年資，及依第 20 條規定即事業單位改組或轉讓時繼續留任之勞工，依法由新雇主繼續予以承認之年資，亦應予併計。

　　至於受人事異動而調職之勞工，因為或屬受「同一雇主調動」，或仍在同一事業單位中工作，其年資應予併計固無疑問。即使因借調而使勞工受不同公司法人指揮監督者，因為其勞動契約仍然存續於該受借調勞工與原事業單位間，因此仍屬於服務同一事業單位，而依 57 條併計年資（82台勞動三字 41107 號函參照）。至於在轉僱之情形，因為轉僱時法律手段上所得採行之方式，有勞工與原雇主終止勞動契約後，再由勞工與轉僱目的事業訂立另一新的勞動契約之方式，以及原勞動契約並不終止，而由轉僱目的事業承擔原雇主之法律地位（即意定契約承擔。只是因為原事業單位與轉僱目的事業兩者，通常有不同制度，因此在使用契約承擔方式時，實務上應注意同時就工作規則、福利制度等之變更為約定）等兩種方法。而在契約承擔時，轉僱目的事業既然已承擔原雇主之法律地位，則法理上其前後年資仍應併計。至於在終止契約再另立新約之方式，勞工在兩個不同法人格的事業單位工作時，既不符 57 條本文的「服務同一事業單位」，

也不符但書的「受『同一』雇主」調動，年資是否併計，難免有疑，然而轉僱是企業人事異動之一環，仍然屬於受雇主調動，而與勞工主動與原雇主終止契約，再另行尋找工作者不同，在價值判斷上，其前後工作年資應與調職、借調同，而應類推適用本條文（最高法院 100 台上 1016 號認為：如不同法人間具有「實體同一性」時，則仍為「同一雇主」，勞工之年資得類推適用 20 條而併計）予以併計。

又 10 條：「定期契約屆滿後或不定期契約因故停止履行後，未滿三個月而訂定新約或繼續履行原約時，勞工前後工作年資，應合併計算。」也有年資併計規定。而本條文義上固有多種排列可能，但較無爭議的應係定期契約屆滿後未滿三個月另訂新約，與不定期契約因故停止履行後繼續履行原約等二種情形。其次的問題在於何謂不定期契約「因故停止履行」，就此如果採取契約暫時「中止」的概念，應該只是指如育嬰留停的期間等情形，至於在不定期勞動契約終止之情形，如自請離職、資遣、退休等，是否也含括在「因故停止履行」概念內，而使前後二個契約之年資併計，仍有不同見解，而最高法院 86 台上 957 號表示：「按勞基法第 10 條規定定期契約屆滿後或不定期契約因故停止履行後，未滿三個月而訂定新約或繼續履行原約時，勞工前後工作年資，應合併計算。其立法本旨在於保護勞工權益，避免雇主利用換約等方法，中斷勞工年資之權益，故對上開條文應採擴張解釋，除退休外縱因資遣或其他事由離職，於未滿三個月內復職，而訂立新約或繼續履行原約時，勞工前後工作年資均應合併計算。」則認為前後勞動契約間隔三個月內時，除前一段為退休外，其餘情形年資應予併計。

另外，在 73 年勞基法施行前之工作年資，是否仍應依據上揭規定發給退休金，以往司法實務曾有不同見解。因此，勞基法於 85 年修正時特別增列 84-2 條：「勞工工作年資自受僱之日起算，適用本法前之工作年資，其資遣費及退休給與標準，依其當時應適用之法令規定計算；當時無

法令可資適用者，依各該事業單位自訂之規定或勞雇雙方之協商計算之。適用本法後之工作年資，其資遣費及退休金給與標準，依第 17 條及第 55 條規定計算。」明文採取法律不溯及既往原則，即依據事業單位適用勞基法前後之階段分段處理。申言之根據本條規定，雖然勞工之工作年資是否符合退休標準之 15 年或 25 年，仍自受僱日起算，但是關於計算退休金之工作年資部分，則適用勞基法前之工作年資，其退休金給予標準依其當時適用之法令[236]，如果該事業單位於適用勞基法之前，沒有法令可憑以計算退休金，則依各該事業單位自訂之規定或勞雇雙方之協商計算之；而適用勞基法後之退休金計算則以 55 條為最低標準。

三、例外規定

以上退休金計算方式僅係原則，如事業單位所訂之退休標準優於勞基法規定，自應從其規定計算（55 條 3 項後段）。又於勞工因執行職務，致身心障礙不堪勝任工作，而受雇主依據 54 條 1 項 2 款強制退休時，此時應依普通規定，再加給百分之二十，作為退休金（55 條 1 項 2 款）。

四、給付時期與消滅時效

雇主於依照前述方式計算出退休金數額後，原則上應於勞工退休之日起 30 日內給付，如因依法提撥之退休準備金不敷支付，或事業之經營或財務確有困難，致無法一次發給時，得報經主管機關核定後，分期給付（55 條 3 項，施行細則 29 條）。

又依 58 條 1 項規定，勞工請領退休金之權利，自退休次月起，因 5 年間不行使而消滅，此種短期消滅時效規定，勞工應加注意。另為配合勞

---

[236] 主要者為 2000 年 9 月 25 日廢止之「臺灣省工廠工人退休規則」，依該規則 9 條 1 項：「工人退休金之給與規定如左：一、依第五條規定自願退休之工人及依第六條規定命令退休之工人，工作年資滿十五年者，應由工廠給與三十個基數之退休金，工作年資超過十五年者，每逾一年增給半個基數之退休金，其賸餘年資滿半年者以一年計算，未滿半年者不計。合計最高以三十五個基數為限。」以及 1960 年 12 月 30 日公布，1992 年 8 月 1 日廢止之「廠礦工人受僱解僱辦法」第 4 條規定之資遣費。

退條例 29 條與勞保條例 29 條，以保障勞工生存權，於 104 年 7 月 1 日公布增訂勞基法 58 條 2、3、4 項為：「（II）勞工請領退休金之權利，不得讓與、抵銷、扣押或供擔保。（III）勞工依本法規定請領勞工退休金者，得檢具證明文件，於金融機構開立專戶，專供存入勞工退休金之用。（IV）前項專戶內之存款，不得作為抵銷、扣押、供擔保或強制執行之標的。」

　　而雇主如違反 55 條規定，即未依據退休金給付標準或期限給與勞工退休金時，則依 78 條規定處罰鍰，並限期令其給付，屆期未給付者，應按次處罰。

第二目　退休準備金制度

　　為了確保勞工可以實際領得退休金，而非只是空中樓閣，104 年 2 月 4 日修正公布之 56 條設有如下勞工退休準備金制度：

　　（一）雇主應依勞工每月薪資總額百分之二至百分之十五範圍內，按月提撥勞工退休準備金，專戶存儲。此退休準備金之提撥比率、程序及管理等事項，由中央主管機關擬訂，報請行政院核定（目前訂有勞工退休準備金提撥及管理辦法）。

　　（二）雇主應於每年年度終了前，估算勞工退休準備金專戶餘額，該餘額不足給付次一年度內預估成就第 53 條或第 54 條第 1 項第 1 款退休條件之勞工，依 55 條計算之退休金數額者，雇主應於次年度三月底前一次提撥其差額，並送後述事業單位勞工退休準備金監督委員會審議。

　　（三）退休準備金不得作為讓與、扣押、抵銷或擔保之標的。並應由勞工與雇主共同組織勞工退休準備金監督委員會監督，委員會中勞工代表人數不得少於三分之二，至於委員會之組織準則由中央主管機關定之。（目前訂有事業單位勞工退休準備金監督委員會組織準則）

（四）雇主所提撥之退休準備金匯集為勞工退休基金，由中央主管機關設勞工退休基金監理委員會管理之；監理委員會之組織、會議及其他相關事項，由中央主管機關定之。

（五）關於勞工退休基金之收支、保管及運用，由中央主管機關擬訂辦法報請行政院核定，會同財政部委託金融機構辦理，最低收益不得低於當地銀行二年定期利率之收益；如有虧損則由國庫補足之。

（六）又因 104 年修法後，勞基法退休金的受償順序，已與第一順位抵押權等併列（28 條），因此金融機構辦理核貸業務，需查核該事業單位勞工退休準備金提撥狀況之必要資料時，得請當地主管機關提供。金融機構依前述取得之資料，應負保密義務，並確實辦理資料安全稽核作業。上開有關勞工退休準備金必要資料之內容、範圍、申請程序及其他應遵行事項之辦法，由中央主管機關會商金融監督管理委員會定之。

第二款　勞基法資遣費之計算與給付

在雇主依 11 條預告解僱，或依 13 條但書情形而終止勞動契約，以及當勞工以 14 條 1 項、20 條不願接受繼續留用等情形，而終止勞動契約時，根據 17 條、14 條 4 項以及 20 條，只要勞工在該雇主之事業單位繼續工作每滿一年，即得請求相當一個月平均工資之資遣費，未滿一年部分之剩餘月數者以比例計算，未滿一個月之部分則以一個月計算，而此所謂月平均工資之計算與上述退休金之算法相同。至其給付時期則應於終止勞動契約 30 日內發給（17 條 2 項）。

第三款　勞退條例對勞基法資遣費、退休金制度之影響

依 94 年 7 月 1 日正式施行之勞工退休金條例 1 條 2 項：「勞工退休金事項，優先適用本條例。本條例未規定者，適用其他法律之規定。」勞

退條例為勞工退休金事項之特別規定，而綜合該法內容，現行勞工退休與資遣制度之規範，略為：

一、退休制度多軌併存

（一）勞退條例之退休制度

　　既然勞基法所採取「確定給付制」之退休金設計，在我國以中小企業為主的勞動市場上，不能充分發揮制度功能，所以勞退條例最大特色即在於改採「確定提繳制」之「可攜式個人帳戶制度」，並輔以「年金保險制」。

1. 可攜式個人帳戶制度

　　所謂可攜式個人帳戶，即雇主應按月為強制或自願適用該條例之工作者，依據經行政院核訂之工資分級表，在強制適用部分於不低於該工作者每月工資百分之六的金額，在自願適用部分則在該工作者每月工資百分之六的範圍內，提繳至在勞保局設立之退休金個人專戶儲存（勞退條例7條、14條），再視該工作者之年齡及實際提繳退休金之工作年資，或是否符合法定失能等級等事由，而分別其得請領月退休金或一次請領完畢（勞退條例24條）之退休金制度，茲據相關規定闡釋如下：

（1）擴大適用，以因應人口老年化

　　此所謂適用該條例之工作者，除了符合可以自由在勞基法以及勞退條例間作選擇（即94年6月底前到職，且94年7月1日仍服務於同一事業單位之本國籍勞工，於94年7月15日前可選擇適用勞退新制、舊制或暫不選擇，如暫不選擇者，則繼續適用舊制。選擇適用新制者，自94年7月1日起提繳勞退新制退休金；選擇適用舊制「含暫不選擇」者，5年內「99年6月30日前」可改選新制。至94年7月1日以後新到職或離職再受僱者，一律適用新制／勞退條例8條），而決定適用勞基法退休制度者，以及已依私立學校法規定受提撥退休準備金者之外，得分為強制提繳

對象與自願提繳對象 [237]：

① 強制提繳對象：適用勞基法之勞工（含本國籍、外籍配偶、陸港澳地區配偶、永久居留之外籍人士）

A、依照勞退條例第 7 條第 1 項規定及外國專業人才延攬及僱用法第 11 條規定，勞退條例之適用對象為適用勞基法之勞工（含本國籍、外籍配偶、陸港澳地區配偶、永久居留之外籍人士）。但依私立學校法之規定提撥退休準備金者，不適用之。提繳規定：雇主必須先為勞工提繳退休金，勞工始得於每月工資 6% 範圍內，個人自願另行提繳退休金。提繳率：雇主提繳率不得低於 6%；個人自願提繳率不得高於 6%。

B、依照 103 年 1 月 17 日修正生效之勞工退休金條例 7 條 1 項、8-1 條規定，受僱且適用勞基法之外籍配偶、陸港澳地區配偶（以下簡稱陸港澳配偶）及 99 年 7 月 1 日後取得本國籍勞工，已納入強制提繳對象。

修法生效前已受僱且修法生效後仍服務於同一事業單位者，若修法生效時已係外籍配偶、陸港澳配偶或本國籍身分，自修法生效日（即 103 年 1 月 17 日）起為強制提繳對象；若修法生效後始取得外籍配偶、陸港澳配偶或本國籍身分，自取得身分之日起為強制提繳對象，前述人員如欲繼續適用勞動基準法之退休金規定（勞退舊制）者，其應於修法生效日起六個月內（即 103 年 7 月 16 日前）或取得身分六個月內，以書面向單位表明，一旦選擇繼續適用勞退舊制，不得再變更選擇適用勞退新制，屆期未選擇者，一律適用新制。

修法生效後受僱者，若新到職時即係外籍配偶、陸港澳配偶身分，自到職日起為強制提繳對象；若為到職後始取得外籍配偶、陸港澳配偶或本國籍身分，則自取得身分之日起為強制提繳對象。

---

[237] 本小節引自勞動部勞工保險局網站，https://www.bli.gov.tw/0012934.html，查詢日：2019 年 7 月 19 日。

　　C、另外國專業人才延攬及僱用法，業經行政院核定自 107 年 2 月 8 日起施行，該法 11 條規定，受聘僱從事專業工作且取得永久居留之外國專業人才自是日起適用勞退新制

　　該法施行前已受僱且該法施行後仍服務於同一事業單位者，若該法施行時已係永久居留者身分，自該法施行之日（即 107 年 2 月 8 日）起為強制提繳對象；若該法施行後始取得永久居留者身分，自取得永久居留之日起為強制提繳對象，前述人員如欲繼續適用勞動基準法之退休金規定（勞退舊制）者，其應於施行之日起六個月內（即 107 年 8 月 7 日前）或取得永久居留六個月內，以書面向單位表明，一旦選擇繼續適用勞退舊制，不得再變更選擇適用勞退新制，屆期未選擇者，一律適用新制。

　　該法施行後受僱者，若新到職時即係永久居留者身分，自到職日起為強制提繳對象；若為到職後始取得永久居留者身分，則自取得永久居留之日起為強制提繳對象。

　　D、依照 108 年 5 月 17 日修正生效之勞工退休金條例 7 條 1 項、8-1 條規定，受僱且適用勞基法之永久居留之外籍人士，已納入強制提繳對象

　　修法生效前已受僱且修法生效後仍服務於同一事業單位者，若修法生效時已係永久居留者身分，自修法生效日（108 年 5 月 17 日）起為強制提繳對象；若修法生效後始取得永久居留者身分，自取得永久居留之日起為強制提繳對象，前述人員如欲繼續適用勞動基準法之退休金規定（勞退舊制）者，其應於施行之日起六個月內（即 108 年 11 月 16 日前）或取得永久居留六個月內，以書面向單位表明，一旦選擇繼續適用勞退舊制，不得再變更選擇適用勞退新制，屆期未選擇者，一律適用新制。

　　修法生效後受僱者，若新到職時即係永久居留者身分，自到職日起為強制提繳對象；若為到職後始取得永久居留者身分，則自取得永久居留之日起為強制提繳對象。

② 自願提繳對象

依照勞退條例 7 條 2 項規定，實際從事勞動之雇主、自營作業者、受委任工作者及不適用勞基法之勞工，得自願依本條例之規定提繳及請領退休金，即：

A、不適用勞基法之勞工或受委任工作者

提繳規定：雇主或所屬單位為其提繳及個人自願提繳之提繳順序，並無限制。雇主或所屬單位自願為該等人員提繳退休金，或該等人員個人自願提繳退休金皆可。提繳率：雇主提繳率及個人自願提繳率均不得高於 6%。

B、實際從事勞動之雇主

雇主僅得於 6% 範圍內，個人自願提繳退休金，事業單位不得為其提繳退休金。

C、自營作業者

得在 6% 的範圍內，個人自願提繳退休金。

（2）中斷提繳之前後年資併計，以匡正在勞基法制度下，近四成勞工未能領得退休金之缺失

至於實際提繳退休金之工作年資如有中斷時，其前後提繳之年資合併計算（勞退條例 24 條 2 項）。此提繳年資中斷原因，在適用本條例之工作者終止契約停止工作，入伍服役或留職停薪之情形，固然沒有疑問。但如果是因案停職或被羈押而未經法院判決確定前，而由雇主依據勞退條例 20 條 1 項中止提撥者，則雇主應於該工作者依法復職當月之再次月底前補為提繳，以接續先前中斷之年資（勞退條例 20 條 2 項）。

（3）鼓勵工作者另行再提繳，以提高所得替代率

又關於提繳金額，除了受強制提繳之工作者，是依據行政院核訂之工資分級表，而在最低為其每月工資百分之六的範圍內提繳，以及雇主得為勞退條例 7 條 2 項 3、4 款規定之人員，於每月工資百分之六範圍內提

繳退休金外。所有受強制提繳之工作者，及依勞退條例 7 條 2 項規定自願提繳者，亦得在最高為其每月工資百分之六的範圍內，自願另行提繳退休金，而此自願提繳金額可由該自願另行提繳者之當年度個人綜合所得總額中全數扣除（勞退條例 14 條）。只是對自願提繳金額設有最高每月工資百分之六的限制，僅只考慮國家稅收，似乎與老年生活保障之立法目的有違，應可考量提高自願提繳金額，並採「定額免稅」之方法，以同時兼顧老年生活保障與稅收。

（4）領取月退休金之工作者，另有強制之年金保險規範

在適用本條例實際提繳之工作者，如何領取退休金的規範上，大致分為：

① 應領取一次性退休金者

年滿 60 歲但實際提繳之工作年資未滿十五年者（勞退條例 24 條 1 項 2 款）；未滿 60 歲且工作年資未滿十五年者，但具有：1. 領取勞工保險條例所定之失能年金給付或失能等級三等以上之一次失能給付；2. 領取國民年金法所定之身心障礙年金給付或身心障礙基本保證年金給付；3. 非屬前 2 款之被保險人，符合得請領第 1 款失能年金給付或一次失能給付之失能種類、狀態及等級，或前款身心障礙年金給付或身心障礙基本保證年金給付之障礙種類、項目及狀態（勞退條例 24-2 條）。以上，只能一次領取個人退休金專戶之本金及累積收益。

② 得選擇請領月退或一次退者

得選擇領取月退休金或一次性退休金之工作者有：年滿 60 歲且實際提繳之工作年資也滿十五年者（勞退條例 24 條 1 項 1 款）；或未滿 60 歲但實際提繳之工作年資滿十五年，且具有勞退條例 24-2 條 1 項各款所訂情形，即第 1 款：領取勞工保險條例所定之失能年金給付或失能等級三等以上之一次失能給付；第 2 款：領取國民年金法所定之身心障礙年金給付或身心障礙基本保證年金給付；第 3 款：非屬前 2 款所訂之被保險人，符

合得請領第 1 款失能年金給付或一次失能給付之失能種類、狀態及等級，或前款身心障礙年金給付或身心障礙基本保證年金給付之障礙種類、項目及狀態，而提領退休金者（勞退條例 24-2 條）。

　　至於月退休金的領取年限，在未滿 60 歲者得自行決定請領年限（勞退條例 24-2 條 2 項），滿 60 歲者則依據勞保局所擬訂之年金生命表、以平均餘命及利率等基礎計算，按月領取月退休金至平均餘命年齡時為止（勞退條例 23 條 1 項 1 款）。

　　另不但勞工退休金及請領勞工退休金之權利，不得讓與、扣押、抵銷或供擔保。且勞工如依勞退條例規定請領退休金者（含括月退與一次退），得檢具勞保局出具之證明文件，於金融機構開立專戶，專供存入退休金之用，而專戶內之存款，不得作為抵銷、扣押、供擔保或強制執行之標的（勞退條例 29 條）。

　　又立法上或許考量如該工作者生存超過其所得領取之月退休金年限時，面臨收入終止窘境，因此強制規定其於請領月退休金時，應一次繳納一定金額，投保年金保險，作為超過平均餘命後年金給付之用（勞退條例 25 條）。只是，強制人民以其自身財產投保，以備貽養超出平均餘命之老年生活，而非以社會福利為之，似乎有些落漆。

（5）適用本條例工作者死亡時之處理

　　適用本條例之工作者，雖然可能生存超過平均餘命，但是也可能在平均餘命前逝世，斯時對於已提繳之金額如何處理，也需有所規範。對此，依勞退條例 26 條規定，不論該已受提繳退休金之工作者，是在請領退休金前死亡，或者是開始請領月退休金後而未屆平均餘命前死亡，或 24-2 條 2 項所定請領年限前死亡等，均由其指定請領人或是勞退條例 27 條所定遺屬順位之人，結算金額一次請領完畢。惟如勞工死亡後無遺屬或指定請領人，或該等人之退休金請求權因時效消滅時，其退休金專戶之本金及累積收益，應歸入勞工退休基金（勞退條例 27 條 3 項）。

（6）雇主未依法提繳時，勞工如何保障權利

　　如果雇主未依法提繳新制退休金至勞工個人退休金專戶時，雖然臺高院 101 勞上 12 號表示：「倘勞工僅請求雇主賠償未提繳之本金或未足額之差額本金，以填補其損害，實為拋棄雇主應按月提繳至其退休金專戶所累積之收益，應無不可。」認為此時勞工可以請求雇主向自己為給付，不必提繳至勞退金專戶。不過最高法院 101 台上 1602 號表示：「依同條例第 31 條第 1 項規定，雇主未依該條例之規定按月提繳或足額提繳勞工退休金，致勞工受有損害者，勞工得向雇主請求損害賠償。該專戶內之本金及累積收益屬勞工所有，僅於未符合同條例第 24 條第 1 項所定請領退休金規定之前，不得領取。是雇主未依該條例之規定，按月提繳或足額提繳勞工退休金者，將減損勞工退休金專戶之本金及累積收益，勞工之財產受有損害，自得依該條例第 31 條第 1 項規定請求損害賠償；於勞工尚不得請領退休金之情形，亦得請求雇主將未提繳或未足額提繳之金額繳納至其退休金專戶，以回復原狀。」亦即，此時勞工僅能請求雇主將未提繳或短提繳的退休金提撥至個人退休金專戶，再伺符合請領標準時向勞保局申領，而不能請求直接給付予個人。

　　只是，考量民事訴訟程序曠日費時，無法即時保障勞工權益，因此 96 年時勞退條例增訂 53 條 2 項：「前項雇主欠繳之退休金，經限期命令繳納，逾期不繳納者，依法移送強制執行……。」並溯至 94 年 7 月 1 日生效（同條 4 項）。亦即，在此情形勞工可以透過向勞保局檢舉方式保障權利。也因為本條文已明定勞保局可開單催繳後逕送強制執行，因此曾有臺高院 102 重勞上 6 號表示：「……勞工退休金條例第 53 條規定，雇主違反第 14 條第 1 項、第 19 條第 1 項或第 20 條第 2 項規定，未按時提繳或繳足退休金者，自期限屆滿之次日起至完繳前 1 日止，每逾 1 日加徵其應提繳金額百分之三之滯納金至應提繳金額之 1 倍為止。前項雇主欠繳之退休金，經限期命令繳納，逾期不繳納者，依法移送強制執行……。是雇

主如有欠繳退休金之情形，勞保局即得就雇主欠繳之退休金，限期命令繳納，逾期不繳納者，依法移送強制執行，是該條例已明定由勞保局為公法上之強制執行，即已足以保障勞工之權利。是勞工起訴請求雇主將欠繳之退休金提繳至勞工退休金專戶，無起訴之必要，欠缺權利保護必要。」亦即既然勞保局可依法限期命雇主提繳，嗣為強制執行，因此勞工如向法院請求判令雇主提繳至其個人勞退專戶，則應以無權利保護必要駁回。惟本件上訴後最高法院 104 台上 1031 號仍維持上開同院 101 台上 1602 號之見解而廢棄原判決。

2. 年金保險制

所謂年金保險制，係僱用勞工人數 200 以上之事業單位，於經工會同意（無工會者，經勞資會議同意），並報經中央行政主管機關核准後，得為以書面選擇投保年金保險之勞工，投保符合保險法規定之年金保險的退休金制度。亦即，以雇主為要保人，將不低於法定每月提繳至個人退休金專戶的金額，轉成保險費，而以勞工為被保險人及受益人，選擇一位符合經行政主管機關會同保險業務之主管機關所規定資格之保險人，在保險契約約定年金保險之平均收益率不得低於當地銀行二年期定存利率之標準下，向其投保符合保險法所規定年金保險之退休制度（勞退條例 35 條、36 條、37 條）。

事業單位實施此種年金保險退休金制度，並不排除可攜式個人帳戶制，只是雇主得不為選擇年金保險制的員工，另行再提撥至個人退休金帳戶而已（勞退條例 35 條 2 項），且實施年金保險之事業單位內適用本條例之勞工，亦得以一年一次為限，變更原適用之退休金制度，改為參加個人退休金專戶或年金保險，此時原已提存之退休金或年金保險費，繼續留存（勞退條例 35 條）。

又此種年金保險制除了應注意上述主體以及程序上的限制外，另應考慮者為已參加年金保險制工作者離職後，原來年金保險契約之處理。就此

法條規定，勞工離職後再就業，而新雇主也開辦有年金保險退休制，且勞工選擇參加時，則原來之年金保險契約應由新雇主擔任要保人，繼續提繳保險費，如新舊雇主開辦或參加之年金保險的保費不同時，除非新雇主同意負擔，否則其差額應由勞工自行負擔；又如果新雇主方面未辦理年金保險時，則只能轉成上述可攜式個人帳戶而由新雇主按月提撥，至於勞工原來年金保險之保險費，除勞雇雙方另有約定外，則全額由勞工自行負擔，如勞工不願負擔時，原來年金保險之存續，依保險法及原來保險契約辦理（勞退條例 38 條）。至於勞工離職後未再就業時應如何處理，勞退條例並無特別規定，此時原來年金保險之存續也應視勞工是否願意自行全額提繳，或依保險法及原來保險契約之約定。

雖然勞退條例 37 條只規定，事業單位以向一保險人投保為限，而未限定只能投保一種年金保險契約，因此或有認為得提供不同的年金保險契約，不過如果認為事業單位得同時開辦多種年金保險契約，則限定為一位保險人，即無意義，亦即立法者似乎有意限定一個事業單位只能投保一種年金保險契約。但是，這種制度設計在勞退條例 38 條之情形時，並無法貫徹，因為依據該條規定「勞工離職後再就業，所屬年金保險契約應由新雇主擔任要保人……。」亦即勞工得繼續原來之年金保險契約，而使事業單位可能同時存在二位以上保險人，以及二種以上年金保險契約併存之狀況。

另外，勞退條例 38 條 1 項文義雖然使用「勞工離職後再就業，所屬年金保險契約應由新雇主擔任要保人……。」但並不排除勞工的其他選擇，亦即本項僅係特別規定如勞工選擇原來年金保險契約時之處理方式。換言之，勞工亦得選擇適用可攜式個人帳戶制（勞退條例 38 條 3 項），亦得加入新雇主開辦之年金保險契約，而如勞工作此選擇時，其原來年金保險契約之保費由勞工全額自行負擔，如不願或不能負擔，則依保險法及原來年金保險契約之條款辦理。

（二） 勞基法之退休制度仍然存續

　　不論勞退條例之可攜式個人帳戶或者是年金保險制，都只規定雇主之最低提繳率為每月工資的百分之六，亦即每工作一年應有月工資百分之七十二以上的退休金。而勞基法所訂退休金給予之最低標準則為，工作年資每滿一年應給與 2 個基數（月平均工資），超過十五年之工作年資部分，則每滿一年給與 1 個基數（勞基法 55 條 1 項）。兩相比較，兩個法律所訂之退休金計算明顯不同。

　　承上，因為勞退條例施行後，勞基法之退休制度仍然存續，而且勞基法 56 條也設有退休準備金制度，以使適用舊制退休金制度勞工可領到退休金，只是施行以來事業單位依法提撥退休準備金的比率不高，致使仍有部分勞工未能領得舊制退休金，尤其在事業單位關廠、歇業時，更造成社會問題。因此勞退條例 13 條 1 項規定：「為保障勞工之退休金，雇主應依選擇適用勞動基準法退休制度與保留適用本條例前工作年資之勞工人數、工資、工作年資、流動率等因素精算其勞工退休準備金之提撥率，繼續依勞動基準法第五十六條第一項規定，按月於五年內足額提撥勞工退休準備金，以作為支付退休金之用。」此所謂「五年內『足額』提撥」，理論上似應於五年內為完全補提存以準備所需之退休金，以解決因長期未依法提撥致使臨退勞工未能領得退休金等流弊。只是勞退條例施行後之處理方式為：「一、有關『勞工退休準備金』制度，乃『勞動基準法』（舊制）第 56 條所課予雇主必須為勞工退休金預作準備之制度，復依現行『勞工退休準備金提撥及管理辦法』之規定，係由雇主考量勞工年資、薪資結構、流動率、今後五年退休勞工人數……等因素，在『事業單位每月薪資總額百分之二至百分之十五範圍內』擬定提撥率後，按月提撥勞工退休準備金……。二、依『勞工退休金條例』第 13 條之規定，其係規範 94 年 7 月 1 日新制施行以後，雇主須為事業單位內仍具有舊制工作年資者，繼續按月提撥勞工退休準備金，以作為未來發給勞工退休金之用。」（勞動 4

字 0940012420 號）[238]，只要求繼續按月依法定提撥率提撥即可，仍未能充分發揮準備給付勞工退休金的效果。

　　為此，歷經多次勞工運動後，再於 104 年 2 月 4 日修正公布勞基法 56 條，而規定雇主應於每年年度終了前，估算勞工退休準備金專戶餘額，該餘額不足給付次一年度內預估成就第 53 條或第 54 條第 1 項第 1 款退休條件之勞工，依 55 條計算之退休金數額者，雇主應於次年度三月底前一次提撥其差額，並送事業單位勞工退休準備金監督委員會審議。嗣再增訂施行細則 29-1 條規定：「（I）本法第五十六條第二項規定之退休金數額，按本法第五十五條第一項之給與標準，依下列規定估算：一、勞工人數：為估算當年度終了時適用本法或勞工退休金條例第十一條第一項保留本法工作年資之在職勞工，且預估於次一年度內成就本法第五十三條或第五十四條第一項第一款退休條件者。二、工作年資：自適用本法之日起算至估算當年度之次一年度終了或選擇適用勞工退休金條例前一日止。三、平均工資：為估算當年度終了之一個月平均工資。（II）前項數額以元為單位，角以下四捨五入。」

二、資遣費之計算，依適用本條例前後而分段計算

　　資遣費之計算，依勞基法 17 條只要勞工在該雇主之事業單位繼續工作每滿一年，即得請求相當一個月平均工資之資遣費，未滿一年部分之剩餘月數者以比例計算，未滿一個月之部分則以一個月計算。而勞退條例除了在退休制度有所變革外，對於資遣費之計算，也有特別規定。

　　亦即，根據勞退條例 12 條規定，如果勞工有選擇權並決定繼續適用勞基法之退休制度者，則在資遣方面亦應一體適用上述勞基法之規定。至於有選擇權之勞工選擇適用勞退條例之退休制度後，在勞動契約依勞基法 11 條、13 條但書、14 條及 20 條或職災勞工保護法 23 條、24 條之規定終

---

[238] 法源法律網 → 判解函釋查詢。

止時，其適用勞退條例前之工作年資，仍然依據勞基法規定計算；而適用勞退條例後之工作年資，則由雇主按其工作年資，每滿一年發給二分之一個月之平均工資，未滿一年以比例計給，不過在依據勞退條例所發給之資遣費部分，最高以發給六個月平均工資為限，不適用勞基法 17 條之規定。

三、適用勞基法時期工作年資保留之意義

因為在 94 年 6 月底前到職，而至 94 年 7 月 1 日仍服務於同一事業單位之勞工，可在勞基法與勞退條例中選擇適用（勞退條例 9 條），因此就產生如選擇適用勞退條例者，其依據勞基法所取得之工作年資如何處理的問題。就此勞退條例 11 條 1 項規定，於該條例施行後，仍服務於同一事業單位之勞工如果選擇適用勞退條例之退休制度，則其依照勞基法所取得之工作年資，應予保留。

亦即，依照勞基法所取得而保留之工作年資，於勞動契約依勞基法 11 條、13 條但書、14 條、20 條、53 條、54 條或職災勞工保護法 23 條、24 條規定終止時，雇主應依各法規定，以契約終止時之平均工資，計給該保留年資之資遣費或退休金，並於終止勞動契約後三十日內發給（勞退條例 11 條 2 項）。當然在勞動契約存續期間內，勞資雙方也可以合意約定，以不低於勞基法 55 條及 84-2 條規定之給與標準，將所保留之年資先予結清（勞退條例 11 條 3 項）。

四、小結

雖然勞退條例將勞工退休金改為可攜式個人帳戶制以及年金保險制，但是因為仍然保留勞基法之退休制度，而勞基法之退休制度又優厚於勞退條例之年金保險制，再加上勞工人數在二百人以上之大企業，通常其存續期間較長，倒閉之風險相對減少，而且也依法提撥退休準備金，勞工通常不致於領不到退休金，因此工會如欲同意實施年金保險制時恐怕需面臨較大之挑戰。

第四章

安全衛生保護法令

第一節　概說 —— 安全衛生保護法令之結構

關於勞工在執行職務時的安全衛生保護，法令著重點除了為事先預防職災發生，而給予勞工安全衛生的工作環境外，也在於如果一旦不幸發生職災，事後如何診治與填補勞工的損害以維持其生活，再重建其勞動力，故可將整體法令分成四個順序區塊：

一、預防方面：職安法、勞工職業災害保險及保護法（下稱災保法）、勞動檢查法等；

二、診治（含認定與通報）方面：主要法令有職安法、災保法等；

三、補償（含賠償與補助）方面：主要有勞基法、災保法與民法等；

四、勞動力重建方面：有災保法、身心障礙者權益保障法、職訓法與就服法等。

詳細而言，在預防方面，雖然我國關於勞工執行職務時相關的安全衛生保護法規，可以溯自北洋政府時期所訂頒的「暫行工廠通則」，及至 15 年訂頒的「臨時工場條例」，再到 20 年的「工廠法」以及「工廠檢查法」，不過由於 61 年 9 月時，飛歌公司女工前後發生三氯乙烯中毒，引起全國朝野重視，且美、日兩國分別在 59 年及 60 年公布職業安全衛生法、勞動安全衛生法，因此我國也自 63 年 4 月 16 日起施行勞工安全衛

生法。隨後當時的勞工行政主管機關內政部，也依據該法陸續另訂各種衛生設施規章、安全衛生標準、職業災害危害預防標準等子法，嗣於勞委會（103年2月升格為勞動部）成立後，分別於80年5月17日及82年2月3日，修正勞工安全衛生法並將原有之工廠檢查法修正為勞動檢查法[239]，更於102年6月18日再經立法院三讀通過大幅修正勞工安全衛生法，並更名為職業安全衛生法（下稱職安法。依該法1、2、4條等規定，該法是為保障勞工、自營作業者及其他受工作場所負責人指揮或監督從事勞動之工作者的安全與健康，及防止職災發生所制訂，而適用於各業。亦即，除了如公務人員安全及衛生防護辦法等另有規定，或經勞動部公告僅適用部分規定者外，職安法的適用範圍及於各業，且不僅勞工，尚包括自營作業者及從事勞動之志工或職業訓練機構學員等其他受工作場所負責人指揮或監督從事勞動之工作者），且行政院以院臺勞字1030031158號令發布，除第7至9條、11條、13至15條及31條，自104年1月1日施行外，其餘條文自103年7月3日施行，已成為我國目前有關保障職業安全衛生，預防職業災害的核心法規。

至於勞工一旦發生職災後，如何填補勞工所受損害，法制上大抵可以區分為職災補償與賠償兩大制度。補償方面原本是由勞基法第七章的職業災害補償，以及勞保條例的各項給付與職災勞工保護法所構成。只是鑑於勞工保險之普通事故保險與職業災害保險之保障目的不同，又職災勞工保護法僅係補充性立法，因此自111年5月1日起將職業災害保險自勞工保險條例抽離，並整合職災勞工保護法，藉由強化職業災害預防機制，及積極協助職業災害勞工重建措施，建構包含職業災害預防、補償及重建之保障體系，而另施行勞工職業災害保險及保護法。

---

[239] 林大鈞，勞工政策與勞工法論，183頁下，1994年12月，華泰書局。

　　在賠償方面，勞雇關係是以屬於私法的勞動契約為中心，勞工在因為雇主具有故意、過失而致生職業災害時，並不排斥民法上債務不履行或侵權行為等損害賠償之請求，因此在探討填補勞工因職業災害所受損害之法令制度時，應同時討論民法上損害賠償的相關法律，以求完整。

第二節　安全衛生設施、管理與檢查

第一項｜安全衛生設施

　　職安法做為職業安全衛生的核心法律（職安法 4 條：「本法適用於各業。但因事業規模、性質及風險等因素，中央主管機關得指定公告其適用本法之部分規定。」），第 1 條開宗明義表示：「為防止職業災害，保障工作者安全及健康，特制定本法；其他法律有特別規定者，從其規定。」之立法目的，其下細分為六章 55 個條文。除了第一章總則規定有定義性及廣泛性的條文外，分別於二、三章規定「安全衛生設施」與「安全衛生管理」，再將監督、檢查以及罰則、附則，分列於四、五、六章，結構完整。

　　在「安全衛生設施」方面，職安法 5 條 1 項先科雇主一般性義務為：「雇主使勞工從事工作，應在合理可行範圍內，採取必要之預防設備或措施，使勞工免於發生職業災害。」本條所稱的合理可行：「指依本法及有關安全衛生法令、指引、實務規範或一般社會通念，雇主明知或可得而知勞工所從事之工作，有致其生命、身體及健康受危害之虞，並可採取必要之預防設備或措施者。」（職安法施行細則 8 條 1 項）。另外除了在職安法 6 條 1 項強制雇主對於防止機械、設備或器具等引起之危害，或防止爆炸性或發火性等物質引起之危害等 14 款「作業項目」，應有符合規定之必要安全衛生設備及措施；以及要求「工作場所」建築物應由依法登記開

業之建築師依建築法規及職安法有關安全衛生之規定設計（職安法 17 條）
外，也制訂各種規章，以作為勞工工作場所安全衛生設備、措施之最低標
準，大略可整理為：1. 各業適用規章：有職業安全衛生設施規則、勞工健
康保護規則等法令；2. 分業適用規章：有營造安全衛生設施標準、碼頭裝
卸安全衛生設施標準等法令；3. 危險性機械及設備規章：如起重升降機具
安全規則、機械器具防護標準等法令；4. 有害物質危害預防規章：如有機
溶劑中毒預防規則、粉塵危害預防標準等法令；5. 其他規章：有加強公共
工程職業安全衛生管理作業要點等法令。而各該法令規章所訂事項，通常
也構成民法 184 條 2 項所訂保護他人之法律，雇主如有違反即構成該條項
之侵權行為，而負民法上的損害賠償責任。

　　又職安法除了由雇主端預防職業災害，更藉由 5 條 2 項規定：「機
械、設備、器具、原料、材料等物件之設計、製造或輸入者及工程之設計
或施工者，應於『設計、製造、輸入或施工規劃階段實施風險評估』，致
力防止此等物件於使用或工程施工時，發生職業災害。」而將職災預防
擴大到器具原料等之設計、製造、輸入者及工程設計、施工規劃者端，要
求該等業者，必須具有事先評估及消除未來作業可能引起之潛在危害之義
務，以防止末端作業者，在操作或使用該等機械、器具、設備、材料或施
工作業時，發生職業災害。並如果該等機械、設備或器具已經中央主管機
關指定者，則依該法 7 條 1 項規定：「製造者、輸入者、供應者或雇主，
對於中央主管機關指定之機械、設備或器具，其構造、性能及防護非符合
安全標準者，不得產製運出廠場、輸入、租賃、供應或設置。」

　　且鑒於身、心健康的全面性重視，職安法更於 6 條 2 項具體要求雇主
對於：一、重複性作業等促發肌肉骨骼疾病之預防（職安署訂頒有：人因
性危害預防計畫指引）。二、輪班、夜間工作、長時間工作等異常工作負
荷促發疾病之預防（職安署訂頒有：異常工作負荷促發疾病預防指引）。

[240] 三、執行職務因他人行為遭受身體或精神不法侵害之預防。四、避難、急救、休息或其他為保護勞工身心健康等事項，應妥為規劃及採取必要之安全衛生措施，而使過勞以及工作場所暴力、霸凌的預防，得有明文（依職安法 6 條 3 項規定，主管機關應新訂或修訂勞安法時期所制訂的必要安全衛生設備與措施之標準及規則）。

　　以上實務常見者有：一、在過勞的認定部分勞動部頒訂有「職業促發腦血管及心臟疾病（外傷導致者除外）之認定參考指引」，內容略為：在工作時數方面的評估重點為自發病日往前推算，分別計算發病前一個月加班時數超過 100 小時；二至六個月之月平均加班時數超過 80 小時；一至六個月之月平均加班時數超過 45 小時，作為評估工作負荷與發病關聯性之參考重點。二、在職場暴力預防部分，依職業安全衛生設施規則 324-3 條：「（I）雇主為預防勞工於執行職務，因他人行為致遭受身體或精神上不法侵害，應採取下列暴力預防措施，作成執行紀錄並留存三年：一、辨識及評估危害。二、適當配置作業場所。三、依工作適性適當調整人力。四、建構行為規範。五、辦理危害預防及溝通技巧訓練。六、建立事件之處理程序。七、執行成效之評估及改善。八、其他有關安全衛生事項。（II）前項暴力預防措施，事業單位勞工人數達一百人以上者，雇主應依勞工執行職務之風險特性，參照中央主管機關公告之相關指引，訂定執行職務遭受不法侵害預防計畫，並據以執行；於勞工人數未達一百人者，得以執行紀錄或文件代替。」其中 2 項所謂指引，主管機關目前頒訂有「執行職務遭受不法侵害預防指引」以茲適用。

---

[240] 立法院第 10 屆第 5 會期第 2 次會議議案關係文書，院總第 961 號委員提案第 27868 號：為確立受雇者無義務在非工作時間接受公司聯繫，並求保障私生活得不受臨時、隨機、非預期等雇主方之侵損。進而落實工作者有充足的休息，防止過度跟工作連結且滿足健康之維持，並有足夠時間在私人領域發揮人格開展權，以及展現人性尊嚴。2022 年時已有立委提案修正本款為：「二、輪班、夜間工作、長時間工作及非工作時間藉數位通訊方式聯繫工作事項等異常工作負荷促發疾病之預防。」即所謂「離線權」之立法草案，應注意立法發展。

第二項｜安全衛生管理與檢查

在安全衛生管理方面，雇主應依其事業單位之規模、性質，訂定職業安全衛生管理計畫，並設置安全衛生組織、人員，實施安全衛生管理及自動檢查。而如事業單位達一定規模以上或屬職安法 15 條 1 項（即 1. 從事石油裂解之石化工業；2. 從事製造、處置或使用危害性之化學品數量達中央主管機關規定量以上）所定之工作場所者，則應建置職業安全衛生管理系統（職安法 23 條 1、2 項）。

為了落實上述安全衛生設施與管理事項，除了勞工行政主管機關得依法檢查外，另設有勞動檢查機構，而主管機關及勞動檢查機構於實施檢查時，如發現有不合規定者，應告知違反法令條款並通知限期改善。不於期限內改善或已發生職業災害或有發生職業災害之虞時，得通知其部分或全部停工，而因此情形停工期間勞工之工資，仍應由雇主照給（職安法 36 條 1 項）。

若事業單位工作場所發生職業災害時，雇主應依職安法 37 條採取必要之急救、搶救等措施，並會同勞工代表實施調查、分析及作成紀錄。而如果事業單位的勞動場所發生：一、死亡災害；二、災害之罹災人數在 3 人以上；三、災害之罹災人數在 1 人以上，且需住院治療；四、其他經中央主管機關指定公告之災害之一者，雇主除必要之急救、搶救外，非經司法機關或勞動檢查機構許可，不得移動或破壞現場，並應於 8 小時內通報勞動檢查機構，而勞動檢查機構接獲前項報告後，應就工作場所發生死亡或重傷之災害派員檢查。而前述所謂「雇主」「應於 8 小時內」通報勞動檢查機構，其所稱雇主，指罹災勞工之雇主或受工作場所負責人指揮監督從事勞動之罹災工作者工作場所之雇主；所稱應於 8 小時內通報勞動檢查機構，指事業單位「明知或可得而知已發生」規定之職業災害事實起八小時內，應向其事業單位所在轄區之勞動檢查機構通報。且如雇主因緊急應

變或災害搶救而委託其他雇主或自然人，依規定向其所在轄區之勞動檢查機構通報者，視為已依規定通報（職安法施行細則47條）。

第三節　職業災害之成立與損害填補

第一項｜相關法令之職災定義與職業病認（鑑）定

一、相關法令之職災定義

所謂職業災害，勞基法59條規定有：「勞工因遭遇職業災害而致死亡、失能、傷害『或』疾病時……。」據此可知職業災害包含「職業傷害」與「職業病」二大類別，至於勞工在什麼情形下所受之傷害與疾病方屬職業災害，僅職業病部分在59條1款後段規定：「『職業病之種類』及其醫療範圍，依勞工保險條例有關之規定。」餘則定義未臻明確。

法令上另有職安法2條5款規定：「五、職業災害：指因勞動場所之建築物、機械、設備、原料、材料、化學品、氣體、蒸氣、粉塵等或作業活動及其他職業上原因引起之工作者疾病、傷害、失能或死亡。」[241] 申言之，職安法中就勞工因為：（一）就業場所及其內存在之物質所引起者；（二）作業活動上原因所引起者；（三）其他職業上原因（依職安法施行細則6條規定：「本法第二條第五款所稱職業上原因，指隨作業活動所衍生，於勞動上一切必要行為及其附隨行為而具有相當因果關係者。」）等三類原因，所引起之傷害或疾病，即為職業災害。

而行政主管機關原本係依勞保條例34條：「（Ⅰ）被保險人因執行職務而致傷害或職業病不能工作，以致未能取得原有薪資，正在治療中者，

---

[241] 勞安法時期其第2條4項規定為：「本法所稱職業災害，謂勞工就業場所之建築物、設備、原料、材料、化學物品、氣體、蒸氣、粉塵等或作業活動及其他職業上原因引起之勞工疾病、傷害、殘廢或死亡」與職安法之定義接近，因此以下實務所產生之問題，在勞安法修改為職安法後，應仍有參考價值。

自不能工作之第四日起，發給職業傷害補償費或職業病補償費。職業病種類表如附表一。（II）前項因執行職務而致傷病之審查準則，由中央主管機關定之。」此一授權規定而訂定之「勞工保險被保險人因執行職務而致傷病審查準則」（下稱勞保傷病審查準則）及「勞工保險職業病種類表」等來認定[242]。其後於 111 年 5 月 1 日施行災保法後，據該法 107 條規定，勞保條例 34 條不再適用，故上開傷病審查準則即失所附麗，改由主管機關依災保法 27 條 3 項：「第一項職業傷病之職業傷害類型、職業病種類、審查認定基準、類型化調查審查程序及其他相關事項之準則，由中央主管機關定之。」另行頒訂「勞工職業災害保險職業傷病審查準則」（下稱災保傷病審查準則）辦理。

　　而災保傷病審查準則在職業傷害部分，與勞保傷病審查準則之規範方式略同，即除於第 3 條定義職業傷害為：「（I）被保險人因執行職務而致傷害者，為職業傷害。（II）被保險人執行職務而受動物或植物傷害者，為職業傷害。」外，又以條列方式規定何種情形下「視為」職業傷害（如

---

[242] 關於行政主管機關原本依勞保條例 34 條授權規定而訂定之「勞工保險被保險人因執行職務而致傷病審查準則」來認定職業傷害部分，除了於該準則 3 條 1 項明文規定：「被保險人因執行職務而致傷害者，為職業傷害。」外，又以條列方式規定何種情形下所致之傷害「視為」職業傷害（如該準則 7 條：被保險人於工作時間中基於生理需要於如廁或飲水時發生事故而致之傷害，視為職業傷害），以及於該準則 18 條以負面表列之方式，排除職業傷害之認定。在職業病部分，因為勞基法 59 條 1 款後段規定「職業病之種類及其醫療範圍，依勞工保險條例有關之規定」，據此在相關法令上，除了依勞保條例 34 條 1 項後段「職業病種類表如附表一」所訂的「勞工保險職業病種類表」，具體地類型化各種職業病外，該準則也依據該種類表第八類第二項「其他本表未列之有毒物質或其他疾病，應列為職業病者得由中央主管機關核准增列之」之規定，而核定增列職業病種類或有害物質所致之疾病（該準則 19 條）。不過此種類型化之方式，並不排除依最新的醫學知識而得認定可歸因於執行職務所致之職業病，因此該準則 20 條亦明定：「被保險人罹患之疾病，經勞動部職業疾病鑑定委員會鑑定為執行職務所致者，為職業病。」（雖然該準則 20 條規定：「被保險人罹患之疾病，經勞動部職業疾病鑑定委員會鑑定為執行職務所致者，為職業病。」而不受依勞保條例 34 條所訂的職業病種類表列限制，但是該準則 20 條在 1997 年 2 月 27 日修正前是：「被保險人於勞工保險職業病種類表規定適用職業範圍從事工作，而罹患表列疾病者，為職業病」，以以需符合該表列方式來判定是否職業病。或許因為如此，在文獻或是判決上都可見到職業病的認定，端視是否符合種類表。）

15 條：「被保險人因職業傷病，於下列情形再發生事故而致傷害，視為職業傷害：一、經雇主同意自勞動場所直接往返醫療院所診療，或下班後自勞動場所直接前往醫療院所診療，及診療後返回日常居住處所之應經途中。二、職業傷病醫療期間，自日常居住處所直接往返醫療院所診療之應經途中。」），再於 17 條規定：「被保險人於第四條、第九條、第十條、第十五條及第十六條之規定而有下列情事之一者，不得視為職業傷害：一、非日常生活所必需之私人行為。⋯⋯六、酒精濃度超過規定標準、吸食毒品、迷幻藥、麻醉藥品及其他相關類似之管制藥品駕駛車輛。⋯⋯八、駕駛車輛在道路上競駛、競技、蛇行或以其他危險方式駕駛車輛。九、駕駛車輛不按遵行之方向行駛或不依規定駛入來車道。」以負面表列方式排除職業傷害之認定。

二、職業病認（鑑）定程序與種類

以往，除了上述勞保局為決定是否核付勞保條例的職災保險給付，而由該局核定是否為職災傷病外（如對勞保局的核定不服，原則上得在收受核定書次日起六十日內，向勞動部勞工保險爭議審議會申請審議／勞工保險爭議事項審議辦法 3 條 1 項）。關於職業病認定，在職災勞工保護法第三章也設有認（鑑）定之程序略為：如勞工疑有職業疾病，應經醫師診斷。勞工或雇主對於職業疾病診斷有異議時，得檢附有關資料，向直轄市、縣（市）主管機關（得設置職業疾病認定委員會）申請認定（職災勞工保護法 11 條、12 條）；直轄市、縣（市）主管機關對於職業疾病認定有困難及勞工或雇主對於直轄市、縣（市）主管機關認定職業疾病之結果有異議，或勞工保險機構於審定職業疾病認有必要時，得檢附有關資料，向中央主管機關（應設置職業疾病鑑定委員會）申請鑑定（職災勞工保護法 13 條、14 條）。

只是實務處理上：一、固然直轄市、縣（市）主管機關對於職業疾病認定有困難及勞工、雇主或勞保局皆得申請鑑定，但因為上開條文明定

「勞工或雇主對於直轄市、縣（市）主管機關認定職業疾病之結果有異議……。」因此「若是勞工或雇主對勞工是否罹患職業疾病，經醫師診斷後不服，『應先向直轄市或縣市政府……申請認定』後，始得向被告鑑定委員會申請鑑定是否為職業疾病。」（台北高等行政法院101訴84號）；二、且如於訴訟中直接請求送職業疾病鑑定委員會鑑定，則在臺高院105勞上易44號事件中：「原審曾於104年4月間就此委請勞動部職業安全署為鑑定，亦據勞安署函覆該部依職業災害勞工保護法有關職業疾病鑑定之規定，雖設有職業疾病鑑定委員會之非常設機構，然依法並未受理訴訟案件之鑑定協助。」

　　上述職業病認（鑑）定雙軌制度，因主管機關認（鑑）定與勞工保險機構審定，各自獨立運作、無先後順序或彼此約束影響之效果，恐生行政處分矛盾及資源耗費，且職災勞工保護法有關職業病認（鑑）定規定，存有地方與中央二級制之問題，行政程序冗長。因此自111年5月1日施行之災保法106條2項規定：「除本法另有規定外，自本法施行之日起，職業災害勞工保護法不再適用。」同時於該法75條1、2項規定：「保險人於審核職業病給付案件認有必要時，得向中央主管機關申請職業病鑑定。（II）被保險人對職業病給付案件有爭議，且曾經第七十三條第一項認可醫療機構之職業醫學科專科醫師診斷罹患職業病者，於依第五條規定申請審議時，得請保險人逕向中央主管機關申請職業病鑑定。」而「（I）投保單位、被保險人、受益人、支出殯葬費之人及全民健康保險特約醫院或診所，對保險人依本章核定之案件有爭議時，應自行政處分達到之翌日起六十日內，向中央主管機關申請審議，對於爭議審議結果不服時，得提起訴願及行政訴訟。（II）前項爭議之審議，適用勞工保險爭議事項審議辦法；其勞工保險爭議審議會委員，應有職業醫學科專科醫師及勞工團體代表，且比例合計不得低於五分之一。」（同法5條），即職災認（鑑）定程序將採單元結構。

　　而關於職業病的種類則依據災保傷病審查準則第三章，主要者有 18 條：「被保險人因執行職務所患之疾病，符合下列情形之一者，為職業病：一、為勞工職業災害保險職業病種類表所列之疾病，如附表。二、經勞動部職業病鑑定會鑑定為職業病或工作相關疾病。」等條文。

第二項｜勞基法上職業災害之成立

　　關於如何才會成立勞基法上職業災害，首先應該認知的是，只有勞工人身遭遇傷病死亡時，才可能構成勞基法上職業災害補償，如果只是財物上損失，並不是此處職業災害處理之對象（例如縱算認定通勤災害屬於職業災害，然而如果僅是在上班途中出車禍，導致車子受損，而勞工人身無任何傷害，則非勞基法職災補償之對象[243]）。

　　其次，如上所述因為勞基法對職災定義未臻明確，故我國學界或行政與司法實務對於如何判斷是否成立勞基法上之職災，多有援引日本文獻所謂「業務遂行性」與「業務起因性」二個要件。這是因為日本的職災保險法 7 條訂有「職業災害是指勞工『業務上』之傷、病、殘障及死亡」，而該國行政機關之解釋認為「業務上」，意指具有「業務起因性」（於經驗法則上認為，勞工基於勞動契約處於雇主支配、管理中，伴隨職務或職務行為所具有之危險的現實化），只是因為欲判斷是否具有「業務起因性」，其前提要件即在於是否具有「業務遂行性」（指勞工於雇主指揮監督或是管理中之狀態，而不僅只指具體地執行業務中），因此解釋該條文之職業災害即須同時具有「業務遂行性」以及「業務起因性」二要件。亦即，

---

[243] 學者認為，財物損害雖然並非職災補償之對象，不過如果該等物品已經成為「身體輔助設備」，如義肢、義齒，甚或輪椅、導盲犬等，則應該包括在職災補償的對象，並舉勞保條例第 44 條：「醫療給付不包括法定傳染病……，義齒、義眼、眼鏡或其他附屬品之『裝置』……。」而認為依據本條文之反面解釋，勞保局僅不給付「裝置」的醫療費用，如已裝置成為身體輔助設備，而於職災受損時，當可請求職災給付。焦興鎧等人合著，勞動基準法釋義─施行二十週年之回顧與展望，466 頁（本部分由楊通軒執筆），2013 年 3 月，新學林出版（股）公司。

若經判斷不具有「業務遂行性」則自然不可能具有「業務起因性」，一旦判斷具有「業務遂行性」時，仍須進一步判斷是否具有「業務起因性」[244]。

　　雖然對於上開判斷要件，容有不同看法，不過既然是職業災害判斷，則於災害發生後，除去職業病的判斷或有些許不同，惟首先界定該傷、病災害是因職務或執行職務過程中所產生（亦即核心概念在於討論如何界定職務上危險與職務行為的範圍），其次探討該傷、病災害是否為職務行為或職務上危險所引起（亦即二者之間是否具有原因與結果之關係），在邏輯上有可取之處，因此本文後述仍藉此要件判斷是否成立職災。而「職業災害未認定前，勞工得先請普通傷病假；普通傷病假期滿，申請留職停薪者，雇主應予留職停薪。經認定結果為職業災害者，再以公傷病假處理。」（災保法 88 條）。

第一款　業務遂行性之判斷

　　既然所謂業務遂行性，指災害是勞工在執行職務過程中或職務上危險所發生的狀態，則討論核心在於職務行為或職務危險的範圍如何。然而如同前述，因為勞基法對於何謂職業災害，並無明確定義，因此關於上述職安法以及行政機關依法律授權所訂定之職業災害定義，是否可以直接適用於勞基法，而使雇主在上開法令所定義或列舉之職業災害情形下，負擔勞基法第 7 章所訂之職業災害補償責任即有不同見解，茲整理如下：

一、勞基法職業災害與災保法（勞保條例）相關法令之職災是否同義

　　雖然災保法甫實施，尚未累積相當案例足供參考，但因為災保傷病審查準則 4 條：「（I）被保險人上、下班，於適當時間，從日常居、住處所往返勞動場所，或因從事二份以上工作而往返於勞動場所間之應經途中發生事故而致之傷害，視為職業傷害。（II）前項被保險人為在學學生或

---

[244] 菅野和夫，労働法，451 頁，第 10 版，2013 年，弘文堂株式会社。

建教合作班學生，於上、下班直接往返學校與勞動場所之應經途中發生事故而致之傷害，視為職業傷害。」之規定，與已不再適用的勞保傷病審查準則規定略同，因此下述見解，或仍可參考。

（一）肯定說

例如，通勤災害（即勞工為提供勞務而啟程離開住處，至踏入工作場所止，於符合社會通念上合理之路線與方式途中發生之災害），根據勞保傷病審查準則4條規定：「（I）被保險人上、下班，於適當時間[245]，從日常居、住處所往返就業場所，或因從事二份以上工作而往返於就業場所間之應經途中發生事故而致之傷害，視為職業傷害。（II）被保險人為在學學生或建教合作班學生，於上、下班適當時間直接往返學校與就業場所之應經途中發生事故而致之傷害，亦同。」應屬職災，而最高法院92台上1960號也認為：「按勞動基準法與勞保條例均係為保障勞工而設，勞動基準法對於職業災害所致之傷害，並未加以定義，原審本於勞動基準法所規範之職業災害，與勞保條例所規範之職業災害，具有相同法理及規定之類似性質，並參酌勞工傷病審查準則第4條之規定，認被上訴人係屬勞動基準法第59條之職業傷害，於法並無違誤。」（只是，本號判決既然

---

[245] 所謂「適當時間」，臺北地院107勞簡上22號表示：「考諸上開規定，將勞工上、下班或在二份工作就業場所間通勤途中發生事故而致之傷害，也擬制為職業傷害，其規範意旨在於：此等通勤，或為執行職務之目的（上班、兩就業場所之往返），或係日常執行職務終結後必然依隨之生活常態（下班），與執行職務行為間，有緊密之直接關連，故得予適度放寬，以貫徹勞工保險條例藉由社會保險機制，保障勞工生活，促進社會安全之立法目的。是故，於認定勞工在路途中發生之受傷事故，是否為上、下班適當時間內，通勤途中所生事故，此『適當時間』不確定法律概念之判斷，即應考量上開立法意旨依一般客觀事實而予適當之界定。倘勞工在交通途中發生事故，但其在途與上班時間之間隔，已超過合理之時距，已足認其出發在途，目的非為到就業場所上班執行職務，乃為從事其他私人目的或需求滿足之行為，或者已顯非下班執行職務終結後，必然依隨之生活常態的在途期間者，此等與執行職務間脫離緊密直接關連而發生之事故，縱受有傷害，當不屬上下班適當時間內通勤途中所生之受傷事故，應不得依傷病審查準則第4條第1項之規定，擬制為職業傷害，自亦非屬勞基法第59條規定所稱之職業災害。」

表示勞基法職災與勞保條例職災間「具有相同法理及規定之類似性質」，因此才「參酌」勞保傷病審查準則第 4 條，則嚴格言之，尚不能據此推論最高法院認為勞基法職災認定，完全與勞保傷病審查準則一致）。

（二）否定說

同樣於通勤災害，即就勞工在下班後騎機車返家路途中摔倒受傷之事件中，臺高院 86 勞上 36 號則表示：「……惟勞動基準法就『職業災害』並未加以定義，一般均比照勞安法（編按，已更名為職安法）第 2 條第 4 款對於職業災害定義之規定……，然職業災害補償在解釋上，須勞工因就業場所或作業活動及職業上原因所造成之傷害，即造成職業災害之原因須雇主可得控制之危害始有適用，若危險發生之原因非雇主可控制之因素所致，則不宜過份擴張職業災害認定之範圍，否則無異加重雇主之責任，而減少企業之競爭力，同時亦有礙社會之經濟發展。……。上訴人所受之傷害……係於業務執行完畢後，在返家途中因交通事故所導致，該交通事故之發生已脫離雇主即被上訴人有關勞務實施之危險控制範圍，自非所謂之職業災害，雖行政院勞工委員會函釋有關勞工於上下班時間，必經途中發生車禍受傷，如無私人行為及違反『勞工保險被保險人因執行職務而致傷病審查準則』第 18 條規定情事之一者，應屬職業災害等語，然該審查準則係依勞工保險條例第 34 條第 2 項規定訂定之，而勞動基準法第 59 條有關雇主應負之職業災害補償與勞工保險條例第 34 條第 1 項之勞工保險局應給付勞工職業傷害補償或職業病補償之適用範圍、給付義務人、有關職業災害與職業傷害之定義均不相同，勞動基準法及勞工安全衛生法係在規範資方即雇主之責任，而勞工保險條例係在規定保險人即勞工保險局對被保險人之勞工有關勞保給付之範圍，兩者之立法目的本不相同，因此在認定是否構成職業災害，應依勞工安全衛生法之定義為之，法院自不受上開函釋之拘束，可依法律之解釋自行認定。」

另，勞動條 2 字 1060131987 號函表示：「二、查勞工保險條例之職業災害給付與勞動基準法之職業災害補償係屬不同制度，合先敘明。三、次查內政部⋯⋯台內勞字第 410301 號函釋示，勞工上下班必經途中之意外事故，應包括交通事故及其他偶發意外事故，此類事故非出於勞工私人行為而違反法令者，應屬職業災害，但仍應就個案發生之事實情況予以認定。所稱『上下班』係指由日常居住處所出發與返回日常居住處所而言。四、基上，從事二份以上工作之勞工於甲公司下班，欲至乙公司上班途中發生車禍，因非屬勞動基準法之職業災害，尚無勞動基準法職業災害補償規定之適用。」勞動條 2 字 1070073934 號函表示：「四、勞工下班至在學之學校上課（非雇主派訓）途中發生車禍，如未符合前開規定，非屬勞動基準法所稱職業災害，尚無該法職業災害補償規定之適用。」對上、下班之概念採嚴格看法。[246]

二、勞基法職業災害與勞安法（職安法）職災是否同義

（一）肯定說

在法院判決中，除上引臺高院 86 勞上 36 號表示，勞基法及勞安法（職安法）係在規範資方即雇主之責任，因此認定是否構成職業災害，應依勞安法（職安法）定義為之外，另桃園地院 92 勞訴 33 號表示：「按勞動基準法對於職業災害雖未設定義，然參酌勞安法第 2 條第 4 項規定（編按，即職安法 2 條 1 項 5 款），勞工就業場所之建築物、設備⋯⋯等或作業活動及其他職業上原因引起之勞工疾病、傷害殘廢或死亡，即屬所謂職業災害。」

---

[246] 本小段二號函釋，引自宇恒法律事務所，2017 年 9 月 14 日臉書發文，查詢日：2020 年 2 月 1 日。

（二）否定說

臺高院 91 勞上 28 號表示：「勞動基準法對於職業災害未設定義，至於勞安法第 2 條第 4 項（編按，職安法 2 條 1 項 5 款）規定……，係規定於勞工安全衛生法，雖可作為勞動基準法第 59 條『職業災害』判斷之參考，惟非為唯一之標準。」學者也認為：「……勞工安全衛生法第 2 條第 4 項所定義職業災害，應為勞基法上職業災害觀念之核心範圍……；蓋該法之立法目的在於『防止職業災害，保障勞工安全與健康』（同法第 1 條），因此，認定若一事故，屬於勞工安全衛生法之職業災害，即為勞基法上職業災害，雇主負有補償之責，應屬妥當。但吾人並不能反面推論：凡不屬勞工安全衛生法上之職業災害，即非勞基法上職業災害；蓋……勞工安全衛生法並未窮盡地涵蓋所有職業災害的可能型態；特別是從『防止職業災害，保障勞工安全與健康』的觀點而言，吾人反而是應該認為：勞工安全衛生法只是就最重要的職業災害型態加以規範而已，對於（特別是因為生產技術變革所產生）其他可能的事故，勞工安全衛生法並無意也無法將該事故排除於職業災害的概念外，而是應當依據各該當時醫學等等之研究加以認定……。」[247] 由此文字觀之，勞基法職災之概念應比勞安法之定義為廣。

另有認為兩者意義不同之學者，其理論構成為：「由立法目的而論，勞安法（編按，現為職安法）旨在維護勞工於作業環境中從事作業活動時之生命安全與健康，因此對雇主課以相當之責任，要求其對就業場所之建築物、機具設備、原料……等，採取特定安全衛生設施。然超出就業場所以外，實際上已不在雇主所得控制的範圍，如主張雇主對之負『預防職業災害』之安全衛生責任，顯屬不可能。因此一般依據勞安法施行細則第 4

---

[247] 林更盛，勞基法上職業災害的概念及其補償，氏著勞動法案例研究（一），177 頁下，2002 年 5 月，著者發行。

條有關『職業上原因』係指『隨作業活動而衍生，於就業上一切必要行為及其附隨行為而具有相當因果關係者』，認為在就業場所以外與作業活動相牽連的行為亦包括在內，在解釋上似有所不當。故勞安法與勞動基準法及勞保條例的『職業災害』，在概念上或應有所不同，其定義不能一體適用。」[248] 由此文字觀之，似認勞基法職災之概念應比勞安法（現為職安法）為狹。

第二款　業務起因性之判斷

一、民法學界見解與法院認定

　　一旦認定災害發生屬於職務行為或職務上危險之過程中，接續重點在於如何認定該災害與職務上危險或職務行為間，具有原因與結果之關聯，即「業務起因性」的問題，此點之判斷標準，可分述如下：

（一）民法學界見解

　　一般民事法學界對於因果關係的討論，大略有如下幾種看法：

1. 相當因果關係說

　　此說首先以「無此行為，必不生此結果」，判斷某特定行為是否造成結果之條件，如肯定此行為係結果之條件，且於客觀經驗法則上，有此行為通常即生此損害，即認定行為與結果間具有因果關係。換言之，「相當性」的認定，係以「通常足生此種損害」為判斷標準，而將不相當、異常之結果排除於因果關係之外。至於判斷通常性所應考察的範圍，多採客觀說，亦即以行為時所存在之一切事實及行為後一般人預見可能之事實為基礎。

---

[248] 王惠玲，職業災害爭議與補償，勞工法規研討會論文資料，9-4 頁，勞委會（勞動部），1997 年。

2. 重要條件理論

此說認為只有對於職業災害結果之發生具有重要意義的原因或其共同原因時，始為造成損害之條件。至於條件重要與否，應依據實際日常生活的觀點決定，此危險之發生需具充足的或然率，但無須幾近確定；又重要條件理論之目的不在找出一個唯一的重要條件，而在排除非重要的條件，如果諸多重要條件導致災害，而其中之一的重要條件是社會相當的，則應全部予以補償。

3. 法規目的說

此說認為因果關係的判斷應以相關法律規範或契約之保護目的為主要標準，亦即法律或契約上之義務係為維持特定之利益而設，而也僅限於相關法規、行為義務所企圖保護之法益所遭受的損害，才應歸屬於行為負擔，亦即其係以個案所涉及之具體契約或法律規範為導向的個別化觀察方式，而有別於相當因果關係以普遍的、標準化的觀察方式。

（二）法院認定

臺高院 87 勞上 5 號表示：「關於勞動基準法『職業災害』之認定基準……通說均採相當因果關係說，依此說『職業災害』，必須在勞工所擔任之『業務』與『災害』之間有密接關係存在。所謂密接關係即指『災害』必須係被認定為業務內在或通常伴隨的潛在危險的現實化。又勞災補償的本質亦屬損失填補的一種型態，故職業災害，必須業務和勞工的傷病之間有一定因果關係存在為必要。……又所謂『一定因果關係』（學者稱之為業務起因性），指以傷病所發生之一切不可欠的一切條件為基礎，依經驗法則判斷業務和傷病之間具有相當。」明確採取相當因果關係說。

二、勞動法學者對於上開認定的省思

（一）應以重要條件理論為主，輔以法規目的等為綜合考量

　　相當因果關係說以行為時所存在之一切事實，及行為後一般人預見可能之事實為基礎，而判斷行為與結果間是否具有相當性，主要是針對過失責任，其正當性在於將行為人無法合理預見的異常牽聯排除於責任之外。然而因為我國勞基法的雇主職災補償責任為無過失責任，並非過失責任，況且雇主承擔補償責任，主要是以勞工執行職務上之危險是否實現為準（這點和危險責任較接近），所以援用相當因果關係說未必恰當。基此學者提出 [249]：

1. 首先釐清因果關係結構的概念為：「……就其結構（即因果關係），一般認為應區分：（1）責任成立的因果關係，指可歸責的行為與權利受侵害（或保護他人之法律的違反）之間具有因果關係（如乙之『死亡』是否『因』遭甲之下毒）；（2）責任範圍的因果關係，指權利受侵害與損害之間的因果關係（例如甲駕車撞傷乙，乙支出醫藥費，住院期間感染疾病，家中財物被盜等『損害』與『其身體健康被侵害』之間是否有因果關係。」

2. 其次主張，業務起因性又應當可以細分為：「責任成立上（職務之執行與意外事故發生）的因果關係，以及責任範圍（意外事故之發生以及損害的範圍間）的因果關係。……。吾人認為職業災害因果關係的認定，是一開放性、可變動的體系，另一方面，為兼顧法規適用之安定性與明確性，本文認為可以重要條件理論為出發點……，和法規目的說相較，重要條件理論在『重要』與否的判斷上，似較法規目的說的『法規目的』更有彈性，可包含更多值得考慮斟酌的因素……，在

---

[249] 林更盛，勞基法上職業災害因果關係的判斷 —— 評臺灣高等法院 87 年勞上字第 5 號判決，臺灣法學雜誌，40 期，23 頁以下，2002 年 11 月。

具體認定標準上，吾人應一併考慮法規保護目的（如職災防護的相關規則）、現行法秩序的價值判斷（如勞工犯罪行為、故意或重大偏離常情行為所致之損害予以排除）、是否為勞工執行職務時通常所需處理或合理可預見者？抑或勞工因為履行其職務，以致於明顯地有更高機率發生該類危險時？社會一般通念等觀點，於觀察個案全體情況、斟酌與衡量上述相關觀點之後，加以決定。」而認原則應以重要條件理論為主，另輔以法規目的等理論而認定[250]。

3. 更提出法院審判時應注意：「某一損害究竟是源自何種風險（法規保護目的內的風險）？不同風險種類對危害發生的影響力如何（重要條件理論的重要）？基本上包括了各個相關學科的專業知識和法律上的價值判斷二方面的問題……。雖然此二因素就個案未必是截然可分的，而於個案決定中其各自影響力也可能有所不同，……例如……在判斷某一醫療糾紛究竟是否因醫生之過失引起？……專業知識正是不可或缺的重要判斷依據。……若最終某一問題在相關專業領域並無公認的結論，法院既非決定某一專業知識正確與否的裁判機關，因此基本上應當依據舉證責任的規定，分配無法證明之風險。當然在此法官也應該保有一定程度的判斷餘地（例如對鑑定結果是否存有合理的懷疑，不同鑑定意見間的處理）。」頗具說服力。

（二）以「職業病環境病診斷五基準」為判斷職業病之基準

上述因果關係的判斷標準，對職業傷害判斷應有助益，但在職業病的因果關係判斷上，因為損害結果發生與環境致病原因間，常相隔久遠，且無可避免會有其他干擾原因摻雜其間，因此判斷某種環境因素是否造成病症之原因，常生困難。故學界提出參酌醫療實務上之職業病環境病診斷五

---

[250] 純粹採取重要條件理論者有：楊通軒，當事人違法或過失時職業災害補償責任之探討，勞委會（勞動部）主辦，政大勞工研究所承辦之「我國職業災害補償制度實務研討會」，會議實錄 52 頁以下，1998 年 2 月 19 日。

基準，即：1. 需有客觀生理證據證實有疾病發生；2. 需有證據證明曾暴露於具污染因子存在之環境；3. 要符合時序性，滿足最低暴露期，並於最長潛伏期內發病；4. 須合乎一致性，亦即需已有流行病學之研究報告證實哪些疾病係由哪些特定污染因子所引起；5. 需大致上可排除導致本病症之其他醫療因素與個人因素[251]。

實務上臺北地院 95 重訴更一字 4 號已略有採用而表示：「而援用疫學因果關係於公害賠償上，其判斷模式即為：某種因素與疾病發生之原因，就疫學上可考慮之若干因素，利用統計的方法，以『合理之蓋然性』為基礎，即使不能經科學嚴密之實驗，亦不影響該因素之判斷。而美國毒物侵權行為訴訟更有採『增加罹病危險』之標準以證明損害，換言之，僅須證明被告之行為所增加之危險已達『醫學上合理的確定性』（reasonable medical certainty）即可，無需進一步證明被告行為造成原告目前損害。揆諸上述諸項理論之發展，無非係因傳統侵權行為舉證責任理論在面臨現代各種新型公害事件時，其舉證分配結果將造成不符公平正義之現象，而此亦與侵權行為制度追求衡平原則之理念相悖……。本件情形亦復如此……，本件採取國際癌症研究總署（IARC）及美國環保署（U.S.EPA）認定之流行病學因果關係以認定原告會員及其家屬之健康確已受損及其與長期有機溶劑暴露間有因果關係，誠屬必要。基於流行病學研究蒐集資料不易、受到時空限制、又不能以人體作為實驗等主客因素影響，以三氯

251 王榮德，職業病環境並診斷原則與實務，內科學誌，7 卷 1 期，1-13 頁，1996 年 3 月。轉引自蔡奉真，再談職業傷病之因果關係 —— 評臺北高等行政法院 98 年訴字第 1520 號判決，臺灣法學雜誌 184 期，23 頁下，2011 年 9 月 15 日。除疫學因果關係外，林宜平整理公害訴訟的因果關係理論後表示：王榮麟提出「最佳可能原因推論」，亦即只要原告提出的證據使其假設的可信度超過一定門檻，並且成為相對上較被支持的假設，則原告已盡了舉證責任。被告從而必須負擔舉證責任，使自己的假設成為相對可以被支持成立的假設；邱文聰提出「比例因果理論」，主張事件之間無法以全有或全無的形式認識時，應該依照已知可信的機率證據建立比例性的因果關係，並依此決定責任比例。氏著，公害訴訟中的科學與法律，法扶專刊，46 期，2015 年 2 月，法律扶助基金會。

乙烯為例，國際癌症研究總署（IARC）於 76 年列為第 3 類致癌物質，84 年改列為第 2A 類致癌物質，直至 101 年才改列為第 1 類致癌物質……，因此認為以被告 RCA 公司曾使用過有機溶劑，且經國際癌症研究總署（IARC）及美國環保署（U.S.EPA）認定（包含動物實驗證據均全部包括）致某種疾病，原告會員及其家屬中又罹患此種疾病，即認為具有疫學上因果關係。又原告會員及其家屬此項健康上之損害，乃因被告 RCA 公司一再違反『有機溶劑中毒預防規則』……等保護他人之法律，致原告會員及其家屬繼續長期於其間工作而受過度暴露而起，是其此項損害與被告 RCA 公司一再違反『有機溶劑中毒預防規則』……等保護他人之法律即足有因果關係存在。」

附帶提及，除了職業病的診斷牽涉到疾病與工作的相關性判斷，容易引起爭議外，另外如果是涉及精神疾病的診斷則往往連認定疾病是否存在也不容易，且常需要觀察一段相當的時間才能確定（例如，憂鬱症的發生，基因是一項因素，心理壓力則是其他眾多因素之一。此等情況，造成判斷精神疾病的職業相關性時，調查心理壓力事件的困難。因此，在確實致病機轉不明的狀況下要判斷憂鬱症與工作的相關性，很容易造成醫病、勞資間之爭議）。而我國在 2009 年制頒「工作相關心理壓力事件引起精神疾病認定參考指引」，將精神疾病入職業病的範圍，嗣在 2018 年參考日本最新版指引（日本厚生勞動省，2011）及臺灣與各國相關研究加以修訂。依該指引，要認定某一精神疾病屬於職業病，首先要診斷罹患有表列之目標疾病如憂鬱症等，再來在目標疾病發病前約六個月內，是否有可認定為業務造成的強烈心理負荷，最後再確認此目標疾病的發病，不是因為「業務外的心理負荷」或「個人因素」所造成的綜合評估[252]。

---

[252] 黃怡翎，精神疾病也是職災，金融業工會聯合會會訊，211 期，2018 年 7 月 15 日。

第三項｜職業災害之補償、給付、津貼與賠償

　　繼探討如何判斷是否成立職業災害後，較受關心者在於如何填補勞工因為職災所受的損害或救濟，對此我國法制大略可以區分為職災補償與賠償兩大制度。補償方面是由勞基法第七章的雇主無過失職災補償以及自 111 年 5 月 1 日起將職業災害保險自勞工保險條例抽離，並整合職災勞工保護法，而另施行的災保法為主。賠償方面，則是如果勞工在履行勞動契約過程中，因為雇主具有故意、過失等原因，而致其生命、身體、健康等權利受到損害，此時也可以依據民法上債務不履行、侵權行為等相關條文，請求雇主賠償其損害，而此種損害賠償，是以填補勞工所受損害為原則，包括財產上以及精神上損害之填補，相對於勞基法以及職災保險之不包括精神上損害的固定項目之定額補償或給付，有所不同。又同時應注意的是，勞基法的職災補償制度，限於適用勞基法行業的勞工方有適用，而民法的賠償請求，並無此限制。

第一款　勞基法之補償與災保法之給付
第一目　以勞基法為主的職災補償結構

　　雖然關於職業災害補償，目前是由勞基法及災保法等所構成，但仍應係以勞基法的補償規定為核心，此由該法 59 條及 60 條分別規定：「勞工因遭遇職業災害而致死亡、失能、傷害或疾病時，雇主應依左列規定予以補償。但如同一事故，依勞工保險條例或其他法令規定，已由雇主支付費用補償，雇主予以抵充之。一、勞工受傷或罹患職業病時，雇主應補償其必需之醫療費用，職業病之種類及其醫療範圍，依勞工保險條例有關之規定。……。」「雇主依前條規定給付之補償金額，得抵充就同一事故所生損害之賠償金額。」應可得知法律制度上是以勞基法的雇主責任為中心，再透過抵充規定而與職災保險之各種給付，及民法上的損害賠償等為連結。

第二目　勞工職業災害保險法制之立法略要

政府先自 39 年實施「臺灣省勞工保險辦法」，嗣在 49 年實施「勞工保險條例」，只是 83 年制訂全民健康保險法後，有關勞工保險普通事故的門診、住院等醫療給付，改由全民健康保險支付。所以其後勞保條例中，較為重要者在於失能給付、死亡給付、職業災害醫療給付與補償費，及勞保老年給付等。只是即便是已經適用勞基法或者是已經投保勞保之勞工，因為勞基法之雇主補償或是勞保之職災給付，都是採取特定項目的定額補償方式，並不全然可以填補勞工所受損害，亦未考量到職災勞工往後生活與勞動力重建。甚至依據勞保條例 6 條規定，並非所有事業單位都屬強制投保之對象（例如，受僱於未滿 5 人之公司、行號之員工即非強制投保之對象），更遑論也有事業單位根據勞基法 3 條，被排除勞基法之適用，當然也有雇主違法未替所屬員工投保勞保，凡此種種都形成保護遭受職業災害勞工的缺憾，因此在 91 年 4 月 28 日施行職業災害勞工保護法，以使上述漏洞獲得部分改正。

嗣後再有鑑於勞保普通事故保險與職災保險之保障目的不同，且職災勞工保護法係補充性立法，因此自 111 年 5 月 1 日起將職災保險自勞保條例抽離，並整合職災勞工保護法，藉由強化職業災害預防機制，及積極協助職業災害勞工重建措施，建構包含職業災害預防、補償及重建之保障體系，以完善職業災害保障制度，而另施行「勞工職業災害保險及保護法」，除擴大強制投保範圍至 4 人以下公司之受僱員工及外籍看護工與家庭幫傭，並有強制加保準用對象等外，違法未受投保者也使其保險效力自勞工到職當日起算，並同時提高投保薪資上限，增加保險給付，以及加強復工重建機制。自災保法施行後「勞工保險條例第二條第二款、第十三條第三項至第六項、第十五條第一款至第四款、第十九條第五項、第六項、第二十條第一項、第二十條之一、第三十四條、第三十六條、第三十九條至第五十二條、第五十四條及第六十四條有關職業災害保險規定，除本法

另有規定外，自本法施行之日起，不再適用。」（災保法 107 條）；「除本法另有規定外，自本法施行之日起，職業災害勞工保護法不再適用。」（災保法 106 條 2 項）。

　　附帶提及，在勞工保險方面，以往較常發生之爭議為，行政主管機關執勞保條例施行細則 18 條等規定認為：「投保單位（雇主）積欠保費，經勞保局訴追且暫行拒絕給付，期間被保險人發生保險事故，請領保險給付，仍不應給予。」不過此見解經司法院釋字 568 號解釋表示：「勞工依法參加勞工保險及因此所生之公法上權利，應受憲法保障。……若法律授權行政機關發布命令為補充規定者，該命令須符合立法意旨且未逾越母法授權之範圍，始為憲法所許，勞保條例施行細則第 18 條關於投保單位有歇業、解散、破產宣告情事或積欠保費及滯納金經依法強制執行無效果者，保險人得以書面通知退保；投保單位積欠保險費及滯納金，經通知限期清償，逾期仍未清償，有事實足認顯無清償可能者，保險人得逕予退保之規定，增加勞保條例（第 17 條）所未規定保險效力終止之事由，逾越該條例授權訂定施行細則之範圍，與憲法第 23 條規定之意旨未符，應不予適用。」

第三目　勞基法與職災保險之各項補償與給付

　　以往職災保險給付依勞保條例，然為避免實務上投保單位未申報加保，致不生保險效力，而衍生勞工發生職業災害沒有保險給付之情況，當時另有職災勞工保護法 6 條可以適用。而自 111 年 5 月 1 日災保法施行後，該法 13 條 1 項規定：「（I）符合第六條規定之勞工，其保險效力之開始自到職當日起算，至離職當日停止。但有下列情形者，其保險效力之開始，自各款所定期日起算：一、勞工於其雇主符合第六條第一項第一款規定前到職者，自雇主領有執業證照、依法已辦理登記或設有稅籍之當日起算。二、第六條第三項第三款公告之人員，自該公告指定日期起算。」

亦即，除了該法所定一些例外情形，縱使未替受僱勞工加保，仍自到職日發生職災保險效力，而得請領職災保險給付。至於「（I）投保單位未依第十二條規定，為符合第六條規定之勞工辦理投保、退保手續，且勞工遭遇職業傷病請領保險給付者，保險人發給保險給付後，應於該保險給付之範圍內，確認投保單位應繳納金額，並以書面行政處分令其限期繳納。（II）投保單位已依前項規定繳納者，其所屬勞工請領之保險給付得抵充其依勞動基準法第五十九條規定應負擔之職業災害補償。」（災保法 36 條 1、2 項）。

　　另職災事件，除了訴訟或聲請保全處分時應注意勞事法 14 條 2 項：「勞工或其遺屬因職業災害提起勞動訴訟，法院應依其聲請，以裁定准予訴訟救助。但顯無勝訴之望者，不在此限。」及同法 47 條：「（I）勞工就請求……職業災害補償或賠償……事件，聲請假扣押、假處分或定暫時狀態之處分者，法院依民事訴訟法第五百二十六條第二項、第三項所命供擔保之金額，不得高於請求標的金額或價額之十分之一。（II）前項情形，勞工釋明提供擔保於其生計有重大困難者，法院不得命提供擔保。」外，實體法上整合勞基法 59 條 1 項所訂之各項補償，以及災保法所訂之保險給付，職災的補償與給付約有下列項目：

一、必需醫療費用之補償、給付

　　依 59 條 1 款前段：「勞工受傷或罹患職業病時，雇主應補償其必需之醫療費用。」此所謂必需之醫療費用，「病房費如經醫師或醫療機構出具證明為必要者，應由雇主負擔。至於伙食費、證明書費用則不屬醫療費用。」（84 台勞動三字 115057 號函）、「特別護士費……如屬醫療所必需並由醫療機構出具證明者，即屬勞動基準法第 59 條第 1 款所稱之醫療費用。」（84 台勞動三字 112977 號）。其中，實務上有疑義者為病房費由健保病房升等後所生差額是否亦屬必需醫療費用，就此需由勞工舉證是

否必需，即「原告就其何以有換房至單人病房之必要性一節，並未能舉證以實其說，故原告請求病房差額費用部分，尚難據認為必要之費用。」（彰化地院 100 重勞訴 3 號），至於如何舉證則如：「原告住院當日被告醫院已無健保床之事實，亦有被告醫院同上函在卷可參，則原告於就診時既已無健保床，因而選擇二人房所支出之病房費用為必要醫療費用。」（台中地院 102 勞訴 123 號）。

在職災保險給付方面，災保法 38 條規定：「（I）醫療給付分門診及住院診療。（II）前項醫療給付，得由保險人委託全民健康保險保險人辦理。（III）被保險人遭遇職業傷病時，應至全民健康保險特約醫院或診所診療；其所發生之醫療費用，由保險人支付予全民健康保險保險人，被保險人不得請領現金。（IV）前項診療範圍、醫療費用之給付項目及支付標準，準用全民健康保險法及其相關規定辦理；必要時，得由保險人擬訂，並會商全民健康保險保險人後，報請中央主管機關核定發布。」（勞保條例時為 39 條）。

二、醫療期間之原領工資補償、給付

原領工資補償依 59 條 2 款本文：「勞工在『醫療期間』不能工作時，雇主應按其『原領工資』數額予以補償。」

此所謂「醫療期間」係指「醫治」與「療養」，一般所稱「復健」係屬後續之醫治行為，但應至工作能力恢復之期間為限（90 台勞資二字 0021799 號函）。惟醫治至復建中固然皆屬醫療期間，但醫療期間卻未必不能工作，尤其是復建中，因此法院認為：「醫療期間指勞工因職災接受醫療，而不能從事原有勞動契約約定工作，抑或勞工未能從事原定工作，且未經雇主合法調動勞工從事其他工作而言，蓋勞工接受醫療期間如已堪任原有工作，或已經雇主合法調動其他工作，勞工即負有提供勞務給付之義務，僅得以請假方式繼續接受醫療。」（臺高院 97 勞上 6 號），不過

職災調職後應注意最高法院 95 台上 323 號表示：「按勞基法第五十九條第二款所稱『勞工在醫療中不能工作』，係指勞工於職業災害醫療期間不能從事勞動契約所約定之工作。勞工並無從事勞動契約所約定以外工作之義務，故雇主如欲使勞工從事其他非勞動契約所約定之工作，應與勞工協商。如勞工已能從事較輕便之工作，其從事非勞動契約所約定之工作獲得之報酬，雇主得自勞工原領工資數額扣除，僅就餘額為補償，而非謂勞工因此已無職業災害工資補償之請求權。」

至「本法第五十九條第二款所稱原領工資，係指該勞工遭遇職業災害前一日正常工作時間所得之工資。其為計月者，以遭遇職業災害前最近一個月正常工作時間所得之工資除以三十所得之金額，為其一日之工資。（II）罹患職業病者依前項規定計算所得金額低於平均工資者，以平均工資為準。」（施行細則 31 條）。實務上常有爭議者為日（時）薪確定但每月工時不確定之「點工」應如何計算，就此勞動 3 字 0970079284 號表示：「二、……基此，按日（時）計酬勞工之工資補償應依曆計算。三、……爰按日（時）計酬之勞工於依曆按其原領工資補償時，其例假日免以計入。」係僅扣除例（休）假日而依曆計算，惟條文既謂「原領工資」，則勞工得依該條規定請求補償者，自「不應超過未受傷情形下正常工作可能取得之工資」，因此司法實務對於每月工時不固定之點工如何計算「未受傷情形下正常工作可能取得之工資」仍有不同見解。

此原領工資補償雖然法條定為最長二年，且 13 條也明定勞工職災醫療期間，除因天災、事變或其他不可抗力致事業不能繼續，經報主管機關核定者外，雇主不得終止契約，看似雇主原則上必待二年之治療期間屆滿，方得終止契約。故 89 勞動三字 0015888 號函表示：「（一）勞動基準法第十三條規定勞工職業災害醫療期間，雇主不得終止契約，旨在限制雇主不得單方面依該法第十一條及第十二條規定終止契約。（二）定期契約，係因勞雇雙方合意之期限屆滿而失其效力，自無適用該法第十三條之

問題。……。」不過因為職災醫療期間包括醫治與療養、復建，因此本函釋第一點所謂雇主不得依 12 條規定終止契約，與雇主的職場紀律維持有些衝突。司法實務有以限制職災醫療期間不含復建之方式來平衡，如台南高分院 99 勞上 2 號認為：「勞動基準法第 59 條所稱醫療期間，係指應至勞工之工作能力恢復為止。而如上所述，上訴人於 96 年 06 月下旬即已能工作，從而縱使上訴人於 96 年 8 月 8 日仍須前往醫院為復健之醫療行為，揆諸上開函釋意旨，應認已不在勞動基準法第 59 條所定醫療期間。」

　　亦即勞動契約於醫療期間未滿 2 年，也可依上開事由（或勞工自行離職）提前終止，而此時勞動契約既然已合法終止，應只餘是否應給付後述終結工資補償之問題，若仍要求雇主繼續為工資補償，則允許其得終止勞動契約將無實益，因此「勞基法第 59 條第 1 款規定，勞工在醫療中，不能工作時，雇主應按其原領薪工資數額予以補償，係限於勞工離職前，勞工離職後雇主當然無庸繼續補償，僅其離職前應受領補償之權利，不因勞工之離職而受影響而已，此觀之勞基法第 59 條第 1 款及第 61 條之法文即明」（臺高院 93 重勞上 16 號 [253]），即原領工資補償限於勞動契約存續期間 [254]。

---

[253] 本案經提起再審後，臺灣高等法院 94 勞再易 13 號表示：「經查，再審原告主張原確定判決認勞動基準法第 59 條第 2 款規定，勞工在醫療中，不能工作時，雇主應按其原領薪工資數額予以補償，係限於勞工離職前，勞工離職後雇主當然無庸繼續補償，僅其離職前應受補償之權利，不因勞工離職而受影響而已，而再審原告已於 92 年 11 月 5 日終止勞動契約，自該日起再審被告即無付與原領工資之義務，與勞動基準法第 61 條第 2 項規定有違，適用法規顯有錯誤等語。惟查：按勞動基準法第 59 條規定，勞工因遭遇職業災害而致死亡、殘廢、傷害或疾病時，雇主應依同條各款規定予以補償；同法第 61 條第 2 項規定：『受領補償之權利，不因勞工之離職而受影響，且不得讓與、抵銷、扣押或擔保。』，勞工於離職前應受領補償之權利，不因勞工離職而受影響，固無疑問，但勞工離職後雇主是否仍應繼續補償，法無明文。原確定判決審酌勞動基準法第 59 條及 61 條第 2 項規定後，認為勞工離職後雇主即無庸再為繼續補償，乃其所表示之法律上意見，依據上開說明，無適用法規顯有錯誤之可言。」

[254] 不過，高等法院 95 重勞上更一字 15 號則表示：「另按『受領補償之權利，不因勞工之離職而受影響……』，勞基法第 61 條第 2 項前段定有明文。兩造間僱傭契約關係雖於 93 年 3 月 24 日經被上訴人合法終止……，然上訴人依同法第 59 條第 2 款之規定，受領補償之權利，並不因而受影響。」似認為即便勞動契約合法終止後，勞工仍得繼續請領工資補償。

而在保險給付方面，災保法 42 條規定：「（I）被保險人遭遇職業傷病不能工作，致未能取得原有薪資，正在治療中者，自不能工作之日起算第四日起，得請領傷病給付。（II）前項傷病給付，按被保險人平均月投保薪資百分之七十發給，每半個月給付一次，最長以二年為限。」（此規定和勞保條例 34 條 1 項及 36 條，自不能工作之第四日起，每半個月，按平均月投保薪資百分之七十，發給職業傷害補償費或職業病補償費，如經過一年尚未痊癒者，其職業傷害或職業病補償費則減為平均月投保薪資之半數，但以一年為限之規定，略有不同）。

三、原領工資終結補償

原領工資終結補償是指 59 條 2 款但書所定：「但醫療期間屆滿二年仍未能痊癒，經指定之醫院診斷，審定為喪失原有工作能力，且不合第三款之失能給付標準者，雇主得一次給付四十個月之平均工資後，免除此項工資補償責任。」亦即，依文義必需醫療期間屆滿 2 年仍未能痊癒，經指定醫院鑑定已喪失原有工作能力後，且不符合第 3 款即「勞工職業災害保險失能給付標準」所訂各項失能等級，雇主即得選擇一次給付四十個月的平均工資，以免除本項前段的每月原領工資補償。

只是，固然文義上「已符合第 59 條第 3 款規定之殘廢給付標準，而得依該款規定請求殘廢補償時，即不能再依同條第 2 款前段之規定，繼續請求於醫療中不能工作之工資補償或嗣後之必要醫療費用，殊不論勞工於得請求殘廢補償後，是否尚仍進行醫療之行為。」但仍有不同見解，如最高法院 94 台上 2216 號表示：「況原審就同屬職業災害之補償，亦即勞動基準法第 59 條第 1 項第 1 款之職災醫療費用補償，認得與同條項第三款同時請求，何以同條項第 2 款、第 3 款卻係立於競合關係，原審未遑詳為深究，遽以上述理由而為此部分上訴人不利之判決，尚有未洽。」另選擇權應在雇主部分，繼最高法院 90 台上 1800 號表示：「勞動基準法第 59 條第 2 款……後段乃為避免雇主負無限期之補償責任，故特別規定，於一

定條件下得一次給付一定之金額，免除雇主之工資補償責任；惟若勞工經長期之醫療，所得請求雇主補償之工資，已超過四十個月之平均工資時，自無不許其依上開條款後段規定，請求雇主補償工資……。」允許勞工在治療已逾四年時可主動請求依本款為終結補償後，同院 96 台上 492 號更進一步表示：「……工資終結補償，為雇主權利之一種，雖應認選擇權係在雇主；然若勞工於醫療期間尚未屆滿 2 年之前，即可確定已喪失原有工作能力，提前依同條款但書之規定，一次請求四十個月之補償給付，以免除雇主繼續應付之同條款前段之補償責任，對雇主而言不無不利益，自應認與該條文規範之意旨無違。」則不但使勞工有選擇終結補償之權利，甚至不用符合治療二年而未痊癒之要件，已逸脫文義。

另外，如勞動契約於醫療期間屆滿二年之前，既已依前述因定期契約屆滿、自願離職、被強制退休等原因而合法終止，但勞工實際上仍接受醫療，並經審定喪失原有工作能力，但不合第 3 款之失能給付標準時，是否得請領本款之終結補償。學者認為：固然最高法院 81 台上 2727 號，傾向勞工不得請領本項終結補償。但因為雇主所給付之四十個月平均工資，其本質似與雇主原應負擔之工資危險有所不同，蓋依勞基法 59 條第 2 款但書之規定，此四十個月平均工資之給付，係以勞工喪失原有工作能力，卻無法依同規定第 3 款請求殘廢（編按，即失能）補償為前提，其性質應在於補償勞工所喪失之工作能力，所以此時勞工仍得類推適用本款但書規定而請求終結補償 [255]。

又一旦雇主依法支付此四十個月平均工資之終結補償後，雙方間勞動契約是否因此終止之問題，學者認為：法律所免除者，僅是雇主之長期繼續負擔工資的責任，至於勞動契約則應認為繼續存在，故雇主仍應繼續補償勞工所必需之醫療費用。此時，雇主若欲消滅其與勞工間之勞動契約，

---

[255] 林更盛，勞基法上職業災害的概念及其補償，氏著勞動法案例研究（一），177 頁下，2002 年 5 月，著者發行。

以進一步免除必要醫療費用之補償責任，則只得依勞基法 11 條之規定（尤其是該條第 5 款，勞工對於所擔任之工作確不能勝任），經預告後終止勞動契約，亦即本項終結補償是工資補償之替代，並非資遣費之替代[256]。內政部（74）台內勞字 370660 號函也表示：「事業單位僱用之勞工，因遭遇職業災害經醫療屆滿二年仍未能痊癒，雇主得一次給付四十個月之平均工資後，免除此項工資補償責任……。惟雇主欲終止契約，仍應依勞動基準法第 11 條第 5 款規定預告勞工並發給資遣費；如符合同法第 54 條 2 款規定者，應依退休規定發給退休金。」[257]

四、失能補償、給付

失能補償依 59 條 3 款是指：「三、勞工經治療終止後，經指定之醫院診斷，審定其遺存障害者，雇主應按其平均工資及其失能程度，一次給予失能補償。失能補償標準，依勞工保險條例有關之規定。」

本款所謂的「治療終止」，依災保法 43 條 1 項：「保險人遭遇職業傷病，經治療後，症狀固定，再行治療仍不能期待其治療效果，……。」（勞保條例時期在施行細則 77 條），且同項也就職業災害的「失能補償標準」明定為：「（I）保險人遭遇職業傷病，經治療後，症狀固定，再行治療仍不能期待其治療效果，經全民健康保險特約醫院或診所診斷為永久失能，符合本保險失能給付標準規定者，得按其平均月投保薪資，依規定之給付基準，請領失能一次金給付。（II）前項被保險人之失能程度，經評估符合下列情形之一者，得請領失能年金：一、完全失能：按平均月投保薪資百分之七十發給。二、嚴重失能：按平均月投保薪資百分之五十發給。三、部分失能：按平均月投保薪資百分之二十發給。（III）被保險人於中華民國九十八年一月一日勞工保險年金制度實施前有勞工保險年資，經評估符合失能年金給付條件，除已領取失能年金者外，亦得選擇請

---

[256] 黃程貫，勞動法（修訂再版），443 頁，2001 年 6 月，國立空中大學。
[257] 法源法律網→判解函釋查詢。

領失能一次金，經保險人核付後，不得變更。（Ⅳ）被保險人請領部分失能年金期間，不得同時領取同一傷病之傷病給付。（Ⅴ）第一項及第二項所定失能種類、狀態、等級、給付額度、開具診斷書醫療機構層級、審核基準、失能程度之評估基準及其他應遵行事項之標準，由中央主管機關定之。」（勞保條例時期為 54 條），即有一次金與年金之分，又領取失能年金之勞工如同時有符合同法 44 條所訂之眷屬，另有眷屬補助。

　　在實務操作上，關於請求勞動能力喪失或減少之填補，不但見諸於職災補償，另在損害賠償時也常見。只是應該以何種標準請求，常有不同見解。不過因為 59 條 1 項 3 款已經明定：「……雇主應按其平均工資及其失能程度，一次給予失能補償。失能補償標準，依勞工保險條例有關之規定。」因此在 111 年 5 月災保法施行後，請求職災補償中的失能補償時，應依據勞工職業災害保險失能給付標準請求。至於請求損害賠償時，以往實務上認定勞動能力減損百分比時，除了有依據勞工保險失能給付標準外[258]，也有依據學者之著作來請求。只是此兩者之計算方式，分別經最高法院表示：「查原審所稱勞工保險殘廢給付標準表似依勞工保險條例第 53 條規定而來，該標準表為勞工向保險人請領殘廢補助費之標準，僅載有殘廢等級及給付標準，並無各殘廢等級減少勞動能力比率若干之記載。……徒以朱○○依勞工保險殘廢給付標準表為精神障害類殘廢等級七，並依普通傷病失能補助費給付標準第七等級給付 440 日與第一等級給付 1200 日之勞動失能給付標準之比例計算，認定朱○○之勞動能力減損比例為 36.67%，已嫌疏略。」（105 台上 394 號）；「又兩造對於減少勞動能力比率之計算既有爭執，原審逕參酌學者曾隆興所著之『各級殘廢等級喪失或減少勞動能力比率表』，認定上訴人減少勞動能力之比率為百

---

[258] 勞保局所制訂的勞工保險失能給付標準，原則上是區別不同失能等級而有不同給付標準，然而該失能等級的區別標準常受質疑。例如，胃全切除者的生活上影響大於脾臟全切除者，但前者之失能等級僅為第十二級，後者卻為第九級；又如同是頭部、顏面部或頸部受損壞致遺存顯著醜形者，女性為第八級、但男性為第十級。

分之 23.07，惟該比率係根據何項原理計算而出，原審並未說明，亦難招折服。」（97 台上 2182 號）。亦即，尚無確定見解，而據職業醫學專家表示，如送請職業醫學部門鑑定勞動能力喪失或減少比率時，目前是以「美國醫學會永久障害評估指引」來認定全人損傷百分比，又因為評估指引只是針對一般情形，如果有特殊因素（例如，聲帶受損者而其職業是主播），可考慮在送請鑑定時表明應進行校正（此時鑑定機構會另依據「加州校正」，對評估指引內之百分比進行調整）[259]。而請求損害賠償時，如已經受有職災補償者，應有 60 條：「雇主依前條規定給付之補償金額，得抵充就同一事故所生損害之賠償金額。」之適用。

五、喪葬、死亡補償與職災保險給付

喪葬補償與死亡補償依 59 條 4 款：「四、勞工遭遇職業傷害或罹患職業病而死亡時，雇主除給與五個月平均工資之喪葬費外，並應一次給與其遺屬四十個月平均工資之死亡補償。其遺屬受領死亡補償之順位如下：（一）配偶及子女。（二）父母。（三）祖父母。（四）孫子女。（五）兄弟姐妹。」

職災保險在喪葬給付方面，依災保法 49 條 1 項：「被保險人於保險有效期間，遭遇職業傷病致死亡時，支出殯葬費之人，得請領喪葬津貼。」而其基準在同法 51 條 1 項 1 款：「前二條所定喪葬津貼、……之基準如下：一、喪葬津貼：按被保險人平均月投保薪資一次發給五個月。但被保險人無遺屬者，按其平均月投保薪資一次發給十個月。」（勞保條例時期為 63-2 條 1 項 1 款）。

災保法 49 條就被保險人死亡時，對其遺屬之給付為：「（II）前項被保險人，遺有配偶、子女、父母、祖父母、受其扶養之孫子女或受其扶養之兄弟姊妹者，得依第五十二條所定順序，請領遺屬年金，其條件如下：

---

[259] 陳秉暉，「職業病認定與勞動能力減損評估實務」講義資料，台北律師公會在職進修課程，2019 年 9 月 19 日。

一、配偶符合第四十四條第一項第一款或第二款規定者。二、子女符合第四十四條第一項第三款規定者。三、父母、祖父母年滿五十五歲，且每月工作收入未超過投保薪資分級表第一級者。四、孫子女符合第四十四條第一項第三款第一目至第三目規定情形之一者。五、兄弟姊妹符合下列條件之一：（一）有第四十四條第一項第三款第一目或第二目規定情形。（二）年滿五十五歲，且每月工作收入未超過投保薪資分級表第一級。（III）前項當序遺屬於被保險人死亡時，全部不符合遺屬年金給付條件者，得請領遺屬一次金，經保險人核付後，不得再請領遺屬年金。（IV）保險人依前項規定核付遺屬一次金後，尚有未具名之其他當序遺屬時，不得再請領遺屬年金，應由具領之遺屬負責分與之。（V）被保險人於中華民國九十八年一月一日勞工保險年金制度實施前有保險年資者，其遺屬除得依第二項規定請領遺屬年金外，亦得選擇請領遺屬津貼，不受第二項各款所定條件之限制，經保險人核付後，不得變更。」有遺屬一次金與年金之分，至其給付標準與停發遺屬年金情形則可參看同法 51 條與 54 條。

　　另災保法考量被保險人於作業中遭遇意外事故致失蹤時，無法確知其是否死亡或死亡日期，於 55 條定有失蹤給付為：「（I）被保險人於作業中遭遇意外事故致失蹤時，自失蹤之日起，發給失蹤給付。（II）前項失蹤給付，按被保險人平均月投保薪資百分之七十，於每滿三個月之期末給付一次，至生還之前一日、失蹤滿一年之前一日或受死亡宣告裁判確定死亡時之前一日止。（III）第一項被保險人失蹤滿一年或受死亡宣告裁判確定死亡時，其遺屬得依第四十九條規定，請領死亡給付。」

第四目　抵充、消滅時效、抵銷禁止與過失相抵

一、抵充

　　以上關於勞基法職災補償以及災保法之職災給付，二者重疊部分之處理，依 59 條：「勞工因遭遇職業災害而致死亡、失能、傷害或疾病時，

雇主應依左列規定予以補償。但如同一事故，依勞工保險條例或其他法令規定，已由雇主支付費用補償，雇主得予以抵充之⋯⋯。」規定可知，一者職業災害補償應以勞基法為準，職災給付不足勞基法所訂之部分，或是雇主就投保之勞保薪資為高薪低報，致使勞保局實際給付數額，低於原應給付數額，雇主仍應據 59 條所訂，以「平均工資」（不是投保薪資）為準，而補足職災補償金額予勞工。二者，因為目前受僱勞工之職災保費全數由雇主負擔（災保法 19 條 1 項 1 款／勞保條例時為 15 條），因此雇主為職災補償時，可以抵充經勞保局給付之職災給付金額。只是，實務操作上應注意：「⋯⋯雇主因勞工遭遇職業災害而致醫療期間不能工作時，應依勞動基準法第 59 條第 2 款規定予以工資補償，並依同法施行細則第 30 條所定發給工資之日全額給與，惟如同一事故已領取勞保給付或依其他法令由雇主支付費用所得之保險給付時，雇主始得主張抵充。五、另，有關雇主全額支付之職業災害補償，如勞資雙方於補償前已約定，勞工同意於領取勞工保險給付或相關保險給付後，就抵充金額返還雇主，自無不可。」（勞動 3 字 0980067497 號函）。亦即，雇主應於原訂發給工資之日給付全額原領工資補償予勞工，不得待勞保給付後再給付差額。

　　又在 98 年勞保部分給付年金化後，雇主應如何抵充，則依勞基法施行細則 34-1 條規定：「勞工因遭遇職業災害而致死亡或失能時，雇主已依勞工保險條例規定為其投保，並經保險人核定為職業災害保險事故者，雇主依本法第五十九條規定給予之補償，以勞工之平均工資與平均投保薪資之差額，依本法第五十九條第三款及第四款規定標準計算之。」即不問受災勞工實際已請領或將得請領之年金為多少，雇主僅就分別依勞工之平均工資與平均投保薪資所計算得出之差額給付即可。只是本條文以「⋯⋯雇主已依勞工保險條例規定為其投保，並經保險人核定為職業災害保險事故者，⋯⋯」為限，才可抵充，但職災補償請求權時效為 2 年（61 條 1 項），而被保險人勞工或其受益人請領勞保保險金請求權時效則為 5 年

（勞保條例 30 條），因此被保險人勞工如先向雇主請求職災補償，之後再向勞保局請領保險金而經其核定，則雇主給付當時尚難主張抵充，就此災保法 90 條規定有：「（Ⅰ）遭遇職業傷病之被保險人於請領本法保險給付前，雇主已依勞動基準法第五十九條規定給與職業災害補償者，於被保險人請領保險給付後，得就同條規定之抵充金額請求其返還。（Ⅱ）遭遇職業傷病而不適用勞動基準法之被保險人於請領給付前，雇主已給與賠償或補償金額者，於被保險人請領保險給付後，得主張抵充之，並請求其返還。（Ⅲ）被保險人遭遇職業傷病致死亡或失能時，雇主已依本法規定投保及繳納保險費，並經保險人核定為本保險事故者，雇主依勞動基準法第五十九條規定應給予之補償，以勞工之平均工資與平均投保薪資之差額，依勞動基準法第五十九條第三款及第四款規定標準計算之。」又勞保條例 65-3 條規定：「被保險人或其受益人符合請領失能年金、老年年金或遺屬年金給付條件時，應擇一請領失能、老年給付或遺屬津貼。」即一人一年金制度，也可能發生受益人衡量後，不請領遺屬年金而請領自身之老年年金等情形，此時雇主亦無得抵充，就此災保法 58 條規定：「（Ⅰ）被保險人或其受益人因不同保險事故，同時請領本保險或其他社會保險年金給付時，本保險年金給付金額應考量被保險人或其受益人得請領之年金給付數目、金額、種類及其他生活保障因素，予以減額調整。（Ⅱ）前項本保險年金給付減額調整之比率，以百分之五十為上限。（Ⅲ）第一項有關本保險年金給付應受減額調整情形、比率、方式及其他應遵行事項之辦法，由中央主管機關定之。」

　　另 59 條但書及 60 條分別規定有：「但如同一事故，依勞工保險條例或其他法令規定，已由雇主支付費用補償者，雇主得予以抵充之：」「雇主依前條規定給付之補償金額，得抵充就同一事故所生損害之賠償金額。」則勞保給付亦應得與損害賠償間為抵充（臺高院 98 勞上 25 號、同院 97 勞上 10 號）。

　　至於雇主另外支出保費投保商業保險，有雇主責任險及及團體意外險等，如屬團體意外險則勞工自保險公司領取之保險金，雖然不在 59 條但書所訂「依勞工保險條例或其他法令規定」之文義內，但以往多認為雇主可主張抵充。此有 87 台勞動三字 017676 號表示：「由雇主負擔保險費為勞工投保商業保險者，勞工所領之保險給付，雇主得用以抵充勞動基準法第 59 條各款所定雇主應負擔之職業災害補償費用，惟不足之部分雇主仍應補足。」且司法實務也認為依勞基法 59 條 1 項但書之法理，雇主亦得主張抵充（最高法院 89 台上 2582 號）。只是如果保險費是由雇主與勞工共同負擔者，此時勞基法施行細則 34 條雖僅規定：「本法第 59 條所定同一事故，依『勞工保險條例或其他法令規定』，已由雇主支付費用補償者，雇主得予以抵充之。但支付之費用如由勞工與雇主共同負擔者，其補償之抵充按雇主負擔之比例計算。」似使團體意外險商業保險不在規範範圍內，但是應該仍可據本條但書法理，即可按雇主負擔保費之比例計算補償之抵充。

　　然而，最高行政法院 109 上 217 號就職災勞工保護法 6 條：「（I）未加入勞工保險而遭遇職業災害之勞工，雇主未依勞動基準法規定予以補償時，得比照勞工保險條例之標準，按最低投保薪資申請職業災害失能、死亡補助。（II）前項補助，應扣除雇主已支付之『補償金額』。……。」規定之 2 項中所稱「補償金額」，於適用勞基法 59 條但書時，是否包括雇主支付保費而為勞工投保之團體意外險事件中，表示：「（三）……一般來說，責任保險係承擔被保險人之責任風險之保險契約，所謂責任風險指被保險人對第三人應負一定給付之責任；至傷害保險，則以被保險人於保險期間因意外事故所致之人身損害為理賠條件。……此函釋（編按，即前述 87 台勞動三字 017676 號）係針對勞動基準法第 59 條所為之解釋，重在雇主與勞工間之衡平；而職災法則係制定於 90 年間，有其立法宗旨如前述，課予政府履行法定之保護義務，引用職災法制定前就私法關係所

為函釋，為不利於人民之適用，顯已逾越。……（四）原審以本件 300 餘萬元之理賠基礎即新〇公司與雇主訂定之傷害保險，此係雇主為分散賠付勞工損害賠償之風險而投保云云，惟傷害保險之性質並不在分散要保人之風險；況公司團體習用之團體傷害險，有以員工福利視之，雇主雖具有要保人之地位，有繳納保費之義務，惟以記名於契約中之員工為被保險人，保險利益仍屬為被保險人之員工個人對於自己之健康、生命及醫療支出之利害關係（……）。又保險契約之分類中為定額保險者，當危險事故發生時，保險人給付定額之理賠，此種保險不具損害填補之性質，因而亦無代位權可言，……。查本件新〇公司與雇主之團體保險，有投保人數 31人，起自 106 年 10 月 20 日至 107 年 10 月 20 日止，除傷害醫療事故外，其餘均為定額給付，……，其應具有人身保險之性質，而無損害填補之適用。原審指新光公司基於此保險所為之理賠，有損害填補原則之適用，自有類推適用勞動基準法第 59 條但書之基礎，而得抵充雇主應負擔之職災補償云云，即有適用法律不當之違背。」而廢棄原判決發回更審，雖然是針對職災勞工保護法之闡示，而且依勞工職災保險及保護法 106 條 2 項：「除本法另有規定外，自本法施行之日起，職業災害勞工保護法不再適用。」但事業單位仍宜注意。

再者，如勞工之職災係肇因於第三人的侵權行為，該第三人得否依本條主張抵充，最高法院 106 台上 2031 號表示：「故依勞工保險條例所為之職業災害保險給付，與勞動基準法之職業災害補償之給付目的相類，勞工因遭遇同一職業災害依勞工保險條例所領取之保險給付，勞動基準法第 59 條但書明定『雇主』得抵充，且依勞動基準法第 60 條規定，雇主依同法第 59 條規定給付之補償金額，亦得抵充就同一事故所生損害之賠償金額，旨在避免勞工或其他有請求權人就同一職業災害所生之損害，對於『雇主』為重複請求。而勞工保險制度，非為減輕非雇主之加害人之責任，勞工因職業災害所受領之保險給付，與因侵權行為對該加害人所生之

損害賠償請求權，並非出於同一原因，後者之損害賠償請求權，殊不因受領前者之保險給付而喪失，亦不生損益相抵問題。上訴人非被上訴人之受僱人，其受領職業災害系爭勞保補償，亦非被上訴人負擔保險費為上訴人投保勞工職業災害保險所獲得之保險給付，則上訴人請求被上訴人國家賠償，與得請領職業災害補償不同，並無重複請求可言。原審以上訴人請求之損害賠償，應抵扣系爭勞保補償，而為上訴人不利之論斷，自有可議。」而據此理由應該也不得類推適用。

二、勞基法職災補償之消滅時效與抵銷禁止等

勞基法 61 條 1 項規定：「第五十九條之受領補償權，自得受領之日起，因二年間不行使而消滅。」只是雖然明文規定二年，但是仍應注意各個項目的職災補償之起算點。例如法院認為：工資補償應由每月原應發給工資之日起算，而非職災發生時點；殘廢（即失能）補償自醫療機構診斷日起算；醫療費用補償自支付醫療費用之日起算；死亡補償自死亡之日起算（臺高院 93 勞上易 11 號、桃園地院 91 勞訴 6 號）。

另此「受領補償之權利，不因勞工之離職而受影響，且不得讓與、抵銷、扣押或供擔保。」（61 條 2 項），「勞工或其遺屬依本法規定受領職業災害補償金者，得檢具證明文件，於金融機構開立專戶，專供存入職業災害補償金之用。」（61 條 3 項 / 勞動部頒有「勞動基準法職業災害補償金專戶開戶注意事項」），而「前項專戶內之存款，不得作為抵銷、扣押、供擔保或強制執行之標的。」（61 條 4 項）。

三、過失相抵

雇主就前述職災補償固然是屬於不論是否具有故意、過失均應補償的無過失責任，但是如果勞工對於職災發生或損害擴大具有過失時，雇主可否依民法 217 條 1 項：「損害之發生或擴大，被害人與有過失者，法院得減輕賠償金額，或免除之。」而減輕責任，司法實務仍有不同見解：

　　如最高法院 87 台上 233 號表示：「惟損害賠償之法則，我國規定於民法第 213 條至第 218 條，其中第 217 條規定之過失相抵，係為促使被害人注意履行其應盡之義務，以避免或減少損害之發生，職業災害補償既為損害賠償之一種，自仍有民法第 217 條之適用，以促勞工於執行職務時，對於自己生命、身體之安全，盡其應盡之注意義務，避免或減少危險或損害之發生，故自目的而言，職業災害補償適用民法上過失相抵原則，與保護勞工之意旨，並不相違。」但同院 87 台上 1629 號則認為：「勞動基準法第 59 條係為保障勞工及其家屬之生存權，並保存或重建個人及社會勞動力之特別規定，非屬損害賠償之性質，並無民法第 217 條過失相抵規定之適用。」

　　其後，最高法院在 89 年第 4 次民事庭會議就「勞動基準法第 59 條之職業災害補償，於勞工與有過失時，雇主可否主張民法第 217 條過失相抵？」之法律問題討論後，決議採「甲說（否定說）：勞動基準法第 59 條之補償規定，係為保障勞工、加強勞、雇關係，促進社會經濟發展之特別規定，非損害賠償。同法第 61 條尚且規定該受領補償之權利不得抵銷，應無民法第 217 條過失相抵之適用。」惟據司法院釋字 374 號，最高法院之決議僅供院內法官辦案參考，並無必然之拘束力（編按，法院組織法 108 年公布修正後，就統一見解部分已另設有大法庭制度），因此最高法院 95 台上 854 號仍肯認該事件下級審判決所表示：「職業災害補償既為損害賠償之一種，自仍有民法第 217 條之適用。」[260]

---

[260] 本件下級法院即臺中高分院 92 重訴 59 號，在判決理由中仍然引用決議中乙說（肯定說）之最高法院 87 台上 233 號判決，因此是否可謂司法實務在決議後已經統一確定而採否定說，似有疑義。不過，因為本件訴訟請求依據為民法 184、185 等侵權行為規定，因此也有研究認為：在決議後職災補償無過失相抵原則之適用，此一見解終告統一確定。但假如勞工是本於職災勞工保護法 7 條規定訴請「賠償」者，最高法院（即 108 台上 555 號）似乎又認為有過失相抵原則之適用。陳金泉，勞動訴訟實務，370、371 頁，2020 年，新學林出版（股）公司。

第二款　災保法對勞基法終止契約規定之影響

　　雖然勞基法 13 條規定:「勞工在……第五十九條規定之醫療期間,
雇主不得終止契約。但雇主因天災、事變或其他不可抗力致事業不能繼
續,經報主管機關核定者,不在此限。」但自 111 年 5 月 1 日施行的災保
法 84 條規定有:「(I)非有下列情形之一者,雇主不得預告終止與職業
災害勞工之勞動契約:一、歇業或重大虧損,報經主管機關核定。二、職
業災害勞工經醫療終止後,經中央衛生福利主管機關醫院評鑑合格醫院認
定身心障礙不堪勝任工作。三、因天災、事變或其他不可抗力因素,致事
業不能繼續經營,報經主管機關核定。(II)雇主依前項規定預告終止勞
動契約時,準用勞動基準法規定預告勞工。」(職災勞工保護法時期規定
在 23 條)。

第三款　民法上之職災賠償
第一目　契約法上的賠償請求

一、請求賠償的法律依據

　　依民法 483-1 條:「受僱人服勞務,其生命、身體、健康有受危害之
虞者,僱用人應按其情形為必要之預防。」規定,雇主於勞動契約中除了
有應給付工資給勞工的主要給付義務外,另負有應為必要預防危害發生之
契約上從給付義務。又職安法及依該法所頒訂之職業安全衛生設施規則、
機械設備器具安全標準等附屬法規,雖然是公法上的勞工保護及意外防止
的法規,但是此等法規具有公法及私法上的雙重效力,亦即除了一方面課
雇主以遵循該等法規之義務,於違反時對雇主科處一定的行政罰或刑事罰
以外,如該等法規之目的在於直接提供個別勞工保護,勞資雙方可以自由
地約定給予勞工「履行請求權」,而屬於「適合建構一勞動契約的義務之
標的」,此時該等法令也同時成為勞動契約之內容,而成為雇主對於勞工

的私法上義務[261]。

在因為雇主的故意、過失違反上該義務，而致受僱人受有損害時，受僱人可以依據民法 227 條 1 項：「因可歸責於債務人之事由，致為不完全給付者，債權人得依關於給付遲延或給付不能之規定，行使其權利。」規定，向雇主請求損害賠償。雖然勞工依據本條規定請求時，必須證明雇主對於災害的發生，具有故意或是過失，但依災保法 91 條：「勞工因職業災害所致之損害，雇主應負賠償責任。但雇主能證明無過失者，不在此限。」規定，此時舉證責任應已倒置（職災勞工保護法時期在 7 條）。

上述情形，勞工也得依據民法 487-1 條 1 項：「受僱人服勞務，因非可歸責於自己之事由，致受損害，得向僱用人請求賠償。」規定，請求損害賠償。就此，雖然臺高院 97 上 619 號表示：「職業災害勞工保護法第 7 條與民法第 487 條之 1，規範目的不同，前者著重在勞工之職業災害保護，採過失推定原則，僅係就過失有無之舉證責任有所倒置，即被害人就雇主具有過失毋庸負舉證責任，但雇主得舉證證明自己無過失而免責。而民法第 487 條之 1 著重在受僱人因非可歸責於自己之事由所受損害之保護，採無過失主義。本院認此兩條文之請求，應屬請求權規範競合，且因民法第 487 條之 1 採無過失主義，對受僱人較為有利，應優先適用。」然而學者表示：一般認為依據民法 487-1 條規定求償時，雖然不必證明雇主對於災害的發生具有故意或過失，不過仍需證明造成損害的違法事實存在。雇主則可以藉由證明勞工對於損害的發生，具有可歸責之事由，而免除自己之責任，如僅證明自己並無故意、過失，或損害之發生，起因於其

---

[261] 如果該等公法法規之目的，僅具有組織的或規範法上的功能，或者是以全體勞工為對象者，就不能自然的或經由勞資雙方約定而具有私法上的效力。林更盛，承攬關係中職業災害案例評釋，法學叢刊，174 期，169 頁下，1999 年 4 月。林更盛，承攬關係中職災補償責任－最高法院 90 年度台上字第 948 號判決評釋，臺灣法學雜誌，34 期，73 頁以下，2002 年 5 月。

他第三人時，均不足免除其責任[262]，亦即該條文並非全然雇主的無過失賠償義務規定。

二、損害賠償之範圍

有關受僱人依契約法請求損害賠償時，得請求賠償之範圍，依民法216條1項：「損害賠償，除法律另有規定或契約另有訂定外，應以填補債權人所受損害及所失利益為限。」亦即，受僱人對於因此所受之損失，可以請求僱用人依同法213條至215條之規定，回復原狀或以金錢賠償。

又職業災害在民國89年5月5日以後發生者，更得根據該日修正施行之民法227-1條：「債務人因債務不履行，致債權人之人格權受侵害者，準用第一百九十二條至第一百九十五條及第一百九十七條之規定，負損害賠償責任。」向僱用人請求醫藥費、賠償減少勞動能力費用、增加生活上需要費用、以及精神上慰撫金，如受僱人因此死亡時，僱用人對於支出殯葬費之人、死亡受僱人的法定受扶養權利人、死亡受僱人的父、母、子女及配偶的精神上慰撫金，亦負有賠償義務。

雖然，此種契約法上請求賠償的範圍相當廣泛，不過如果損害之發生或擴大，受僱人亦有過失者，法院得運用同法第217條，減輕賠償金額或免除之。

---

[262] 焦興鎧等人合著，勞動基準法釋義－施行二十週年之回顧與展望，460頁（本部分由楊通軒執筆），2013年3月，新學林出版（股）公司。又依據487-1條文義，受僱人依據本規定請求時，必須具有「非可歸責於自己之事由」，亦即本身須無過失，然而有學者認為只要受僱人非全係可歸責於自己之事由而受損害者，縱算仍具有部分過失，亦得向僱用人請求賠償，只是此時應該適用民法第217條的過失相抵規定而已，見林誠二，論勞工服勞務受害之賠償請求權，臺灣法學雜誌，15期，123頁下，2000年10月。又關於民法217條過失相抵規定於職業災害之適用，林教授於本篇文章同時提及，雖然最高法院82台上1472號表示：「勞基法第59條規定……非損害賠償，應無民法第217條1項過失相抵規定之適用。」但其認為職業災害補償理論上仍為損害賠償之一種，自應有民法217條之適用，以促進勞工於執行職務時，對於自己生命、身體之安全，盡其應盡之義務，反而更能達到保護勞工之目的。

第二目　侵權行為法上的賠償請求

民法 184 條規定：「（I）因故意或過失，不法侵害他人之權利者，負損害賠償責任。故意以背於善良風俗之方法，加損害於他人者亦同。（II）違反保護他人之法律，致生損害於他人者，負賠償責任。但能證明其行為無過失者，不在此限。」本條所謂之權利，包含生命、身體、健康權等，雇主未盡到維護工作環境安全衛生之義務，致勞工權利受到損害，應依本條 1 項負損害賠償責任。又職安法以及該法之附屬法規如職業安全衛生設施規則、有機溶劑中毒預防規則、高架作業勞工保護措施標準等，皆屬保護勞工之法律，雇主如有違反各該法規，也應依本條 2 項負損害賠償責任。

而關於民法侵權行為損害賠償之範圍，也應適用該法 216 條，即除法律另有規定或契約另有訂定外，以填補債權人即受職災勞工所受損害以及所失利益為限。

第三目　消滅時效

在民法賠償時效方面，侵權行為損害賠償請求權依民法 197 條 1 項：「……自請求權人知有損害及賠償義務人時起，二年間不行使而消滅，自有侵權行為時起，逾十年者亦同。」規定；契約上請求權，原則上應適用民法 125 條規定為十五年。

在侵權行為的二年起算點部分，應注意：「按因侵權行為所生之損害賠償請求權，自請求權人知有損害及賠償義務人時起，2 年間不行使而消滅，為民法第 197 條第 1 項所明定。所謂知有損害及賠償義務人之『知』，係指明知而言。人身侵害之被害人因不法行為受有傷害後，經相當之期間始呈現後遺障害或損害呈現底定者，因其程度或內容於不法行為發生時並不明確，須經漸次的治療而於醫學上已至無法治癒，損害程度始能底定，故除非於被侵害伊始，醫師已確定其最終底定狀態，而為被害人

所知悉，否則，自難謂被害人對此損害於不法行為發生之初即得預見；且症狀持續變化或惡化，醫療費用、勞動能力喪失或減損、慰撫金等損害亦無算定之可能，亦難認被害人已可行使損害賠償請求權，是時效應自被害人知悉（認識）損害程度底定時起算。」（最高法院 109 台上 338 號）。

在契約上請求權部分應注意：「又，受僱人因執行職務而受第三人之不法侵害，對該第三人取得侵權行為損害賠償請求權，受僱人本於上開規定先請求僱用人賠償其所受損害，僱用人於賠償後，於此範圍內承受受僱人對第三人之損害賠償債權，對應負責任之人行使求償權者，如認受僱人行使民法第 487 條之 1 第 1 項請求權適用民法第 125 條 15 年消滅時效規定，將產生受僱人對僱用人之請求權未罹於消滅時效，僱用人應負賠償責任，但僱用人賠償後，對最後應負責任之第三人之求償權卻已罹於消滅時效之不合理情狀，故此時應認受僱人行使民法第 487 條之 1 第 1 項之請求權，應適用民法第 197 條第 1 項短期消滅時效規定。惟如受僱人因執行職務所受損害，並無其他應負責之第三人，僱用人既無求償權可資行使，不致發生上開不合理情狀，自應適用民法第 125 條規定，認受僱人行使民法第 487 條之 1 第 1 項請求權之時效為 15 年。」（臺高院 97 勞上 6 號）。

第四項 | 事業單位與承攬人於承攬關係中的職災補償責任與義務

第一款　承攬關係中之職災補償法規

在經濟運作實態上，事業單位將其事業之一部或全部招人承攬或再經數次轉包者，所在多有，然而不但承攬人未必具有資力，且中間承攬人或最終承攬人多為小規模事業，資力與人員訓練多有不足，又該等事業單位常因種種考量未參加勞工保險，致發生職災時難以善後，此時如何確保罹災勞工權益，且定作人與各承攬人間的責任如何，皆有釐清必要，因此勞

基法 62、63 條設有規定以便適用。只是，除了法條用語未臻完善外，職安法 25 至 28 條（原勞安法為 16 至 19 條），以及自 111 年 5 月 1 日施行的災保法 89 條（職災勞工保護法時期為 31 條）也就承攬關係中事業單位與承攬人間的責任義務設有規定，導致這些法條應如何勾稽解釋，有些繁雜，略述如下。

第二款　勞基法與職安法的承攬關係職災補償責任規定，應視法規適用範圍而分別或競合適用

在承攬關係中職災補償責任之規定，分別有勞基法 62 條 1 項：「事業單位以其事業招人承攬，如有再承攬時，承攬人或中間承攬人，就各該承攬部分所使用之勞工，均應與最後承攬人，連帶負本章所定雇主應負職業災害補償之責任。」職安法 25 條 1 項：「事業單位以其事業招人承攬時，其承攬人就承攬部分負本法所定雇主之責任；原事業單位就職業災害補償仍應與承攬人負連帶責任。再承攬者亦同。」及災保法 89 條 1 項：「事業單位以其事業招人承攬，就承攬人於承攬部分所使用之勞工，應與承攬人連帶負職業災害補償之責任。再承攬者，亦同。」等規定，乍看似有重複，但是因為勞基法與職安法等法令的適用範圍，尚有不同（勞基法是原則全部行業之勞工皆適用，例外公告排除；職安法的適用範圍，依該法 1、2、4 條等規定，除了如公務人員安全及衛生防護辦法等法令另有規定，或經勞動部公告僅適用部分規定者外，其適用範圍及於各業，而且不僅勞工，尚包括自營作業者及從事勞動之志工或職業訓練機構學員等其他受工作場所負責人指揮或監督從事勞動之工作者，原則上其範圍較廣），因此實際操作時，應看案件是否適用勞基法或職安法等，而分別適用或競合適用。

第三款　事業單位是否與承攬人、再承攬人及最後承攬人等，負連帶無過失職災補償責任

一、職安法 25 條 1 項、災保法 89 條 1 項，對事業單位連帶責任的確立

在錯綜且用語略有疑義的法律規定中，因為勞基法 62 條 1 項文義僅：「……『承攬人或中間承攬人』……，均應與『最後承攬人』，連帶負本章所定雇主應負職業災害補償之責任。」並沒有「事業單位」應連帶補償明文，而且勞基法 63 條 1 項，僅在事業單位將其全部或部分事業交人承攬，並且提供工作場所時，規定事業單位首先負有督促承攬人或再承攬人，應依勞基法、職安法等相關勞動法令，對各該僱用勞工盡其法定義務。再接續於 2 項中規定，如事業單位違背職安法中有關對於承攬人、再承攬人應負之責任，致承攬人或再承攬人所僱用之勞工發生職業災害時，事業單位方應與承攬人及再承攬人負擔勞基法上職災連帶賠償責任，以致於從文義上解讀，事業單位並不需連帶負無過失的職災補償責任。

不過，體系上既然 62 條 2 項規定：「『事業單位』或承攬人或中間承攬人，為『前項』之災害補償時，就其所補償之部分，得向最後承攬人求償。」使事業單位有內部求償權，則顯然以事業單位擔負無過失的職災連帶補償為前提。且學者提出：參考行政院於草案之說明及立法院審查會的修正說明，分別有「事業單位對於交與他人之工作所生職業災害，應與承攬人、以下各承攬人負連帶補償責任」、「而事業單位所為此項職業災害補償之部分，亦得向最後承攬人求償，方屬合理」等語，繼之推論出 62 條 1 項未將「事業單位」列為連帶補償之主體，係屬立法疏忽之法律漏洞，而認為應透過類推適用予以補充，確有依據[263]。而此疑義，已經職安法 25 條 1 項：「事業單位以其事業招人承攬時，……；原事業單位

---

[263] 林更盛，承攬關係中職災補償責任，氏著勞動法案例研究（一），195 頁下，2002 年 5 月，著者發行。

就職業災害補償仍應與承攬人負連帶責任。再承攬者亦同。」確定交付承攬的事業單位，應與承攬人、再承攬人及最後承攬人等，負連帶無過失職災補償責任。其後也在自 111 年 5 月施行之災保法 89 條 1 項規定：「事業單位以其事業招人承攬，就承攬人於承攬部分所使用之勞工，應與承攬人連帶負職業災害補償之責任。再承攬者，亦同。」（職災勞工保護法時期在 31 條 1 項，不過條文文義為：「事業單位『以其工作』交付承攬者，……。」和前述條文略有不同）。

二、學者對勞基法 62 條與 63 條之解釋

承上，固然目前在承攬關係，已由災保法等法律確定交付承攬的事業單位，應與承攬人、再承攬人及最後承攬人等，負連帶無過失職災補償責任。且學說上也認為事業單位應依 62 條 1 項負擔職災連帶補償責任，並分析 62 與 63 條略如下述：

（一）勞基法 62 條 1 項之構成要件

1. 限於「事業單位」，且以事業單位及承攬人適用勞基法為前提

因為勞基法 2 條 5 款規定：「事業單位：指適用本法各業僱用勞工從事工作之機構。」所以必須是適用勞基法僱用勞工從事工作之機構，才是 62 條的事業單位，如地主個人為定作人而將建案交付承攬，因為並非「僱用勞工從事工作之機構」，即不屬事業單位。又縱使是事業單位，但如該事業單位不適用勞基法，即非勞基法 62 條所訂的事業單位，此除了有 2 條 5 款明定「適用本法各業」之文義支持外，而且因為 62 條之立法目的在於防止事業單位藉由承攬的方式，排除其原應負擔的雇主責任，則本來即不須負勞基法雇主責任的事業單位，即不應將之列入本條的事業單位之範圍。

而在承攬人方面，是否也以適用勞基法為前提，雖然臺高院 91 重勞上更二字 2 號依文義解釋表示：因為 62 條及 80 年修正的勞安法 16 條文

義是規定招「人」承攬，而不是招「事業單位」承攬，其範圍較廣，所以不論承攬人是否適用勞基法，只要其所承攬的原事業單位適用勞基法，承攬人即需負勞基法及職安法所訂的雇主責任，該勞工即可依法請求承攬人及事業單位負連帶職業災害補償責任。但是從條文體系來看，59條是規定『適用勞基法的雇主之職業災害補償責任』，而62條1項是擴張補償義務人範圍，而使交付承攬的原事業單位或中間承攬人，雖非罹災勞工之雇主，也須要負連帶補償責任之規定，並無意使不適用勞基法的承攬人雇主，也依本條負勞基法之職災補償責任，因此學者大多認為承攬人也以適用勞基法為必要，不過僅有該不適用勞基法的中間或最後承攬人之事業單位免於連帶補償責任[264]。

2. 需事業單位「以其事業」招人承攬

因為事業單位對其所營事業具有專業知識，且將其事業透過承攬方式而獲取經營利益，因此如果事業單位以其事業招人承攬則使其負連帶補償責任，有立法上依據。所以62條明定連帶補償責任的構成，僅限於事業單位將其所營事業招人承攬，否則即與構成要件不符。

只是，本條所謂事業單位之「以其『事業』，交人承攬」，其中所謂「事業」的範圍如何認定，尚有疑義。就此，有以營業項目為判斷者，如新竹地院102重勞訴2號：「勞基法第62條第1項之適用，以事業單位『以其事業』招人承攬為要件，而系爭純水供應系統新建工程，非屬被告○晶公司之『事業』，自不符本條要件。申言之，本件被告昱晶公司既然係以能源技術服務業（即研究、開發、設計、製造、銷售太陽能電池及相關系統、太陽能發電模組、兼營前述產品相關之國際貿易業等）為主，則系爭純水供應系統新建工程自非○晶公司之事業甚明，故原告據勞基法第

---

[264] 劉志鵬，承攬關係職業災害補償之民事責任主體——最高法院90年度台上字第948號判決評釋，兩岸勞動法學術實務界交流——勞動法之個別保障與集體形成學術研討會，會議資料，政治大學法學院、勞委會（勞動部）主辦，2006年5月4、5日。

62 條主張為定作人之○晶公司應連帶為職災補償，自屬無據。」亦有以「事業經常從事之業務，或與營業項目具有合理關聯者」為判斷標準者，如最高法院 102 台上 1871 號：「按勞動基準法第 62 條第 1 項之規定課予事業單位負連帶職業災害補償責任，係以事業單位以其事業招人承攬為前提，而被上訴人係從事畜禽之飼養，並非從事屋頂之維修，被上訴人所經營之○生畜禽飼養場與蔡朋志發生職業災害，並無合理關聯性，不得令其負勞動基準法第 62 條職業災害補償連帶責任。」雖然是針對勞工安全衛生法時期所為闡釋，不過說理完整，於解釋本條文時，仍足供參考[265]。

　　至於如何認定具有「合理關聯」，有學者具體提出：「（1）某生產／營業活動直接屬於事業單位（原先之）營業登記或依章程所訂之活動範圍，原則上即屬事業範圍……，以上或可稱為『事業』概念的核心範圍。（2）雖非與前述範圍之活動直接相關者，惟依一般觀念與之仍有合理關聯，以致於事業單位為營業的緣故，仍須經常從事該附帶的、輔助的活動……，此或可稱為『事業』概念的邊緣範圍。（3）事業單位所從事之其他的活動，若該活動與該事業所從事的之生產營業之間並無合理的關聯，則不屬其『事業』之範圍……。」等判斷標準[266]。

（二）勞基法 63 條的規範意義

　　既然在現行規定下，事業單位應適用職災勞工保護法 31 條 1 項（編按，災保法在 89 條）規定，而與承攬人等連帶負擔無過失的職災補償責

---

[265] 不過，最高法院 92 台上 308 號表示：「而勞安法（編按，已改為職安法）第 16 條及勞基法第 62 條所稱事業單位交與他人承攬之事業並不限於主要事業，如認勞基法第 62 條及勞安法第 16 條所稱之事業，應以事業單位之主要事業為限，則豈非事業單位將其非主要事業單位交予他人承攬即可脫免勞基法及勞安法之適用，顯無法達到該法保障勞工之功能。故勞基法第 62 條及勞安法第 16 條所稱之事業，即不以其主要事業為限，舉凡有關廠房、設備之檢修、保養、營造及增添機器、設備之安裝等，既屬公司所有，自屬前開法條所稱事業之範圍。」以是否屬於公司所有來認定事業單位之「事業」範圍，則採取較為廣泛之認定。

[266] 林更盛，承攬關係中職災補償責任，氏著勞動法案例研究（一），195 頁下，2002 年 5 月，著者發行。

任，則對 63 條的規範意義即有疑義。因為該條接續 62 條的事業單位無過失連帶補償責任後，在 1 項賦予事業單位督促義務，2 項則是以事業單位違背職業安全衛生法有關對於承攬人、再承攬人應負責任之規定，致承攬人或再承攬人所僱用之勞工發生職災為前提，才負擔職災補償責任，而不是無過失補償責任，在文義上與 62 條有所衝突，因此對本項條文的規範意義有如下不同見解：

1. 勞基法 63 條 1 項僅具宣示意義，2 項則與勞安法 17 條（職安法移置於 25 條）配合適用 [267]

有認為：63 條 1 項規定僅具有宣示作用，並無任何實際上拘束力，因為條文雖規定原事業單位應有一定之督促義務，但若不履行此一督促義務，法律上並無任何制裁。再者，縱使原事業單位已履行其督促義務，則受督促之承攬人或再承攬人是否果真使其所僱用勞工的勞動條件完全符合有關法令之規定，亦不可知，原事業單位並無強制承攬人再承攬人之權限。

至於 63 條 2 項的規範意旨與勞安法 16 條（編按，職安法移置於 25 條）的立法意旨相同，而且勞安法 17 條（編按，職安法移置於 26 條）也規定，事業單位應於事前告知承攬人有關其事業工作環境、危害因素與勞安法（職安法）及有關安全衛生規定應採取之措施，如果事業單位未盡此一告知義務，即構成 63 條 2 項，而需與承攬人連帶負補償責任。

2. 具契約法及侵權行為法之意義說

有認為：因為勞基法 63 條分別課原事業單位督促、注意等義務，因此其法律上的意義，並不僅限於無過失職災補償責任，同時更具有侵權行為與契約法上的重要性。

---

[267] 黃程貫，勞動法（修訂再版），446、447 頁，2001 年 6 月，國立空中大學。

亦即，從侵權行為法的角度而言，由於 1 項規定科予事業單位督促義務，其目的不只在於防止職災發生，同時在於保障勞工安全與健康，所以是民法 184 條 2 項的「保護他人之法律」；至於 2 項雖然明定的法律效果是職災連帶補償責任，不過其目的在強化保護勞工，是加重而非減輕雇主責任，也屬於侵權行為法上的保護他人之法律。

3. 勞基法 63 條 1 項是提醒事業單位督促承攬人，2 項是獨立請求權

本說認為[268]：63 條 1 項中的「原事業單位應督促承攬人……，對其所僱用勞工之『勞動條件』應符合有關法令之規定」，並不只限於勞安法，而是泛指包括勞基法所訂的最低勞動條件，可收提醒事業單位督促承攬人之效果，應無不妥。至於 2 項，解釋上既然是以承攬人在事業單位工作場所或所提供的工作場所為前提（即 1 項），而且職災的發生與事業單位違背勞安法（即職安法）對於承攬人之告知義務（即勞安法 17 條等，因此以事業單位適用勞安法為必要）有因果關係，因此本項並不以「事業單位以其事業之全部或一部交付承攬」為必要，而與 62 條規定範圍不同，為獨立的請求權。又本項並未規定事業單位的內部求償權，是因為本項以事業單位有故意、過失為前提，則除非承攬人就職災之發生也有故意、過失，否則事業單位並無內部求償權。

第四款　承攬關係中事業單位與承攬人的職安法上義務

除了上述勞基法、災保法及職安法，就承攬關係中事業單位與承攬人的職災補償責任設有規定外，職安法 25 至 28 條（即原勞安法 16 至 19 條）另就不同的承攬型態，訂立事業單位與承攬人的義務，大略如下：

---

[268] 劉志鵬，承攬關係職業災害補償之民事責任主體 —— 最高法院 90 年度台上字第 948 號判決評釋，兩岸勞動法學術實務界交流 —— 勞動法之個別保障與集體形成學術研討會，會議資料，政治大學法學院、勞委會（勞動部）主辦，2006 年 5 月 4、5 日。

一、承攬人義務

原則上承攬人就承攬部分負安全衛生法上的雇主責任（職安法 25 條前段，原勞安法 16 條前段），例如提供符合職安法 6 條之標準必要安全衛生設施等。而承攬人如就其承攬之全部或一部分交付再承攬時，則承攬人應於事前告知再承攬人有關其承攬工作之工作環境、危害因素暨職安法及有關安全衛生規定應採取之措施（職安法 26 條後段）。

而如果是二個以上之事業單位分別出資共同承攬工程時，則應互推一人為代表人，該代表人即視為該工程之事業雇主，負安全衛生法上雇主防止職災之責任（職安法 28 條即原勞安法 19 條）。

二、事業單位義務

（一）如原事業單位僅以其事業招人承攬，而未與承攬人等分別僱用勞工共同工作時，則負有「告知義務」，即應依職安法 26 條（勞安法 17條），於事前告知該承攬人有關其事業工作環境，危害因素暨職安法及有關安全衛生規定應採取之措施。

（二）如事業單位與承攬人等分別僱用勞工共同作業（依職安法施行細則 37 條規定，職安法 27 條所稱共同作業，指原事業單位與承攬人、再承攬人分別僱用勞工於「同一期間」、「同一工作場所」從事工作。）[269]，則依職安法 27 條（勞安法 18 條）負有「防止職災義務」，即須設置協議組織，並指定工作場所負責人，擔任指揮及協調工作；工作之連繫與調

---

[269] 關於同一期間與同一工作場所之詳細認定，主管機關另頒有「加強職業安全衛生法第 26條及第 27 條檢查注意事項」，即作業活動之場所不論施工期間長短或是否經常出入，如有重疊部分均屬同一期間、同一工作場所範疇，雖工作僅數小時之吊運鋼筋至工地等作業，亦有共同作業之事實，但工作完後，無重疊時自可退出協議組織運作。因此，「同一期間」宜以同一工程之期間作為認定；至「同一工作場所」則宜以工程施工所及之範圍及彼此作業間具有相互關連或幫助關連認定之。同一工作場所原事業單位本身無勞工進行作業時，則不產生職業安全衛生法第 27 第 1 項勞工安全衛生統合管理義務。至於事業單位本身勞工有否進行作業則以該事業單位有否實施工程施工管理論斷。所謂工程施工管理指包括施工管理、工程管理、勞務管理等綜合性管理。

整；工作場所之巡視；相關承攬事業間之安全衛生教育之指導及協助；其他為防止職業災害之必要事項。

又在事業單位交付工作給二個以上承攬人共同作業，而其本身未參與共同作業時，應依職安法 27 條 2 項指定承攬人之一負上述防止職災責任（勞安法 18 條 2 項）。

（三）法院認為勞安法 18 條之適用，以「事業單位『以其事業』招人承攬」為前提，此等理由在職安法施行後，應仍有參考價值：

雖然上開勞安法 18 條之文義與 16 條不同，並沒有事業單位以其事業招人承攬之字樣，不過臺高院 85 勞上 51 號認為：「勞工安全衛生法第 18 條規定：『事業單位與承攬人、再承攬人分別僱用勞工共同作業時，為防止職業災害，原事業單位應採取必要措施。』參核條文編排之體例，該條文所稱『事業單位與承攬人』，應指同法第 16 條所定『事業單位以其事業招人承攬時，其承攬人就承攬部分負本法所定僱主之責任；原事業單位就職業災害補償仍應與承攬人負連帶責任。再承攬人者亦同。』之情形而言，至於事業單位以其『事業』招人承攬者，其『事業』之範圍如何，該法固無明確定義。惟就勞工安全衛生法之立法目的而言，該法以『防止職業災害，保障勞工安全與衛生』（第 1 條）為宗旨。是以必也事業單位本身之能力足以防阻職業災害之發生竟率爾不為，才是該項法律所欲限制禁止並命令遵從之對象，苟非事業單位所熟知之活動，其間伴隨之危險性又非該事業單位所能預先理解或控制，則僅以該項危險活動與該事業單位有所關聯，即強求事業單位負擔此等危險責任，非但無從貫徹保障勞工安全之立法意旨，違反專業分工之法則，而且造成不必要之危險負擔，影響經濟活動之健全發展，有違勞工安全衛生法之立法目的，此證諸該法第 14 條第 1 項規定僱主應依其事業之規模、性質，實施安全管理等，尤屬顯然，復參諸行政院勞工委員會……85 年 12 月 26 日台 85 勞安一字第 147070 號函復本院謂：『勞工安全衛生法第 16 條所稱之事業，係指事業

單位實際經營之業務。」益証勞工安全衛生法第 16 條所稱之事業，係指事業單位經常實際從事之營業項目而言，其他非營業項目，例如廠房之興建及整修自不包括在內。」而因為職安法 25 條至 28 條，就上開勞安法的規定，只是文字酌修與條號改置並無更異內容，因此上開法院見解在職安法施行後，應仍有參考價值。

第五章

童工、女工保護法令

　　如總論提及，因為在工業社會中，大部分勞工並沒有實力與掌握生產資料的雇主談判勞動條件，再加上勞動力無法儲存等因素，因此產生了勞工保護法。而童工、女工，相較於成年男性勞工，或者其身、心尚未成熟，或者受有體力、生理期、懷孕等生理條件的影響，在職場上更顯弱勢，只是在職場上弱勢的女性與兒童，卻又攸關著民族生存與未來勞動力良窳，因此不但先進國家大多立法加以保護，而且國際勞工組織（ILO）也陸續通過多項保護童工與女工的相關公約與建議書[270]，保護童工與女工可說是現在的普世價值。

　　而我國憲法除於 156 條宣示：「國家為奠定民族生存發展之基礎，應保護母性，並實施婦女兒童福利政策。」另於 153 條 2 項明定：「婦女兒童從事勞動者，應按其年齡及身體狀態，予以特別之保護。」嗣於勞基法第五章訂有「童工、女工」保護專章，以落實憲法規定。

---

[270] 關於 ILO 所通過的公約與建議書之整理，可參考焦興鎧等人合著，勞動基準法釋義－施行二十週年之回顧與展望，365 頁（本部分由鄭津津執筆），2005 年 5 月，新學林出版（股）公司。

第一節　童工保護法令

　　保護童工的理由在於：童工體力正屬發展中，如長期從事粗重工作，必將損壞健康，阻礙健全發育，所以有限制工時與工作種類的必要；童工社會、工作經驗皆缺乏，有必要限制其從事危險性或有害身體工作，以免遭受職業災害；童工無論在知識、情操或人格之形成，均尚處於未完成階段，因此必須給予進學機會，以保障其人格成長[271]。

　　而勞基法對於童工保護之規定，除了首先就童工為定義外，另配合童工定義而規定未及齡兒童僱用禁止與例外，再就童工的工作種類以及工時為限制規定，加以保護。

第一項｜童工之定義與未及齡人僱用禁止與例外

一、童工定義

　　我國就童工年齡之設定於44條1項：「十五歲以上未滿十六歲之受僱從事工作者，為童工。」

　　不過依兒童及少年福利與權益保障法規定，該法所稱兒童及少年，指未滿十八歲之人；所稱兒童，指未滿十二歲之人；所稱少年，指十二歲以上未滿十八歲之人（兒少法2條），亦即我國法制對於「童工」與「兒童」之意義，尚有不同。而雇主對年滿十五歲或國民中學畢業之少年員工應保障其教育進修機會；其辦理績效良好者，勞工主管機關應予獎勵（兒少法35條）。

二、未及齡僱用禁止

　　勞基法並同時於45條1項本文規定：「雇主不得僱用未滿十五歲之人從事工作。」禁止僱用未滿15歲的未及齡之人，以配合九年國民義務

---

[271] 林振賢，新版勞動基準法釋論，228頁，1994年6月，著者發行。

教育而保護兒童身心健康與發展。

　　至於違反本條規定而僱用未及齡人者，雖然應依 77 條處六個月以下有期徒刑、拘役或科或併科 2 萬元以下罰金，但是其勞動契約之效力，依最高法院 87 台上 451 號表示：「勞動基準法第 45 條雖規定：雇主不得僱用未滿十五歲之人從事工作。此條立法理由，係因我國義務教育，業經延長為九年，兒童六歲入學，十五歲完成教育，為求與教育政策一致並參照有關國際公約，特設此規定，是此條立法目的係在保護未滿十五歲之人。故如雇主違反該條規定僱用未滿十五歲之人，於事故發生後，得依該條主張勞動契約無效，受僱人不得請求職業災害補償，自有違該條立法意旨。」則認為仍然有效。

　　就此學者亦表贊同，理由在於：此種「有瑕疵的勞動關係」，首先應在勞工保護目的以及法律明確性 / 安定性的考量下，一般地認為僅對於將來可以主張無效，例外地若依相關法規之目的，所涉及的法律強行規定、公序良俗的要求程度，或因該瑕疵主要係因勞工所引起，以致於吾人可認為與雇主相較，勞工並不值得保護時，方認定該勞動關係，自始溯及無效，因此本案之勞動關係雖已違反勞基法 45 條之禁止規定，如適用民法71 條：「法律行為違反強制或禁止之規定者，無效。」但是在本件中基於立法者價值判斷，即保護勞工及未成年人之立場，仍應認勞動契約有效而有職災補償請求權[272]。

三、未及齡僱用禁止之例外

　　雖然 45 條 1 項本文原則上禁止僱用未及齡人，不過考量到也有提早就學而致未滿 15 歲即國民中學畢業，而不繼續升學者者，或另有其他實際需求者，因此 45 條 1 項但書規定：「但國民中學畢業或經主管機關認

---

[272] 林更盛，從「事實上勞動關係」到「有瑕疵的勞動關係」，氏著勞動法案例研究（二），92 頁下，2009 年。

定其工作性質及環境無礙其身心健康而許可者，不在此限。」依此則未滿
十五歲的未及齡人，如已經國民中學畢業，或經地方行政主管機關依法認
定其工作性質及環境無礙童工身心健康，並予許可者，得依本條所訂要件
而受僱工作。

　　所謂國民中學畢業，意義較為明確，至於經主管機關認定工作性質及
環境無礙其身心健康部分，雖然文義上其審定標準只在於是否有礙其身心
健康，不過學者認為此「身心健康」應該包含「身心發展」，具體而言，
應如日本勞動基準法 56 條所訂，以不妨礙就學為條件，而且立法當時之
原意係指「從事電視、電影之兒童演員而言」，不可擴大解釋[273]。立法者
有鑑於此種意義不明確情形，在各地方主管機關的實務認定上有所困擾，
故於 103 年增訂 45 條 3 項為：「第一項工作性質及環境無礙其身心健康
之認定基準、審查程序及其他應遵行事項之辦法，由中央主管機關依勞工
年齡、工作性質及受國民義務教育之時間等因素定之。」嗣勞動部據之訂
立「勞動基準法第四十五條無礙身心健康認定基準及審查辦法」。又依 1
項但書例外規定而准許未及齡人工作時，仍然準用後述童工保護規定（45
條 2 項）。

　　另為規範從事演藝之未及齡人（通常透過經紀約，而與劇組間不構成
勞動契約）權益，則另增訂 45 條 4 項為：「未滿十五歲之人透過他人取
得工作為第三人提供勞務，或直接為他人提供勞務取得報酬未具勞僱關係
者，準用前項及童工保護之規定。」

四、僱用未滿 18 歲之人時，應備置之文件

　　在探討童工與未及齡人的僱用原則與例外後，於實際訂立勞動契約
時，因為我國民法對於行為人是否具有可以獨立有效為訂約等法律行為之
資格，原則上是依據行為人的年齡而區分為：未滿 7 歲而需由法定代理

人代為法律行為的無行為能力人（民法 76 條）；7 歲以上 20 歲未滿，只在依其年齡日常生活所必需等範圍內，具有為法律行為資格的限制行為能力人（民法 77 條但書）；以及 20 歲以上可以獨立有效為法律行為的完全行為能力人（實務處理應注意：雖然依現行民法 12 條：「滿二十歲為成年。」但本條文於 110 年 1 月已修正為：「滿十八歲為成年。」同時刪除13 條 3 項之「未成年人已結婚者，有行為能力。」規定，將自 112 年 1月 1 日起施行）。

　　而不論是未滿 15 歲的未及齡人，或是 15 歲以上 16 歲未滿之童工，依民法規定都是不具完全可以做法律行為資格的未成年人，因此在實際與童工或未及齡人訂立勞動契約時，仍然應依據其年齡而分別適用民法 76條：「無行為能力人，由法定代理人代為意思表示，並代受意思表示。」同法 77 條本文：「限制行為能力人為意思表示及受意思表示，應得法定代理人之允許。」及 79 條：「限制行為能力人未得法定代理人之允許，所訂立之契約，須經法定代理人之承認，始生效力。」等規定，由其父母或監護人（民法 1098 條）等法定代理人代為訂立契約，或是於訂約前事前允許，事後承認。另勞基法 46 條規定有：「未滿十八歲之人受僱從事工作者，雇主應置備其法定代理人同意書及其年齡證明文件。」

第二項｜保護童工規定

第一款　工作種類限制

　　44 條 2 項原規定：「童工不得從事『繁重』及『危險性』之工作」，其中「所謂繁重之工作係指非童工智力或體力所能從事之工作。所稱危險性之工作，依職業安全衛生有關法令之規定。」（舊施行細則 25 條）。本條規定在繁重工作部分，係用概括方式規定，至於危險性工作部分，原來規定於勞安法 20 條（主管機關也曾據勞安法 20 條 2 項訂定頒布「童工女工禁止從事危險性或有害性工作認定標準」）。

惟在 104 年 12 月 16 日公布施行修正上開 44 條 2 項為:「童工及十六歲以上未滿十八歲之人,不得從事危險性或有害性之工作。」其後施行細則 25 條也修正為:「本法第四十四條第二項所定危險性或有害性之工作,依職業安全衛生有關法令之規定。」此一修正應該是配合職安法之規定,因為職安法 29 條,除就工作種類限制之年齡設為未滿 18 歲,而擴大保護至少年工外,也具體規定為:「(I)雇主不得使未滿十八歲者從事下列危險性或有害性工作:一、坑內工作。二、處理爆炸性、易燃性等物質之工作。三、鉛、汞、鉻、砷、黃磷、氯氣、氰化氫、苯胺等有害物散布場所之工作。四、有害輻射散布場所之工作。五、有害粉塵散布場所之工作。六、運轉中機器或動力傳導裝置危險部分之掃除、上油、檢查、修理或上卸皮帶、繩索等工作。七、超過二百二十伏特電力線之銜接。八、已熔礦物或礦渣之處理。九、鍋爐之燒火及操作。十、鑿岩機及其他有顯著振動之工作。十一、一定重量以上之重物處理工作。十二、起重機、人字臂起重桿之運轉工作。十三、動力捲揚機、動力運搬機及索道之運轉工作。十四、橡膠化合物及合成樹脂之滾輾工作。十五、其他經中央主管機關規定之危險性或有害性之工作。(II)前項危險性或有害性工作之認定標準,由中央主管機關定之(編按,103 年 6 月 25 日頒布:妊娠與分娩後女性及未滿十八歲勞工禁止從事危險性或有害性工作認定標準)。(III)未滿十八歲者從事第一項以外之工作,經第二十條或第二十二條之醫師評估結果,不能適應原有工作者,雇主應參採醫師之建議,變更其作業場所、更換工作或縮短工作時間,並採取健康管理措施。」

第二款 工作時間限制

童工之工作時間依 47 條:「童工每日之工作時間不得超過八小時,每週之工作時間不得超過四十小時,例假日不得工作。」及 48 條:「童工不得於午後八時至翌晨六時之時間內工作。」申言之:

一、每日、每週工時最高上限及延長工時禁止

　　在勞基法尚未正式施行每週 40 小時工時制度前，為保護童工已訂有每日 8 小時，每週 40 小時之工時限制，且既然禁止童工每日工作超過 8 小時，以保護其身體發育，則解釋上應排除 32 條延長工時（即加班）之規定。

　　另外在事業單位實施彈性工時制度時，81 台勞動三字 39848 號函表示：「現行勞動基準法第 47 條童工每日工作時間不得超過八小時，係基於不使童工過度工作之特別保護規定，與該法第 30 條第 2 項實施一週變形工時之規定立法意旨不同，故實施一週變形工時制度之事業單位所僱用童工每日工作時間仍不得超過八小時，否則即屬違法。」據此推論，事業單位於依 30 條 2、3 項，30-1 條等規定而實施 2、4、8 週彈性工時制度，致增加每日正常工時，皆在禁止童工適用之列。

　　至於例假日不得工作部分，雖然 47 條後段僅列「例假日」不得工作，而例假日依修正前 36 條則指每 7 日中應有 1 日之休息，不過學者認為基於保護童工之旨趣，本條例假日除包括 36 條之例假外，另 37 條所訂的紀念日、勞動節日及其他應放假的休假日亦應含括，而且即使有天災、事變或突發事件，亦不得適用 40 條規定，停止上述假期[274]。

二、夜間工作禁止

　　48 條規定：「童工不得於午後八時至翌晨六時之時間內工作。」以維護童工之身體健康。而依學者研究：「國際勞工組織（ILO）曾於 1984 年通過『工業僱用幼年從事夜工公約』，規定夜間不得僱用未滿十八歲以下之幼年工，而各國多亦有此類規定，例如日法禁止未滿十八歲者，在午夜十點至翌晨五點之間工作（日法 61），但多亦有例外之規定。本法則尚無例外規定，但修草對此已有所修正，即在 48 條加上但書規定：『從

---

[274] 林振賢，新版勞動基準法釋論，233 頁，1994 年 6 月，著者發行。

事廣播、電視、電影、戲劇、舞臺表演工作，經當地主管機關許可者，得於午後八時至十一時之時間內工作』……。」[275] 惟從現行法而觀，該草案並未通過。

第三款　工資保護

勞基法並未對童工的基本工資有所規定，惟以往施行細則 14 條規定有：「童工之基本工資不得低於基本工資百分之七十。」只是既然規定在施行細則中，則違反者是否應比照違反 21 條，而依 79 條處以罰鍰，已難免爭議。嗣後考量當前產業型態已由製造業轉為服務業為主，體力上之差異已漸消弭，倘係因兒童年齡較低，即允另降低基本工資，反將造成雇主因僱用成本之差異，於招募上為不公平的對待。且需要工作之兒童，通常為經濟弱勢者，更應受到基本工資之保障，為展現政府維護兒童權利，落實兒童權利公約之決心，並提昇初入職場童工之薪資水準，保障其勞動條件權益，勞動部於 104 年 12 月 9 日刪除本條規定，而使童工同受基本工資保障。

第二節　女工保護法令

第一項｜概說

對於女工保護，我國除了於前揭憲法 156 條、153 條 2 項有所宣示，並於勞基法第五章訂有「童工、女工」保護專章，以落實憲法規定。只是相較於以一定年齡劃分的童工保護，在女工保護方面因為今日對於生理性別、心理性別、社會性別的探討，使性別的區分與種類顯現一些複雜性。但是對於女工保護的重點一方面在於消除職場上的歧視（這點似乎不純然

---

[275] 林振賢，新版勞動基準法釋論，234 頁，1994 年 6 月，著者發行。

只重視生理性別的區分），一方面在於確保母體及所生子女健康的母性保護（在確保母體方面應較重視生理性別的區分。只是如何區分生理性別，也有難處，即便以染色體來區分性別，偶而也有難以認定之例），則在論述上注意及此，應該會有利於對現行法理解、反省與立法發展的掌握。

另外我國現在雖然不是聯合國會員國，而對國際公約的國內效力及位階有所爭議（釋字 329 號：依憲法規定，經立法院批准通過，總統簽署加入書或批准書的程序所締結之條約，其位階同於法律）。但是為實施聯合國 1979 年消除對婦女一切形式歧視公約（Convention on the Elimination of All Forms of Discrimination Against Women），以消除對婦女一切形式歧視，健全婦女發展，落實保障性別人權及促進性別平等，我國在 101 年 1 月 1 日起施行「消除對婦女一切形式歧視公約施行法」（該法第 1 條：「為實施聯合國一九七九年消除對婦女一切形式歧視公約……，以消除對婦女一切形式歧視，健全婦女發展，落實保障性別人權及促進性別平等，特制定本法。」），該公約也正式納入國內法體系（該法 2 條：「公約所揭示保障性別人權及促進性別平等之規定，具有國內法律之效力。」），行政院也成立性別平等處，以落實性別平等政策綱領。

第二項｜女性保護

第一款　一般與僱用保護

除 25 條前段：「雇主對勞工不得因性別而有差別之待遇。」違反者依 79 條 1 項處罰鍰外。性工法 11 條 1 項：「雇主對受僱者之退休、資遣、離職及解僱，不得因性別……，而有差別待遇。」並依同法 38-1 條 1 項處罰鍰，也就性別歧視為禁止規定。

第二款 夜間工作禁止之演變

一、釋字 807 號宣告前之女工夜間工作規定

73 年立法之初 49 條原為:「女工不得於午後十時至翌晨六時之時間內工作。但經取得『工會或勞工同意』……,且有左列情形之一,經主管機關核准者不在此限:……。」其後在 91 年 12 月修正為:「(I)雇主不得使女工於午後十時至翌晨六時之時間內工作。但雇主『經工會同意,如事業單位無工會者,經勞資會議同意』後,且符合下列各款規定者,不在此限:一、提供必要之安全衛生設施。二、無大眾運輸工具可資運用時,提供交通工具或安排女工宿舍。(II)前項第一款所稱必要之安全衛生設施,其標準由中央主管機關定之。但雇主與勞工約定之安全衛生設施優於本法者,從其約定。(III)女工因健康或其他正當理由,不能於午後十時至翌晨六時之時間內工作者,雇主不得強制其工作。(IV)第一項規定,於因天災、事變或突發事件,雇主必須使女工於午後十時至翌晨六時之時間內工作時,不適用之。(V)第一項但書及前項規定,於妊娠或哺乳期間之女工,不適用之。」亦即,原則上雇主需經 1 項之工會(勞資會議)同意,並履踐主管機關依 2 項授權頒訂之「事業單位僱用女性勞工夜間工作場所必要之安全衛生設施標準」等要件,方可能合法使妊娠或哺乳期間以外之女工在夜間工作,惟女工如果有健康或其他正當理由時雇主不可以強制。且此原則固然在天災、事變或突發事件時被排除,但妊娠或哺乳期間之女工仍不在排除之列。

二、釋字 807 號宣告 49 條 1 項自 110 年 8 月 20 日起失效,主管機關認為僅同條 3、5 項不受影響

惟 110 年 8 月 20 日公布之司法院釋字 807 號解釋表示:「勞動基準法第 49 條第 1 項規定:『雇主不得使女工於午後 10 時至翌晨 6 時之時間內工作。但雇主經工會同意,如事業單位無工會者,經勞資會議同意後,

且符合下列各款規定者，不在此限：一、提供必要之安全衛生設施。二、無大眾運輸工具可資運用時，提供交通工具或安排女工宿舍。』違反憲法第 7 條保障性別平等之意旨，應自本解釋公布之日起失其效力。」

　　至於 49 條 1 項失效後，是否影響該條文其他項次效力，勞動條 2 字 1100131169 號函表示：「司法院釋字第 807 號解釋公布後，勞動基準法第 49 條第 1 項規定違憲，自該日起失其效力，第 3 項未受影響，仍屬有效；第 5 項有關禁止妊娠或哺乳期間之女工於夜間工作之規定，基於旨揭解釋並未否認母性保護之必要，亦為我國憲法第 156 條所明定，仍有其效力。……三、基上，如有違反本法第 49 條第 3 項規定者，依本法第 77 條規定，處 6 個月以下有期徒刑……。違反同條第 5 項規定者，依本法第 79 條第 2 項規定，處……罰鍰，並依本法第 80 條之 1 第 1 項規定公布其事業單位或事業主之名稱……。」即除了因為 3 項文字上未與 1 項有所聯結故仍有效外，另以大法官未否認母性保護價值之理由而認 5 項仍有效。[276]

---

[276] 本文認為大法官未否認之價值應不在少數，而釋字 807 號宣告 49 條 1 項失效理由在於：49 條的立法原意在保護女工安全返行權與維護身體健康（大法官肯定這是重要公共利益），但以保護婦女安全、健康為理由，而原則禁止雇主使女工在夜間工作，再以結構多樣、性別比率分歧的工會同意等程序，作為解除女工夜間工作的管制要件，皆跟立法目的之達成沒有實質關聯性，對女工形成不利差別待遇，而有違男女平等原則，所以宣告失效。既然如此，則其他項次如在邏輯上不受 1 項失效影響，且有獨立存在價值或規範正當性，則仍然有效。亦即 3 項規定，從頭到尾都沒提到第 1 項，因此形式上不受影響，只是既然第 1 項工會同意的程序失效而回到完全由女工自決，那這項所謂的不可強制女工夜間工作，邏輯上雖有點像雞肋（不同意加班即可），但是具有可減免勞動現場自決權行使難度（尤其是同意加班後變更意思）的存在價值，仍可保留；而 4 項的因天災、事變或突發事件，雇主必須使女工於午後十時至翌晨六時之時間內工作，不受第 1 項限制規定，條文本來就規定不受第 1 項限制，因此第 1 項失效，也不應該影響其效力，而且有緊急狀態下的獨立存在價值；5 項的妊娠或哺乳期間女工，無論工會是否同意或者是否緊急事件，都不可以夜間工作，自然也跟第 1 項是否有效無關，且有母性保護的正當性，應仍有效。至於 2 項固然因第 1 項的授權規定失效而同時失效，但 30-1 條 1 項 3 款：「三、女性勞工，除妊娠或哺乳期間者外，於夜間工作，不受第四十九條第一項之限制。但雇主應提供必要之安全衛生設施。」雖然是四週彈性工時下女性勞工夜間工作規定，但同是夜間工作或不應是否變形工作而有所軒輊，雇主於使女性勞工夜間工作時，仍應提供必要之安衛設施，只是沒有主管機關之具體標準後，應回復職安法，只在交通及宿舍解釋上有困難。

三、修法上有意將49條修正為僅規範妊娠及哺乳期間女工夜間工作禁止與例外之規定，同時增訂52-1條而使男女同受夜間工作保障，應注意修法進度

其後，為呼應釋字807號，認為有關夜間工作之相關保護規定，應不分性別而一體適用，並配合勞基法之章節編排，因此有修正條文提出，而將夜間工作規定移列至52-1條予以規範略為：「（I）雇主使勞工於午後十時至翌晨六時之夜間工作，應符合職業安全衛生有關法令之規定。（II）雇主依前項規定使勞工工作，於無大眾運輸工具可資運用時，應提供交通工具、交通費或宿舍予以協助。（III）前項協助事項，雇主應於提供前通知工會，事業單位無工會者，應通知勞資會議之勞方代表；有變更者，亦同。工會或勞資會議之勞方代表，於接獲通知後，得與雇主進行協商或提交勞資會議討論，雇主不得拒絕。（IV）第二項規定施行前，勞動契約、團體協約或工作規則已有相關約定或規定，除另經協議者外，繼續有效。（V）勞工因健康或其他正當理由，不能於午後十時至翌晨六時之夜間工作者，雇主不得強制其工作。」

另參考德、日、韓等國對於分娩後女工，採原則禁止、例外開放之規範，並為尊重個別女工意願，保留適度彈性，故也有預計修正49條為：「雇主不得使妊娠或哺乳期間之女工，於午後十時至翌晨六時之夜間工作。但分娩後六個月以上未滿二年之女工，有工作意願，經從事勞工健康服務醫師、職業醫學科、婦產科或兒科之專科醫師評估建議無需限制夜間工作者，不在此限。」即本條將修正為僅規範女工妊娠及哺乳期間夜間工作之禁止與例外，並同時將刪除30-1條1項3款：「三、女性勞工，除妊娠或哺乳期間者外，於夜間工作，不受第四十九條第一項之限制。但雇主應提供必要之安全衛生設施」規定，以茲配合。以上，實務操作應注意修法進度與最後修正結果。

四、釋字 807 號解釋相關值得注目處

釋字 807 號解釋相關部分在勞動法上有許多值得注目處，其中蔡　燉大法官提出之部分協同部分不同意見書之標題「伍、系爭規定所指工會，應指具有代表多數勞工之工會」其下表示：「系爭規定但書前段規定：『但雇主經工會同意，如事業單位無工會者，經勞資會議同意』，於 91 年 12 月 25 日修法前原規定（即同法於 73 年間制定公布者）：『但經取得工會或勞工同意』，均屬女性勞工得夜間工作之條件之一。兩相比較，女性勞工對於是否同意於夜間工作，後者有自主權，前者則否。系爭規定但書之修正理由：『……是否同意於夜間工作，事涉制度之實施，應有全體勞工之參與，是以，除維持現行工會同意之規定外，並將勞工同意修正為勞資會議同意。』……雇主使勞工就是否同意於夜間工作為意思表示，勞工單純為同意與否之意思表示，核屬私法上之契約關係，系爭規定但書於 91 年間修法，剝奪原規定賦與個別勞工之同意權，以集體勞工關係之工會或勞資會議來取代勞工之同意權，是否合宜，已非無疑。即使有其正當性，惟系爭規定但書前段之立法意旨，係以其同意應有『全體勞工之參與』為主要考量，準此，應係希望藉由工會之團體協商角色（即工會之團體協商權）與雇主就女性夜間工作事項進行協議，以達到維護整體女性勞工權益之目的。然依團體協約法第 6 條第 3 項規定，有團體協商資格之勞方，應係指會員『逾該雇主所僱用勞工人數二分之一』之工會，始足當之。上開規定就企業工會團體協商之資格，雖未明定工會之會員應逾雇主所僱用勞工人數二分之一，然由系爭規定但書立法理由有關『全體勞工之參與』及團體協商之法理以觀（本院釋字第 373 號解釋及日本勞基法第 36 條第 1 項規定參照），自無例外之理。」往後可能對勞基法中有工會同意之條文引起一些爭議反省。

第三款　禁止從事危險性或有害性工作之法制與反省

在勞安法時期，21 條規定有：雇主不得使女工從事左列危險性或有害性之工作：一、坑內工作（對從事管理、研究或搶救災害之女工不適用）；二、從事鉛、汞、鉻、砷、黃磷、氯氣、氰化氫、苯胺等有害物質散布場所之工作；三、鑿岩機及其他有顯著振動之工作；四、一定重量以上之重物處理；五、散布有害輻射線場所之工作（對不具生育能力之女工不適用）；六、其他經中央主管機關規定之危險性或有害性之工作。

不過對工作配置，應以適能適性為依據，不應直接以性別為區分，上開條文強調「平均體能之性別差異」，忽略了實際體能多樣性，並不恰當。故職安法基於我國產業結構改變，服務業比重增加，女性勞工參與率接近 50%，上開條文制定於 38 年前，近代醫學科技未證實須特別保護，有限制女性工作，產生就業歧視之嫌等理由，已將上開勞安法條文刪除。

第四款　生理假

依性工法 14 條規定：「（I）女性受僱者因生理日致工作有困難者，每月得請生理假一日，全年請假日數未逾三日，不併入病假計算，其餘日數併入病假計算。（II）前項併入及不併入病假之生理假薪資，減半發給。」又「受僱者全年度所請併入病假之生理假連同病假之日數，已屆受僱者所適用相關法令所定病假之日數上限者，如年度內再有請生理假之需求，仍可依性別工作平等法第十四條規定請生理假，但雇主得不給付薪資。」（勞動條 4 字 1040131594 號令）。

另 91 年訂定的性工法施行細則 13 條規定，受僱者依本法第 14 條至第 20 條規定為申請或請求者，必要時雇主得要求其提出相關證明文件。因此即有雇主要求女性勞工於請生理假時提出證明，對此行政主管機關曾於 100 年時發新聞稿表示：「惟……雇主雖得要求提出證明，但同一人請生理假之原因通常固定，雇主若要求每次生理假都須提出醫師證明，則非

屬必要之範圍。雇主恣意拒絕給假者，可依性別工作平等法第21條規定處……罰鍰。……病假或生理假等法定原因之請假，……雇主應確實遵守規定，不應以包括『要求勞工當日親持證明請假』、……『要求先請特別休假』……等脫序之技術性手段刁難……。」[277] 嗣於103年1月16日進一步修正本條文為：「受僱者依本法第15條至第20條規定為申請或請求者，必要時雇主得要求其提出相關證明文件。」而將性工法14條之生理假排除在提出證明文件外，其立法理由則明揭：為使生理假之設置符合維護女性受僱者身體健康之意旨，修正受僱者依本法第14條規定申請生理假，雇主不得要求其提出相關證明文件。

第三項｜母性保護

　　母性保護（有稱為生育保護），其目的在藉由對孕婦與產婦的保護，以確保母體及所生子女的健康。關於母性保護之範圍，有認為：鑑於職場危害對母嬰健康的潛在危害，國際勞工組織在母性保護公約（C183 Maternity Protection Convention）中規定，國家應立法保護妊娠中及產後未滿一年的女性工作者，保護內容包括：一、產假權；二、母性受益權（指產假期間的薪資保障、育嬰假、哺乳時間與設施等）；三、安全工作權；四、平等工作權[278]。以下依相關法令略述母性保護措施：

---

[277] 引自勞動部網站，http://www.mol.gov.tw/announcement/2099/14234/，查詢日：2015年8月19日。

[278] 鄭峰齊、鄭雅文，《勞工安全衛生法》有關「母性保護條款」之修訂意見，引自網址：http://blog.xuite.net/ycheng617/wretch/161688789-%E3%80%8A%E5%8B%9E%E5%B7%A5%E5%AE%89%E5%85%A8%E8%A1%9B%E7%94%9F%E6%B3%95%E3%80%8B%E6%9C%89%E9%97%9C%E3%80%8C%E6%AF%8D%E6%80%A7%E4%BF%9D%E8%AD%B7%E6%A2%9D%E6%AC%BE%E3%80%8D%E4%B9%8B%E4%BF%AE%E8%A8%82%E6%84%8F%E8%A6%8B，查詢日：2015年8月19日。

第一款　產假權 —— 產假、流產假與安胎假

一、產假

勞基法 50 條規定：「（I）女工分娩前後，應停止工作，給予產假八星期……。（II）前項女工受僱工作在六個月以上者，停止工作期間工資照給；未滿六個月者減半發給。」

二、流產假

勞基法 50 條規定：「（I）女工……；妊娠三個月以上流產者，應停止工作，給予產假四星期。（II）前項女工受僱工作在六個月以上者，停止工作期間，工資照給，未滿六個月者，減半發給。」只規範到妊娠三個月以上流產者的流產假及工資計算。且雇主對依 50 條 1 項請（流）產假之女工，得要求其提出證明文件（施行細則 26 條）。

不過，性工法 15 條 1 項則進一步規定：「……妊娠二個月以上未滿三個月流產者，應使其停止工作給予產假一星期；妊娠未滿二個月流產者，應使其停止工作給予產假五日。」只是在薪資計算方面，本條 2 項規定：「產假期間工資之計算依相關法令之規定。」但此種未滿三個月的流產假工資如何計算，勞基法並無規定，而勞動三字 0910035173 號函表示：「以勞動基準法而言，該法並無一星期及五日之產假規定，基此，適用勞動基準法之勞工，如依兩性工作平等法（編按，已修改為性別工作平等法）請求一星期或五日之產假，雇主並無給付薪資之義務，但受僱者為此項請求時，雇主不得視為缺勤而影響其全勤獎金、考績或為其他不利之處分。惟若勞工依勞工請假規則請普通傷病假，則雇主應依勞工請假規則第 4 條第 2 項規定，就普通傷病假一年內未超過三十日部分，折半發給工資。至於不適用勞動基準法之受僱者，產假期間之薪資，則依相關法令之規定或勞動契約之約定辦理。」

三、安胎假

如妊娠女工因事業單位沒有較輕易之工作，不能依 51 條：「女工妊娠期間，如有較為輕易之工作，得申請改調，雇主不得拒絕……。」規定而申請改調，惟其身心狀況又無法勝任原工作時，可由勞資雙方協議留職停薪（77 台勞動三字 01093 號函）[279]。

如若協議不成，然經醫師診斷又有安胎需求者，可依勞工請假規則 4 條 1、2 項：「（I）勞工因普通傷害、疾病或生理原因必須治療或休養者，得在左列規定範圍內請普通傷病假：一、未住院者，一年內合計不得超過三十日。二、住院者，二年內合計不得超過一年。三、未住院傷病假與住院傷病假二年內合計不得超過一年。（II）經醫師診斷……懷孕期間需安胎休養者，其治療或休養期間，併入住院傷病假計算。」之規定請安胎假。

妊娠期間女工經以上述普通傷病假方式請安胎假仍有不足，且經以事假或特別休假抵充後仍未痊癒者，得予留職停薪，但留職停薪期間以一年為限（勞工請假規則 5 條，83 台勞動三字 121197 號函）。只是，本條文規定為「得」予留職停薪，應會有認為並非強制雇主給予留職停薪之規定。

第二款　哺乳與育嬰留停

一、哺乳時間

勞基法 52 條：「（I）子女未滿一歲須女工親自哺乳者，於第三十五條規定之休息時間外，雇主應每日另給哺乳時間二次，每次以三十分鐘為度。（II）前項哺乳時間，視為工作時間。」即哺乳期間僅在子女未滿 1 歲前，但是特別法之性工法 18 條已規定：「（I）子女未滿二歲須受僱者

---

[279] 勞動基準法規解釋令彙編，331 頁。

親自哺（集）乳者，除規定之休息時間外，雇主應每日另給哺（集）乳時間六十分鐘。（II）受僱者於每日正常工作時間以外之延長工作時間達一小時以上者，雇主應給予哺（集）乳時間三十分鐘。（III）前二項哺（集）乳時間，視為工作時間。」即哺乳期間為二年，並有延長工時中哺（集）乳需求，又在現代冷凍科技下，男性也可協助餵乳，因此規定為「受僱者」，而非僅限女工，因此52條規定也有修正草案提出。

二、育嬰留職停薪

（一）育嬰留停之要件與申請程序

　　育嬰留職停薪之要件依性工法16條1項：「受僱者（編按，本項以受僱者稱之，因此不限於女性適用）任職滿六個月後，於每一子女滿三歲前，得申請育嬰留職停薪，期間至該子女滿三歲止，但不得逾二年。同時撫育子女二人以上者，其育嬰留職停薪期間應合併計算，最長以最幼子女受撫育二年為限。」[280] 又「依家事事件法、兒童及少年福利與權益保障法相關規定與收養兒童先行共同生活之受僱者，其共同生活期間得依第一項規定申請育嬰留職停薪。」（同條3項）。而受僱者於育嬰留職停薪期間，得繼續參加原有之社會保險，原由雇主負擔之保險費，免予繳納；原由受僱者負擔之保險費，得遞延三年繳納（同條2項）。

　　育嬰留停之具體申請程序有主管機關依性工法16條5項授權頒布之「育嬰留職停薪實施辦法」可循。例如該辦法2條2項規定：「前項育嬰

---

[280] 原本性工法22條規定有消極要件為：「受僱者之配偶未就業者，不適用第16條及第20條之規定。但有正當理由者，不在此限。」其後在111年1月18日修法刪除本條文。亦即，修法前縱使受僱者在同一事業單位任職滿六個月，且子女未滿3歲，惟其配偶未就業時，則除非有「正當理由」，否則雇主可拒絕其育嬰留停之申請。而此所謂「正當理由」，除應依個案事實判斷外，主管機關認為：在撫育雙（多）胞胎之受僱者情形，考量育兒父母恐無法單獨兼顧雙（多）胞胎子女，受僱者如有親自照顧之需求，依規定向雇主申請育嬰留職停薪時，即屬性工法22條但書之「正當理由」（勞動條4字1070130162號函）；以及在撫育2名以上未滿3歲子女之受僱者，其配偶縱未就業，惟考量育兒父母恐無法單獨兼顧2名以上未滿3歲子女之照顧責任等理由，受僱者如有親自照顧2名以上未滿3歲子女之需求，也符合性工法22條但書之「正當理由」（勞動條4字1080130174號函）。

留職停薪期間，每次以不少於六個月為原則。但受僱者有少於六個月之需求者，得以不低於三十日之期間，向雇主提出申請，並以二次為限。」並依該辦法同條 1 項事先提出記載留職起迄日等事項之書面。

（二）就保法訂有育嬰留停津貼

在受僱者依性工法辦理育嬰留職停薪期間，依 111 年 1 月 18 日施行之修正就保法 19-2 條規定[281]：「（I）育嬰留職停薪津貼，以被保險人育嬰留職停薪之當月起前六個月平均月投保薪資百分之六十計算，於被保險人育嬰留職停薪期間，按月發給津貼，每一子女合計最長發給六個月。（II）前項津貼，於同時撫育子女二人以上之情形，以發給一人為限。（III）依家事事件法、兒童及少年福利與權益保障法相關規定與收養兒童先行共同生活之被保險人，其共同生活期間得依第十一條第一項第四款及前二項規定請領育嬰留職停薪津貼。但因可歸責於被保險人之事由，致未經法院裁定認可收養者，保險人應通知限期返還其所受領之津貼，屆期未返還者，依法移送強制執行。」[282]另外除本條文的育嬰留停津貼外，110 年 6 月時主管機關頒訂有「育嬰留職停薪薪資補助要點」依此再加給育嬰留職停薪期間薪資補助。

---

[281] 我國於 1999 年 1 月 1 日在勞工保險開辦失業給付業務，以保障失業者於一定期間基本經濟生活，復為建構完整的就業安全體系，將失業保險與就業服務及職業訓練三者緊密結合，乃將失業保險與勞工保險體系分離，單獨制定「就業保險法」，自 2003 年 1 月 1 日起施行。其後於 2009 年 5 月 1 日修正施行，增列育嬰留職停薪津貼為給付項目。

[282] 就保法 19-2 條修正前之第 3 項為：「父母同為被保險人者，應分別請領育嬰留職停薪津貼，不得同時為之。」而 107 年勞動保 1 字 1070140346 號函（查詢路徑：勞動部首頁→新聞公告→歷史新聞）略謂：「二、為兼顧育嬰留職停薪者之子女撫育需求及社會保險不重複保障原則，有關父母同為就業保險被保險人，於撫育 2 名以上未滿 3 歲子女（如雙（多）胞胎子女），依規定同時辦理育嬰留職停薪，且符合育嬰留職停薪津貼之請領條件者，父母得同時請領不同子女之育嬰留職停薪津貼，並繼續參加原有之社會保險。至父母如係撫育 1 名未滿 3 歲之子女者，其育嬰留職停薪津貼之發給，仍應依本法第 19 條之 2 第 3 項規定辦理。」（本號函釋同時停止適用勞保 1 字 0990002973 號函）。但其後考量照顧子女是雙親責任而於 111 年 1 月 18 日月刪除此第 3 項規定，原第 4 項則前移為第 3 項而形成現行條文。

（三）育嬰留停期滿後之復職

　　受僱者於育嬰留停期滿後，申請復職時，事業單位應注意性工法 17 條：「（I）……除有下列情形之一，『並經主管機關同意者』外，雇主不得拒絕：一、歇業、虧損或業務緊縮者。二、雇主依法變更組織、解散或轉讓者。三、不可抗力暫停工作在一個月以上者。四、業務性質變更，有減少受僱者之必要，又無適當工作可供安置者。」且「（II）雇主因前項各款原因未能使受僱者復職時，應於三十日前通知之，並應依法定標準發給資遣費或退休金。」之規定。

　　另外，申請復職是否為回復原有工作職位，雖然士林地院 98 勞訴 11 號表示：「是原告顯已同意於申請復職時，得由被告安排非原職位、原職級、原工作內容之職務，甚為明確。原告雖主張上開約定違反性別工作平等法第 17 條之規定，應屬無效云云，惟觀諸上開條文乃規定受僱者於育嬰留職停薪期滿後，申請復職時，除有該條第 1 項各款所列情形，並經主管機關同意者外，雇主不得拒絕，並未明定雇主有保留受僱者原職務，待其申請復職時得回任原職之義務，是以上開法條之文義而言，已難認被告與原告所為之前開協議，有何違反性別工作平等法第 17 條規定之情事。況考諸上開法條之立法目的，應係為保障受僱人於育嬰留職停薪期滿後，得重返工作崗位，繼續其職業生涯，尚非限制雇主不得因業務運作及人力調配等考量，合理變更受僱人復職後之職務內容，否則，在勞工正常任職期間，雇主於有調動勞工之必要時，尚得予以調動其職務，然於勞工申請育嬰留職停薪期滿後，相關業務及人事組織恐均已有相當變化之情形下，卻反不准雇主為申請復職之勞工安排其他相當之職務，顯失事理之平，亦當非前開法條之規範目的……。」臺北地院 95 勞訴 119 號見解略同。

　　然而，除育嬰留職停薪實施辦法第 6 條規定：「育嬰留職停薪期間，雇主得僱用替代人力，執行受僱者之原有工作。」應有允許暫時使用替代人力而保留原職位以待育嬰留職停薪員工回復原職之意以外，嗣再於 103

年6月增訂性工法3條9款以「復職：指回復受僱者申請育嬰留職停薪時之原有工作。」從此立法過程而觀，若無特殊經營上理由，應不得以另有他人任職或事先經合意而排除回復原職，以免勞工因回復原職之不確定性而不敢申請育嬰留職停薪。

第三款　安全工作權

　　所謂安全工作權指女性工作者在妊娠與哺乳期間，得調換至較輕鬆且不易危害母親與嬰兒健康的工作環境，且雇主並應提供適當的職場健康保護措施。

　　為保護因妊娠期間致生理上變化之女性勞工，使不受工作壓力影響其身體與胎兒健康，51條規定：「女工在妊娠期間，如有較為輕易之工作，得申請改調，雇主不得拒絕，並不得減少其工資。」行政主管機關80台勞動三字18950號函，就本條闡釋為：「勞動基準法第51條規定『女工在妊娠期間，如有較為輕易之工作，得申請改調……』，上開女工在妊娠期間，事業單位如有較為輕易之工作，即得申請改調，並未規定應以妊娠滿若干時間為要件；至所謂『較為輕易』之工作，應指工作為其所能勝任，客觀上又不致影響母體及胎兒之健康者。該項工作是否影響母體及胎兒之健康，仍應依個案審慎認定。」

　　在適當的職場健康保護措施方面，職安法30條1、2項首先區分妊娠與哺乳期而為工作種類限制規定：「（I）雇主不得使妊娠中之女性勞工從事下列危險性或有害性工作：一、礦坑工作。二、鉛及其化合物散布場所之工作。三、異常氣壓之工作。四、處理或暴露於弓形蟲、德國麻疹等影響胎兒健康之工作。五、處理或暴露於二硫化碳、三氯乙烯、環氧乙烷、丙烯醯胺、次乙亞胺、砷及其化合物、汞及其無機化合物等經中央主管機關規定之危害性化學品之工作。六、鑿岩機及其他有顯著振動之工作。七、一定重量以上之重物處理工作。八、有害輻射散布場所之工作。

九、已熔礦物或礦渣之處理工作。十、起重機、人字臂起重桿之運轉工作。十一、動力捲揚機、動力運搬機及索道之運轉工作。十二、橡膠化合物及合成樹脂之滾輾工作。十三、處理或暴露於經中央主管機關規定具有致病或致死之微生物感染風險之工作。十四、其他經中央主管機關規定之危險性或有害性之工作。（II）雇主不得使分娩後未滿一年之女性勞工從事下列危險性或有害性工作：一、礦坑工作。二、鉛及其化合物散布場所之工作。三、鑿岩機及其他有顯著振動之工作。四、一定重量以上之重物處理工作。五、其他經中央主管機關規定之危險性或有害性之工作。」再於同條 4 項規定：「第一項及第二項危險性或有害性工作之認定標準，由中央主管機關定之。」而主管機關據之頒訂有「妊娠與分娩後女性及未滿十八歲勞工禁止從事危險性或有害性工作認定標準」。

其次同條 3 項規定：「第一項第五款至第十四款及前項第三款至第五款所定之工作，雇主依第三十一條採取母性健康保護措施，經當事人書面同意者，不在此限。」而此所稱第 31 條之母性健康保護措施為：「（I）經中央主管機關指定之事業，雇主應對有母性健康危害之虞之工作，採取危害評估、控制及分級管理措施；對於妊娠中或分娩後未滿一年之女性勞工，應依醫師適性評估建議，採取工作調整或更換等健康保護措施，並留存紀錄。（II）前項勞工於保護期間，因工作條件、作業程序變更、當事人健康異常或有不適反應，經醫師評估確認不適原有工作者，雇主應依前項規定重新辦理之。（III）第一項事業之指定、有母性健康危害之虞之工作項目、危害評估程序與控制、分級管理方法、適性評估原則、工作調整或更換、醫師資格與評估報告之文件格式、紀錄保存及其他應遵行事項之辦法，由中央主管機關定之。……。」中央主管機關亦據 3 項授權而以勞職授字 1030202315 號令訂定「女性勞工母性健康保護實施辦法」，具體規定保護措施。

第四款 平等工作權

平等工作權，指雇主不得藉懷孕、分娩、育嬰等理由，解僱女性勞工或對其勞動條件有不利益變更。

性工法 11 條 1 項：「雇主對受僱者之退休、資遣、離職及解僱，不得因性別……，而有差別待遇。」為禁止性別歧視規定。同條 2 項對母性保護具體規定：「工作規則、勞動契約或團體協約，不得規定或事先約定受僱者，有結婚、懷孕、分娩或育兒之情事時，應行離職或留職停薪，亦不得以其為解僱事由。」並以同條 3 項：「違反前二項規定者，其規定或約定無效；勞動契約之終止不生效力。」明定效力規定。

而司法實務考量女性勞工妊娠期間之生理變化，也於認定勞基法 11 條 5 款所訂是否不能勝任工作時，表示：「2、……原告怠工情形於 92 年 1 月底至 2 月時較多……，而當時正值原告懷孕四、五個月，而查婦女於懷孕時身體因孕育新生命，其荷爾蒙內分泌產生重大變化，身體亦漸行沉重，行動不便且不宜久站，雇主基於照顧勞工之責任，本應予以適當的休息，則其縱偶有因身體關係未能久站而坐在椅子上，或休息的時間及次數較一般員工為多，既係基於懷孕之因素，於懷孕期間之特殊狀況，自難以此即認其有不能勝任工作之情形。3、被告又以原告之工作績效自 91 年 11 月起即急速下降，請假時數也異常增加，抗辯原告不能勝任工作，……，又依被告所提原告與另二位同屬資深美容師……的薪資條，原告之個人業績獎金，固均較該二位為少……，然此乃原告因懷孕之特殊因素所致之短期現象，並非長期之常態，尚難以此即遽指其不能勝任工作。」（臺北地院 93 勞訴 63 號）

2010 年勞基法修正草案
對第 9 條之修正

因為現行法的疑義，因此勞工行政主管機關 2010 年公布的勞基法修正草案中（筆者 2014 年 3 月時瀏覽勞動部網站所見，但在 2015 年 4 月再度瀏覽時，該部分已移除）對第 9 條有所修正。

亦即，既然立法技術上是以臨時性、短期性等例外方式承認定期契約，因此再加上「繼續性工作」的文字，不但多餘且為各國所無，運作多年也徒生困擾，所以草案 9 條已修正為：「勞動契約應為不定期契約，但有下列情形之一者，雇主得與勞工訂定定期契約。」而刪除「有繼續性工作應為不定期契約」之文字。

又現行規定中的臨時性、短期性、季節性、特定性工作，認定不易且類似性高，易生解釋及分類困擾，且為配合政府促進國民就業措施以及勞動契約合法中止期間，雇主的替代性人力需求，因此將原來臨時性、短期性、季節性、特定性等 4 款規定修正為：「一、於特定期間得完成之工作而需僱用額外勞工，其工作期間超過二年，應經主管機關核定者。二、因經營之暫時需要而僱用勞工，其工作期間在一年以內者。三、勞工工資來自於政府促進就業計畫經費，而該相關計畫已載明得訂定期契約，其工作期間在一年以內者。四、替代因法律規定或勞雇雙方約定而停止履行工作需僱用之勞工，其工作期間超過三年，應經主管機關核定者。」申言之：

1. 從工作性質是否具有特定性，改為特定期間的經營狀態現行法是以「工作性質本身是否為特定性工作」來判斷可否訂立定期契約，但草案的第 1 款則改為視「該工作是否在特定期間完成」，以及因為在特定期間完成所以「需額外僱用」的要件，來判斷可否訂立定期契約。不過依 9 條 2 項規定，本款的定期契約不適用在派遣事業單位與派遣勞工間。

2. 臨時性、短期性、季節性之規定統歸在經營之暫時性需要依修正草案 2 款，因經營之暫時需要而僱用勞工，即可訂立定期契約，不再區別臨時性、短期性、季節性，並且也不必再受到「非繼續性工作」的限制，只是此種方式的定期契約，必須工作期間在一年以內。又依草案 9 條 2 項，本款定期契約也不適用在派遣事業單位與派遣勞工間。

3. 為政府促進就業政策以及合法的替代性人力措施為配套修正草案 3 款，就勞工工資來自於政府促進就業計畫經費，而該相關計畫已載明得訂定期契約，其工作期間在一年以內者，得訂立定期契約，是目前各類型的政府促進就業計畫之配套措施。而第 4 款，則是在為因兵役法施行細則 42 條有關職工退伍後復職，或職工依據性工法 16 條辦理育嬰留職停薪，及勞資雙方合意留職停薪時，雇主僱用替代性人力時的定期契約配套措施。

2017 年勞基法 37 條休假日規定修法緣由

　　2017 年施行修正之勞基法 37 條為：「（I）內政部所定應放假之紀念日、節日、勞動節及其他中央主管機關指定應放假日，均應休假。（II）中華民國一百零五年十二月六日修正之前項規定，自一百零六年一月一日施行。」而本條原始規定則為：「紀念日、勞動節日及其他由中央主管機關規定應放假之日，均應休假。」兩相對照，本次修正之最大變動在於明定紀念日等依內政部之規定，而會有此一更改，則源之於 2015 年的刪除七天國定假日，略述如下：

　　即中央勞工行政主管機關於舊法當時據（舊）37 條所訂「其他由中央主管機關規定應放假之日」的規定，在施行細則 23 條（已自 2017 年 1 月 1 日廢止）規定：「本法第三十七條規定應放假之紀念日如左：一、中華民國開國紀念日（元月 1 日）。二、和平紀念日（2 月 28 日）。三、革命先烈紀念日（3 月 29 日）。四、孔子誕辰紀念日（9 月 28 日）。五、國慶日（10 月 10 日）。六、先總統蔣公誕辰紀念日（10 月 31 日）。七、國父誕辰紀念日（11 月 12 日）。八、行憲紀念日（12 月 25 日）。本法第三十七條所稱勞動節日，係指五月一日勞動節。本法第三十七條所稱其他由中央主管機關規定應放假之日如左：一、中華民國開國紀念日之翌日（元月 2 日）。二、春節（農曆正月初一至初三）。三、婦女節、兒童節合併假日（民族掃墓節前一日）。四、民族掃墓節（農曆清明節為準）。

五、端午節（農曆 5 月 5 日）。六、中秋節（農曆 8 月 15 日）。七、農曆除夕。八、臺灣光復節（10 月 25 日）。九、其他經中央主管機關指定者」，而數十年來勞工皆據此休 19 天的國定假日。

其後，因勞基法將自 2016 年 1 月開始施行每週正常工時不超過 40 小時（30 條 1 項），勞動部認為既然勞工之工時將與公務員相同，故參考公務人員週休二日實施辦法等規定，於 2015 年 12 月 9 日修正上開施行細則 23 條，刪除中華民國開國紀念日之翌日、革命先烈紀念日、孔子誕辰紀念日、台灣光復節、先總統蔣公誕辰紀念日、國父誕辰紀念日、行憲紀念日等 7 天國定假日，送立法院備查。

惟立法院社福及衛環委員會於 2016 年 3 月 28 日會議認為：依中央法規標準法 5 條 2 款：「關於人民之權利、義務者，應以法律定之。」對照目前勞工的紀念日等國定假日之休假權利僅以細則定之，已屬不該。且勞基法 37 條規定所稱「中央主管機關」係指勞動部，但就當前審議中之「紀念日及節日實施條例」等相關草案規定之主管機關均係指內政部，因此勞基法 37 條顯然有進一步釐清之必要，但該修正案並未就此處予以釐清，逕於勞基法施行細則部分條文修正案 23 條 3 項 7 款規定「其他經中央主管機關指定者」為勞基法第 37 條規定「應放假之日」，顯然違反母法及法律保留原則。爰此，決定勞基法施行細則部分條文修正案不予備查。而依立法院職權行使法 62 條：「各機關……基於法律授權訂定之命令送達立法院後，應提報立法院會議。出席委員對於前項命令，認為有違反、變更或牴觸法律者……，如有十五人以上連署……，即交付有關委員會審查。……經審查後，發現有違反、變更或牴觸法律者……，應提報院會，經議決後，通知原訂頒之機關更正或廢止之。……經通知更正或廢止之命令，原訂頒機關應於二個月內更正或廢止；逾期未為更正或廢止者，該命令失效。」規定，提報立法院院會，再於 4 月 8 日經院會議決，通知勞動部修正或廢止該細則。嗣後勞動部以勞動條 3 字 1050131239 號表示，

2016 年 6 月 21 日修正之細則 23 條失效，其後並修正勞基法 37 條如現行條文，而自 2017 年 1 月 1 日施行（該日同時廢止上開施行細則 23 條）。

　　如依上述理由，則自 2017 年起至內政部所主管之紀念日及節日實施條例立法通過前，以屬於行政命令位階之紀念日及節日實施辦法作為國定假日放假依據或有疑義。

國家圖書館出版品預行編目(CIP)資料

個別勞動法之體系理解與實務運用 / 陳逢源著.
-- 二版. -- 臺北市：五南圖書出版股份有限公司,
2022.11
面；　公分
ISBN 978-626-317-361-3 (平裝)
1.CST: 勞動法規 2.CST: 勞動基準法
3.CST: 論述分析
556.84　　　　　　　　　110018684

4U05

個別勞動法之體系理解與實務運用

作　　　者 ― 陳逢源

審 訂 者 ― 陳建文

出 版 者 ― 陳逢源

封面設計 ― 菩薩蠻數位文化有限公司

地　　　址：100台北市中正區仁愛路二段2號5F
　　　　　　(六合法律事務所)

電　　　話：(02)2392-4966　傳　　真：(02)2341-3217

網　　　址：elawfirm.tw

總 經 銷 ― 五南圖書出版股份有限公司

發 行 人 ― 楊榮川

總 經 理 ― 楊士清

總 編 輯 ― 楊秀麗

副總編輯 ― 劉靜芬

責任編輯 ― 林佳瑩

地　　　址：106 台北市大安區和平東路二段339號4樓

電　　　話：(02)2705-5066　傳　　真：(02)2706-6100

網　　　址：https://www.wunan.com.tw

電子郵件：wunan@wunan.com.tw

劃撥帳號：0 1 0 6 8 9 5 3

戶　　　名：五南圖書出版股份有限公司

法律顧問　林勝安律師事務所　林勝安律師

出版日期　2017 年 10 月初版一刷
　　　　　2022 年 11 月二版一刷

定　　　價　新臺幣 580 元

經典永恆·名著常在

五十週年的獻禮——經典名著文庫

五南，五十年了，半個世紀，人生旅程的一大半，走過來了。

思索著，邁向百年的未來歷程，能為知識界、文化學術界作些什麼？

在速食文化的生態下，有什麼值得讓人雋永品味的？

歷代經典·當今名著，經過時間的洗禮，千錘百鍊，流傳至今，光芒耀人；

不僅使我們能領悟前人的智慧，同時也增深加廣我們思考的深度與視野。

我們決心投入巨資，有計畫的系統梳選，成立「經典名著文庫」，

希望收入古今中外思想性的、充滿睿智與獨見的經典、名著。

這是一項理想性的、永續性的巨大出版工程。

不在意讀者的眾寡，只考慮它的學術價值，力求完整展現先哲思想的軌跡；

為知識界開啟一片智慧之窗，營造一座百花綻放的世界文明公園，

任君遨遊、取菁吸蜜、嘉惠學子！